제천 의림지의 인문지리학

저자 김종수

경남 하동 출신.
부산대학교 사범대학 윤리교육과 졸업.
구 한국정신문화연구원 한국학대학원에서 석사 및 박사과정 수료.
성균관대학교 대학원 한국철학과에서 철학박사학위 취득.
강릉대·인천교대·청주교대·한국교원대·한국교통대·한양대·성균관대·세명대 등에서 강의.
현재 충북대학교 우암연구소 객원연구원.
2010년 한국간행물윤리위원회 우수저작상[학술부문] 및 2011년 제5회 선리연구원 학술상 수상.
2018년 대한민국학술원 우수학술도서 선정.

저서로는 『서계 박세당의 연행록 연구』(혜안, 2010), 『조선시대 유학자 불교와의 교섭양상』(서강대학교 출판부, 2017), 『재실의 사회사』(민속원, 2019).
역주서로는 『국역 서계연록』(혜안, 2010), 『의당 박세화의 단식 순도일기: 『창동일기(昌東日記)』』(혜안, 2014), 『국역 모렴재공행록·실기』(보고사, 2020), 『오백 년 명문가의 도덕적 원천: 함안조씨언행록』(경상국립대학교, 2021).
공저로는 『의림지 유산과 농경문화』(제천문화원, 2013), 『제천의 누정과 의림지』(제천문화원, 2016), 『갈천 임훈의 학문과 사상』(보고사, 2017).

제천 의림지의 인문지리학

2023년 2월 27일 초판 1쇄 펴냄

지은이 김종수
펴낸이 김흥국
펴낸곳 도서출판 보고사
등록 1990년 12월 13일 제6-0429호
주소 경기도 파주시 회동길 337-15 보고사
전화 031-955-9797(대표) / **팩스** 02-922-6990
메일 bogosabooks@naver.com / **홈페이지** http://www.bogosabooks.co.kr

ISBN 979-11-6587-433-9 93910
ⓒ 김종수, 2023

정가 30,000원

제천 의림지의 인문지리학

김종수 지음

보고사
BOGOSA

책을 펴내며

　궁벽진 제천시 모산동 241번지에 위치한 의림지는 현존하는 국내 최고(最古)의 저수이자 호수로, 한반도의 유구한 농경문화의 원형을 잘 보존하고 있는 역사적 공간이다. 그리하여 의림지는 1976년 12월에 이르러 충청북도 기념물 제11호로 지정됨으로써, 대내외적으로 고대를 대표하는 수리 시설로서의 독자적 위상을 천명해 보였다. 그로부터 30년 이후인 2006년 12월에는 '제천 의림지와 제림'이라는 복합적인 명칭하에 다시 명승(名勝)으로 승격되어 등록되는 국면을 맞이하게 된다. 이때 문화재청에서 제시한 분류 체계는 자연유산〉명승〉문화경관이었다. 이는 기념물로 지정되었을 때 적용한 유적건조물〉산업생산〉농업〉관개시설이라는 분류 기준과는 판이한 성질의 것이다. 이처럼 의림지라는 단일 공간에 상이한 평가가 순차적으로 이뤄진 이면에는, 이 천혜의 공간이 매우 복합적인 특성을 동시에 아우르고 있기 때문이다.

　전래로 의림지를 제천의 생명수로 비유하곤 했던 것은 기념물로 지정하면서 적용한 분류 체계에 잘 드러나 있다. 그런데 시대의 흐름이란 이미 탈농업화의 단계를 거쳐서 바야흐로 4차 산업혁명이 목전에 진행 중인 상황이기에, 고대를 대표하는 관개·수리시설로서의 의림지는 추억과 기념의 공간으로 이전되고 있다. 대신에 산곡(山谷)에 자리한 천혜의 입지 조건과 수려한 주변 경관과 함께, 다수의 역사적 상관물을 대동한 독특한 경승지이자 문화적 공간으로서의 의림지가 주목받기 시작했다. 문화재청이 의림지를 명승으로 승격시켜 등록한 것은 이처럼 변모하는 시대상을 반영해 주기도 한다. 실상 의림지는 조선시대 때부터 '명구(名區)·승구(勝區)·영경(靈境)' 등과 같은 찬사를 받아왔던 바, 이러한 부류의 어휘들은 내용상 명승과 동의어에 해당한다.

그에 따라 명승을 찾아 대자연 속에서 성리(性理)를 가다듬기 위한 유람(遊覽) 문화가 형성되었던 17세기를 전후로 한 무렵부터 의림지는 호서권의 답사 일번지로 등극하기 시작했던 것이다. 조선시대 때 의림지를 향한 사대부들의 관심은 2023년 현재보다도 더 뜨거웠던 모양으로, 이러한 열기는 연간 평균 10만여 명의 유람객들이 다녀갔다는 1960년도까지 지속되는 흐름을 보여주었다. 1688년에 청풍 부사로 재직하던 농암(農巖) 김창협(金昌協, 1621~1708)은 동생인 삼연(三淵) 김창흡(金昌翕, 1653~1722)과 함께 의림지를 심방(尋訪)한 사실이 있다. 농암 형제가 의림지를 유람했던 일 또한 이 수승한 공간을 향한 조선조 사대부들의 호기심 어린 관심의 정도를 잘 확인시켜 준다. 그런데 의림지 유람을 마친 뒤에 김창협은 〈자익[김창흡]과 함께 의림지에서 시를 지었는데, 성(聲) 자를 얻었다.〉라는 칠언율시 한 수(首)를 남겼음이 주목된다.

넓디넓게 넘실거리는 푸른 못 그리 아니 맑은데	湙沉滄池澄不清
교룡이며 물고기·자라들 얽혀살며 무성하구나	蛟龍魚鼈寄生成
둑의 제림은 저 높이 구름 그림자를 끌어안을 듯하고	盤堤樹擁高雲影
수문 지난 샘물은 흩날리어 소나기 소리 울리누나	過閘泉飛急雨聲
천 도랑의 향기로운 벼는 흰 쌀밥을 제공하고	香稻千渠資雪飯
백 이랑의 순채는 봄 국거리로 넉넉하리	絲蓴百畝足春羹
조화옹이 큰 이익에 아름다운 경관을 아울러 여시어	天開美利兼佳賞
예로부터 번갈아 가며 한 고을의 이름이 되어왔었지	終古留爲一縣名

김창협이 창작한 위의 시에는 17세기 후반 무렵의 의림지의 수질 상태며 수생 생태계의 일단, 제림[堤樹]의 현황과 수문 시설 및 양대 수원의 하나인 천원(泉源)에 대한 지적, 못물이 미치는 관개(灌漑) 면적과 순채[蓴菜]의 실태 및 그 요리법, 수승한 자연경관과 탁월한 몽리(蒙利) 기능 등이 차례대로 나열되어 있다. 또한 김창협은 마지막 시구를 빌려서 '내토(奈吐)·내제(奈堤)·제주(堤州)· 의주(義州)[별호]·제천현(堤川縣)' 등으로 번갈아 가며 지명이 바뀌곤 하였던 현명(縣名)의 변경사까지 지적해 두기도 하였다. 낙론(洛論)의 종장(宗匠)다운 식견과 세심한 관찰력이 잘 드러난 작품으로 감상된다. 더욱 놀라운 사실은 김창협의 시작(詩作)에는 가칭 의림지 담론을 구성하는 세부적인 서술 단위들이 거의 다 망라되어 있다는 점일 것이다. 다만, 의림지를 최초로 축조한 시기에 관한 언급과 여러 차례에 걸쳐 저수지를 수축(修築)했던 사실, 그리고 인공섬인 세칭 순주섬에 대한 묘사가 누락된 상태다.

이에 필자는 이번의 연구서를 통해서 김창협의 〈여자익동부의림지(與子益同賦義林池), 득성자(得聲字)〉를 내용적 측면에서 완결시키는 종합적이면서도 심층적인 논의를 개진하게 되었다. 이 작업을 위해서 일차적으로 일제 강점기에서 2022년 현재 시점에 이르기까지 진척된 학계의 의림지 연구사(研究史)의 현황을 분석하고 집계하는 것으로써, 본격적인 논의의 포문을 열었다. 사실 필자는 10여 년 전만 하더라도『제천 의림지의 인문지리학』이라는 제하의 학술 연구서를 출간하게 될 줄을 꿈에도 상상하지 못했다. 왜냐하면 심히 특수한 시공의 좌표 위에 위상한 의림지에 대한 연구는 기본적으로 학제적인 접근 방법을 요구하고 있었고, 자연히 인문·사회과학과 자연과학·공학 등등의 제반 분야를 아우르는 차원에서의 포괄적인 지식으로 무장해야만 집필이 가능한 극히 복합적인 작업이기 때문이다.

그러던 차에 2013년 이후로 제천문화원의 주간하에 개최된 의림지 관련 학술세미나에 두어 차례 참석하게 되면서, 동참한 발표자들의 관개·수리 시설 방면의 발표문을 귀동냥할 기회가 생겼다. 마침 그 즈음에 제천 출신의 관인·유자인 임호(林湖) 박수검(朴守儉, 1629~1698)의 문집인 『임호집』과 학고(鶴皐) 김이만(金履萬, 1683~1758)의 『학고집』을 순차적으로 완독하는 묘한 지면상의 인연을 맞이하게 되었고, 이때 의림지를 대상으로 한 일련의 은장된 기록들과 대면할 수 있었다. 특히 『학고집』에 수록된 수리학(水利學) 방면의 기록들은 필자로 하여금 그 어떤 지적 긴장감을 고조시키는 계기로 다가섰던 기억이 뚜렷하게 남아있다. 차후 필자는 김이만의 벗인 연초재(燕超齋) 오상렴(吳尙濂, 1680~1707)의 『연초재유고』을 섭렵하는 동안에, 마침내 이전에 느꼈던 지적 긴장감이 모종의 사명감으로 돌변하고 있음을 자각하기 시작했다. 당시 필자가 탑재했던 사명감이란, 만약 이토록 희귀한 기록들을 그대로 방치한다면, 지금까지 미제(未濟)로 남아있던 의림지 수리사(水利史)가 영원히 해명되지 않을 것만도 같은 야릇한 경각심 같은 것이었다. 그리하여 약 10여 년 만에 인문지리학적 접근법을 기본적인 연구 방법론으로 채택한 가운데, 이 같은 어프로치와 극히 조응하는 생태환경사적 관점을 추가로 영입한 차원에서 본 연구서를 세상에 선보이게 된 것이다.

그런데 이 단행본은 의림지가 처음 축조된 이래로 누차에 걸쳐 전개된 수축사(修築史)를 미처 반영하지 못한 아쉬움을 간직하고 있다. 이처럼 다소 미비된 결실이긴 하나, 이 책이 출판되기까지 여러모로 협조해 주신 제천문화원과 제천시 당국에 깊은 사의를 표하고자 한다. 특히 필자를 믿고 끝까지 성원해 주신 윤종섭 제천문화원장님과 황금자 국장님께는 각별한 감사의 인사를 드리고 싶다. 또한 난삽하기 짝이 없는 필자의 원고 교정에 성심껏 호흡을 맞춰주신 보고사의 이순민 씨와 표지 디자인 구상을 위해 애써 주신 김규범 디자이너께도 깊이 감사드리는 바이다.

끝으로 이 한 권의 연구서가 의림지 유네스코 세계문화유산 재(再)등재를 위한 모종의 불쏘시개 역할을 행할 수 있기를 바라는 마음 간절하다. 왜냐하면 의림지를 미래 수천 년에 이르도록 온존하게 보전하기 위한 최상의 방안이란, 바로 유네스코 세계문화유산에 등재시키는 프로젝트에 달려 있음을 확신해 마지않기 때문이다. 또한 의림지의 영구한 미래를 보장하는 일이란, 청정(淸淨)·한랭(寒冷)한 수질을 1970년대 이전 수준으로 유지하는 데에 달려있다는 점을 특별히 강조해 두고자 한다. 그리고 『제천 의림지의 인문지리학』이 최소 1,500년 이상의 역사를 향유해 온 의림지가 개발을 위한 부푼 꿈으로 인하여, 청사(靑史)의 죄인이 되는 불상사를 미연에 방지하는 문화철학적 계몽서로 큰 울림을 발하기를 아울러 기대해 본다.

2023년 1월 25일에
눈 덮인 의림지의 홍류정(紅流亭)을 관하면서
김종수가 삼가 쓰다.

차례

제3부
17~18세기 제천 남인계 지식인의 의림지 묘사

제1장 _ 18세기 의림지 시문담론(詩文談論)의 직조와 전승 양상 · 159

제2장 _ 연초재 오상렴의 〈창랑옹모산별업십육경소지〉에 대한 역주 · 198

제4부
전근대 시기 의림지의 생태환경과 제림(堤林)의 기원

제1장 _ 학고 김이만의 18세기 의림지 생태환경 묘사 · 229

제2장 _ 제림의 역사적 기원과 전근대 시기 의림지의 임상 · 277

제1부

의림지 연구사(研究史)의
현황과 본서의 구성체계

1. 연구사의 추이와 현황

본서는 약 2,000여 년에 달하는 유구한 역사를 향유해 온 고대의 대표적인 관개(灌漑)·수리(水利) 시설로, 현존하는 유일한 제언(堤堰)[제방]에 해당하는 제천(堤川) 의림지(義林池)를 대상으로 한 종합적인 연구서의 성격을 띠고 있다. 이에 4부 7장 체재로 기획된 본 연구서의 내용을 개진하기에 앞서, 1956년부터 2022년 12월 현재 시점에 이르기까지, 이 천혜의 역사적 공간을 대상으로 진행되어 온 연구사적 추이와 현황을 우선적으로 분석·평론하는 논의의 장(場)을 마련하게 되었다.[1] 이 같은 선행 조치는 지금까지 진척된 의림지에 대한 연구사적 흐름과 성과들을 정리하고 집계한 사례가 없었다는 자각에 따른 지적 반향임과 동시에, 또한 본서가 채택한 문헌 연구·인문지리학적 연구 방법론과 내용상의 구성체계에 대한 우선적인 이해를 도모하기 위한 저자의 의도를 반영해 주고 있다.

1) 일제 강점기~1970년대

일단, 이번의 논의에서 참조한 제반 자료들의 목록 소재처는 국립중앙도서관

---

[1] 이하 제1장의 내용은 김종수, 「의림지 연구사(研究史)의 현황과 과제」, 『충북학』 24, 충북학 연구소, 2022, 12~25쪽의 내용을 보완한 결과임을 밝혀 둔다.

과 국회도서관, 그리고 네이버(Naver)의 학술정보와 한국학술지인용색인(KCI) 등임을 밝혀 둔다, 그러나 논의 과정에서 번거롭게 일일이 출처를 표기하지는 않기로 한다. 또한 학적 담론의 형식을 취한 공식적인 논문류의 글이 아닌, 곧 잡지나 여타 기사류 따위의 글들은 모두 제외시켰다. 단, 이하의 내용에서 확인 되듯이, 특별한 기록적 가치를 지닌 몇몇 기사·잡지류의 글에 한해서는 예외를 두기도 하였다. 그렇다면 이제 의림지를 대상으로 한 기존의 연구 성과들 가운데 서, 일제(日帝) 강점기(强占期)에서 1970년대에 이르는 기간에 작성된 글들을 우 선적으로 소개함과 동시에, 또한 이 같은 선행 연구 성과들이 파생한 연구사적 영향력의 문제를 아울러 분석해 보도록 하겠다.

국내에서 의림지에 관한 내용을 최초로 다룬 언론은 일제 강점기 때의『조선신 문사(朝鮮新聞社)』(1924)로, 〈의림지(義林池)と 소제호(蘇堤湖)〉라는 표제를 취했 다. 5년 뒤에는 역시 일본어로 쓰인『부산일보사(釜山日報社)』(1929)에서 〈제천(堤 川) 명소(名所) 의림지(義林池)〉라는 사진이 제목과 함께, 6면의 5단을 장식하도록 편집되었다. 뒤이은 1932년에는『매일신문사(每日申報社)』에서 〈의림지(義林池) 의 풍광(風光)〉이라는 제하의 기사를 싣기도 하였다.[2] 암울한 일제 강점기임에도 일정한 주기별로 의림지를 소개했을 정도로 대단한 존재감이 감지되지만, 학술적 내용과는 다소 거리가 있는 내용에 그쳤다. 대신에『조선신문사』의 기사는 의림지 를 비교의 관점에서 다룬 의의가 있다. 실제 의림지 연구는 김제(金堤)의 벽골제(碧 骨堤)나 상주(尙州)의 공검지(恭儉池)·밀양(密陽) 수산제(守山堤) 등과 같은 고대의 수리 시설들과 함께 비교의 시각에서 다뤄지는 경우가 많다. 또한『부산일보사』와

---

2 이상에서 소개한 세 신문사에 관한 내용은 국립중앙도서관에서 제공한 '신문' 유형에서 취한 것임. 참고로『조선신문사』에서 의림지와 비교한 '소제호'는 지금의 대전시 동구 소제동에 있었던 호수다.

『매일신보사』의 기사는 의림지를 '명구(名區)·영구(靈區)·절경(絕境)'[3]이라거나, 혹은 "경치 좋은 구역[勝區]·신령한 곳[靈境]"[4]이라는 찬사로 평하곤 했던 전래의 전통과 맥을 같이 하고 있음이 간취된다.

한편 3·1 운동이 도도하게 물결쳤던 1919년에는 『의림지수리조합성립(義林池水利組合成立)』(1919)이라는 책자가 간행되기도 했다.[5] 조선총독부관보(朝鮮總督府官報)에 수록된 이 책자는, 바야흐로 일제가 조선에 대한 농입수탈정책이 가시화되는 국면에 접어들었음을 시사해 준다. 이에 『동아일보』(1927)에서는 의림지수리조합을 다룬 기사를 보도했고, 전(全) 조선의 수리조합의 실황을 답사한 기록을 게재하기도 하였다.[6] 그뿐만 아니라 『동아일보』는 1930년대에 여러 번에 걸쳐 의림지에 관한 기사를 보도하기도 했으나, 일일이 다 소개하지는 않겠다. 또한 이 무렵인 1934년에 『시험지(試驗地) 충청북도제천군제천면의림지리(忠淸北道堤川郡堤川面義林池里)』라는 보고서가 조선총독부 농사시험장 남선지장(南鮮支場)에서 발간되기도 했다.

그러다가 의림지가 설(說)의 이름으로 학계에 전격적으로 소환된 계기는 해방정국을 거친 이후인 1950년대의 일이었다. 1956년에 이르러 원로 역사학자였던 두계(斗溪) 이병도(李丙燾, 1896~1989)는 자신의 수필집인 『두계잡필(斗溪雜筆)』에

---

3 朴齊家, 『貞蕤閣集』 卷2(한국문집총간 261), 「詩」, 〈義林池〉, 민족문화추진위원회, 2001, 493쪽. "名區一入眞堪幸."; 朴守儉, 『林湖集』 卷4(한국문집총간 속39), 「七言排律」, 〈次義林池韻, 呈明府.(二十韻)〉, 한국고전번역원, 2007, 261쪽. "靈區遠自三韓闢, 勝槩仍兼四郡鳴 … 從古義林稱絕境."

4 崔錫鼎, 『明谷集』 卷9(한국문집총간 154), 「記」, 〈臨沼亭記〉, 민족문화추진회, 1995, 11쪽. "義林池在堤川縣北數里許 … 寔勝區靈境也."

5 조선총독부, 『義林池水利組合成立』, 아세아문화사, 1919.

6 『동아일보』 1927년 9월 13일, 「의림지수리조합」; 『동아일보』 1927년 9월 17일, 「全朝鮮水利組合實況踏査記」

수록된 「한국 수전(水田)의 기원」이라는 글을 통해서 이른바 의림지 삼한시대 시축설(始築說)을 제창했고,[7] 그 결과 이 학설은 의림지 연구사에서 가장 핵심적인 쟁점으로 부상하게 된다. 3년 뒤에 이병도는 그동안의 연구 성과들을 정리·편집한 『한국사(韓國史)·고대편(古代篇)』(1959)을 빌려서 기존의 삼한 시축설을 재차 주장하게 된다.[8] 그리하여 근대 사학의 수립에 기여한 이병도의 학문적 권위로 인해, 의림지는 중·고등학교 『국사』 교과서에서 삼한시대를 대표하는 농경문화 유적지로 사진과 함께 수록됨으로써, 마침내 대내외적으로 부동의 정설로 공인되기에 이른다.[9]

다만, 지질·고고학적 차원에서의 명증한 실증적(實證的) 근거를 제시하지는 못했던 까닭에, 이병도의 학설은 1997년 12월에 개정된 제7차 교육과정에 의거한 『국사』 교과서에서 누락되는 사태에 직면하게 된다. 이와 동시에 기존 이병도 학설에 내재된 문제점에 대한 비판적인 논문들이 줄지어 제출되기에 이르렀고, 결과적으로 이는 의림지 시축 담론의 활성화라는 새로운 논의의 국면으로 인도하게 된다. 그런 점에서 이병도가 제창한 삼한시대 시축설은 의림지 연구사에서 가장 중요한 지적 계기를 제공해 준 기념비적 사건으로 남게 되었을뿐더러, 그 설이 추수한 업적[功]과 한계[過]의 너머에서 의림지 연구를 추동케 한 강력한 동인(動因)을 제공해 주었던 것으로 평가된다.

그런데 이병도가 「남방행렬(南方行列) 제사회(諸社會)−삼한(三韓)−」을 집필한 1959년 이후로는 의림지를 대상으로 한 연구 성과가 상당한 기간에 걸쳐 중단되

---

7 李丙燾, 『두계잡필(斗溪雜筆)』, 일조각, 1956, 48~51쪽.

8 李丙燾·金載元 共著, 「南方行列의 諸社會−三韓−(第五編)」, 震檀學會 編, 『韓國史·古代篇』, 乙酉文化社, 1972, 261~324쪽.

9 국사편찬위원회, 『중학교 국사(상)』, 교육부, 1996, 32쪽 및 『고등학교 국사(상)』, 교육부, 1996, 35~36쪽.

는 사태를 맞이하게 된다. 그러다가 그로부터 13년이 흐른 뒤에 임학계의 정인구(鄭印九)(1972)에 의해 연구사적 맥이 다시 부활하는 계기를 맞이하게 된다. 정인구는 「의림지 축제(築堤)에 관한 일고찰」이라는 제하의 논문을 통해서,[10] 고대축조기술의 일단인 제방의 구조·형태와 축제기술을 최초로 규명한 실증적인 연구조사를 발표하였다. 이 논문은 동년 8월 19일에 발생한 미증유의 대홍수로 인해 의림지 제방이 완전히 무너져 내린 직후에, 직접 현장을 답사하고 작성한 열정의 산물이다. 당시 정인구는 제방의 주성분이 화강암 풍화토인 사양토(砂壤土)라는 사실과 함께, 큰 나무를 가로[橫]로 묻었거나, 제방 하단에 적용된 부엽층(敷葉層)의 존재를 확인하는 등의 새로운 조사 결과를 제출하였다.

더욱 주목되는 점은 정인구의 연구 조사는 그로부터 약 40여 년의 세월이 흐른 이후에 이뤄진 국립중원문화재연구소(2014)의 '최초의 부분 절개조사'에도 큰 영향을 미치는 결과로 이어졌다는 사실일 것이다. 이는 정인구가 제시한 〈의림지 축제 제방내부단면도〉[11]를 국립중원문화재연구소가 수정한 후에 재편집해서 발간한 『제천 의림지 시·발굴조사보고서』에 〈그림 8: 의림지 제방 단면도〉를 전시한 장면을 통해서도 분명하게 확인된다.[12] 또한 정인구는 적기한 논문을 빌려서 의림지 제방이 최초로 축조될 당시의 수종(樹種)이며 특징적인 임상(林相)도 아울러 밝혀두기도 했다. 이 대목은 의림지 제림(堤林)의 연구와 관련된 최초의 언급일 뿐만 아니라, 2000년대 이후에 고생물학·자연지리학 분야의 연구자들에 의해 규명되기 시작한 의림지와 그 주변의 식생(植生) 생태계 연구에 대한 강한 지

---

10 鄭印九, 「義林池 築堤에 關한 一考察」, 『한국임학지』 23, 한국임학회, 1974, 29~33쪽.

11 鄭印九(1974), 앞의 논문, 32쪽.

12 국립중원문화재연구소, 『堤川 義林池 시·발굴조사보고서(국립중원문화재연구소 학술연구총서 제13책)』, 2014, 87쪽.

적 자극을 파장하기도 했다는 두 가지 측면에서 대단히 중요한 연구사적 의의가 확인된다. 이 같은 선행 성과들을 반영해서 최근에 제림의 역사적 기원과 함께, 전근대 시기에서의 의림지의 임상을 종합적으로 규명한 연구가 제출되기도 했다.[13] 결과적으로 정인구가 수행한 연구는 고고·지질학적 차원에서의 실증적 근거가 결여된 이병도 학설에 대한 안티테제의 의미를 겸하고 있었기에, 2000년도 이후에 왕성하게 전개된 자연과학 분야의 연구자들에도 유의미한 선례를 선사했던 것으로도 평가된다.

한편 2년 뒤에 김장수는 「「의림지(義林池)」 축제기술(築堤技術)과 퇴적물질석해(堆積物質析解)에 관한 연구」(1974)라는 논문을 발표하였다. 이 논문 역시 1972년에 발생한 대홍수 시에 현장을 답사한 뒤에 작성된 것으로, 제방의 구조·형태 및 축조기술과 함께 "의림지에 1,400연간(年間) 퇴적된 물질을 분석한" 것으로 파악되었다.[14] 비록 이 글이 인용된 사례는 없으나, 제방의 축조를 뜻하는 '축제(築堤)'라는 키워드가 연속되고 있을뿐더러, 퇴적물질의 분석을 시도하였기에 정인구의 그것과 유사한 문제의식이 발휘된 성과로 보인다. 결과적으로 이병도와 정인구·김장수 3인의 연구는 향후 의림지 연구가 시축 담론을 핵심적인 쟁점으로 설정하게끔 추동케 한 논의의 방향성을 예시한 연구사적인 의미와 더불어, 또한 이 주제 사안이 다양한 분야의 학자들이 상호 성과를 공유하면서 연구를 진행하는 이른바 학제적(學際的) 접근(interdisciplinary approach)을 시도할 때 최상의 결과를 도출할 수 있다는 여운을 남겼던 것으로도 평할 수 있겠다.

---

13 김종수, 「제천 의림지의 제림(堤林)에 관한 연구」, 『한국전통문화연구』 30, 한국전통문화대 전통문화연구소, 2022, 437~480쪽.

14 金樟洙, 「「義林池」 築堤技術과 堆積物質析解에 關한 硏究」, 『韓國造景學會誌』 4, 한국조경학회, 1974, 1쪽. 이 논문의 분량은 6쪽임.

그런데 이병도에 뒤이은 정인구·김장수의 연구 조사 이후로는 의림지 연구는 상당히 기나긴 공백기를 맞이하게 된다. 이러한 사태는 1976년 12월에 의림지가 충청북도 기념물 제11호로 지정된 이후에도 그대로 지속되었다. 이 같은 현상은 2006년에 의림지가 문화재청에 의해 전격적으로 명승으로 재지정되자, 이와 유관한 유인표 외(2006)의 연구[15]가 즉각 제출되었던 정황과는 매우 대조적인 것이다. 물론 1980~1990년 연간에도 의림지 연구가 활기를 띠었던 것은 아니며, 최소한의 연구사적 명맥을 유지하는 수준에 머물러 있었다.

2) 1980년대~2016년

(1) 1980~1990년대

1980년대로 접어든 이후에도 의림지 연구는 여전히 답보 상태를 면치 못하였다. 그나마 「한국산 빙어의 지리적 형태변이에 대하여」(1981)라는 논문이 제출되면서,[16] 비교의 관점에서 의림지산(産) 빙어(氷魚)에 대한 연구가 이뤄진 것으로 만족해야 했다. 물론 이 논문은 의림지산 빙어를 대상으로 한 단독 연구는 아니지만, 당시 기준으로 "한강산과 의림지산이 각각 근친적 유녹관계로 나타났다."는 분석을 포함해서 상당히 복합적인 정보들을 제공해 주고 있다. 1920년대부터 인공으로 서식된 의림지 빙어는 타지의 빙어와 맛·빛깔이 달라 공어(空魚)라고 부르기도 한다.

그런가 하면 80년대 초반에 작성된 「신라시대의 댐: 의림지」(1983)[17]라는 잡지

---

15 유인표 외, 「고대 저수지의 명승적 가치-의림지를 사례로」, 『한국전통조경학회지』 4, 한국전통조경학회, 2006, 8~17쪽.

16 류봉석 외, 「韓國産 빙어의 地理的 形態變異에 대하여」, 『한국수산과학지』 14-3, 한국수산과학회, 1981, 179~188쪽.

류의 글도 참고할 만하다. 특히 의림지 제방이 내심벽(內心壁)과 대수면벽(對水面壁)으로 이뤄진 이중의 구조를 취하고 있다는 설명과 함께, 순채와 빙어에 얽힌 이면의 정보도 나름의 자료적 가치를 획득하고 있다. 반면에 "수련과에 속하는 다년생 수초(水草)"인 순채(蓴菜)[18]를 대상으로 한 본격적인 연구는 지금에 이르도록 이뤄지질 못했다. 또한 운양(雲養) 김윤식(金允植, 1835~1922)이 〈의림지〉라는 시작(詩作)의 세주(細註)를 빌려서, "순채와 붕어[鯽]는 지중(池中)의 명산(名産)이다."[19]고 설명한 바가 있으나, 의림지의 양대 명산물이었던 붕어를 대상으로 한 생물학적 연구도 끝내 수행되지 못한 아쉬움이 있다.

한편 1990년대에 진척된 의림지의 연구 경향 또한 80년대의 그것과 크게 차이가 나지 않는다. 그나마 권순긍이 「제천지역의 구비전승과 그 역사적 의미」(1994)라는 성과를 내놓음으로써,[20] 이후 숱하게 펼쳐진 의림지 전설·설화 논의의 이정표를 제시한 성과가 돋보이는 정도다. 이후 이와 유사한 논의가 『대한토목학회지』를 통해서 1, 2쪽 분량의 매우 짧은 글들이 게재된 바가 있고, 이러한 경향은 안상진 외(2001)의 「의림지의 유래와 전설」로 이어지는 흐름을 보여주었다.[21] 단,

---

17 李丙振, 「新羅時代의 댐: 義林池」, 『産公의 메아리』 21, 산업기지개발공사, 1983, 74~78쪽.

18 정용석 역, 『국역 조선환여승람 제천』, 제천문화원, 1999, 49쪽.

19 金允植, 『雲養集』 卷1, 「詩○濕遊漫吟」, 〈義林池〉, 연세대 국학연구원, 2015, "十里陂塘一笠亭 … 氷葉抽蓴寸裹青 … 隱隱舡歌隔水聽.【蓴 鯽 池中名産, 池左有龍湫, 右有燕子巖.】

20 권순긍, 「堤川지역의 口碑傳承과 그 역사적 의미」, 『인문사회과학연구』 1, 세명대 인문사회과학연구소, 1994.

21 김갑배, 「의림지」, 『대한토목공학회지』 43-2, 대한토목공학회, 1995, 6쪽; 이홍환, 「땅 이름에 깃든 이야기(7) : 충청북도 제천 의림 – '의(義)'로 얼룩진 의림(義林)의 고을」, 『대한토목공학회지』 43-7, 대한토목공학회, 1995, 130~131쪽; 안상진 외, 「義林池의 由來와 傳說」, 『대한토목공학회지』 49-7, 대한토목공학회, 2001, 55~56쪽. 세 편의 글 모두가 참고문헌이 없는 것도 특징임.

소개한 3인의 글들은 의림지 연구사의 명맥을 잇는 심층적인 연구 성과로 보기는 어렵다.

그러던 차에 의림지 구역을 대상으로 하여 개발과 보전의 문제를 전격 제기한 권태호 외(1999)의 논문이 선보였다.[22] 수용 능력이라는 논리에 입각, 환경의 편에서 도시 개발을 경계해 보인 이 글은 의림지를 황금알을 낳는 매혹적인 개발의 장(場)이자, 숱한 관광객을 흡입하는 전시 공간으로 인식하는 듯한 제천시가 참고해야 할 성과로 간주된다. 이와 동시에 의림지를 대상으로 한 첫 번째 석사학위논문인 「지방도시 발전자원으로서의 역사·문화공간: 제천시 의림지 구역을 중심으로」(2007)[23]가 제출되었는데, 이 글은 권태호 외의 문제의식을 계승한 성과로 분석된다. 또한 두 번째 석사학위논문인 윤현택의 「의림지 환경설계」(2008)에서는 의림지의 전통적 가치의 여러 측면을 정리해 보인 뒤에, 역사적·생태적 공간으로서의 교육적 의미를 확인하고, 지역 발전과 활성화를 위한 환경설계를 제안하였다.[24] 이처럼 연차적으로 석사학위논문이 제출된 이면에는, 오랜 역사성과 개발 욕구가 중첩된 의림지가 직면한 현주소와 무관하지 않아 보인다.

그러던 차에 구완회는 「제천 의림지에 관한 역사적 검토」(1999)라는 제하의 논문을 발표했다.[25] 이병도의 삼한시대 축조설 비판으로 포문을 연 이 글은 의림지에 대한 첫 번째 역사학적 탐구라는 점에서 중요한 연구사적 의의가 인정된다. 또한

22 권태호 외, 「지속가능한 도시개발과 경쟁력 강화를 위한 역사 문화환경의 보전-제천시 의림지구역을 중심으로」, 『지역사회발전학회논문집』 24-1, 지역사회발전학회, 1999, 105~126쪽.

23 신철경, 「지방도시 발전자원으로서의 역사·문화공간: 제천시 의림지 구역을 중심으로」, 세명대 대학원 건설공학과 석사학위논문, 2008.

24 윤현택, 「의림지 환경설계」, 서울대 환경대학원 환경조경학과 석사학위논문, 2008.

25 구완회, 「제천 의림지에 관한 역사적 검토」, 『인문사회과학연구』 7, 세명대 인문사회과학연구소, 1999, 263~277쪽.

이 논문은 익년에 발간된 종합 보고서인 『의림지 정밀기초조사』(2000) 가운데 「의림지 역사분야 기초조사」에 양기석·강민식의 글과 함께 공동으로 수록되어 있는 상태다.[26] 즉, 적시한 3인의 연구 성과는 1999년 8월 24일~1999년 12월 16일까지 진행된 의림지 정밀기초조사가 맺은 결실의 한 파트였던 것이다. 1999년 12월 20일~2000년 3월 31일에 이르기까지 보완조사 및 식생분야조사·나무 수령 및 나이테 분석 등의 추가조사가 이뤄진 의림지 정밀기초조사 작업과 그 결과를 담은 조사보고서는 의림지 연구사에서 일대 계기적 사건에 해당하는 의미를 지닌다. 왜냐하면 이 조사보고서가 제출된 이후로, 그간 간헐적인 연구 추이를 보여주었던 연구사의 답보 사태가 완전히 종식되었을뿐더러, 의림지 연구가 완전히 새로운 국면으로 이행하였기 때문이다.

(2) 2000~2016년

1999년 8월에 시작해서 2000년 3월에 종료된 의림지 정밀기초조사의 결과를 정리한 『의림지 정밀기초조사』는 연구사의 장도(長途)에 질적·양적 두 측면에서 획기적인 계기를 제공하기에 이른다. 왜냐하면 이 조사보고서는 이병도가 주창한 삼한시대 시축설을 고고·지질·생물·역사학 네 분야에서 재검증하는 결과로 이어짐과 동시에, 또한 기존 역사학 외의 분야인 자연과학·공학 방면의 연구자들로 하여금 의림지 연구의 장으로 유인(誘引)케 하는 직접적인 계기로도 작용하

---

26 충북대박물관·제천시, 『의림지정밀기초조사: 조사보고 제69책』, 2000, 147~241쪽. 조사 보고서의 편제상 「의림지 역사분야 기초조사」는 제3장에 해당한다. 여타의 목차는 조사개요에 뒤이어, 지질분야 기초조사·고고분야 기초조사·식생분야 기초조사·나무 수령 및 나이테분석, 종합고찰 및 제언·부록의 순서로 이뤄져 있다. 한편 이 조사보고서는 1999년 8월 24일 ~1999년 12월 16일까지 진행된 1차 조사와 함께, 1999년 12월 20일~2000년 3월 31일 동안의 보완·추가조사의 결과를 정리한 서책이다.

였기 때문이다. 이처럼 매우 복합적인 논의 양상을 연출하기 시작한 연구사적 추이란, 2000년에서 시작해서 의림지를 유네스코 세계문화유산에 등재하기 위한 계획을 수립했던 2017년 당시까지의 특징적인 경향성이기도 했다.

일단, 이 지점에서 적기(摘記)한 연구사적 추이의 원천적 시발점에 해당하는 이병도의 삼한시대 시축설에 대한 학계의 비판적인 문제 제기의 양상을 차례대로 간추려서 소개하기로 한다. 이병도가 수행한 고대사 연구의 방법론에 대한 비판은 이도학의 「이병도 한국고대사 연구의 '실증성' 검증」(2014)이라는 장문의 논문[27]을 위시해서 다양한 논조로 제기되었으나, 지면상의 사정으로 일일이 다 소개하지는 않는다. 대신에 의림지라는 공간에 한정된 반론성 글들을 소개하자면 앞서 언급한 구완회(1999)의 논문이 첫 포문을 연 이래로, 양기석(2010)과 성정용(2010) 및 김재호(2013) 등과 같은 연구자들의 성과가 단연 눈길을 끈다.[28] 특히 양기석의 경우, 이병도에 의한 삼한시대 시축설이 관련 지명의 언어학적 해석에 근거하여 유추한 것에 불과하다는 비판을 제기하였음이 주목된다. 이러한 시각은 이병도가 즐겨 채택하였던 역사지리비정(歷史地理比定)의 문제점이 과도한 음상사(音相似)에 의존한 비교[比]·확정[定]에 있다는 후속 연구[29]보다 선행된 문제

---

27 이도학, 「李丙燾 韓國古代史 硏究의 '實證性' 檢證」, 『백산학보』 98, 백산학회, 2014, 103~166쪽. 이도학은 이병도가 제기한 역사지리비정(歷史地理比定)의 문제점이 음상사(音相似)에 의한 비정(比定)에 있음을 지적하고, 그의 논거(論據)가 고고학적 방법론과 같은 새로운 자극에 쉽게 무너지는 이유로 작용하는 것으로 분석하였다. 이병도의 학문적 성향에 대한 비판적인 문제 제기는, 그가 타계한 이후 시점인 1990년대에서야 본격적으로 이뤄지기 시작했던 듯하다.

28 양기석, 「제천 의림지의 역사성과 가치」, 『중원문화논총』 14, 충북대 중원문화연구소, 2010, 311~341쪽; 성정용, 「고대 수리시설의 발달과정으로 본 의림지의 특징과 의의」, 『중원문화논총』 14, 충북대 중원문화연구소, 2010, 103~126쪽; 김재호, 「제천 의림지의 수리사적(水利史的) 특징과 의의」, 『민속학연구』 32, 국립민속박물관, 2013, 63~64쪽.

의식을 선보였기 때문이다. 그런데 이병도가 제창한 삼한시대 의림지 축조설을 향한 역사학계의 연쇄적인 비판은 논리적 설득력을 발휘하였음에도 불구하고, 인문·사회과학이라는 개별 학문의 고유한 특성상 실증성(實證性)을 반영한 성과를 도출하지는 못했다. 그런 점에서 실증적 내용을 대폭 보강한『의림지 정밀기초조사』(2000)의 고고·지질·생물학적 연구 조사는 대단히 중요한 연구사적 의미를 지니는 것이었다.

기실 국립중원문화재연구소가 2012년도의 시굴조사를 시작으로 2013년까지 의림지 제방부에 대한 학술발굴조사를 실시하게 된 것도, 2009~2010년 연간에 걸쳐 진행된 두 차례의 학술대회에서 체계적인 고고학적 학술 조사의 필요성이 제기된 데에 따른 것이었다.[30] 기실 의림지에 대한 연구가 학술대회나 학술세미나와 연계되어 진행되어 온 것은 연구사의 뚜렷한 특징을 형성하고 있다. 이를테면 2009년 11월에 '의림지의 탄생 배경과 그 역사성'이라는 제하의 국제학술회의가 개최된 이면에는, 『의림지 정밀기초조사』로 대변되는 지질·고고·역사·식생·제림 등의 분야를 대상으로 한 충북대박물관과 한국지질자원연구원팀이 그간 진행해 온 공동의 연구 결과[31]를 종합적으로 마무리하는 의미를 지닌다. 이 조사보고서는 1956년에 이병도가 삼한시대 시축설을 제기한 이래로, 가장 종합적이면서도 체계적인 연구 조사를 동시적으로 수행했다는 점에서 의림지 연구사의 질적 전환을 예고한 사건이었다. 실제 차후인 2016년까지 전개된 의림지 연구는 문학·문화학 분야와 여타의 한두 사례를 제외하면, 전반적으로 지질·고고·역사·식생·제

---

29 각주 27) 참조.

30 국립중원문화재연구소(2014), 앞의 책, 〈발간사〉.

31 충북대박물관·제천시(2000), 앞의 책, '제림'은 '나무 수령 및 나이테 분석'을 줄여서 해당 분야를 나타낸 것임.

림 분야의 범위 내에서 이뤄진 특징을 보여주고 있다.

특히 한국지질자원연구원팀의 김주용 외(2009)가 수행한 의림지 제방 2곳 및 지내(池內)의 호저(湖低) 퇴적층 3개소에 대한 시추(試錐) 조사 결과는 세인의 큰 주목을 받게 된다. 왜냐하면 제방의 축조 연대를 퇴적물 시료(試料)를 분석한 자료에 의거한 결과, 약 1,900~1,800년 전인 AD 100년 전후라는 연대측정값이 제시되었기 때문이다.[32] 이 연대치는 고고·지질학적 차원에서 이병도가 주장한 삼한시대 시축설을 추인해 주는 결과로 이어졌고, 곧장 언론의 큰 주목을 받기도 했다. 뒤이어 『제천 의림지 시·발굴조사보고서』를 총체적으로 마무리한 박지훈 (2014) 또한 BC 390년에서 AD 410년에 이르는 제방의 연대 분포 결과를 종합해서 초축 시기를 삼한시대로 추산했다.[33] 이에 앞서 강상준 외(2009)가 추진한 고생물학 분야의 연구에서도 문화 편년으로 볼 때 의림지가 청동기~철기시대 및 고대사회 초기에 축조되었을 것으로 추정한 사실이 있다.[34] 이상의 연구 결과들은 『의림지 정밀기초조사』의 내용을 계승·발전시킨 것이기에, 2000년도 이후로 전개된 연구사의 이색적인 흐름을 잘 대변해 주고 있다. 또한 기존 역사학계에 이어 고고·지질·고생물학·자연지리학 분야까지 가세한 의림지 시축 담론의 새로운 전개 양상을 선보인 사례들로 평가된다.

---

32 김주용 외, 『제천 의림지 제4기 지질환경 및 자연과학분석 연구』, 한국지질자원연구원, 2009, 49~50쪽. 물론 C14 연대측정결과치는 BC 10세기~AD 6세기까지 폭넓게 분포되어 있어, 다양한 해석의 소지를 제공해 주고 있는 것도 사실이다.

33 박지훈, 「제천 의림지의 자연지리학적 연구」, 『堤川 義林池 시·발굴조사보고서』, 국립중원문화재연구소, 2014, 146쪽.

34 강상준 외, 「홀로세말 의림지의 호소환경과 식생변천 고찰」, 『第四紀學會誌』 23-2, 한국제4기학회, 2009, 34쪽. 1년 뒤인 2010년에 이성헌·김주용·강상준 3인의 공동명의로 한국고생물학회 정기총회에서 발표한 「후기 홀로세의 의림지 식생과 호소환경」에서도 동일한 결론을 재확인한 바가 있다.

그 연장선에서 의림지의 축제(築堤) 문제를 또 다른 각도에서 다뤘던 정인구(1974)와 김장수(1974)의 선행 연구가 제출된 이래로, 지화학(2009)[35]·고생물학(2010)[36]·문화사학(2013)[37] 분야 및 비교·교차론적 관점에 의거한 공학 분야의 성과[38]에 이르기까지 다방면에 걸쳐서 동시다발적인 연구가 수행되는 추이가 형성되기 시작했던 것이다. 특히 이 무렵에 이홍종(2010)은 의림지에 대한 기초적인 고지형(古地形)을 분석하여 살펴본 결과, 현재의 동·서쪽의 하천 외에도 충적지 중앙부를 관통하다가 매몰된 구하도(舊河道)의 존재를 밝혀내기도 했다.[39] 이렇듯 의림지 정밀기초조사를 계기로 하여 본격적으로 진행된 지화학·고생물학·자연지리학 분야의 연구는 초축 시 의림지 권역의 기후·식생 환경에 대한 탐구와 함께, 인간의 자취에 관한 추적을 아울러 시도했다는 점에서, 시축 담론의 외연을 보다 확장시킨 연구사적 의의가 확인된다. 다만, 이미 발표한 내용들이 중복적으로 취급되곤 했던 점은 다소 아쉽게 느껴진다. 한편 김진만 외(2015)가 울산(蔚山)의 약사동(藥泗洞) 제방을 대상으로 한 연구 조사를 통해서 제시한 다섯 공정에 이르는 축제 단계를 설정해 보인 것은, 여타의 고대 수리 시설을 포함해서 의림지 시축 담론의

---

35 양동윤 외, 「지화학적으로 고찰한 의림지 축조 전의 환경변화와 제방축조 재료」, 『한국지형학회지』 16-4, 한국지형학회, 2009, 101~107쪽; 김주용 외, 「의림지 형성과정과 제방축조 연구」, 『중원문화논총』 14, 충북대 중원문화연구소, 2010, 39~101쪽.

36 각주 34) 참조.

37 어창선, 「堤川 義林池 築造方法과 年代에 관한 一考察」, 『문화사학』 40, 한국문화사학회, 2013, 41~60쪽. 이 글은 국립중원문화재연구소 소속의 필자가 기존의 시축설을 정리한 가운데, 2013년도에 진행된 조사 결과를 덧붙인 형식을 취하고 있다.

38 김진만 외, 「공학적 분석에 의한 고대 수리시설 세방 원형복원」, 『한국상고사학보』 89, 한국상고사학회, 2015, 51~67쪽.

39 이홍종, 「의림지 충적지의 고지형 분석」, 『의림지의 역사적 가치와 활용양상(2010년 의림지 학술대회 발표자료집)』, 충북대 중원문화연구소, 2010. 고지형이란 지질 시대에 형성되어 화석화했거나, 매몰된 옛 지형을 말한다.

공학적 얼개를 제시했다는 점에서 중요한 성과로 간주된다.

이러한 추이와 병행해서 문학·민속학·문화학 방면의 연구가 드문드문 진행된 가운데, 의림지라는 대형 제언(堤堰)[제방]이 수행한 수리적(水利的) 기능에 주목한 수리학(水理學)[40] 방면의 연구 성과도 등장하기 시작했다. 다만 문학·민속학·문화학 분야의 연구는 개별과학이 갖는 고유한 특성이 특정한 주제 사안을 통해서 표출되었다기보다는, 공히 영역이 상호 혼재·융합된 문화학석 논의로 귀착되는 경향을 보여주고 있다. 예컨대 의림지 전래의 구전설화들을 소개하면서, 각기 농경문화적 세계관과 민중 지향적 문학지리를 노정해 보인 것으로 분석한 권순긍 (2010)·서해숙(2014)의 성과가 대표적인 사례에 해당한다.[41] 또한 의림지를 호지 (湖池)의 전형적인 사례로 규정하는 가운데, 18세기를 전후로 한 무렵에 꽃피운 누정문화(樓亭文化)의 특징적 양상들을 규명하고, 또한 정자와 결속된 구전설화들을 분석해 보인 김종수(2015)[42]의 논의도 같은 문화학적인 범주에 포함된다. 그런데 의림지에는 악성(樂聖) 우륵(于勒)의 행적과 관련된 자연적·역사적 상관물이 존치되어 있는 상태지만, 이제껏 의림지와 우륵을 직접 결부시킨 실증적인 차원에서의 논의는 이뤄지질 못했다. 대신에 우륵의 탄생지로 알려진 청풍(淸風) 성열현 (省熱縣)에 관한 연구는 제천의 향토사가인 류금열의 논문(2016)[43] 외에도, 다수의

---

40 일반적으로 수혜(水惠)를 입는 몽리(蒙利)와 내용상 동의어에 해당하는 '수리(水利)'라는 전통적인 문맥을 계승해서 수리학(水利學)이라는 전문 용어를 즐겨 사용하곤 한다. 그런데 현대적 의미에서 볼 때 이동하는 유체, 특히 액체의 실제적인 응용에 관련된 과학의 한 분야인 수리학(水理學, hydraulics)에 배속된다.

41 권순긍, 「제천 의림지의 문학지리와 그 의미」, 『민족문학사연구』 44, 민족문학사연구소, 2010, 6~26쪽; 서해숙, 「의림지 관련 설화에 반영된 지역민의 농경문화적 세계관」, 『동아시아고대학』 36, 동아시아고대학회, 2014, 45~75쪽.

42 김종수, 「18세기 堤川 義林池의 樓亭文化」, 『열상고전연구』 44, 열상고전연구회, 2015, 41~73쪽.

연구 성과가 축적되어 있는 상태다.

그런가 하면 주로 조선조 사대부들로 이뤄진 고전문학 작가들의 작품에 수록된 의림지와 관련된 내용들을 문학적으로 다룬 논의 가 새로운 트렌드를 형성한 점도 대단히 주목된다. 예컨대 제천 출신의 문인 이상필(李相弼)을 소개한 최도식(2012) 의 논의와 함께, 역시 이 지역 출신인 김이만의 문집『학고집(鶴皐集)』속의 두 작품을 소개한 권경록(2016)의 논문을 지목할 수 있다.[44] 이처럼 조선조 지식인들 이 남긴 시문집에 수록된 의림지를 호출해 내는 식의 흐름은, 2017년 이후에는 더욱 뚜렷한 경향성을 형성하고 있다. 그런데 2012년 이래로 출현한 문학 방면의 연구 성과들은 고전문학의 지평에서 의림지 논의를 새롭게 수놓는 결과로 이어진 장점이 있는 반면에, 공히 의림지 수리사(水利史)와 유관한 관찰 포인트가 전혀 설정되지 않는 특징도 포착되기도 한다.

한편 수리학 방면의 연구는 애초 저수지로 출발한 의림지의 원천적인 기능에 주목한 것으로, 시축 담론에 뒤지지 않을 정도로 중요한 농업사적·수리사적 의의 를 담지하고 있다. 자연히 수리학 방면의 의론은 의림지의 관개·수리 시설과 못물 의 혜택을 받는 몽리(蒙利) 면적, 그리고 배수구와 수문(水門) 및 수로(水路)의 변천 과정과 같은 복합적인 담론의 구조를 취하게 된다. 앞서 소개한 충북권의 역사학 자들 대부분이 소개한 주요 연구 성과들을 통해서 이 문제를 부분적으로 논구한 바가 있으나, 지면상 다시 해당 논문 속의 그것을 호출해 내지는 않겠다. 그 대신에

---

43 류금열, 「악성 우륵(于勒)이 탄강한 청풍 성열현(省熱縣)과 성열성(省熱城)의 고찰」, 『내제문 화』 25, 내제문화연구회, 2016, 105~269쪽.

44 최도식, 「제천지역 문인 이상필(李相弼)의 삶과 시세계」, 『한국문학이론과 비평』 16, 한국문 학이론과비평학회, 2012, 213~244쪽; 권경록, 「鶴皐 金履萬의 賦에 나타난 堤川 '林湖'의 심상지리 -「林湖賦」와 「閒居賦」를 중심으로」, 『한국한문학연구』 63, 한국한문학회, 2016, 323~370쪽.

오롯이 수리학에 천착한 연구 성과들만 특정해서 소개하는 방식을 취하고자 한다. 예컨대 전문성은 다소 떨어지나 「신라시대의 수리시설사」(2001)를 필두로 해서, 의림지 연구에 타산지석의 역할을 하는 일본(日本) 협산지(狹山池)의 수리 유적(遺蹟)을 소개한 고야마다 고이치(小山田宏一)의 연구라든가, 혹은 비교의 관점에서 고대 수리시설의 특징과 의미를 종합적으로 분석한 노중국(2015)의 성과 등을 우선적으로 지목할 수 있다.[45] 다만, 이상에서 적시한 3인의 연구에서 의림지의 수리 체계를 다룬 내용은 극히 짧은 분량에 불과하기에, 의림지 관개·수리 시설에 대한 본격적인 논의로 평가하기는 어렵다.

의림지 관개·수리사에서 가장 핵심적인 사안인 이른바 '친지(親池)-자지형(子池型)' 수리체계에 관한 의론은 곽종철에 의해 처음 제기되었다. 곽종철은 『한국 고대의 수전농업과 수리시설』(2011)을 통해서, "제천 의림지와 그 남쪽의 혈지(血池) 간에 소위 친지-자지 관계가 성립되어 있음을 엿볼 수 있다."는 견해를 피력했고,[46] 이로 인해 그간 베일에 가려져 있던 의림지의 수리 체계·구조를 둘러싼 논의에 활기를 불어넣게 되었다. 이에 김재호는 「제천 의림지의 수리사적 특징과 의의」(2013)를 통해서 어미 못[親池, 혹은 부모 못]에 대해서 아들 못[자식 못]에 해당하는 자지가 대야지제(大也池堤)임을 밝혀내기도 했다.[47] 한 걸음 더 나아가 김

45 지홍기, 「신라시대의 수리시설사」, 『물과 미래』 34-3, 한국수자원학회, 2001, 30~38쪽; 小山田宏一, 「일본에 있어서 고대 수리유적(水利遺蹟)의 보존과 활용사례 – 협산지(狹山池) 토목유산(土木遺産)의 보존, 계승과 그 활용」, 『중원문화연구』 14, 충북대 중원문화연구소, 2010, 185~210쪽; 노중국, 「한국고대 수리시설의 역사성과 의미」, 『신라문화』 45, 신라문화연구소, 2015, 123~148쪽. 지홍기의 경우 36쪽 하단을 통해서, 이미 세간에 알려진 의림지 역사를 짤막하게 소개해 두었다.

46 곽종철, 「청동기시대~초기철기시대의 수리시설(3장.1절)」, 한국고고환경연구소 편, 『한국 고대의 수전농업과 수리시설』, 서경문화사, 2010, 282쪽.

47 김재호(2013), 앞의 논문, 70~74쪽.

종수는 「15~19세기 의림지의 관개·수리시설 연구」(2016)라는 장문의 글에서 친지-자지-손지형(孫池型) 수리체계의 연원과 전개 과정을 통사적으로 규명해 보임과 동시에, 또한 수문 시설을 둘러싼 논의를 부분적으로 수행하기도 하였다.[48] 그 결과 이제 의림지 관개·수리사 연구에서 수문 시설에 관한 완전한 해명 작업만을 미제(未濟)로 남겨두게 되었다. 한편 이에 앞서 한국하천협회 소속의 김현준 외(2014)도 고대 수리시설인 의림지의 역사를 취급하였으나,[49] 그간의 연구 성과를 요약·정리하는 형식을 취했다.

이상에서 소개한 여러 부류의 연구 성과들과 병행해서, 2012년 이후로는 수질·생태환경을 주제로 한 새로운 추세가 형성된 정황도 크게 눈길을 끌게 한다. 그 출발점은 충북 도내의 의림지·명암지·오창의 호수공원 세 곳을 대상으로 하여 수질의 특성을 살핀 충청북도보건환경연구원(2012)의 연구 조사였다.[50] 이 조사에 따르면 의림지의 화학적 산소요구량(COD)은 4등급에 해당하는 '보통'으로 나타났고, 영양상태는 '중영양호' 상태로 판정되는 등 차츰 주의를 요하는 수준으로 치닫고 있음이 드러났다. 4년 뒤에 실시된 이원호 외(2016)의 연구 조사[51]도 이와 유사한 결론을 내렸는데, 점차 악화되는 의림지의 수질·생태 문제에 체천

---

48 김종수, 「15~19세기 의림지의 관개·수리시설 연구」, 『한국전통문화연구』 18, 한국전통문화대 전통문화연구소, 2016, 117~137쪽.

49 김현준 외, 「인간과 하천 5: 고대 수리시설의 과거와 현재, 그리고 미래-제천 의림지-」, 『하천과 문화』 10-2, 한국하천협회, 2014, 70~74쪽. 학회지의 구명(舊名)은 『한국하천협회지』임.

50 유재경 외, 「도심 호소공원의 수질특성에 관한 연구: 충북도내 의림지·호암지·명암지·오창 호수공원」, 『보건환경연구원보』 20, 충청북도보건환경연구원, 2012, 56~80쪽. 논제 속의 '호소'란 각기 '호(湖)·소(沼)'를 가리킨다.

51 이원호 외, 「도심 호소의 수질특성에 관한 연구-의림지」, 『학술발표자료집』, 한국지반환경공학회, 2016.

시 당국은 각별한 관심을 기울여야 할 것이다. 특히 의림지의 수질 문제는 한때 순채의 개체 수가 급감한 적이 있었던 18세기로까지 환원될 정도로 매우 연원이 깊다는 김종수의 「학고 김이만의 18세기 의림지 생태환경 묘사」(2015)[52]를 상기시키는 선에서, 이 항목의 논의를 서둘러 매듭짓도록 하겠다.

3) 2017년 이후의 현황

앞의 제2)항에서 2016년을 연구사적 시기 구분의 하한선으로 설정한 이유란, 바로 2017년 2월에 의림지를 유네스코 세계문화유산에 등재하기 위한 계획을 수립하였기 때문이다. 이에 제천시에서 연구 용역을 의뢰한 (주)한국정책능력진흥원은 중간 보고서를 통해서, "의림지가 유네스코 유산 등재를 위한 '탁월한 보편적 가치(Outstanding Universal Value, OUV)'를 충분히 갖췄다."[53]는 진단을 내린 바가 있다. 차후 유네스코 등재 프로젝트는 재산권 침해를 우려한 의림지 주변 주민들의 강력한 반대에 부딪힌 끝에, 결국 무위의 노력에 그치고 말았다. 3년 전인 2013년에는 의림지를 국가농업유산으로 지정하려다 지역민들의 반발로 신청조차 못한 사실이 있었던 터라, 현재로서는 유네스코 세계문화유산에 등재하기 위한 계획을 다시 추진하기 어려운 실정이다. 대신에 제천시는 의림지 일대를 염두에 두고 개발을 위한 부푼 꿈을 지피고 있는 듯이 보인다.

그런데 제천시가 일차적으로 의림지를 국가농업유산에 등록하기 위한 시도를 펼치고, 뒤이어 유네스코 세계문화유산에 등재하기 위한 구상을 수립했던 이면에

---

52 김종수, 「학고 김이만의 18세기 의림지 생태환경 묘사」, 『충북학』 17, 충북학연구소, 2015, 52~64쪽.
53 (주)한국정책능력진흥원, 『제천 의림지 유네스코 세계유산 잠정목록 등재 추진 연구』, 2017, 12쪽.

는, 그간 의림지에 대한 상당한 연구 성과가 축적되어 있었기에 가능한 일이었다. 실제 (주)한국정책능력진흥원이 작성한 중간 보고서의 '추진전략 및 단계적 로드맵' 파트의 '기반조성 단계(잠정목록)'라는 항목에는 시민교육 및 학술회의 사항도 포함되어 있다. 특히 보고서에서 '학술회의'를 제시한 것은, 그 자체가 의림지가 지닌 '탁월한 보편적 가치(OUV)'를 입증해 보이는 결과로 이어지기 때문이다. 따라서 비록 두 번에 걸친 실패의 전철을 답습했지만, 의림지를 대상으로 한 연구와 학술행사의 개최 등과 같은 노력을 지속할 이유는 충분한 것이다. 또한 제천시도 「국내 국가 농업유산 제도 비교 연구」(2016)라든가, 혹은 『한국 농어업유산의 가치평가 기준에 관한 연구』(2015) 등과 같은 유관 성과들을 충분히 숙지함으로써,[54] 차후의 시도에 대비할 필요가 있다. 물론 제천시가 2013년에 작성한 126쪽 분량의『의림지 국가중요농업유산지정 계획수립 연구』(2013)[55]에는 당시까지 축적된 제반 연구 성과가 잘 반영되어 있다.

그런데 2017년 이후로 전개된 의림지 연구에서는 고고학·지질학·지화학·자연지리학·고생물학 따위와 같은 자연과학적 성과가 전혀 눈에 띄지 않는 특징이 발견된다. 그 대신에 환경공학·목재공학 분야의 두서너 연구 성과가 이를 대체해 주었다. 또한 고전문학 작가들이 창작한 의림지 관련 작품들을 분석한 한문학 방면의 연구가 주류를 이룬 가운데, 역사학적 성과가 그 뒤를 잇는 행보를 보여주고 있다. 이렇듯 2017년 이후의 연구 동향은 제 방면에서 다양한 연구 성과가 분출되었던 2000~2016년 동안의 그것과는 사뭇 대조적인 양상을 취하고 있음

---

54 이승은 외, 「국내 국가 농업유산 제도 비교 연구」, 『학술발표자료집』, 한국환경생태학회 2016; 백승석, 「한국 농어업유산의 가치평가 기준에 관한 연구」, 성균관대 대학원 조경학과 박사학위논문, 2015.

55 제천시, 『의림지 국가중요농업유산지정 계획수립 연구』, 2013.

을 알 수 있다. 물론 또 다른 한편에서는 2019년 1월에 의림지역사박물관이 개관
한 이래로, 박물관 운영과 관련된 내용이나,[56] 관내(館內)에 전시된 소장물과 관련
된 새로운 연구가 선보이기도 했다.

우선, 한정호 외는 2017년 5월부터 9월까지 의림지(Ur)와 솔방죽(Sr)을 대상으
로 어류상 조사 및 호수생태건강성평가를 실시하고, 그 결과를 「제천시 농업용저
수지의 어류상 및 생태건강성평가」(2018)라는 제하의 논문으로 마무리하였음이
주목된다. 놀랍게도 이 연구 조사에서 의림지와 솔방죽의 생태건강성지수의 값
이 환경부(2014)의 등급에 의거하였을 때, 각기 악화상태(의림지)와 최악상태(솔방
죽)인 것으로 나타났다는 점이다. 이러한 평가는 앞서 진행된 충청북도보건환경
연구원(2012)과 이원호 외(2016)의 연구 조사 때보다도 의림지와 그 주변부의 환
경이 훨씬 더 심각해졌음을 확인시켜 주고 있다. 한편 익년인 2019년에는 의림지
역사박물관에 전시된 농기구 목제 유물 8건 21점에 대한 수종 분석이 이뤄지기도
했다.[57] 이 같은 목재공학의 성과는 소장물의 선정과 그 전시 방식에 매우 유익한
시사점을 제공하고 있다.

이와 동시에 2012년 이래로 지속되어 왔던 조선조 사대부들이 남긴 문집에
수록된 의림지를 대상으로 한 연구가 2017년 이후에도 가장 뚜렷한 흐름을 이어
가고 있다. 이를테면 삼연(三淵) 김창흡(金昌翕, 1653~1722)의 『단구일기(丹丘日
記)』·『단구록(丹丘錄)』을 분석한 김은정(2018)의 글과 함께, 〈임소정기(臨沼亭記)〉
가 포함된 명곡(明谷) 최석정(崔錫鼎, 1646~1715)의 기문(記文) 연구, 그리고 의당
학파(毅堂學派)의 일원인 확재(確齋) 이원우(李元雨, 1880~1962)의 『구곡산고(九曲

---

56 황효현 외, 「증강현실 학습유형에 따른 의림지역사박물관 체험학습 설계연구」, 『학술발표자
　료집』, 한국디자인학회, 2019, 420~421쪽.
57 이의천 외, 「농기구 목제 유물 수종분석」, 『학술발표자료집』, 한국목재공학회, 2019.

散稿)」를 분석한 최식(2021)의 성과가 대표적인 사례에 해당한다.[58] 적시한 3인의
연구에 앞서 남장 차림으로 의림지 등지를 탐방했던 19세기의 여류 문인 금원(錦
園, 1817~1850)을 소개한 하경숙(2017)의 글도 주목된다.[59] 또 공식적인 논문류는
아니지만, 의림지의 역사와 전설을 재차 호출해 낸 김희찬(2021)의 글은,[60] 원천
콘텐츠를 발굴하기 위한 문화원연합회의 기획을 반영하고 있다는 점에서 참고가
된다.

　그런데 한문학 분야의 연구란 역사학적 맥락에서 접근되기 때문에, 문학과 역
사학의 경계가 희석된 채 진행되는 경우가 대부분이다. 예컨대 김종수의 「18세기
의림지 시문담론의 직조와 전승 양상」(2019)과 「연초재 오상렴의 〈창랑옹모산별
업십육경소지〉에 대한 역주」(2019)가 전형적인 사례에 해당한다.[61] 적시한 두 글
은 18세기를 전후로 한 시기에 남인계의 관인(官人)·유자(儒者)인 창랑(滄浪) 김봉
지(金鳳至, 1649~1713)의 〈제천십육경〉에서 출발하여 이 계열 문단의 종장이었던
송파(松坡) 이서우(李瑞雨, 1633~1709)의 연작시를 거친 뒤에, 그의 두 문하생인
학고 김이만과 연초재(燕超齋) 오상렴(吳尙濂, 1680~1707)으로까지 전승된 이른

58　김은정, 「金昌翕의 丹丘유람과 문학적 형상화」, 『어문학』 141, 한국어문학회, 2018, 105~144
　　쪽; 권진옥, 「명곡 최석정의 기문 연구」, 『동아시아고대학』 49, 동아시아고대학회, 2018,
　　43~66쪽; 최식, 「李元雨의 『九曲散稿』와 堤川」, 『율곡학연구』 46, (사)율곡학회, 2021,
　　211~240쪽.

59　하경숙, 「여성 인물의 현실인식과 의미 양상-금원(錦園)의 문학작품을 중심으로」, 『동양문
　　화연구』 26, 영산대 동양문화연구원, 2017, 145~172쪽.

60　김희찬, 「역사와 전설이 공존하는 충북 명소의 숨은 이야기」, 『우리문화』 291, 한국문화원연
　　합회, 2021, 24~31쪽.

61　김종수, 「18세기 의림지 시문담론의 직조와 전승 양상」, 『한국연구』 2, (재)한국연구원, 2019,
　　103~140쪽; 김종수, 「연초재 오상렴의 〈창랑옹모산별업십육경소지〉에 대한 역주」, 『충북학』
　　21, 충북학연구소, 2019, 65~80쪽.

바 의림지 시문담론을 새롭게 발굴해서 소개한 글들이다. 가칭 의림지 시문담론
이란 '제천십육경'이라는 큰 명목하에, 열여섯 종류에 이르는 의림지 권역의 세부
적인 서술 단위들이 결집된 차원에서의 논의가 촘촘히 이뤄졌기 때문에 붙여진
이름이다. 앞서 소개한 이원우의 『구곡산고』 가운데서 〈제천팔경(堤川八景)〉도
의림지 시문담론의 연장선에서 창작된 된 듯하다.

한편 이상에서 소개한 성과와는 별도로 「의림지의 인공섬 순주에 대한 역사적
고찰」(2020)이라는 논문이 발표되어 눈길을 끌기도 했다.[62] 그동안 제천 지역에서
는 의림지 내의 세칭 '순주섬'이 일제 강점기 때 추진된 대대적인 토목 공사의 산물
이었던 것으로 인식하고 있었다. 그러던 차에 이 신비의 섬이 1696년(숙종 22)에
제천 현감 홍중우(洪重宇, 1661~1726)가 의림지의 친지-자지형 관개·수리 시설을
복원한 일대 거사를 경하하기 위한 목적에서 김봉지가 축조·헌정한 사실이 밝혀
졌기 때문이다. 이로써 의림지 수리사의 핵심적 사안인 친지-자지형 관개·수리
체계와 연동된 순주의 역사를 둘러싼 완전한 해명이 이뤄진 것이다. 또한 구완회
는 「제천 의림지의 경제·문화적 활용에 관한 역사적 검토」(2019)[63]라는 장문의
글을 빌려서 의림지의 시축·수축사를 총체적으로 정리해 보임과 더불어, 고대에
서 현대에 이르기까지 문화적 공간으로서의 의미를 통사적으로 개괄해 보였다.
그는 글쓰기 방식으로 연구사적 검토와 광정(匡正) 작업을 처음으로 적용했던바,
일면 의림지를 대상으로 한 기존 연구 성과들을 종합적으로 분석·평론·집계하기
위한 본 논의의 취지와도 일맥상통하는 바가 있다.

---

62 김종수, 「의림지의 인공섬 순주에 대한 역사적 고찰」, 『충북학』 22, 충북학연구소, 2020,
203~221쪽.

63 구완회, 「제천 의림지의 경제·문화적 활용에 관한 역사적 검토」, 『朝鮮史硏究』 28, 조선사연
구회, 2019, 131~176쪽.

이상에서 편의상 네 단계로 나누어 1956년에서 2022년 12월 현재 시점에 이르기까지 진척된 의림지를 대상으로 한 연구사의 추이와 현황을 분석·평론해 보았다. 그 결과 1956년에 이병도의 삼한시대 시축설로부터 출발했던 의림지 연구가 차츰 상당히 다기(多岐)·다단(多端)한 양상으로 발전해 가는 흐름을 형성했던 것으로 파악되었다. 그렇다면 일단, 이 지점에서 1956~2022년 연간에 축적된 의림지 연구 성과를 분야별로 집계한 결과를 제시해 두자면 다음과 같이 정리된다. 단, 아래의 인용문에서 집계해 보인 연구 성과의 최종 통계치에서는 중복된 성과들은 1편으로 합산했음을 밝혀 둔다.

> 역사학[인문 역사학(5)·수리학(8)·토목공학(4)]: 17편, 문학[구전설화(7)·고전문학(8)]: 15편, 환경·생태공학: 5편, 지질학[지질·지화학·자연지리학]: 3편, 조경·환경조경학: 3편, 고생물학: 2편, 지역사회발전학: 2편, 역사박물관 관련 [디지털 디자인학·목재공학]: 2편, 수산과학: 1편 등.

도출된 성과의 앞선 순위에 따라서 의림지 연구에 동참했던 분야와 그 실적의 수치를 차례대로 열거한 위의 인용문에는, 지금까지의 연구사적 추이와 현황이 최종 집계를 통해서 일목요연하게 잘 드러나 있다. 특히 주목할만한 사항으로는 인문 역사학과 수리학(水利學), 그리고 제방축조[곧 축제(築堤)]를 다룬 토목공학 분야를 망라한 범주인 역사학적 분야가 최상위를 차지하고 있다는 점일 것이다. 이러한 통계치는 고대 수리시설을 대표하는 의림지의 역사적 위상을 재차 분명하게 확인시켜 주고 있다. 또한 도합 17편으로 집계된 역사학 방면의 성과는 시축설의 실증적 근거와 초축 시의 자연·식생·기후 환경을 탐구한 지질학·지화학·고생물학·자연지리학 분야와 학제적 결합을 이루면서 시축 담론의 질적·양적 전환을 이끌어내었기에, 의림지 연구사에서 이 담론이 점유하는 논의 비중을 거듭 상기시켜 주고 있다. 그런 점에서 의림지역사박물관은 이상의 연구 성과들을 핵심적인 원천 콘텐츠로 발굴하기 위한 부단한 노력을 기울여야만 할 것이다.

그런가 하면 상기 인용문은 구전설화와 지명 분석, 고문헌에 수록된 의림지 묘사의 소개를 양대 주축으로 하는 문학 분야도 만만치 않은 열기를 내뿜고 있음을 방증해 주기도 한다. 또한 환경·생태공학의 부상과 함께, 조경학 분야의 가세도 눈여겨 볼만한 대목에 해당한다. 아마도 차후로는 한문학 혹은 고전문학 분야가 연구의 주된 흐름을 형성하는 가운데, 환경·생태학적 논의가 큰 경각심을 자극하는 모종의 역할을 담당할 것으로 조심스럽게 예상해 본다.

그런데 의림지 연구사의 추이와 현황을 분석하고 검토하는 작업은, 그 자체만의 별도의 논의에 그쳐서는 안 된다. 왜냐하면 어떠한 사상(事象)을 분석하고 진단하는 작업이란, 그러한 성찰적 토대 위에서 생산적이면서도 유의미한 전망을 제시하기 위한 선결 요건에 해당하는 의미를 지니고 있기 때문이다. 이에 본서에서는 이상에서 정리·집계해 보인 연구사의 추이와 현황에 관한 분석을 토대로 삼아 문헌 연구법 외에도, 추가로 인문지리학적 접근이라는 연구 방법론을 채택하게 되었다. 또한 이미 진척된 역사학적 성과들을 부분적으로 계승·발전시키는 가운데, 지금까지 전혀 시도되지 않았던 낯선 주제들을 대상으로 하여 실험적이면서도 도전적인 연구를 감행하게 되었다.

2. 연구 방법론과 본서의 구성체계

1) 연구 방법론과 범위

본서에서는 기본적으로 조선조 사대부들이 남긴 시문집과 각종 읍지류(邑誌類), 그리고 여타의 고문헌 자료들을 광범위하게 수집·분석해서 특정한 주제별로 재구성해 나가는 소위 문헌 연구법을 일관되게 적용하였다. 그런 의미에서 본서는 전통적인 인문·사회과학적인 서사(敍事) 기법에 충실한 연구서의 성격을 띠고 있다. 그러나 문헌 연구법 혹은 문헌 비평에 의거한 연구 방법론은 한문으로 쓰인 원전 자료들을 열람·분석하기 위한 평면적인 방법론이므로, 개별적 서술단위가 집약되어 체계적이면서도 자기 완결적인 구조를 취한 특정한 담론(談論)에 혼(魂)을 불어넣지는 못하는 한계에 봉착하게 된다.

이 같은 한계점을 감안하여 본 연구서에서는 자연지리학과 함께 계통지리학을 구성하는 지리학의 한 분야인 인문지리학적(人文地理學的, human geographic) 접근법에 입각한 내용상의 연구 방법론을 아울러 채택하게 되었다. 인문지리학이란 지표(地表)에서의 인간 활동에 의한 모든 현상을 자연환경과 관련시켜서 이해하고, 나아가 그 현상의 지리적·지역적 특성·분포·구조 및 법칙을 연구하는 학문을 말한다. 이와 마찬가지로 본서에서는 제천시 모산동 241번지에서 진행된 인간에 의한 모든 현상을 기본적으로 의림지와 관련하여 이해하고, 또한 이 권역 내에서의 제반 현상의 지리적 특성·분포·구조 및 법칙을 탐구한 결과를 전시하기 위한 논의 전략으로 인문지리학적 접근 방법론을 원용한 것이다.

이와 동시에 본 연구서에서는 자연 생명체를 대상으로 하는 생태사(ecological history)와 더불어, 인간의 특별한 위치에 초점을 맞춘 환경사(environmental history)를 동시에 반영시킨 생태환경사적 관점,[64] 즉, 자연환경과 인간 사이의 상호 관계의 역사라는 학문적 접근을 부분적으로 적용하기도 했다. 특히 「전근대 시기 의림지의 생태환경과 제림(堤林)의 기원」이라는 부제(部堤)하에 배치시킨 제4부의 제1, 2장의 논의는 철저히 생태환경사의 맥락에서 이뤄졌다. 자연에 대한

---

64 고태우, 「한국 근대 생태환경사 연구의 동향과 과제」, 『생태환경과 역사』 2, 한국생태환경사학회, 2016, 35쪽.

지배적인 위상을 향유해 온 전근대적 인류의 특권을 지혜롭게 재조정하는 가운데, 이른바 '생태학적 전환(ecological turn)'을 꾀하는 생태환경사적 기획 또한 인간이 저변을 관류하고 있다는 점에서, 본서의 주된 방법론인 인문지리학적 접근법과 접점(接點)을 형성하게 된다.

그리하여 도합 4부 7장 체제로 구성된 본 연구서에서는 모든 문화 활동의 주체인 '인간'이 텍스트의 저변을 일관되게 관류하는 식의 서사 구조를 취하도록 기획되었다. 이 같은 논의 전략은 행정 구역상으로 제천시 모산동에 소속된 의림지가 "산곡(山谷)이 변하여 광활하고 아득한"[65] 단순 자연환경에만 머무르는 것을 용인하지 않는 대신에, 태고적부터 2022년 지금에 이르기까지 줄곧 호모 사피엔스(Homo sapiens)의 후예들과 역사를 함께 공유해 온 엄연한 사실을 드러내기 위한 글쓰기 구상을 반영해 준다.

실상 이하의 제2) 절의 논의를 통해서 간략히 개관해 보이게 될 의림지 시축 담론과 관개·수리 시설, 순주(蓴洲)와 제림(堤林)에 관한 논의, 그리고 전근대 시기에서의 수질·생태환경 및 17~18세기의 시문담론의 직조·전승 양상 등과 같은 주제들의 심층부에는, 이 모든 주제 현상들을 빚어낸 작위(作爲)의 주체인 인간이라는 키워드가 시종 관통하고 있다. 굳이 본 단행본의 명칭을『제천 의림지의 인문지리학』으로 명명한 이면에는, 이상에서 논급한 문명 현상의 주인공인 인간을 주제들의 저변에 배치한 차원에서의 내용상의 연구 방법론인 인문지리학적 접근법과 생태환경사적 관점을 두루 원용한 결과를 반영해주고 있다는 사실을 밝혀 둔다.

---

65 金信謙,『檜巢集』卷3(한국문집총간 續72),「詩」,〈義林池, 用阻風於規林韻(二首)〉, 한국고전번역원, 2009, 161쪽. "其二, 山谷轉漠漠, 日暮迷所之."

2) 내용 개관과 구성체계

의림지를 대상으로 한 종합적·심층적인 연구서를 지향하는 본서는 내용 전개상 '서론'에 해당하는 제1부를 제외하면, 3부 7장으로 구성된 체제를 형성하고 있다. 그 주된 내용을 분야별로 나눠서 차례대로 범주화하자면, 역사학·수리학·고전문학 및 임학(林學)·환경공학 등과 같은 다섯 분야로 정리된다. 이러한 내용상의 구성 체재(體裁)는 해석학적 순환(解釋學的 循環, Hermeneutic circle)[66]이라는 측면에서는 기존의 연구사적 전통을 계승시킨 것이나, 세부적으로는 완전히 새로운 내용물(contents)로 채워져 있다. 또한 형식상으로는 다섯 유형의 개별과학으로 구획되어 나뉘지만, 모든 분야의 논의들이 기본적으로 역사학의 기조 위에서 전개되고 있는 특징을 보여준다. 이처럼 역사학적 문법에 입각하여 논의를 개진한 이유란, 일차적으로 고문헌 자료들을 대상으로 한 문헌 연구법을 적용한 결과이기도 하면서, 또한 공히 문명 혹은 문화의 주체인 인간의 작위적 의지가 의림지라는 지리적 공간에 통시대적으로 관여(關與)했던 정황을 인문지리학적 접근법을 통해서 상기시키는 식의 서사 구조를 취하였기 때문이다. 그렇다면 이제 개진된 본론의 순서에 따라서 각각의 개별적 주제들의 큰 줄거리를 간추려서 소개함으로써, 본서의 구성체계와 그 이면에 대한 선이해(先理解)를 도모하고자 한다.

일단, 이번의 단행본은 제1부에서 분석한 1956~2022년 연간에 걸친 연구사적 추이와 현황을 예의 주시한 끝에, 그러한 연구사적 전통을 계승·극복하기 위한 저자 나름의 상반된 고심이 동시에 투영된 산물임을 토로해 둔다. 이를테면 제2부의 1, 2장을 통해서 소개한 의림지 시축 담론과 관개·수리 시설에 관한 논의의

---

66 해석학적인 맥락에서의 이해(理解)의 과정을 파악하기 위한 개념적 장치로, 전체 본문과 개별적인 본문은 서로 연관되지 않고서는 이해될 수 없다는 것이다. 리차드 팔머(이한우 옮김), 『해석학이란 무엇인가』, 문예출판사, 2011, 57~60쪽.

경우는 기존의 연구사적 전통을 계승·발전시킨 것이라면, 제3장에서 선보인「신비의 인공섬 순주(蓴洲)에 대한 역사적 고찰」은 새로운 성과로, 관개·수리 방면의 논의를 완결시킨 의론에 해당한다. 이하의 제3, 4부의 내용도 이와 유사한 과정을 거쳤으나, 전체적으로 완전히 새로운 콘텐츠를 선보이고 있다.

우선, 제2부의 제1장에 편집된「의림지 시축설에 대한 학제적 연구」는 역사학자인 이병도가 삼한시대 시축설을 제기한 이래로, 2010년대에 이르기까지 지속적인 연구 추이를 형성해 왔던 의론, 곧 이른바 의림지 시축 담론을 새로 발굴한 고문헌 자료와 학제적인 접근법을 결합시켜 대폭 보완한 내용이다. 즉, 이미 공개된『삼국사기(三國史記)』와『세종실록지리지(世宗實錄地理志)』의 간략한 기록을 제외하면 시축설과 관련된 고문헌적 전거(典據)가 극히 빈약한 사정을 고려하여, 제천 출신의 사대부들인 박수검(朴守儉, 1629~1698)의『임호집(林湖集)』과 오상렴(吳尙濂, 1680~1707)의 시문집인『연초재유고(燕超齋遺稿)』에 수록된 구전설화를 새롭게 발굴하고, 이 자료를 기존 지질학·고생물학·자연지리학 분야의 연구 성과들과 결속시킨 차원에서의 보론을 개진한 것이 특징이다. 그 결과 삼한시대 시축설과 직결된『임호집』과『연초재유고』의 구비(口碑) 전승과 자연과학 분야의 연구 성과가 학제적 접점을 형성하면서, 이병도의 삼한시대 시축설을 추인하게 된 미필적 결론을 도출하게 되었다.

한편 시축 담론에 뒤이은 제2장의「15~19세기 의림지의 관개·수리 시설 연구」에서는, 의림지 관개·수리사의 핵심적 사안에 해당하는 친지-자지-손지형 수리체계의 역사적 기원과 그 전개 과정을 통사적으로 고찰하였다. 이 논의의 핵심은 부모 못[혹은 어미 못]인 의림지에 대해 자식 못[아들 못]을 제방 아래 지대에 별도로 가설함으로써, 약 300m에 달하는 큰 표고차와 한랭한 못물의 온도 문제를 동시적으로 해결하는 관개·수리체계를 구축할 수 있었고, 또한 그 역사는 15세기부터 조선 후기 무렵인 19세기에 이르도록 지속되어 왔다는 것으로 정리할 수 있다. 나아가 유등제(柳等堤)[곧 솔방죽]가 손지(孫池)의 일환일 수도 있다는 추론을 제기한 가운데, 그간 미궁에 가려진 수문(水門) 시설에 관한 논의를 부분적으로 개진하기도 하였다. 제2장의 글은 의림지의 관개·수리 시설이 친지−자지−손지형으로 대변되는 혈지(血池) 체계·구조로 영위되어 온 역사적 정황을 규명해 내었다는 점에서, 한국 관개·수리사에서 매우 중요한 논의의 성격을 띠고 있다.

그 연장선에서 서술된 제3장의 「신비의 인공섬 순주(蓴洲)에 대한 역사적 고찰」이라는 논문은 지금까지 전혀 밝혀지질 않았던 의림지 북동쪽에 자리한 세칭 '순주섬'의 역사적 기원과 함께, 이 섬이 축조된 동기를 아울러 규명한 내용이다. 그 결과 순주는 1696년(숙종 22)에 제천 현감 홍중우(洪重宇, 1661~1726)가 한동안 폐해져 있던 친지−자지형 수리체계를 복원해 내자, 밀양 부사를 역임한 창랑(滄浪) 김봉지(金鳳至, 1649~1713)가 '작은 섬[小嶼]' 하나를 만들어 현감의 거사를 경하한 인공섬으로 규명하게 되었다. 또한 이서우(李瑞雨, 1633~1709)의 『송파집(松坡集)』에 처음 등장한 '순주'는 의림지의 명산인 순채를 기호화한 작명법임을 논하기도 했다. 제3장의 논의는 순주가 일제 강점기 때 진행한 대규모 토목공사의 부산물로만 인식되어 온 세간의 낭설을 바로잡았을 뿐만 아니라, 이 신비의 섬이 의림지 관개·수리사의 기념비적 증표라는 사실을 밝혀내었다는 점에서 중요한 수리사적 의의가 확인된다. 또한 순주가 인간의 작위적 의지의 산물이었음을 규명한 제3장의 논의는 의림지라는 지리적 공간을 시종 관류해 온 인문지리학적 궤적을 거듭 환기시켜 주고도 있다.

이상에서 간추려 소개한 제2부의 내용은 이하의 제3부의 제1장에서 자세하게 소개한 소위 의림지 시문담론과 매우 정합적인 관계를 유지하고 있다. 특히 이 담론은 17~18세기에 제천에 연고를 둔 남인 계열의 지식인들이 시(詩)·부(賦)·산문(散文) 등의 글쓰기 양식을 빌려서, 의림지 권역의 주요 서술단위들을 전승·

발전·변형시킨 흐름을 보여주고 있음을 상세하게 밝혔다. 의림지 시문담론의 창안자인 창랑 김봉지는 유실(遺失)된 작품인 '제천십육경(堤川十六景)'이라는 제하의 시를 '제목 + 설명[註]' 형식을 빌려서 송파 이서우에게 전했고, 이에 이서우는 〈김밀양봉지제천십육경(金密陽鳳至堤川十六景)〉이라는 오언절구 연작시를 통해서 화답함으로써, 이 담론의 얼개를 최초로 노출하게 된다. 또한 이서우는 자신의 문하생인 학고 김이만과 연초재 오상렴 두 사람에게 이 담론의 얼개를 전파함으로써, 시문담론의 격조가 더욱 발전·변형되는 국면으로 이행하게 된다는 것이 논의의 요지이다.

그런데 이른바 '제천십육경'이란 내용상 '의림지 16경'에 다름이 아닌바, 실제 이 담론을 구성하는 주요 화소(話素)들은 의림지를 동심원의 중앙에 배치시킨 가운데, 그 좌우와 남북 지대의 여러 상관물들을 죄다 망라한 구조를 취하고 있다. 특히 이서우가 〈김밀양봉지제천십육경〉을 통해서 묘사한 '대제(大堤)·선지(銑池)·폭포(瀑布)[용폭]·순주(蓴洲)' 등과 같은 화소들은 의림지의 관개·수리사와 관련하여 매우 희귀한 자료적 가치를 내장하고 있다. 또한 적기한 서술단위들의 경우, 김이만과 오상렴 양인(兩人)에 이르러서는 의림지와 관련하여 가장 풍부하면서도 귀중한 기록물로 발전하게 된다. 대신에 의림지 시문담론은 김이만·오상렴 단계에서 종식되었기에, 남인이라는 특정한 계파에 의해 매우 한시적으로 유통된 단명의 담론이라는 특징이 있다.

결과적으로 17, 18세기 무렵에 제천 출신의 남인계 지식인들의 주도하에 직조·전승된 시문담론 또한 인문적 시문 문화가 의림지라는 자연환경과 결부되어 재해석된 역사적·경험적 사례의 일환이었던 것으로 평가된다. 또한 의림지 시문담론은 그러한 현상의 지역적 분포와 특성을 제대로 드러내었을뿐더러, 전근대 시기의 인류가 꽃 피운 관개·수리 문명의 법칙과 함께, 용두산·의림지·청전들로 이어지는 지역적 분포와 특성을 탐구하려는 인문지리학적 연구 방법론과도 정히 부합되는 결과를 선사했던 것으로 평가된다.

한편 제3부의 제2장의 지면을 빌려서는 이서우의 〈김밀양봉지제천십육경〉과 오상렴의 『연초재유고』에 수록된 〈창랑옹모산별업십육경소지(滄浪翁茅山別業十六景小識)〉에 대한 역주(譯註) 작업을 펼치게 되었다. 우리는 이서우와 오상렴의 두 작품을 통해서, 김봉지로부터 연원한 '의림지십육경'의 전모와 그 풍취를 소상하게 음미할 수 있을 것이다. 나아가 두 작품을 완상(玩賞)하는 과정에서, 의림지 시문담론이 전승·발전·변형하는 흥미로운 장면들을 아울러 목격할 수 있을뿐더러, 특히 오상렴의 산문 작품인 〈창랑옹모산별업십육경소지〉에 내장된 기록문화적 가치에 큰 공감을 표하게 되리라 본다. 차제에 서두 부위에 〈창랑옹모산별업십육경소지〉에 대한 해제(解題)의 글을 덧붙임으로써, 작가의 시문 세계와 연동된 이 작품에 대한 심층적인 이해를 도모함과 동시에, 김이만과 마찬가지로 의림지와 각별한 인연이 있었던 오삼렴 삶의 이면에 관한 소개를 병행하는 조처를 취하기도 했다.

마지막 목차인 제4부에서 개진한 「전근대 시기 의림지의 생태환경과 제림(堤林)의 기원」이라는 논제는 서로 독립된 별도의 내용이긴 하나, 인간의 행태가 초래한 환경공학적 맥락에서는 유사한 일면을 공유한 주제이기도 하다. 실제 제4부의 제1장, 2장의 논의는 환경사와 생태사가 결합된 생태환경사(生態環境史) 범주에 해당하는 내용들로 이뤄져 있다. 특히 우리는 제4부의 논의를 통해서 의림지에 제림이 조성된 조선초기 무렵에서 시작해서 18세기 초·중엽에 이르기까지 인간과 환경 간의 교호적 상관관계를 생태환경사적 맥락에서 다시 반추하는 계기를 공유하게 될 것이다. 이에 제1, 2장의 순서를 바꿔서 내용의 대체를 간략히 정리해서 소개하기로 한다.

먼저, 의림지의 둑길[堤路]에 조성된 제림의 경우, 문화재청에 의해 '제천 의림지와 제림'이라는 명목하에 명승으로 전격 승격되면서, 그 존재감이 서서히 부각되기 시작한 대상에 해당한다. 이에 2006년에 문화재청이 제시한 설명에는 누락된 '제림의 역사적 기원과 현황'을 상세하게 논구하게 되었다. 특히 의림지 제림의 주종을 형성하고 있는 제로(堤路) 변의 소나무의 역사적 기원을 우선적으로 추적해서 검토함과 동시에, 또한 노송이 직면한 고사화(枯死化) 현상과 소나무 뿌리의 답압(踏壓) 스트레스 문제를 서술하고, 이에 대한 몇몇 대안들을 아울러 제시해 두었다.

나아가 유구한 의림지 역사의 생생한 증인인 수양버들이 무성한 세를 과시했던 지난날의 정황을 소개함과 더불어, 일제 강점기 이전까지는 다양한 잡목들이 공존했던 이 권역의 독특한 임상(林相)을 포착해 두었다. 인간 간섭기에 출현하기 시작했던 소나무와 일제(日帝)의 조경 사업에 의해 대폭 축소된 오늘날 수양버들의 지형도란, 의림지에 조성된 제림의 생멸(生滅) 양상과 함께, 인간과 이종(異種) 식생(植生) 간의 내밀한 상호 관계를 엿보게 해준다.

한편 환경공학 분야에서 2012~2018년 연간에 걸쳐서 조사한 의림지에 대한 환경평가지수는, 이 권역의 수질·생태환경의 현주소가 매우 부정적인 방향으로 치달리고 있음을 확인시켜 준다. 이처럼 악화 일로로 치닫는 오늘날 의림지의 수질·생태환경이란, 18세기를 전후로 한 무렵에 실증적 지식인이었던 학고 김이만이 포착해 둔 그것과는 판이한 양상인 것이다. 이에 김이만의 문집인『학고집(鶴皐集)』에 묘사된 전근대 시기 의림지의 생태환경을 식물종과 조류(鳥類)·어족(魚族)·수양버들만[柳灣] 등의 영역으로 나누어 차례대로 소개하였다. 겸하여 인접한 용두산(龍頭山)의 식생 생태계가 의림지 권역에 연장되어 재현된 사실을 논급하기도 했다. 이처럼 충적세(沖積世, Holocene) 이래로 생물 다양성과 생태기능이 온전하게 전승·유지되었던 18세기의 생태환경이란, 의림지를 두고 "한반도 자연사의 변천 과정을 품고 있는 고문서(古文書)"라는 생물학자의 평을 저절로 실감케 해준다.

　그런데 김이만은 의림지의 명산(名産)인 순채의 개체 수가 한때 급감했던 정황을 포착해 두기도 했다. 이 같은 사태가 초래된 이면에는 18세기 당시에 의림지 주변에 어촌(漁村)·어시장[漁市] 및 땔나무 가게[樵店] 따위로 구성된 촌락이 형성되었기 때문이었다. 자연히 한랭·청정했던 의림지의 수질이 점차 오염되기 시작했고, 그 결과 왕성했던 순채의 개체 수에도 큰 변화를 초래하게 되었던 것이다. 이 같은 역사적 정황은 2012년 이후로 연구 조사된 일련의 환경평가지수와 함께, 청정·한랭한 수질을 유지하는 문제가 의림지의 미래를 보증하기 위한 일대 관건임을 시사해 준다. 또한 18세기에 자행된 용두산 산림에 대한 남벌(濫伐) 현상은 수리체계인 의림지에 상당히 부정적인 파급력을 행사하게 될 것임이 예상되기도 했다.

　결과적으로 제4부의 논의는 의림지의 영원한 미래를 보장하는 길이란, 모든 현상의 주체인 인간의 자유의지를 행사하는 방식과 비례 관계하에 놓여 있다는 종교철학적·윤리학적 차원에서의 중차대한 메시지를 환기시켜 주기도 한다. 이는 자연환경에 군림해 왔던 근대적 인간의 지배적 위상을 대폭 완화시키는 이른바 '생태학적 전환(ecological turn)'의 의미가 반영된 생태환경사가 지향하는 목표와 접점(接點)을 형성하는 지점이기도 하다. 그런 점에서 금번 의림지 연구에 채택한 인문지리학적 접근과 생태환경사적 관점이란, 이 천혜의 경관적·역사적·문화적 공간의 영구한 미래를 보증(保證)하기 위한 지적 고민이 표출된 결과임을 자연스럽게 이해하게 된다.

제2부

의림지 시축 담론(始築談論)과
관개 · 수리시설

의림지의 시축 담론에 대한 학제적 연구

충북 제천에 위치한 의림지는 국내에서 가장 오래된 저수지이자 호수로, 한반도의 유구한 농경문화의 원형을 잘 보존하고 있는 역사적 공간이다. 예로부터 의림지는 풍부한 담수 용량과 천혜의 입지 조건 등으로 인하여 제천의 생명수와도 같은 역할을 지속적으로 수행해 왔다. 이 같은 의림지의 절대적인 역할과 상징적 존재감이란, 단연 절대 우위를 점했던 관개(灌漑)·몽리(蒙利) 면적에 대한 통계치를 통해서도 그 실상이 명증하게 입증된 바가 있다. 그런 만큼이나 의림지가 최초로 축조된 시점, 곧 이른바 의림지 시축설을 둘러싼 의론은 가장 핵심적인 쟁점을 형성해 왔다. 특히 원로 국사학자였던 이병도가 『두계잡필』(1956)을 통해서 의림지가 삼한시대(三韓時代) 때 축조되었다는 학설을 제창한 이후로, 한때 이 설은 부동의 정론처럼 널리 수용되기도 했다.

그러나 지질·고고학적 차원에서의 실증적 근거가 결여된 이병도의 삼한시대 시축설은 학계의 비판적인 문제 제기를 감당해야만 했다. 대신에 고구려(高句麗) 영유기에서 통일신라시대(統一新羅時代)에 이르는 시기에 의림지가 최초로 축조되었을 것이라는 대안적 학설들이 순차적으로 제기되는 국면을 맞이하게 되었다. 그런가 하면 의림지 제방과 지내(池內)의 호저(湖低)에서 채취한 시료(試料)를 대상으로 하여 한국지질자원연구원(2009)과 국립중원문화재연구소(2013)에서 순차적으로 시행한 연대측정 결과, 삼한시대 시축설을 뒷받침할 만한 의미 있는 연대치가 잇달아 제시되어 큰 주목을 받기도 하였다.

　이에 이번 제1장의 논의에서는 제천 출신의 조선조 사대부들인 연초재(燕超齋) 오상렴(吳尙濂, 1680~1707)의 시문집인 『연초재유고(燕超齋遺稿)』에 수록된 '진섭(振屧)[신털이]' 설화에 대한 분석과 함께, 임호(林湖) 박수검(朴守儉, 1629~1698)의 『임호집(林湖集)』에 수록된 가칭 삼한시대 개벽설(開闢說)을 발굴해서 소개하는 형식을 빌린 보론을 개진하게 되었다. 겸하여 『삼국사기(三國史記)』 지리지(地理志)에 나타난 '대제(大堤)'의 의미를 반추하면서, 삼한시대에 축조된 제방의 규모와 완성도를 추정해 보았다. 삼한시대 때 처음으로 축조된 제방은 기존 자연 제방에 인공 제방을 연접시킨 형식을 취했을 것으로 추정된다. 또한 제방의 완성도나 규모라는 측면에서 『삼국사기』 지리지에 기록된 '대제'는 물론이고, 2022년 현재의 그것과는 상이한 모습을 취했을 것으로 판단되기도 한다.

　나아가 의림지 시축 담론과 맞물려 있는 충적세(Holocene)의 자연환경을 대상으로 한 지화학적·자연지리학적·고생물학적 연구 성과들도 선별적으로 소개함으로써, 초축(初築) 시기를 전후로 해서 제방이 축조된 이면에 관한 깊이 있는 이해를 도모하기도 했다. 그 결과 삼한시대 때 시축된 의림지는 2022년 현재의 대규모 제방과는 다소 변별되는 완성도를 취했을 개연성을 재차 확인하게 되었다. 오상렴의 시문집인 『연초재유고』에 수록된 '진섭' 설화와 박수검이 전언한 삼한시대 개벽설은 시축기의 정보를 담은 희귀한 구전설화로, 역사서에서는 발견되지 않는 나름의 기록적 가치를 내장하고 있다. 그리하여 미필적 결과라는 측면에서 볼 때, 삼한시대 시축설은 구전설화와 고고학·지화학·자연지리학·고생물학적 연구 성과들에 의해 타당성이 입증되는 결과로 이어지게 되었다. 물론 이러한 결과는 애초 이병도 스스로도 전혀 의도한 바가 아니었다. 그런 의미에서 학제적 접근 방법론을 채택해서 개진한 이번 장의 보론은, 의림지 시축 담론의 전개 과정에서 새로운 논의 거리를 제공할 것으로 전망된다.

1. 문제의 제기

충북 제천시 모산동 241번지에 소재한 의림지는 국내 최고(最古)의 저수지로, 농경문화의 원형을 잘 간직하고 있는 천혜의 역사적 공간이다. 의림지가 1976년 12월에 충청북도 기념물로 지정되었다가, 2006년 12월에 이르러 다시 명승(名勝)으로 승격된 것도 뛰어난 역사적·문화적·자연적 가치에 힘입은 결과였다. 이와 동시에 의림지를 대상으로 한 역사·지질·고고학 및 문학·문화학 방면의 제반 연구 성과도 차츰 활기를 띰으로써, 학계의 공적 담론의 장(場)과 결속되기 시작했던 정황도 대단히 고무적인 현상이다.

그중에서도 역사학과 지질·고고학 연구자들에 의해 주도된 최초로 제방(堤防)을 축조한 시기를 둘러싼 시축설(始築說) 논의는, 의림지가 탄생된 연원을 탐구하기 위한 핵심적인 담론의 성격을 띠고 있다. 전반적으로 의림지의 기원을 둘러싼 이 의론은 원로 역사학자였던 두계(斗溪) 이병도(李丙燾, 1896~1989)가 제창한 이른바 삼한시대 시축설에 대해서 이유 있는 반론을 단계적으로 제기하는 양상을 보여주고 있다. 그리하여 의림지를 최초로 축조한 시기에 대한 이 담론의 얼개는 ① 삼한시대 시축설, ② 삼국시대 말엽에서 통일신라시대 연간 축조설, ③ 고려시대 축조설, ④ 조선 초기 수축설(修築說) 등과 같이 일정한 시기별로 나눠서 보다 정치해진 논의를 도출해 내는 성과로 이어졌다. 결과적으로 의림지 영건사(營建史)의 흐름을 전시해 보인 ①에서 ④에 이르는 논의란, '시축·초축(初築)'과 '수축·증축(增築)'이라는 상이한 두 계열의 의론을 반영해 주기도 한다.

그런데 의림지를 직간접적으로 취급한 고문헌 자료로는『삼국사기(三國史記)』를 위시하여『세종실록지리지(世宗實錄地理志)』와 조선 후기에 작성된『여지도서(輿地圖書)』및『제천현지(堤川縣誌)』등과 같은 몇몇 역사서와 읍지류(邑誌類)에 국한된 실정이다. 물론 전래의 구비전승 혹은 설화(說話)도 나름의 자료적 가치를 지니고 있지만, 실증적인 설득력의 문제가 뒤따르므로 신중한 해석을 요구하고 있다. 또한 의림지 시축설을 다룬 선행 연구들의 경우, 적시한 네댓 부류의 문헌 자료들을 충분히 검토한 토대 위에서 논의가 이뤄졌기에, 이미 제시된 몇몇 결론의 범위를 벗어난 새로운 창안(創案)을 기대하기가 어려운 것도 사실이다.

그렇다고 하더라도 기왕에 제시된 연구 성과의 내용을 부분적으로 보완하는 가운데, 새로 발굴한 정보들을 주입(注入)하면서 재음미하는 형식을 취한 보론(補論)의 중요성은 언제나 유효하다. 더욱이 의림지를 대상으로 하여 지속적인 연구를 수행하는 연구자란 극히 제한된 현실을 감안하자면, 이 역사적 공간의 시축설과 관련된 보론 형식의 논의는 또 다른 후속 연구를 파생할만한 촉매제로 기능할 것으로 전망되기도 한다. 다만, 이번의 논의에서는 의림지 영건사의 전 과정을 모두 취급하기보다는, 최대의 쟁점인 삼한시대 시축설에 한정한 차원에서의 보론을 개진할 계획이다. 왜냐하면 삼국시대에서 조선 후기 무렵에 이뤄진 의림지 축조 의론은 수축 혹은 증축의 맥락에서 또 다른 지면을 통해서 다루는 편이 훨씬 타당한 것으로 판단되기 때문이다.

그리하여 이번의 논의에서는 기존에 제시된 삼한시대 시축설과 이에 대한 비판적 시각들을 간략히 정리해서 우선적으로 소개할 계획이다. 그런 다음에 제천에 연고를 둔 조선시대 사대부들인 연초재(燕超齋) 오상렴(吳尙濂, 1680~1707)의『연초재유고(燕超齋遺稿)』와 함께, 임호(林湖) 박수검(朴守儉, 1629~1698)의 문집인『임호집』의 해당 기록들 원용함으로써, 제한된 문헌 자료의 범위를 보다 확장시키는 차원에서의 논의 방식을 채택하게 되었다. 또한 큰 방죽·제방을 뜻하는 '대제

(大堤)'의 의미를 곱씹으면서, 삼한시대 때 축조된 의림지의 제방이 과연 삼국시대 이후의 그것과 동일한 규모와 완성도를 취했는지 하는 문제를 검토하였다. 나아가 의림지 시축 시기의 자연환경을 취급한 연구 성과를 선별적으로 소개함으로써, 시축 담론에 대한 이해의 폭을 보다 제고시키는 방편으로 삼기도 하였다.

이번 논의에서 새롭게 유인한 고문헌 자료들은 의림지 시축 담론과 관련하여 희귀한 마지막 고문헌 사료의 성격을 띠고 있을뿐더러, 이 방면의 연구에 처음으로 채택한 학제적 방법론은 보론의 효율을 최상화하기 위한 고민이 반영된 결과이다. 이처럼 희소한 문헌 자료와 복학적인 방법론의 토대 위에서, 그간 축적된 연구 성과들을 보완하는 차원에서의 논의를 전개함으로써, 의림지 시축 담론의 지평을 보다 확장시키는 계기로 삼고자 한다.

2. 삼한시대(三韓時代) 시축설(始築說)과 구전설화

1) 두계(斗溪) 이병도(李丙燾)의 학설

기원 혹은 시초와 관련된 제반 학설들은 매우 본질적인 성격을 띠게 된다. 특히 종교철학적 차원에서의 기원 담론은 창조주나 이와 유사한 권능을 지닌 존재로까지 연원이 무한히 소급되는 경향을 보여준다. 반면에 구체적인 형상을 지닌 사물을 대상으로 한 기원 담론은 시공(時空)의 무대를 명확하게 설정하는 특징이 있다. 이와 마찬가지로 의림지의 태생적 시원을 둘러싼 시축 혹은 초축 담론도 시기와 정형(定形)의 문제에 대한 가시적인 해명을 요구하게 된다.

그런 점에서 이병도가 최초로 제창한 이른바 삼한시대 축조설은 논의의 타당성 여부를 차치하고서라도, 의림지 영건사에서 매우 특별한 담론의 위상을 점유하게 된다. 왜냐하면 원로 역사학자였던 이병도가 제기한 일설(一說)이란, 의림지의 기원을 취급한 최초의 논의에 해당하기 때문이다. 그러면 이제 이병도가 제기한 학설의 얼개를 정리해 보임과 동시에, 또한 이 가설에 대한 후속 연구자들의 비판적인 시각이 투영된 논의들도 아울러 소개하도록 하겠다.

이미 널리 알려진 사실처럼, 이병도가 1956년에 삼한시대 시축설을 제기한 것은 「한국 수전(水田)의 기원」이라는 수필을 통해서였다.[1] 이 글에서 이병도는 삼한시대 벼농사의 발달 추이를 언급하면서 저수지 축조 문제를 간략하게 언급한 바가 있다. 이를테면 마한(馬韓)에 소속된 일국인 '모탁(牟涿)'[우휴모탁국(優休牟涿國)]이나, 변한(弁韓)·진한(辰韓)에 소속된 '미동(彌凍)'[미리미동국(彌離彌凍國)·난미리미동국(難彌離彌凍國)·고자미동국(古資彌凍國)] 등의 경우, 우리 말 '물둑·물동'의 음역으로 수제(水堤)로 인해 생긴 지명(地名)이라는 것이다. 이처럼 이병도는 언어학적 추론에 입각하여 제천 의림지와 김제(金堤)의 벽골제(碧骨堤), 그리고 의성(宜城)의 대제지(大堤池)와 상주(尙州)의 공검지(恭儉池) 등이 모두 삼한 시기에 축조되었을 것이라는 주장을 펼쳤던 것이다.

그리고 3년 후에 이병도는 그간에 축적된 연구 성과를 정리·편집한 『한국사(韓國史)·고대편(古代篇)』(1959)을 통해서 기존의 삼한 시축설을 재차 논급하였다.[2] 그리하여 근대 한국사학의 수립에 기여한 이병도의 학문적 권위로 인해 의림지는 중·고등학교 『국사』 교과서에서 삼한시대의 대표적인 농경문화 유적지로 사진과 함께 수록되었고, 마침내 대내외적으로 부동의 정설로 공인되기에 이른다.[3] 그러나 1997년 12월에 개정된 제7차 교육과정에 의거한 『국사』 교과서에는 의림

---

1 李丙燾, 『두계잡필(斗溪雜筆)』, 일조각, 1956, 48~51쪽.

2 李丙燾·金載元 共著, 「南方行列의 諸社會—三韓—(第五編)」, 震檀學會 編, 『韓國史·古代篇』, 乙酉文化社, 1972, 261~324쪽.

3 국사편찬위원회, 『중학교 국사(상)』, 1996, 교육부, 32쪽 및 『고등학교 국사(상)』, 1996, 교육부, 35~36쪽.

지에 관한 내용은 빠진 상태다. 이는 의림지와 관련된 이병도의 설에 문제가 있음을 방증해 주는 것으로, 그간 학계 일각에서 제기한 비판적 시각을 의식한 결과이기도 했다.

이상과 같은 이병도의 학설에 대해 구완회(1999)는 삼한시대 때 철제 농기구의 보급과 함께, 벼농사가 본격화된 사실은 학계의 공론임을 환기시키면서도,[4] 의림지를 삼한시대의 저수지로 규정한 것은 구체적인 연구의 결과로서가 아닌, 즉 원로 국사학자인 이병도의 저술에서 그렇게 언급했기 때문에 당연시되었을 뿐이라는 이유 있는 반론을 공식적으로 제기하였다.[5] 이와 동시에 그는 의림지가 삼한 시기의 농업문화유산이라는 통설이 입증된다면, 당시 남부 지역에 산재했던 약 78여 소국 중에서 대규모의 수리 시설을 건설할 만큼 권력을 집중시킨 국가의 성장을 상상해 볼 수 있다는 의견을 피력하기도 했다.[6]

이를테면 중앙의 지배 세력이 '제방(隄防) 혹은 제언(堤堰)'[7] 축조에 직접 관여한 끝에, 대규모의 노동력이 동원되어 건립된 김제 벽골제의 사례[8]를 참고할 필요가

---

4 구완회, 「제천 의림지에 관한 역사적 검토」, 『의림지유산과 농경문화』, 제천문화원, 2013, 116쪽. 이 논문은 의림지에 대한 첫 번째 역사학 방면의 연구에 해당하는 구완회, 「제천 의림지에 관한 역사적 검토」, 『인문사회과학연구』 7, 세명대 인문사회과학연구소, 1999의 것을 보완해서 수록한 것이다.

5 구완회, 「제천 의림지의 경제·문화적 활용에 관한 역사적 검토」, 『조선사연구』 28, 조선사연구회, 2019, 131쪽.

6 구완회, 앞의 논문, 2013, 117쪽.

7 제방과 제언은 내용상 동의어에 해당한다. 다만, 『삼국사기(三國史記)』에는 '제방'이라는 표현만 보이며, 제방(堤坊)[1회]보다는 제방(隄防)[3회]으로 표기한 사례가 더 많다. 한편 '제언'이라는 단어는 『고려사(高麗史)』와 『고려사절요(高麗史節要)』에서 등장한 이래로 조선시대에 이르러 일반화되기 시작했으나, '제방'이라는 표현을 더 많이 사용하고 있다. 따라서 이하에서는 연원도 훨씬 깊으면서 여전히 사람들이 즐겨 사용하는 제방이라는 단어를 주로 사용하고자 한다.

있다는 의미인 것이다. 참고로 1415년[乙未](태종 15)에 무너진 벽골제를 수치(修治)하기 위한 공사에서는 "사역된 백성들이 겨우 2만 명으로 20여 일 만에 공사[事功]가 완성되었다."[9]고 전한 김제 출신의 수군도절제사 박초(朴礎, 1367~1454)의 세종(世宗)에 대한 보고가 남아있어 어느 정도 참고가 된다. 또한 같은 『세종실록』에는 고부군(古阜郡) 눌제(訥堤)의 경우, 세종 원년인 "1418년[戊戌] 가을에 겨우 1만 명을 사역하여 한 달 만에 완성하였다."고 기록하고 있다.[10] 적시한 두 사례는 대규모의 제방을 수축하는 데 소요된 시간이며 동원된 역민(役民)의 수효를 파악하는 작업에 크게 도움이 된다.

한편 양기석도 이병도가 제창한 삼한시대 시축설이 정밀한 학술조사를 통해 입론된 것이 아니라, 단지 관련 지명의 언어학적 해석에 근거하여 유추한 것에 불과하기 때문에, 비판없이 그대로 수용하기에는 불충분하다는 견해를 피력하였다.[11] 선행된 구완회의 비판적 시각과 같은 입장을 취한 것이다. 그런데 양기석이 제기한 비판은 그간 학계 일각에서 꾸준히 야기되었던 비판적 문제의식의 일단, 곧 이병도가 즐겨 채택했던 역사지리비정(歷史地理比定)의 문제점이 음상사(音相似)에 의한 비정(比定)에 있으며, 그 결과 그의 논거(論據)가 고고학적 방법론과 같은 새로운 자극에 쉽게 무너지는 이유로 작용한다는 시각[12]과 일맥 상통하는

---

8 윤무병, 「김제 벽골제 발굴 보고」, 『백제연구』 7, 충남대 백제연구소, 1976, 76쪽.

9 『世宗實錄』 卷11, 세종 3년 1월 16일[己卯], "金堤郡 碧骨堤, 自新羅已築之, 實東方巨澤 … 歲在乙未, 命知郡事金倣, 監督修治, 役民纔二萬, 僅二十有餘日, 而事功告成."

10 『世宗實錄』 卷11, 세종 3년 1월 16일[己卯], "且古阜之訥堤, 歲戊戌秋, 僅役萬人, 閱月而成."

11 양기석, 「제천 의림지의 역사성과 가치」, 『의림지유산과 농경문화』, 제천문화원, 2013, 86~87쪽.

12 이도학, 「李丙燾 韓國古代史 研究의 '實證性' 檢證」, 『백산학보』 98, 백산학회, 2014, 103~166쪽.

바가 있다. 물론 이병도의 학설은 자신의 수필집 모음인 잡필(雜筆)을 빌려서 제시된 것이기에, 공식적인 학적 담론의 형식을 취했던 것은 아니다. 그렇다고 하더라도 이병도가 제기한 일설이 전혀 일리가 없는 낭설로 치부하기 어려운 것도 사실이다.

그렇다면 차제에 이병도가 제기한 삼한시대 시축설을 좀 다른 각도에서 취급한 구비전승과 함께, 박수검의 문집인 『임호집』의 해당 자료를 살펴보기로 한다. 그런 다음에 이병도가 제기한 학설을 지탱할만한 지질·고고학적 연구 조사 결과를 아울러 소개함으로써, 삼한시대 시축설과 관련된 제반 의론들을 모두 반추하는 계기로 삼고자 한다.

2) '진섭(振屧)' 설화와 『임호집(林湖集)』의 기록

유서 깊은 역사를 간직한 의림지는 그 연륜에 상응하는 다양한 구비전승 혹은 설화(說話)를 파생한 민중 친화적인 공간이기도 하다. 또한 지난날 의림지 수변에는 다양한 누정(樓亭)들이 순차적으로 건립되었고, 특정 건물의 경우 전래의 구전설화와 결속되면서 탐방객들의 흥미를 한껏 돋구기도 하였다. 그런데 제천 출신의 관인(官人)·유자(儒者)였던 학고(鶴皐) 김이만(金履萬, 1683~1758)이 제방을 "최초[始]로 소착(疏鑿)한 때가 어느 시대[代]인지를 기록하지 않았다."고 밝힌 바와 같이,[13] 의림지 시축 담론과 관련된 고문헌 자료는 매우 희귀한 실정이다. 이런 사정을 고려하자면, 전래의 구전설화 또한 매우 유익한 간접적인 구비(口碑) 자료의 성격을 띠고 있는 것으로 평가된다. 특히 이번 논의 속으로 호출한 김이만·오상

---

13 金履萬, 『鶴皐集』卷9(한국문집총간 續65), 「雜著」, 〈山史·義林池〉, 한국고전번역원, 2008, 179쪽. "疏鑿之始, 莫記何代."

렴·박수검·김봉지 4인의 경우, 모두 제천에 연고를 둔 조선조 사대부이기에, 이들
이 전언한 이 지역 전래의 구전설화에 대한 기록적 가치에 특별한 관심이 쏠리게
한다.

특히 의림지 시축설과 관련해서 18세기를 전후로 하여 활동했던 남인(南人) 계열
의 지식인인 오상렴의 시문집인 『연초재유고』에 수록된 〈창랑옹모산별업십육경소
지(滄浪翁茅山別業十六景小識)〉[14]라는 작품이 자못 주목된다. 왜냐하면 〈창랑옹모산
별업십육경소지〉의 경우 의림지를 동심원의 중앙에 배치시킨 가운데, 그 좌우와
남북 지대를 아우른 18세기의 주요 상관물 16개 서술 단위들을 선별해서 극히
상세한 묘사를 가한 산문체 작품이기 때문이다. 〈창랑옹모산별업십육경소지〉에는
조선 후기 무렵에 이르기까지 작동되었던 의림지의 관개(灌漑)·수리(水利) 시설과
관련된 중요한 정보들도 포함되어 있는 상태다. 따라서 이 작품은 의림지의 수리사
(水利史)를 연구하는 작업에서 매우 귀중한 기록물로 평가된다.[15]

특히 밀양 부사를 역임한 남인 계열의 관인·유자였던 창랑(滄浪) 김봉지(金鳳
至, 1649~1713)가 의림지의 배수구에 해당하는 홍류동(紅流洞)의 용추폭포 아래
위치에 터했던 작은 못[곧 자식못(子池)[16]]과 동어의에 해당하는 "선지(鐥池)의 서쪽

---

14 吳尙濂, 『燕超齋遺稿(坤)』 卷5(미국 버클리대 동아시아도서관 소장본), 「雜著」, 〈滄浪翁茅
山別業十六景小識〉, 고려대 해외한국학자료센터, 38~42쪽. '창랑옹'이란 밀양(密陽) 부사
(府使)를 역임한 남인계 관인·유자였던 창랑 김봉지를 가리킨다. 또한 '모산별업'은 의림지가
위치한 모산동에서 별도의 유흥·완상 공간인 진섭헌과 후선각을 짓고 유유자적했던 일을
말한다.

15 김종수, 「연초재 오상렴의 〈창랑옹모산별업십육경소지〉에 대한 역주」, 『충북학』 21, 충북학
연구소, 2019, 65~66쪽.

16 의림지 관개·수리 시설의 특징인 이른바 '친지(親池)−자지(子池)−손지형(孫池型)' 구조를
나타낸 어휘로, 친지는 의림지를 가리킨다. 김종수, 「15~19세기 의림지(義林池)의 관개(灌漑)·
수리시설(水利施設) 연구」, 『한국전통문화연구』 18, 한국전통문화대 전통문화연구소, 2016,

비탈진 산기슭 위에" 건립한 "김씨(金氏)의 별서(別墅)[별장]인 진섭헌(振屧軒)"[17]과 결부된 구전설화는, 논의 중인 시축설의 문제와 관련하여 매우 중요한 시사점을 제공해 주고 있다. 이와 관련하여 오상렴은 당시까지 전승되어왔던 제천 지역의 구전설화를 아래처럼 상세하게 채록해 두었음이 주목된다.

"세상에서 이르기를, '맨 처음 (의림지) 제방을 쌓을 때에, 고을에서 부역한 사람들이 짚신[屝]에 달라붙은 진흙 티끌을 털면서 조성된 것이다.'라고들 한다. 그 말이 궤이하고 허황되어 근거가 없어, 족히 의거할 수 없으나, 그 서로 간에 전해져 이름[名]과 실제[實]가 된 지도 (이미) 오래되었다. 인하여 글로 칭하기를, '진섭(振屧)'-곧 나막신[혹은 안창]을 털다-운운한 것이다."[18]

언어학적 화용론(話用論, pragmatics)의 한 장면을 연상케 해주는 위의 인용문은 최종적으로 언어 발화자들에 의해 '진섭(振屧)' 두 글자로 귀착된 개념의 형성 과정을 잘 전시해 주고 있다. 윗글에 앞서 송곡(松谷) 이서우(李瑞雨, 1633~1709) 또한 "응당 나막신 떨던 사람들을 기억해야 할지니!"라고 읊조린 바가 있다.[19] 이서우는 오상렴의 스승인 관계였기에, 상기 인용문의 출처인 〈진섭헌〉에 대한 연원을 짐작

125~137쪽 참조.

17 金履萬, 『鶴臯集』 卷9, 「雜著」, 〈山史·義林池〉, 195쪽. "鑑池之西, 山麓坡陁, 上有振屧軒, 乃金氏別墅也." 별서(別墅)는 농장이나 들이 있는 주변에 한적하게 지은 집으로, 일종의 별장(別莊)에 해당한다.

18 吳尙濂, 『燕超齋遺稿(坤)』 卷5, 〈滄浪翁茅山別業十六景小識·振屧軒〉, 38쪽. "俗云 始築堤時, 鄉役者, 振黏屝塵土所成也, 其言詭誕不根, 未足據然, 其相傳爲名實久, 因而文之稱振屧云." 오상렴은 1707년에 27세의 나이로 요절했으므로, 진섭헌은 그보다 훨씬 이전 시기에 창건되었을 것으로 추정된다.

19 李瑞雨, 『松坡集』 卷10(한국문집총간 續41), 「詩」, 〈金密陽鳳至堤川十六景〉, 한국고전번역원, 2007, 193쪽. "岳塵相變遷, 池軒更敞豁, 應知振屧人, 別有凌波襪, 右振屧軒."

케 해준다. 또한 이서우가 지은 〈김밀양봉지제천십육경(金密陽鳳至堤川十六景)〉의 경우, 밀양 부사를 역임한 창랑 김봉지의 〈제천십육경〉에 화답한 시작(詩作)이었으므로, 제천에 연고를 둔 남인계 구성원들 사이에서 진섭 설화가 공유된 상태였음을 알 수 있다. 이는 17~18세기에 이르도록 제천 지역에서 진섭 설화가 간단없이 전승되어왔다는 사실을 방증해 주기도 한다.

한편 윗글은 조선 후기인 18세기에 이르기까지 '큰 제방'[大堤][20]으로 불렸던 의림지 제방을 축조했을 당시에, 질펀한 진흙 바닥에서 고난도의 공사를 감당하였을 향역자(鄕役者)들의 고충이 설화로 전승되어 왔다는 점에서도 대단히 중요한 의미를 지닌다.[21] 물론 한 문장 내에서 상고적의 신발을 '짚신[扉]'이라거나, 혹은 '나막신·안창·짚신·목리(木履)' 등의 의미를 모두 담지한 '섭(屧)' 자로 표기한 차이점도 발견되지만, 결코 논의의 흐름을 해치지는 않는다. 기실 의림지 북서쪽에 마주한 신월산(新月山)의 이명이 진섭산(振屧山)이었으며, 이 산의 신털이봉[속칭(俗稱) 신떠리봉(峯)][22]은 상기 인용문을 통해서 소개한 구전설화는 탈각시킨 채, 여러 그루의 노송(老松)들 사이에 에워싸인 상태에서 천고(千古)의 세월을 이어가고 있다.

아마도 역민(役民)들이 의림지 제방을 축조하기 위한 공사를 하던 도중에, 틈틈이 춥고 그늘진 서쪽의 산자락 공간을 벗어나 산꼭대기로 올라가 햇볕을 쬐면서

---

20 姜瑜, 『商谷集』 卷1(한국문집총간 續27), 「詩」, 〈寄朴正郎學魯日省〉, 민족문화추진위원회, 2006, 144쪽. "航髒違流俗 … 晴窻如有夢, 須訪大堤東.(余方居堤庄, 故末句云.)" 본관이 진주(晉州)인 상곡 강유(1597~1668)는 제천 출신으로, 문무를 겸비하여 황해감사·경기수군절도사 등을 역임하였다. 사대부들이 남긴 문집을 포함한 고문헌 자료에는 의림지의 제방을 주로 '대제'로 지칭한 사례가 많다.

21 김종수, 「18세기 堤川 義林池의 樓亭文化」, 『열상고전연구』 44, 열상고전연구회, 2015, 56쪽.

22 堤川郡誌編纂委員會 編, 『堤川郡誌』, 「振屧軒(진섭헌)」, 1969, 520쪽.

신발에 묻은 진흙더미를 툭툭 털곤 했을 것으로 상상된다. 더욱이 제방이나 성곽(城郭)을 수축하는 공사란 농한기[農隙]를 택해서 주로 늦가을에서 초겨울 무렵에 진행되었기에,[23] 강추위가 맹위를 떨치는 제천 지역에서 이들은 햇살이 좋은 진섭산 정상에서 손발에 온기가 회복하곤 했을 것으로 짐작된다. 그런 점에서 '진섭' 설화나 신털이봉이라는 명칭은 충분한 이유와 맥락을 간직한 어휘임을 이해하게 된다. 이는 텍스트 이론에서 현재의 발화 상황 또는 복원 가능한 상황에 적질하게 관련시켜 주는 이른바 상황성(situationality)의 원리를 환기시켜 주는 일 사례로,[24] 이를 오상렴은 "그 서로 간에 전해져 이름[名]과 실제[實]가 된 지도 (이미) 오래 되었다."며 에둘러 표현했던 것이다. 따라서 비록 채록자인 오상렴이 상기 인용문을 겨냥해서 "그 말이 궤이하고 허황되어 근거가 없어, 족히 의거할 수 없다."는 실증적인 비판을 가했지만, '진섭' 두 글자 속에는 의림지 시축설과 유관한 상고(上古)적의 자취가 스며 있음을 간취하게 된다.

그렇다면 과연 "맨 처음 제방을 쌓을 때(始築堤時)"란 어느 시점을 지칭한 것일까? 이병도의 주장대로라면 삼한시대일 것임이 자명해지나, 성급하게 곧바로 확정 짓지는 않겠다. 그런데 제천 출신의 노론(老論) 계열의 관인·유자였던 박수검의 문집인 『임호집』에는 논의 중인 사안과 관련하여 매우 의미심장한 기록을 남겼음이 주목된다. 박수검은 〈의림지에 차운(次韻)하여 명부(明府)에게 드리는 20운(韻)〉이라는 제하의 칠언배율 시작(詩作)을 통해서 의림지 시축설의 문제를 다음과 같이 채록해 두었기 때문이다.

---

23 『成宗實錄』卷46, 성종 5년 8월 4일[丙戌], "御經筵, 講訖, 上問領事洪允成日, 延安南大池, 今欲遣人修築若何, 允成對日, 待農隙發遣爲便.";李肯翊, 『燃藜室記述·別集』卷11, 「政敎典故」,〈堤堰(附 水車)〉, "當秋冬交, 修築堤堰, 以儲雪水."

24 고영근, 「텍스트 형성에 있어서 응결성과 응집성의 문제(제5장)」, 『텍스트 이론: 언어 통합론의 이론과 실제』, 아르케, 1999, 137~188쪽.

"깊은 하천에 넘실거리는 푸른 물은 곧 관개[開灌]를 시작할 것이요

빼어난 폭포 여울로 트여 변하여 넘침을 경계하노니

흩날리는 물거품에 상쾌함이 더해져 유객은 흥겹고

잔물결은 두루 흘러 고을 사람들이 농사를 짓누나

영구(靈區)는 저 멀리 삼한(三韓)부터 열렸으니

수승한 경개[勝槩]가 인하여 사군(四郡)에 겸하여 울리네"[25]

위 시의 전반부는 의림지의 배수구인 용추폭포에서 흘러내린 물 덕분에 아래 지대인 청전들에 관개가 가능해지면서 논농사가 용이해진 17세기 중·후반 무렵의 정황 묘사가 드러나 있다. 또한 용추폭포[龍瀑]가 이곳을 찾는 숱한 유객(遊客)들에게 시원한 즐거움을 선사하는 혜택도 선사함을 감탄조로 읊조리기도 하였다. 보다 더 중요한 사실은 박수검이 "영구(靈區)는 저 멀리 삼한(三韓)부터 열렸다."고 전언한 대목일 것이다. '영험·신비한 구역'이라는 의미인 '영구(靈區)'라는 표현은 '승지(勝地)·승구(勝區)·명구(名區)·영경(靈境)'[26] 따위와 같은 어휘들과 더불어, "옛적부터 의림지[義林]는 절경(絕境)으로 일컬었다."고 했듯이,[27] 수승한 경관을 자랑하는 의림지를 지칭하는 표현으로, 오늘날 명승과 내용상 동의어에 해당한다. 이러한 의림지가 삼한시대 때 '열렸다[闢]'고 기술한 것은 바로 '시축'의 의미를

---

25 朴守儉, 『林湖集』 卷4(한국문집총간 續39), 「七言排律」, 〈次義林池韻, 呈明府, 二十韻〉, 한국고전번역원, 2007, 261쪽. "深渠漲綠便開灌, 絕瀑疏湍戒變盈, 飛沫爽添遊客興, 餘波流遍邑民耕, 靈區遠自三韓闢, 勝槩仍兼四郡鳴." '명부(明府)'는 당시 제천 현감의 자(字)인 듯하다.(같은 책, 261쪽): "卽今賢宰播仁聲, 深潭厚澤同流普." 또 '사군(四郡)'이란 호좌권인 청풍·제천·단양·영춘을 가리킨다.

26 김종수 외, 『제천의 樓亭과 의림지』, 제천문화원, 2016, 48쪽.

27 朴守儉, 『林湖集』 卷4, 「七言排律」, 〈次義林池韻, 呈明府, 二十韻〉, 261쪽. "從古義林稱絕境, 卽今賢宰播仁聲 …"

나타내었다는 점에서, 박수검의 상기 전언은 대단히 중요한 기록적 가치를 발휘하고 있다.

그렇다면 박수검은 과연 그 무엇에 근거해서 저러한 기록을 남겼던 것일까? 박수검은 동국의 역사를 개관한 『진사통고(震史通考)』를 저술한 역사학자이기도 했었기에,[28] 그의 증언에는 구전설화와는 다른 무게감이 느껴진다. 기실 박수검은 숙종(肅宗 1) 원년에 기사관(記事官) 자격으로 참석한 경연(經筵)에서 고구려사(高句麗史)에 대한 해박한 지식을 바탕으로 해서 남인의 영수였던 미수(眉叟) 허목(許穆, 1595~1682)의 잘못된 해의(解義)를 반박하고 시정했을 정도의 실력을 입증한 사실이 있다.[29] 이는 박수검이 『삼국사기』에 수록된 의림지와 관련된 기록들도 훤히 파악하고 있었다는 사실을 방증해 주기도 한다. 또한 문헌상으로 '의림지[義臨堤]'라는 명칭을 최초로 기록한 것은 『세종실록지리지』(1454)이므로,[30] 박수검의 언술이 또 다른 전거(典據)에 기초하였던 것으로 보기는 어렵다.

그런데 줄곧 험난한 인생 여정을 감내했던 박수검의 경우, 그가 44세의 나이로 전시(殿試) 병과(丙科)에 합격하여 제천을 떠나기 이전에는 대부분의 시간을 고향에서 보냈음에 유의해 본다.[31] 아마도 박수검은 제천현(堤川縣) 일대에서 오래도록 구전되어왔던 '진섭' 설화를 소싯적부터 접한 이래로, 해박한 역사적 지식에

---

28 朴守儉, 『林湖集』, 「年譜」, 〈戊午年〉, 211쪽. "五十歲, 五月蒙放 … 是歲纂震史通考."

29 朴守儉, 『林湖集』, 「年譜」, 〈乙卯年〉, 210쪽. "公曰, 來奔于麗者, 非齔也, 及燕王弘也. □曰, 然. 弘之事也. 穆有憨色曰, 誤達矣. 公之敏於古事, 類如此." 이 부분은 『三國史記』 卷18, 「高句麗本紀」 第6, 〈長壽王〉 항목에 해당한다.

30 『世宗實錄』 卷149, 「地理志」, 〈忠淸道·忠州牧·堤川縣〉, "大堤一, 在縣北六里, 曰義臨堤. 【長五百三十尺, 灌漑田四百結.】

31 김종수, 「林湖 朴守儉의 생애와 저술 양상」, 『유교사상문화연구』 50, 한국유교학회, 2012, 45~53쪽.

입각하여 자기 나름의 시기 설정을 가한 결과가 아닐까 하고 추정해 본다. 여하간 박수검이 제기한 가칭 삼한시대 개벽설은 고문헌 상에 드러난 유일한 기록이라는 점에서, 매우 특별한 가치를 지니고 있는 것으로 평가된다.

그런가 하면 본디 박수검의 가문은 성이 왕씨(王氏)였으나 조선이 개국한 이후에, 집안을 보전하기 위해 의흥박씨(義興朴氏)로 개성(改姓)한 은밀한 내력을 간직하고 있다. 때문에 송경(松京)을 심방한 박수검은 원조(遠祖)로 화한 고려의 왕건(王建)을 기리면서, "누가 삼한(三韓)을 통합한 공(功)을 알겠는가?"[32]라며 태조를 회상한 바가 있다. 또한 이 칠언율시에서 운위된 '삼한'이란 『현종개수실록(顯宗改修實錄)』에서 "왕 태조(王太祖)가 삼한(三韓)을 통합한 공이 있기 때문에, 국조(國朝)에서 숭의전을 세워 받들었다."[33]고 운운한 문장 속의 그것과 정확히 일치하는 문맥이기도 하다. 다시 말해서 적기한 두 전거에서 언급된 삼한이란 후삼국 혹은 삼국을 지칭한 관용어에 해당하므로, 박수검이 "영구(靈區)는 저 멀리 삼한(三韓)부터 열렸다."고 읊조린 시구 속의 '삼한' 또한 동일한 문맥일 수 있다는 반론이 제기될 법도 하다. 그러나 앞서 논급한 바와 같이 박수검의 경우 『진사통고』를 저술했을 정도로 해박한 식견을 소유한 역사학자였다. 그런 박수검이 주요 역사적 사건과 관례적인 표현 간에 요구되는 세심한 변별력을 상실하지는 않았을 것으로 보인다. 예컨대 '저 멀리[遠自]'라는 표현을 구사함으로써, 의림지의 개벽이 아득한 상고적의 사건임을 나타낸 것은 이를 잘 방증해 주고 있다.

한편 의림지 시축 담론과 관련해서 2009년 6월에 제천시의 요청에 따라 한국지

---

32 朴守儉, 『林湖集』 卷2, 「七言律詩[上]」, 〈松京懷古次韻〉, 239쪽. "開京王氣半千終, 誰識三韓統合功 … 共隨人事亦流東."

33 『顯宗改修實錄』 卷4, 현종 1년 9월 5일[丁巳], "斗杓曰, 王太祖有統合三韓之功, 故國朝建崇義殿以奉之, 崇報之典, 不可少忽."

질자원연구원팀에서 의림지 제방 2곳 및 지내(池內)의 호저(湖低) 퇴적층 3개소에 대한 시추(試錐) 조사를 시행한 사실을 상기해 본다. 이때 제방 1호 시추공인 ER-1 이 착지한 해발 고도는 321.41m이고, 구멍을 뚫은 깊이는 18.0m였다. 총 5개 단위로 나눠서 진행된 조사에서, 제체(堤體)의 퇴적물 시료(試料)를 분석한 자료 중에는 AD 100년 전후라는 연대측정값이 제시되기도 했다.[34] 통상 BC 300년 ~AD 300년경의 기간을 삼한 시기로 설정하는 역사학계의 시대 구분법을 참고하 자면, 이 조사 결과는 상당히 이채로운 것이다. 때문에 곧장 언론의 큰 주목을 받기도 했다.[35] 또 다른 공동 연구에서는 문화 편년으로 볼 때 의림지는 청동기~철 기시대 및 고대사회 초기에 축조되었을 것으로 추정하기도 했다.[36] 이 연구 결과 또한 한국지질자원연구원팀의 조사와 동일한 맥락인 것이다. 이러한 연구·조사 결과들은 삼한시대에 이르러 벼농사가 활기를 띠었던 정황을 감안할 때에, 의림지 가 그 무렵에 축조되었을 가능성을 여전히 갖고 있다는 소견[37]을 실증적 차원에서 뒷받침해 주는 결과로도 이어졌다.

그뿐만 아니라 가장 최근인 2013년에 문화재청 산하인 국립중원문화재연구소 측의 주도하에 의림지 제방의 퇴적층에서 채취한 시료에 대한 연대를 측정한 결 과, 초축 시기가 삼한시대였을 가능성이 매우 높은 것으로 나타났다.[38] 이 조사는

---

34 김주용 외, 『제천 의림지 제4기 지질환경 및 자연과학분석 연구』, 한국지질자원연구원, 2009, 49~50쪽. 물론 C14 연대측정결과치는 BC 10세기~AD 6세기까지 폭넓게 분포되어 있어, 다양 한 해석의 소지를 제공해 주고 있는 것도 사실이다.

35 노승혁, 「"제천 의림지 삼한시대 축조"〈지질연구원〉」, 『연합뉴스』, 2009.4.9,

36 강상준 외, 「홀로세말 의림지의 호소환경과 식생변천 고찰」, 『第四紀學會誌』 23-2, 한국제4 기학회, 2009, 34쪽.

37 구완회, 앞의 논문, 2013, 127쪽.

38 박지훈, 「제천 의림지의 자연지리학적 연구」, 『堤川 義林池 시·발굴조사보고서(국립중원문 화재연구소 학술연구총서 제13책)』, 국립중원문화재연구소, 2014, 146쪽.

1구역 제방 북쪽벽의 토층 단면에서 직접 퇴적물을 채취하여 연대를 측정하였기에, 모래·자갈로 구성된 사력층(沙礫層) 직상(直上)의 유기물층 또는 부엽층에 대한 측정이 결여된 한국지질자원연구원팀의 성과(2009)를 크게 보강한 의의가 있다. 박지훈은 조사 결과를 보고한 총체적인 논문에서 부엽층과 유기물층의 연대치가 보정탄소연대로 BC 390~AD 410년으로 수렴되는 것으로 확인하였다. 또한 제방을 구성하고 있는 퇴적층 가운데 최하위 층위인 사력층 직상의 "유기물이 포함된 실트질 모래층"에서는 약 BC 350~50년의 연대치를 얻어내기도 하였다. 그리고 실트질 모래층 직상인 제6번 부엽층을 대상으로 한 연대측정에서도 AD 180~410년의 연대치를 획득한 것으로 밝혀졌다. 이에 박지훈은 BC 390년에서 AD 410년에 이르는 세 층위의 제방 연대 분포 결과를 종합해서 의림지의 초축 시기를 삼한시대로 추산했던 것이다. 그런 점에서 앞서 소개한 '신떨이[振儺]'설화라든가, 박수검이 전언한 삼한시대 개벽설의 경우, 이상에서 소개한 몇몇 연대측정 결과와도 상당히 정합적인 관계를 형성하고 있음이 확인되고 있다. 또한 이상에서 소개한 제반 정황들은 비록 이병도 스스로는 전혀 의도하지 않았던 내용이지만, 미필적 결과는 측면에서 그가 제기한 삼한시대 시축설의 타당성을 정당화시켜 주고 있다.

그런가 하면 식물 파편을 분석한 자료에 의거해서 1,200~1,100년 전인 AD 800년 정도로 추정되는 연대측정값도 아울러 제시되기도 했다.[39] 이는 통일신라시대 축조설을 지탱해 주는 연대치로, 실상 AD 800년을 전후로 한 시기에 제언이 축조되었던 것으로 추산하는 편이 가장 안정적이라는 견해의 근거로 작용하고 있다.[40] 이에 앞선 2000년도에 실시한 의림지 정밀지표조사에서는 호저 3m

---

39 김주용 외, 앞의 논문, 2009, 49~50쪽.
40 양기석, 앞의 논문, 2014, 91쪽.

60cm 지점의 지층에서 1,034~1,223년 전으로 추산되는 연대가 확인되었던 터라,[41] 통일신라시대 축조설도 여전히 설득력을 얻고 있다. 다만, 본 논의에서는 특정한 연대치에 따라 어느 하나의 설을 지지하기보다는, 여러 연구 성과들과 새로 발굴한 고문헌 자료를 재음미하는 방식을 통해서, 의림지 시축설 담론의 지평을 확장하기 위한 애초의 취지에 충실을 기하기로 한다.

이제 마지막 순서로 의림지 시축설의 관건에 해당하는 '큰 눅·방죽[大堤]'이라는 단어에 담긴 의미를 반추해 보기로 한다. 왜냐하면 의림지의 규모와 완성도를 언표한 '대제'라는 표현은 의림지의 역사를 탐구하는 도정에서 일대 키워드에 해당하는 의미를 내포하고 있기 때문이다. 나아가 이 사안과 맞물려 있는 시축기의 의림지 자연환경, 즉 제방을 최초로 축조했던 당시에 의림지 권역의 자연환경을 취급한 연구 성과들을 선별해서 소개하도록 하겠다.

3. 대제(大堤)의 의미와 시축기의 자연환경

1) '대제'의 의미

앞에서도 논급한 바와 같이, 의림지가 완비(完備)된 시점은 시내[奈]와 제방[吐]의 결합어인 '내토(奈吐)'라는 지명을 획득한 고구려 영유기 혹은 '제주(堤州)'로 개명하였던 통일신라시대로 소급하는 편이 적절해 보인다.[42] 물론 그렇다고 해서 '신떠리봉(峯)·진섭(振灄)' 설화에 담긴 의미나, 박수검이 전언한 삼한시대 개벽

---

41 김주용 외, 「의림지 지질분야 기초조사」, 충북대박물관·제천시, 『의림지정밀기초조사』, 조사보고 제69책, 2000, 77쪽.

42 『三國史記』 卷35, 雜志 第四, 地理二 新羅 奈堤郡, "本高句麗奈吐郡, 景德王改名. 今堤州."

설이 전혀 근거가 없지도 않았음은 두 연구 기관에서 순차적으로 제시한 연대측 정을 통해서 밝혀지기도 했다.

그런데 제천의 옛 지명인 내토군(奈吐郡)을 가리켜 달리 '대제(大堤)' 운운했다 는 『삼국사기』 지리지 〈우수주(牛首州)〉[43]의 기록을 참고하자면, 삼한시대와 고 구려 영유기 때의 의림지 제방의 규모에는 다소 차이가 있었을 것이라는 발상을 해보게 된다. 즉, '대제'란 삼국시대 이전 제방의 규모에 비해서 비교 우위적인 완성도를 갖춘 의미로 해독할 수도 있는 것이다. 이는 삼한시대 때 축조했던 의림 지의 제방이 과연 2022년 12월 현재의 모습과 동일한 규모며 완성도를 형성했을 까? 하는 의문과도 유비(類比)적인 관계를 형성하고 있다.

이 지점에서 우리는 '시축·초축' 혹은 '수축·수치(修治)·증축(增築)' 따위와 같 은 토목공학적 어휘들이 과연 어떤 의미이며, 또한 무엇을 기준으로 한 개념들인 가에 대해서 잠시 반추해 볼 필요가 있다. 다만, 본고에서는 삼국시대에서 일제 강점기에 적용됨직한 후자 계열의 어휘들에 대한 논의는 생략하기로 한다. 대신 에 18세기 초반 무렵에 이르도록 제천 지역에서 "지금 옛 방죽[古堤]으로 일컫는 바"[44], 곧 최초로 제방을 축조한 건을 나타낸 '시축·초축'에 담긴 의미만을 곱씹어 보기로 한다.

이 사안과 관련해서 『세종실록지리지』와 18세기 중반의 『여지도서(興地圖書)』, 그리고 19세기 후반에 간행된 다양한 읍지류(邑誌類)를 대상으로 한 구완회의 〈조 선시기 제언 수의 증감 추이 자료 도표〉에 관한 해설은 매우 유용한 시사점을 제공해 주고 있다.[45] 이 설명에 의하면 『세종실록지리지』에서는 단지 길이와 관

---

43 『三國史記』 卷37, 雜志 第六, 地理四 高句麗 牛首州, "… 奈吐郡, 一云大堤."

44 吳尙濂, 『燕超齋遺稿(坤)』 卷5, 〈滄浪翁茅山別業十六景小識·大堤〉, 40쪽, "堤之設, 盖起於 羅代勝國時 … 今所稱古堤, 卽其蹟也."

개 면적만으로 제방의 규모를 표기하였으나, 『여지도서』에서는 제언의 둘레와 깊이를 드러낸 차이가 있다고 한다. 다시 말해서 후대로 갈수록 제방의 규모나 완성도의 수준을 좀 더 자세하게 묘사했음을 알 수 있다. 이 같은 정황은 1662년(현종 3)에 입안된 『진휼청제언사목(賑恤廳堤堰事目)』의 아래 기록을 통해서도 재차 방증되고 있다.

"우리나라는 옛적부터 제언을 설치하여 곳곳마다 있고, 각도(各道)·각읍(各邑) 제언의 형지(形止)[실태], 길이와 넓이의 척수(尺數)가 모두 판적(版籍)에 기재되어 있다."[46]

윗글은 17세기 후반에 이르러 조선왕조가 전국에 분포한 제언의 현황[形止]과 함께, '길이·넓이·수심[尺數]' 등에 관한 정보들을 서책에 기록케 함으로써, 제방의 규모와 완성도 정도를 보다 실증적인 차원에서 정확하게 파악하려 했던 정황을 확인시켜 준다. 이상에서 적시한 몇몇 예시에서 착안되는 중요한 사실은 제방의 규모를 언표한 길이·너비·깊이·둘레 및 관개(灌漑)·몽리(蒙利) 면적에도 시대별로 상당한 차이가 있었다는 점이다. 따라서 삼한시대 때 시축된 의림지의 규모와 "현재의 의림지는 호반 둘레가 약 2㎞, 호수 면적은 15만 1,470㎡, 저수량은 661만 1,891㎥, 수심은 8~13m이다. 현재의 몽리 면적은 약 300정보에 이른다."고 기록한 『한국민족문화대백과사전』의 '의림지' 항목과는 판이한 양상을 취했을 것임이 분명해진다.

달리 삼한시대 때의 의림지는 조선 중기인 1629년(인조 7)에 구포(鷗浦) 나만갑

---

45 구완회, 앞의 논문, 2013, 122쪽의 〈표 2〉의 설명.
46 『備邊司謄錄』22冊, 현종 3년 1662년 1월 26일, "一, 我國, 自古設置堤堰, 處處有之, 各道各邑堤堰形止長廣尺數, 皆載版籍."

(羅萬甲, 1592~1642)이 국왕에게 "우리나라의 3대 연못은 제천(堤川)의 의림지(義林池), 함창(咸昌)의 공거지(公巨池), 연안(延安)의 남대지(南大池)입니다."[47]라고 보고했을 때의 규모와도 현격한 차이를 보였을 것이다. 물론 그 이전 시기로 "길이가 530척(尺)에, 관개(灌漑)하는 전답이 400여 결(結)"[48]에 달했던 세종 때의 '대제'와도 현격한 양상을 보였을 것이다.

그런 점에서 의림지의 규모를 반영한 『삼국사기』의 '대제'라는 어휘는 의림지 축조설의 관건, 곧 제방의 규모·완성도의 문제와 직결되는 개념임을 이해하게 된다. 즉, '대제'는 의림지의 길이에 주목한 『임호집』의 '긴 제방[長堤]'이라는 표현이라든가,[49] 혹은 소규모 제언을 나타낸 '소제(小堤)'[50]라는 단어와는 변별되는 어휘로, 의림지 영건사에서 가장 중요한 의미를 함축한 개념인 것이다. 물론 『세종실록지리지』의 〈충주목〉 항목에서 "큰 방죽[大堤]이 하나요, 작은 방죽[小堤]이 하나다."라고 기술하고 있어,[51] '소제'와 대비되는 '대제'가 반드시 의림지만을 지칭하는 것은 아니었다. 실제 충주 지역 제방의 경우, 일제 강점기 때인 1915년에 간행된 『최근지충주(最近之忠州)』의 〈제언〉 항목에도 '대제·소제'라는 명칭이 여타의 '대가미제(大加味堤)·김제(金堤)와 함께 나란히 수록되어 있다.[52] 이 사례는

---

47 『承政院日記』, 인조 7년 윤4월 19일[甲戌], "萬甲曰, 我國三大池, 堤川義林池, 咸昌幺巨池, 延安南大池."

48 『世宗實錄』卷149, 「地理志」, 〈忠淸道·忠州牧·堤川縣〉, "大堤一, 在縣北六里, 曰義臨堤. 【長五百三十尺, 灌漑田四百結.】"

49 朴守儉, 『林湖集』卷4, 「七言排律」, 〈次義林池韻, 呈明府, 二十韻〉, 261쪽. "涵源積水淵淵靜, 縮谷**長堤**隱隱橫 …""얽은 계곡엔 긴 제방이 은은하게 가로질렀고" 운운한 것은 의림지가 산곡형(山谷型) 제언임을 나타낸 것이다.

50 『世宗實錄地理志』, 「忠淸道」, 〈忠州牧〉, "大堤一, 小堤一.(長四百八十尺, 灌漑六十六結.)"

51 『世宗實錄地理志』, 「忠淸道」, 〈忠州牧〉, "大堤一, 小堤一."

52 정삼철 외 편역, 『1915년 충주[最近之忠州]』, 충북학연구소, 2021, 45쪽.

규모가 크고 작은 정도를 대비시킨 명칭임을 알 수 있다. 또한 사가정(四佳亭) 서거정(徐居正, 1420~1488)이 "층층의 산봉우리 둘러선 안에 큰 둑[大堤]은 평평한 데"라거나,[53] 달리 "작은 둑[小堤]의 버들은 아무도 관섭할 이 없어"[54]라며 대제와 소제를 대비시킨 경우도 동일한 맥락에서 이해할 수 있다. 다시 말해서 서거정이 사용한 시어인 '대제·소제'는 제방의 길이[長]를 대조적으로 형상화해 보인 것이다. 따라서 적시한 두어 사례는 지명의 변경을 추수한『삼국사기』지리지〈우수주〉의 '대제'와는 개념의 결이 다른 어휘임을 알 수 있다.

한편 1474년(성종 5) 8월에 "제천의 의림지는 전조(前朝)[고려] 때 쌓은 것인데, 근래에 수령들이 물고기 잡기로 인하여, 마침내 제방[堤]이 터지고 무너졌다."는『성종실록(成宗實錄)』의 기록으로 미뤄보건대,[55] 조선 전기 무렵에 수축된 의림지도 그리 건실한 수준은 아니었던 듯하다. 왜냐하면 한심한 수령들이 고기잡이 놀이를 위해 고의로 제방을 '결훼(決毁)'하였을 정도로 제방의 너비·높이가 부실했던 것으로 판단되기 때문이다. 이때 터진 제방이 의림지 아래에 있었던 것으로 보이는 보조 둑을 터뜨렸을 것이라는 소견도 있으나,[56] 이는 원문을 잘못 독해한 데서 비롯된 것이다. 또 의림지 하단에 보조 둑을 설치했을 것이라는 발상 자체도 이곳의 지형을 간과한 소치에 불과하다. 참고로 1972년 8월 18일에 발생한 집중호우(462mm)로 인해 만수위가 된 의림지는, 제방이 붕괴된 지 불과 30분 만에 수압에 의해 저수된 물이 완전히 빠졌다고 한다.[57] 이 전언은 고기잡이 유혹에

---

53 徐居正,『四佳集』卷5(한국문집총간 10),「第五 詩類」,〈密陽德民亭, 次權吉昌詩韻(五首)〉, 민족문화추진위원회, 1988, 304쪽. "層顚勢壓大堤平, 簾捲靑山活畵明."

54 徐居正,『四佳集』卷8,「第七 詩類」, 334쪽. "… 稻田水白麥溝靑, 小堤楊柳無人管."

55 『成宗實錄』卷46, 성종 5년 8월 4일[丙戌], "允成對日 … 堤川義林池前朝時所築, 近因守令捕魚, 堤遂決毁, 此堤灌漑甚廣, 亦宜築之."

56 김광언,「벼농사와 둑」,『의림지유산과 농경문화』, 제천문화원, 2013, 72쪽.

빠진 수령들의 처사라든가, 혹은 의림지의 수축·준설(浚渫) 작업과 관련해서도 중요한 정보적 가치를 지닌다.

보다 더 중요한 사실은 소규모 방죽을 뜻하는 '소제'라는 어휘와 『성종실록』에 엿보이는 기록 등은 상고적에 축조된 의림지의 제방 또한 그 규모나 완성도 면에서 '내토군(奈吐郡)·제주(堤州)'[58]로 불렸던 고구려 영유기 혹은 통일신라시대 경덕왕 (景德王, 742~765) 때와는 다소 차이가 있었을 것이라는 점이다. 다시 말해서 박수검이 "영구(靈區)는 저 멀리 삼한(三韓)부터 열렸다."고 전언한 의림지의 방죽은 『삼국사기』와 『세종실록지리지』에 수록된 '대제'와는 다소 거리가 있었을 것으로 추정된다. 무엇보다도 완성도 높은 대형 제방을 건립할 정도로 그에 상응하는 노동력을 동원할만한 제반 여건이 충족되었던가 하는 점이 핵심적인 요소일 것이다. 그런데 지금까지 진행된 연구·조사 중에서 이 문제에 대한 명쾌한 해답은 제시되지 못했고, 어쩌면 영원히 풀리지 않는 미제(未濟)로 남을 가능성이 크다고 본다. 물론 그렇다고 해서 추적의 단서가 전혀 없는 것은 아니다.

이 문제와 관련하여 초기 축제(築堤) 시기의 주변 산지에는 소나무림의 분포 영역이 확대되었으며 농경지에는 메밀 화분(花粉)이 출현되었던 정황을 고려하자면, 인간 간섭의 시대로 접어들면서 삼림 파괴가 일부 진행되었고, 거주민들이 농경 생활을 했을 가능성이 높다는 연구 결과가 있어 다소 참고가 된다.[59] 이는 다량의 소나무 꽃가루 산출이 자연에 대한 인간의 간섭의 시작으로 파악하고, 이를 농경 활동과 연계시킨 것은 또 다른 연구[60]와 일치하는 해석이다. 한편 의림

---

57 鄭印九, 「義林池 築堤에 關한 一考察」, 『한국임학회지』 23, 1974, 32쪽.
58 『三國史記』 卷35, 雜志 第四, 地理二 新羅 奈堤郡, "本高句麗奈吐郡, 景德王改名. 今堤州."
59 박지훈, 앞의 논문, 2014, 146~148쪽.
60 강상준 외, 앞의 논문, 2009, 42쪽.

지와 인접한 신월토지구획정리사업지구에 대한 조사 보고서(2003)에서는 원삼국
(原三國)시대[삼한]의 주거지 내부에서 경질무문토기와 격자문이 새겨진 심발형토
기 등이 확인되어, 기원후 1세기를 전후로 한 시기에 의림지 주변에 사람들이
거주하고 있었다는 사실이 입증되기도 했다.[61] 그러나 세 연구 조사 모두 의림지
제방 시축 당시의 인구 밀도를 추론해 내지는 못했다. 바로 이런 이유 때문에
의림지와 같은 대형 제언의 축조 시점이 삼국시대 이전으로 소급될 가능성은 높
지 않다는 판단이 내려진 것이다.[62]

아무튼 삼한시대 때 처음으로 축조된 의림지의 제방은 오늘날의 완벽한 모습은
물론이거니와, 삼국시대에서 조선 후기 무렵에 이르기까지의 그것과도 상당히
대비되는 외형을 취했을 것으로 추정된다. 그런가 하면 1972년에 둑이 붕괴된
직후에 현장을 찾아 최초로 의림지 제방의 단면도를 제시했던 정인구(1974)는, 전
체적으로 토사정지각(土砂靜止角)을 이용하여 점토층(粘土層)·낙엽층(落葉層) 등
의 복합적인 층위(層位)로 이뤄진 1,400여 년 전의 고대 축제(築堤) 기술이 최소의
노력으로 최대의 효과를 발휘할 수 있도록 역학적으로 축조되었다는 소견을 밝힌
사실이 있다.[63] 물론 '최소의 노력'에 함축된 노동력의 규모에 대해서는 함구하였

---

61 魚昌善,「堤川 義林池 築造方法과 年代에 관한 一考察」,『文化史學』40, 한국문화사학회,
2013, 59쪽. 이 논문에서 인용한 보고서의 정확한 명칭은『학술조사보고 제140책: 제천 신월
토지구획정리사업지구 문화유적 시·발굴조사 보고서』, 한국문화재보호재단, 2003이나, 널
리 보급되지 않은 탓에 직접 확인하기 어려웠다.

62 성정용,「제천 의림지의 특징과 수리사적 의의」,『의림지유산과 농경문화』, 제천문화원,
2013, 229쪽.

63 鄭印九, 앞의 논문, 1974, 31쪽. '1,400년' 운운한 것은 필자가 신라(新羅) 진흥왕(眞興王)
때 우륵(于勒)에 의한 의림지 시축설을 수용하였기 때문이다. 한편 정인구의 단면도는 국립중
원문화재연구소에서 발간한『제천 의림지 시·발굴조사보고서』(2014)에서는 수정 후 재편집
작업을 거친 끝에, 7개 층으로 구성된 도면을〈그림 8〉로 제시하였다.

다. 차후 국립중원문화재연구소의 조사 모델을 제공해 주었던 정인구의 제방 단면
도며 축제 방식에 대한 평가성 언술은 삼한시대 때 시축된 의림지의 경우도 고도의
토목공학적 기법이 적용되었을 개연성을 시사해 주고 있으나, 제방의 규모나 완성
도에 관한 한 추론을 불가능하게 한다.

참고로 한반도의 인구수를 처음으로 언급한『삼국사기』에서는 고구려가 마지막
왕인 보장왕(寶藏王, 642~668) 재위 기간에 약 "176성(城)에 69만여 호(戶)"를 구성
했던 것으로 기록하고 있다.[64] 또한 백제의 경우 "200성(城) 76만 호(戶)"[65]에 달하
는 호구(戶口) 밀도를 형성하였던 것으로 나타나 있다. 두 기록 모두 인구 수치가
누락된 상태지만, 호구수를 통한 간접적인 추산은 가능하다. 한편 그로부터 한참
이후 시기에 편찬된『세종실록지리지』에는 세종(世宗, 1410~1450) 때 제천현의
경우, "호수[戶]가 4백 15호요, 인구[口]가 1천 2백 35명"[66]이었던 것으로 집계되어
있다. 물론 적시한 세 부류의 기록만으로는 삼한시대 때 의림지 역사(役使)에 동원
된 노동력을 추산해 내기 어렵다. 그러나 적시한『삼국사기』와『세종실록지리지』
의 기록은 의림지 시축기의 호구·인구 문제와 관련해서, 가장 근접적이면서도
참작할만한 역사적 기록에 해당한다.

이상에서 논급한 제방의 규모와 완성도 및 노동력의 동원 문제 등과 같은 몇몇
전제하에서 이병도가 제창한 삼한시대 시축설에서는 생략된 담론의 외연(外延)에
대한 적절한 이해가 가능하리라 본다. 물론 이병도에 뒤이은 한국지질자원연구
원팀(2009)과 국립중원문화재연구소, 그리고 박지훈(2013) 등이 순차적으로 제시

64『三國史記』卷22,「高句麗本紀 第10」,〈寶藏王〉, "分五部·百七十六城·六十九萬餘戶, 爲九
都督府·四十二州·百縣."

65『三國史記』卷37,「雜志 第6」,〈地理4 百濟 〉, "舊有五部, 分統三十七郡·二百城·七十六
萬戶."

66『世宗實錄』卷149,「地理志·忠淸道·忠州牧」,〈堤川縣〉, "戶四百十五, 口一千二百三十五."

한 연대측정값을 둘러싼 연구 조사도 적시한 두서너 전제하에서 수행된 것임을 수긍하게 된다. 이제 마지막 논의 절차로 의림지 초축 시기 무렵에 형성했던 자연 환경을 다룬 기존의 연구 성과들을 선별적으로 소개하면서, 이 사안과 시축 담론의 연계점을 들여다보기로 한다.

2) 시축 시기의 자연환경

일단, 충적세의 기후 변화를 복원하여 초기 축조 기간 동안에 의림지의 기후는 온난하고 습윤했을 것으로 추정한 연구 조사를 환기시켜 두기로 한다.[67] 또 충적세 중기 무렵에 의림지 권역에 활발한 하천 작용이 있었다는 선행 연구란,[68] 이처럼 온난·습윤했던 기후 환경을 전제로 한 것임을 이해하게 된다. 또한 저수지 축조와 기후 변화와의 밀접한 관련성에 예의 주목한 끝에, 삼국시대의 건습(乾濕)의 변화를 건조기와 습윤기로 나눠서 살피고, 이를 제방 축조의 배경으로 설정한 논의도 상당한 설득력을 발휘하고 있다.[69] 『한국의 기후와 문화』(1985)를 저본으로 삼은 이 연구에서는 BC 51~AD 250년 연간을 습윤기로 규정했고, 이후의 삼국시대에는 건조기와 습윤기가 일정한 기간별로 교차적으로 재현된 기후 환경으로 파악했다.

한편 의림지에 대한 기초적인 고지형(古地形)을 분석한 결과, 현재의 동·서편의 하천 외에도 충적지 중앙부를 관통했던 매몰된 구하도의 존재가 밝혀져서 크

---

67 박지훈, 앞의 논문, 2014, 148~149쪽. 홀로세란 지질 시대 중 마지막 시대로, 약 1만 년 전부터 현재까지의 지질 시대를 말한다. 달리 충적세(沖積世) 또는 현세(現世)라고도 부른다.

68 양동윤 외, 「지화학적으로 고찰한 의림지 축조 전의 환경변화와 제방축조 재료」, 『한국지형학회지』 16-4, 2009, 112쪽.

69 노중국, 「한국고대 수리시설의 역사성과 의미」, 『신라문화』 45, 신라문화연구소, 2015, 126~129쪽.

게 눈길을 끌기도 했다.[70] 다시 말해서 하소천과 고암천 사이, 곧 지금의 삼한 초록길 일대를 관류하는 구하도가 매몰된 상태에서 세인들의 기억에 완전히 망각 되었다는 것이다. 이처럼 의림지에서 발원하여 하소천 중·상류로 유입되어 남류 (南流)했던 수로의 경우, 소곡 사이로 흐르는 일부 하천을 제외하고는 모두 소멸 했다는 후속 연구도 동일한 맥락에서 이해할 수 있다.[71] 실제 솔방죽[곧 유등제(柳 等堤)]과 인접한 헬기장을 공사하는 과정에서 숱한 강돌·강자갈을 목격한 사실이 있었다는 증언을 직접 접할 수 있었다.[72] 다만, 구하도에 관한 연구는 의림지 시축 설과는 직접적인 관련성이 없어 보이지만, 초축 시기를 전후로 한 무렵에 그 어떤 하천 작용으로 인해 간접적으로 영향을 미쳤을 가능성은 충분하다고 본다. 그리 하여 구하도가 매몰되기 시작했던 시점에서 21세기 현재에 이르기까지의 의림지 는 '한반도 자연사의 변천 과정을 품고 있는 고문서(古文書)'[73]라는 평을 받기에 가장 적합한 천혜의 자연 공간으로 자리매김해 왔던 것이다.

이상에서 소개한 기후 환경과 하천 작용의 토대 위에서 의림지에 제방이 축조 되기 전의 자연환경과 관련하여, 하천 환경에서 자연 호수 혹은 습지 환경으로의 변천이 이루어졌다는 지화학적 연구에 대한 이해가 보다 용이해진다.[74] 이 연구 결과에 의하면 유입부의 계곡이 형성되기 시작한 초기에는 경사가 급해 커다란 돌덩어리인 표력(漂礫)이 의림지 주변까지 이동해 왔지만, 그 위로 자갈과 모래가

---

70 이홍종, 「의림지 충적지의 고지형 분석」, 『의림지의 역사적 가치와 활용양상』, 충북대 중원문 화연구소, 2010. 고지형이란 지질 시대에 형성되어 화석화하거나 매몰된 지형을 말한다.

71 박지훈, 앞의 논문, 2014, 132쪽.

72 2021년 12월에 청취한 윤종섭(1952년생) 제천문화원장의 증언이다.

73 강상준, 「의림지 생물다양성 연구」(유인물), 2000, 5쪽. 쪽수 표시는 필자가 임의로 매긴 것임. 출처: 생태누리연구소[https://blog.daum.net/jckfem]

74 양동윤 외, 앞의 논문, 2009, 112~113쪽.

쌓이면서 경사도가 완만해졌다고 한다. 또한 연속적으로 진행된 퇴적 현상으로 인해 상당히 평탄한 지형으로 바뀌었고, 자연 제방이 현재 제방 위치 근처에 형성되는 과정을 밟게 된다. 이 무렵에 유로(流路)가 현재처럼 용추폭포 방향으로 바뀌게 되었고, 홍수 시에도 의림지 내의 유속은 상당히 느렸을 것이라는 진단도 내려졌다. 이 같은 양동윤 외(2009)의 주장대로라면, 최초의 제방은 자연으로 형성된 제방을 보강하는 가운데, 호수 내부와 주변에서 이동해 온 축제(築堤) 재료로 쌓은 새로운 인조 제방을 연접시키는 식의 공정(工程)이 이뤄졌을 것으로 짐작된다. 또한 바로 이 인조 제방이 삼한시대 시축설이 적용되는 공간으로, 정인구가 제시한 단면도(1974) 이래로, 국립중원문화재연구소에서 채취한 시료를 근거로 해서 탄소연대측정을 시도한 직접적인 대상이기도 하다.

그런데 당시에 유로가 용추폭포 방향으로 변경되었을 것이라는 양동윤·김주용 외의 주장은 오상렴의 시문집인『연초재유고』에 수록된〈홍류동〉항목의 기록과도 매우 정합적인 관계를 형성하고 있음이 대단히 주목된다.

> "홍류동은 곧 의림지[林池]에서 넘쳐난 물결이 흘러나오는 입구이다. 그 처음에는 언덕과 산이 서로 접했던 까닭에, 골짜기가 있지는 않았다. (그러다가 입구로부터) 급하게 흐르는 물결들이 세게 부딪치고 씻김으로 인하여, 깎이고 파헤쳐져서 빈 골을 이루어, 입을 벌린 듯한 하나의 동천(洞天)이 열리게 된 것이다. 낭떠러지 언덕은 가파르게 깎이는데, 수풀 우거진 골짜기는 깊고 아름답다 (중략) 그 (폭포수의) 빛깔이 붉은빛이 성한 것은, 곧 붉은 모래가 비추기 때문이니, '홍류(紅流)'라는 명칭은 이로 인한 것이다."[75]

---

75 吳尙濂,『燕超齋遺稿(坤)』卷5,〈滄浪翁茅山別業十六景小識·紅流洞〉, 41쪽. "洞卽林池漲波之洩口也, 其始, 盖岡巒相接, 非有洞也, 因湍流盪激, 刮削成空, 呀然一洞天闢矣, 懸崖峻削, 林壑窈窕 … 其色殷紅, 則頹沙映之也, 紅流之名, 因此."

위의 인용문 속에는 원래 서로 이어져 있었던 신월산 자락이 의림지의 배수구인 용추폭포로 변형된 경위와 더불어, 모래[沙]·자갈[礫]에 철산화물이 농집되어 붉은색 물줄기를 내뿜었던 까닭에 '홍류동'이라는 명칭을 획득하게 된 이면까지 잘 드러나 있다. 결과적으로 양동윤·김주용 외 6인이 공동으로 시도한 지화학적 연구는 의림지 시축 이전에 형성된 자연 제방과 배수구 현황과 관련하여 매우 의미 있는 정보를 제공해 주고 있다. 또한 이 연구는 『연초재유고』나 『임호집』에 수록된 구전설화가 마냥 "그 말이 궤이하고 허황되어 근거가 없어, 족히 의거할 수 없지만"은 않다는 사실을 간접적으로 반증해 주기도 한다.

한편 삼국시대 말엽에서 통일신라시대 연간에 조성된 것으로 추산되는 울산(蔚山)의 약사동(藥泗洞) 제방의 경우, 이하의 다섯 공정으로 나뉘어 축조되었던 것으로 밝혀졌다. 즉, 그것은 ① 제방 부지의 가공 및 담수지의 가공, ② 제방의 기초 마련, ③ 방수로 설치, ④ 성토(盛土)[곧 축제(築堤)], ⑤ 여수로 설치 및 피복(被覆, covering)으로 이어지는 다섯 종류의 공정으로 세분화된다.[76] 그렇다면 의림지의 '옛 제방[古堤]'을 처음으로 축조했던 경위 또한 약사동 제방과 매우 유사한 공사 과정을 밟았을 것으로 판단된다. 다만, 의림지의 경우 여수로(濾水路)에 해당하는 홍류동의 용추폭포가 자연적으로 형성된 상태이기에, 수문(水門) 시설에 대한 그 어떤 조처가 인위적으로 이뤄졌을지도 모르겠다.

---

76 김진만 외, 「공학적 분석에 의한 고대 수리시설 제방 원형 복원」, 『韓國上古史學報』 89, 한국상고사학회, 2015, 55쪽. 단, 괄호 안의 보충어는 독자의 가독성 제고를 위해 필자가 임의로 제시한 것임.

4. 맺음말

이상의 포괄적인 논의를 통해서 의림지 영건사에서 가장 핵심적인 논점을 형성해 왔던 삼한시대 시축설에 관한 보충적인 논의를 개진해 보았다. 특히 제천 지역에서 가장 선호하는 삼한시대 시축설은 이병도가 『두계잡필』(1956)을 통해서 처음으로 제창한 설이다. 이 학설은 이병도의 학문직 권위에 힘입어 한때 부동의 정설처럼 수용되었으나, 1997년 개정된 제7차 교육과정에 의거한 『국사』 교과서에는 완전히 자취를 감추게 된다. 대신에 고구려 영유기와 통일신라시대 축조설이 기존 이병도의 설을 대체하는 식의 새로운 논의의 국면을 맞이하게 되었다.

그러던 차에 한국지질자원연구원팀과 문하재청 산하의 국립중원문화재연구소가 주도한 연구 조사에서 이병도의 설을 뒷받침할 만한 이채로운 연대치가 연달아 제시됨으로써, 삼한시대 축조설은 지질·고고학적 차원에서의 강력한 실증적 근거를 제공받게 되었다. 그러나 기록문화가 부재한 삼한시대 시축설의 경우, 이를 지지할만한 고문헌적 근거는 상당히 빈약한 편이다. 이에 제천 지역의 구전설화를 채록해 둔 오상렴의 시문집인 『연초재유고』 속의 〈창랑옹모산별업십육경소지〉와 함께, 또 이 지역 출신의 관인·유자이자 역사학자이기도 했던 박수검의 『임호집』의 해당 기록에 대한 새로운 발굴을 통해서 삼한시대 시축설을 둘러싼 보론을 펼치게 되었다. 이 방식은 기존 삼한시대 시축설을 옹호하기 위한 의도가 투영되었다기보다는, 핵심적인 쟁점과 관련된 모든 지적 정보들을 공유함으로써, 시축 담론의 지평을 한 단계 더 격상시키기 위한 논자의 의도에 따른 것이다.

또한 본고에서는 조선시대 때 제방의 규모를 나타낸 '길이·너비·둘레·수심' 등과 같은 어휘들이 시대에 따라 조금씩 차이가 있었다는 설명에도 예의 주목하였다. 그리하여 삼한시대에 축조된 의림지 제방의 규모며 완성도가 고구려 영유기에서 조선 후기의 그것과는 사뭇 다른 양상을 취했을 개연성을 논급하기도 했다.

그런 점에서 『삼국사기』 지리지와 『세종실록지리지』에 수록된 '대제'라는 어휘는 의림지 영건사에서 일대 관건에 해당하는 의미를 지닌다. 특히 『삼국사기』 지리지 〈우수주〉에 기록된 '대제'란, 삼한시대 때 축조된 의림지의 제방과는 규모와 완성도라는 두 측면에서 상이한 양상을 취했을 것으로 추정된다. 기존에 형성된 자연 제방에 인조 제방을 연접하는 형식의 공정이 이뤄졌을 삼한시대의 시축 공사란, 미필적 결과라는 차원에서 이병도가 제기한 일설의 실제 모습이기도 하다.

한국지질자원연구원팀(2009)에 뒤이어 2013년에 중원문화재연구소에서 시도한 부분 절개 조사를 통한 연대측정은 바로 이 인조 제방을 겨냥했던 것이며, 그 결과 두 단체 모두 삼한시대에 해당하는 조사 결과를 제시하였다. 또한 중원문화재연구소의 경우 고대의 수준 높은 토목 기법인 부엽공법이 시축 시에 적용된 사실을 규명하였지만, 한국지질자원연구원팀과 마찬가지로 『삼국사기』의 '대제'와는 대비되는 양상을 취했을 제방의 규모나 완성도를 규명하지는 못했다. 어쩌면 삼한시대 적의 제방이 취한 모습과 함께, 당시 동원된 노동력의 규모를 가늠해 내는 일이란, 영원히 풀리지 않는 숙제로 남을지도 모른다.

한편 이번 제1장의 논의에서는 의림지의 시축을 전후로 한 지화학적·공학적·자연지리학적·고생물학적 연구 결과들도 아울러 소개함으로써, 초축 시기의 연대측정과 제반 자연환경에 대한 균형감 있는 이해를 도모하고자 하였다. 이는 역사서와 고문헌에 기초한 기존의 인문·사회과학적 연찬과 새로운 조사 기법에 의거한 자연과학적 연구 간의 학제적인 접근 방법론을 시도함으로써, 의림지 연구사의 지평을 한층 더 제고하기 위한 권유의 성격을 띠고도 있다. 실상 의림지를 대상으로 한 연구에의 노력은 거의 한계점에 도달해 있는 상태이다. 따라서 차제에 기존에 축적된 다양한 연구 성과들을 상호 결집시키는 차원에서의 새로운 접근 방법론을 적용할 필요성을 지적해 두고자 한다.

이번 제1장의 논의를 펼치는 과정에서 가능한 미국의 철학자인 로버트 브랜덤

(R.B Brandom)이 설파한 이른바 추론주의 의미 이론(inferential theory of meaning)
에 입각한 합리적인 해석과 추론을 병행하려는 노력을 기울였다. 그런데도 본문의
내용 중에는 억측에 가까운 대목들도 없지는 않을 것이다. 이번 장의 논의에 내재
된 이런저런 오류들에 대한 의미 있는 반론이 한 편의 후속 논문으로 이어지길
기대해 마지않는다.

15~19세기 의림지의
관개(灌漑)·수리시설(水利施設) 연구

충북 제천의 의림지는 현존하는 국내 최고(最古)의 저수지로, 2022년 현재에 이르도록 농경문화의 원형을 잘 간직하고 있는 대표적인 고대의 수리시설이다. 의림지는 인접한 용두산·청전들과 하나의 벨트를 형성하고도 있는데, 이러한 지형학적 조건은 관개·수리시설을 운용하는 문제와도 직접 연관되어 있다. 그런데 유구한 의림지의 수리사(水利史) 논의에서 수문(水門)과 연계된 수리시설을 규명한 연구는 극히 일천한 편이다. 이에 이번 제2장의 지면을 빌려서는 각종 읍지류와 문집 및 고문헌 자료 일체를 원용하는 문헌 연구법을 채택함으로써, 의림지 관개·수리시설의 전모를 종합적인 차원에서 규명하고자 한다. 실제 이번 제2장의 논의에서는 저수지의 필수적인 요건인 수원(水源)의 제공과 못물의 저장, 제방의 축조와 수문 장치, 그리고 친지-자지-손지형 수리체계로 이어지는 제반 수리학적 주제 사안들을 아우르는 폭넓은 차원의 연구를 진행하였다.

의림지의 수원은 용두산 남사면에서 유입되는 계곡수와 함께, 저수지 자체의 기층 부위에서 샘솟는 천원(泉源)이라는 두 부류의 인자에 의해 제공되고 있다. 전자는 의림지를 산곡형 저수지로 분류하는 이유와 연관되어 있으며, 또 전·후자 공히 청정한 수질과 한랭(寒冷)한 수온을 유지해 온 비결과도 직결되어 있다. 이처럼 두 종류의 수원이 연중 수시로 공급됨에 따라 의림지는 "깊이를 헤아릴 수 없는" 수심(水深)과 막대한 저수량을 연중 확보할 수 있었던 것이다. 반면에 이같은 장점은 건실한 제방이 건립될 필요성과 함께, 유입되는 토사(土砂)나 호저(湖底)의 퇴적물을 수시로 관리·준설해야만 하는 난제를 동시에 수반하게 된다.

한편 세전 출신의 관인(官人)·유자(儒者)인 학고(鶴皐) 김이만(金履萬, 1683~1758)이 남긴 『산사(山史)』에 수록된 실증적 기록의 산물인 '의림지기문(義林池記文)'에는 학역재(學易齋) 정인지(鄭麟趾, 1396~1478)가 '선지(鐥池)'를 구축한 사실이 기록되어 있음이 자못 주목된다. 왜냐하면 이 기록은 15세기 중·후반부터 의림지에 친지-자지형 수리 체계가 운용되었음을 확인시켜 주기 때문이다. 또한 이 기문은 당시 의림지의 수문이 누석형(壘石型) 시설로 이뤄졌다는 사실도 아울러 방증해 준다. 다시 말해서 어미 못[親池]에 해당하는 의림지의 아래 지점에 별도로 작은 못[子池]인 '선지'를 구축하는 방식을 취한 수리 체계가 누석형 수문 시설과 병행되어 운용되었던 것이다. 특히 친지-자지형 수리 체계는 의림지의 관개·수리시설이 봉착한 약 300미터에 달하는 큰 낙차 문제와 함께, 한랭한 수온의 완화라는 두 가지 난제에 대해 매우 과학적인 해법이 제시된 결과라는 점에서 대단히 중요한 수리사적 의의를 지닌다.

차후 누석형 수문은 수통형(水桶型) 시설로의 전환이 이뤄진 가운데, 기존 친지-자지형 관개·수리 체계에 손지(孫池)로 명명함직한 설비가 추가로 가설된 채로, 19세기 후반에 이르도록 운영되었던 정황도 크게 눈길을 끌게 한다. 18~19세기 무렵의 대야지제 등은 자식 못의 실상을 입증해 주고 있을뿐더러, 손지에 해당하는 퇴제와 유등제로 이어지는 관개·수리시설의 존재가 확인되기도 하기 때문이다. 결과적으로 15~19세기에 걸쳐서 지속적으로 운용되어 온 친지-자지형 수리 체계는 의림지의 관개·수리사에서 준 원형에 상응하는 위상을 줄곧 향유해 왔음을 알 수 있다. 이렇듯 의림지의 관개·수리사에 대한 논의는 오늘날에 이르도록 최대의 쟁점을 형성해 온 시축(始築) 담론과 더불어, 한국 수리사의 전개 과정에서 대단히 중요한 논의의 성격을 띠고 있다.

1. 서론

제천시(堤川市) 모산동(茅山洞) 241번지에 위치한 의림지는 현존하는 국내 최고(最古)의 저수지로서, 제천을 상징해 주는 대표적인 공간으로 정착한 지도 오래전의 일이다. 의림지는 김제(金堤)의 벽골제(碧骨堤)와 밀양(密陽)의 수산제(守山堤), 그리고 상주(尙州)의 공검지(恭儉池) 등과 함께 한반도의 유구한 농경문화의 전통을 잘 전시해 주는 저수지다. 특히 산곡형(山谷型) 저수지로 분류되는 의림지는 벽골제나 수산제·공검제 등에 비해서, 이 저수지가 축조된 이후의 원래의 모습인 고형(古型)을 온전하게 잘 간직하고 있다는 평가를 받고 있다.

한편 의림지는 바로 이웃한 용두산(龍頭山) 및 청전(靑田) 들판과 하나의 벨트를 형성하고 있다는 사실에도 유의할 필요가 있다. 이는 의림지가 처한 지형학적·생태학적 문제와 직결되어 있을 뿐만 아니라, 이번 제2장의 논제인 관개·수리시설을 운용하는 사안과도 밀접하게 연관되어 있기 때문이다. 특히 후자와 관련하여 이번의 연구에서는 면면한 농경문화의 전통을 간직한 저수지로서의 의림지가 발휘해 온 관개·수리시설의 원형을 관련 고문헌(古文獻) 자료들을 두루 참조하는 방식을 통해서 집중적으로 탐구하고자 한다. 또한 이번 제2장의 논의에서는 원형(原型, archetype) 개념을 '고대(古代)의 흔적'으로 정의한 융(C.G. Jung, 1875~1961)의 설명 방식을 부분적으로 도입하게 되었다.[1] 다시 말해서 서구(西歐)의 신문명과 그에 따른 자본주의적 상업문화에 전이·감염되기 이전 무렵인 19세기까지의 의림지는 옛 모습을 잘 유지하고 있었고, 따라서 이 시기를 전후로 한 의림지의 관개·수리시설을 준(準) 원형으로 간주하는 관점을 취하게 된 것이다.

이처럼 15세기에서 19세기 말엽에 이르기까지의 의림지 관개·수리시설의 옛 모습을 면밀하게 추적·분석하기 위한 연구 목적을 실현하기 위한 방법으로, 조선시대(朝鮮時代)에 제작된 각종 읍지류(邑誌類)를 중심 텍스트로 적극 활용하였다. 이와 동시에 김이만(金履萬)·오상렴(吳尙濂)·조석윤(趙錫胤)·최석정(崔錫鼎) 등과 같이 제천에 연고를 둔 조선조 사대부(士大夫)들이 남긴 문집(文集)들을 보조 텍스트로써 적극 활용하기도 했다. 이처럼 문집이며 읍지류 등과 같은 고문헌 자료들을 두루 원용하는 차원에서의 연구 방법을 채택하게 된 이면에는, 의림지의 관개·수리 시설을 연찬한 선행 연구들의 경우, 주로 읍지류에 국한된 연구를 수행한 결과, 극히 단층적인 논의에 머무른 한계를 극복하기 위한 저자 나름의 의도에 따른 것이다. 즉, 기존의 연구 성과는 관개·수리시설을 구성하는 제반 요소들 중에서 어느 한 측면과 특정한 시기에만 집중함으로써, 보다 포괄적이면서도 통사적인 논의를 이끌어 내지는 못한 상태이기 때문이다.

따라서 각종 읍지류와 다양한 문집 등을 모두 망라하여 15~19세기에 이르기까지 의림지의 관개·수리시설의 전모와 수리사적(水利史的) 흐름을 아울러 추적·검토하는 것을 지향하는 이번 제2장의 연구는, 이 방면에서 나름의 중요한 연구사적 의의(意義)를 획득하고 있음을 시사해 준다. 그리하여 이번의 연구가 향후 의림지가 국가중요농업유산으로 지정되는 단계에서 뿐만 아니라, 나아가 장차 유네스코 세계문화유산에 등재하기 위한 프로젝트 재점화의 도정(道程)에서[2], 필

---

1 C.G. 융 외, 권오석 역, 『무의식의 분석』, 홍신문화사, 2007, 112쪽.
2 제천시는 2016년에 의림지를 유네스코 세계문화유산에 등재하기 위한 작업에 착수한 바가 있다. 이형수, 「제천 의림지 유네스코 세계문화유산 등재 추진」, 『충북일보』, 2016.2.11.

수 불가결한 요건인 원형의 보전과 활용이라는 긴요한 문제에 대해서도 의미 있는 연구 성과로 반추되기를 기대해 본다.

2. 의림지의 제원(諸元)과 수원(水源) · 수문(水門)

1) 의림지의 제원

서두에서 언급한 사실처럼, "제천현(堤川縣)의 북쪽 수리(數里) 즈음에 소재하여, 그 크기는 네모난 모양의 배와 같고, 그 깊이는 미루어 헤아리기 어려운" 의림지[3]는 바로 이웃한 청전들·용두산과 하나의 벨트(a belt)를 형성하고 있다. 따라서 의림지 관개·수리시설의 원형을 탐구하고, 이를 보전하기 위한 노력 또한 적기한 지형학적·생태학적 여건을 충분히 감안하는 차원에서 이뤄져야 할 것이다. 기실 지난 2013년도에 의림지가 국가농업유산으로 선정되지 못하고 탈락한 주요 원인 중에는 생태학적 지속성이 부족하다는 평가도 포함되어 있었다는 사실을 간과해서는 안 된다. 종의 다양성이 급감하는 현실도 엄히 직시해야 한다.

일찍이 18세기 남인(南人) 계열의 실증적 지식인이었던 학고(鶴皐) 김이만(金履萬, 1683~1758)은 의림지가 "멀리 울창한 산세가 높고도 높은 용두산(龍頭山)"과 "큰 들판 가운데 점점이 산재한 논고동[螺]을 머금고 있는" 청전들과 하나의 벨트를 형성하고 있다는 지형학적 여건을 제대로 포착해 둔 사실이 있다.[4] 18세기

---

3 崔錫鼎, 『明谷集』 卷9(한국문집총간 154), 「臨沼亭記」, 민족문화추진위원회, 2000, 11쪽. "義林池在堤川縣北數里許, 其大方舟, 其深不測."

4 金履萬, 『鶴皐集』 卷2(한국문집총간 續65), 「詠堤川風土(1首)」, 한국고전번역원, 2007, 46쪽. "龍頭遠世鬱嵯峨, 大野中含點點螺."

당시에 쪽빛 전답을 뜻하는 "남전(藍田)으로도 불렸던 청전(靑田)" 들녘[5]은 의림지의 관개·수리시설에 전적으로 의존하고 있었고, 또한 의림지의 수원 형성은 해발 871m의 용두산에서도 제공되고 있기 때문이다. 김이만은 18세기 당시의 조선의 명산·대첩을 두루 유람(遊覽)한 후에 남긴 지극히 실증적·사실적인 양식의 기문(記文)인 『산사(山史)』를 통해서 의림지와 청전들, 그리고 용두산을 한 다발로 묶어서 묘사한 이유 또한 바로 이러한 '벨트[區·境]'개념에 입각해서였다.

"(의림지는 제천[堤]의 거대한 저수지이다. (중략) 그 (의림지 아래의) 바깥쪽으로는 평평한 들녘이 책상처럼 펼쳐져 있고 (중략) 또 그 (위쪽) 주변에는 푸른 뫼와 비취색의 높은 산들이, 무리지어 가파르게 늘어서서 하늘을 찌르는 듯하니, 곧 용두산(龍頭山)이니, 의림지[池]의 대략(大略)이 이와 같다.[6]

"의림지[池]의 대략"을 묘사해 보인 위의 인용문은 의림지가 터한 천혜(天惠)의 지형학적 여건이 위·아래 공간인 용두산 및 청전들과 함께 잘 묘사되어 있다. 때문에 의림지는 소론(少論) 계열로 영의정(領議政)을 역임한 명곡(明谷) 최석정(崔錫鼎, 1646~1715)에 의해서, "하늘이 짓고 땅이 베푼" 빼어난 자연 공간으로 평가되었을 뿐만 아니라, 또한 그 수승한 경관(景觀)에 대해 "진실로 승구(勝區)며 영경(靈境)이다!"는 예찬을 받기도 하였던 것이다.[7] 그 연장선에서 의림지는 지난 역사

---

5 金履萬, 『鶴臯集』 卷6, 「哭進士姪慶錫」의 제5구인 "藍田草綠迷歸櫬"에 대한 주해, 135쪽. "自檀谷來靑田奴家, 半日曍逝, 靑田亦謂之藍田."

6 金履萬, 『鶴臯集』 卷9, 「山史」, 195~196쪽. "義林池, 堤之巨浸也 … 其外平郊案衍 … 又其外蒼巒翠嶂, 羣峭摩天, 乃龍頭山也, 池之大略如此."

7 崔錫鼎, 『明谷集』 卷9, 「記臨沼亭記」, 11쪽. "惟堤地勢稍平遠 … 又有斯池爲之藪澤, 寔勝區靈境也 … 況此義林之勝, 天作地設, 以待人爲之致飾."

속의 어느 순간부터 기존의 저수지 기능에 호수(湖水)로서의 용도가 추가되는 새로운 국면을 맞이하게 된 끝에, 저수지와 호수를 합성한 '호지(湖池)' 개념의 한 전형을 제시하기에 이른다.[8] 결과적으로 의림지의 생태 환경적 문제 또한 적시된 지형학적 조건과 긴밀히 맞물려 있다는 사실을 간과해서는 안 될 것이다. 따라서 2013년에 평가단에 의해 지적된 생태학적 지속성을 확보하는 문제란, 청전들·용두산과 하나의 권역을 형성하고 있는 의림지의 지형학적 여건을 충분히 고려한 차원에서만이 실현이 가능한 일인 것이다.

한편 의림지의 생태적 지속성을 확보하는 과제는 그 어떤 선행 모델이 요청된다. 그런 점에서 고문헌 속에 간헐적으로 기술되어 있는 18, 19세기를 전후로한 시기의 의림지 생태계 현황을 파악하는 일은 대단히 중요한 연구사적 의미를지닌다.[9] 이와 동시에 지난 시절에는 존재했으나, 지금은 완전히 자취마저 민멸된 관개·수리시설의 현황을 파악하는 일도 의림지의 미래를 위해서 매우 긴요한 과제가 아닐 수 없다. 일단, 고문헌 속에 묘사된 의림지의 제원(諸元)에 관한 사항부터 우선적으로 살펴보기로 한다. 김이만은 "제천현(堤川縣)의 북쪽 수리(數里) 즈음에 자리한 의림지"[10]의 전모를 아래처럼 입체적인 기법으로 포착해 두었다.

"대개 일찍이 우륵당(于勒堂)에 노닐면서 호수의 둘레[圓]를 알았고, 연자암(燕子巖)에 노니면서는 호수의 면적[廣]을 알아차렸으며, 후선각(候仙閣)에서 노닐면서 호수의 고도[敲]를 알게 되었다. (또한) 진섭헌(振屧軒)에 노닐면서 호수가 가려진 정도를 알았으며, 홍류동(紅流洞)에 노니면서 호수의 기관[奇]도

---

8   金鍾秀, 「18세기 堤川 義林池의 樓亭文化」, 『洌上古典硏究』 44, 열상고전연구회, 2015, 46~
    50쪽.

9   金鍾秀, 「鶴皋 金履萬의 18세기 의림지 생태환경 묘사」, 『충북학』 17, 2015, 52~64쪽.

10 崔錫鼎, 『明谷集』 卷9, 「臨沼亭記」, 11쪽. "義林池在堤川縣北數里許, 其大方舟, 其深不測."

알게 되었다."[11]

위의 인용문에서 우륵당·연자암·후선각·진섭헌·홍류동 등과 같은 의림지의
부속 공간 및 역사적 상관물들을 통해서 묘사된 의림지의 둘레·면적·고도·가려
진 정도·기관(奇觀) 따위를 둘러싼 정보는 일종의 의림지의 제원에 해당하는 요소
들이다. 김이만은 위의 인용문에서 누락된 수심(水深)과 관련하여, "긴 紘을 던져
서 깊이를 재었으나, 일찍이 그 최저점[極]을 알지 못했다."는 말로써,[12] 풍부한
저수량에 대한 감탄을 아울러 표하였다. 또한 김이만은 "물길을 따라 내려가노라
니 맑고 얕은 정도가 순주(蓴洲)에 기록된다."라는 관찰 결과도 남겨 두었다.[13]
과거 의림지의 특산물이었던 순채(蓴菜)를 작명의 소재로 삼은 '순주'는 의림지
북동쪽 모퉁이에 위치한 소규모의 인조섬을 가리킨다. 김이만이 남긴 시작(詩作)
중에서 〈추회(秋懷)〉는 이 순주의 용도가 수심과 청정도를 가늠하기 위한 목적으
로 설치되었을 가능성을 시사해 주기도 한다.

이에 추가하여 김이만의 지기(知己)였으나 요절한 남인 계열의 지식인 연초재(燕
超齋) 오상렴(吳尚濂, 1680~1707)은 이 순주가 1696년에 전(前) 제천 현감(縣監)인
홍중우(洪重禹, 1661~1726)에 의해 축조되었다는 사실을 기록해 두기도 했다.[14]

---

11 金履萬, 『鶴臯集』 卷9, 「山史」, 196쪽. "蓋嘗遊於于勒堂, 而得湖之圓, 遊於燕子巖, 而得湖
之廣, 遊於候仙閣, 而得湖之敞, 遊於振屩軒, 而得湖之幽, 遊於紅流洞, 而得湖之奇."

12 金履萬, 『鶴臯集』 卷1, 「林湖賦」, 19쪽. "投長紘而測深, 曾莫知其所極."

13 金履萬, 『鶴臯集』 卷6, 「秋懷(2首)」, 143쪽. "天地東南浩蕩遊 … 沿流淸淺記蓴洲."

14 吳尚濂, 『燕超齋集(坤)』 卷5(한국학중앙연구원 장서각소장본, K4-6278 2), 「滄浪翁茅山別
業十六景小識·銑池」, 40쪽. "中作小嶼, 植以嘉卉." 이 구절은 "(전 사군 홍중우가 의림지
관개·수리시설을 공사하던) 도중에 작은 섬[小嶼, 순주]을 만들고, 아름다운 초목을 심었다."
라고 의역할 수 있다. 본관이 풍산(豊山)인 홍중우의 자는 천석(天錫)이며, 호는 만향당(晚香
堂)임. 1696년에 제천 현감으로 부임하여, 동년 12월에 이임하였다.

오상렴의 이 기록은 의림지 내의 인조섬인 순주의 기원을 밝힌 유일한 기록물이다. 덕분에 지금까지 밝혀지지 못했던 순주의 축조 시기와 그 주체를 둘러싼 매우 소중한 정보를 발굴하게 되었다. 이 점에 대해서는 제2부의 3장을 통해서 상세히 논급할 예정이다.

한편 의림지의 제원을 소개한 김이만의 상기(上記) 인용문의 의림지는 오늘날에 이르러 호반 둘레가 약 1.8km, 호수 면적은 151, 470m², 저수량 6, 611, 8913m³, 수심 8~13m인 것으로 측정되었다. 또한 의림지로부터 물을 공급받는 인근의 몽리(蒙利) 면적은 약 2.87km²에 이르는 것으로 조사되었다.[15] 따라서 김이만이 언급한 의림지의 제원과 관련된 사항들은 시대적 여건상 불가피하게 수치상의 기록이 누락된 점을 제외하면, 의림지의 제원에 해당하는 요소들을 두루 충족시키고 있음을 알 수 있다. 의림지는 2006년 12월에 국가지정문화재 명승 제20호로 지정된 상태다.

그런데 일반적으로 하나의 저수지가 관개·수리시설로서 제 기능을 온전히 발휘하기 위해서는 수원 형성에 따른 저수량(貯水量) 비축과 제방(堤防)[제언(堤堰)]의 축조, 그리고 수로(水路)와 수문(水門) 시설 구축이라는 몇몇 조건들을 동시에 충족시켜야만 가능한 일이다. 기실 이와 같은 조건들은 의림지 수리학(水理學, hydraulics)[16]을 구성하고 있는 세부적인 내용에 해당한다. 자연히 의림지의 경우 적시된 세 종류의 조건을 제대로 충족하고 있었기 때문에, 처음 수축된 이후로부터 2022년 현재 시점에 이르기까지 저수지로서의 기능을 온전히 발휘할 수 있었

---

15 梁起錫, 「제천 의림지의 역사성과 가치」, 『중원문화연구』 14, 충북대 중원문화연구소, 2010, 12쪽.

16 관례적으로는 수혜(水惠)를 입는 몽리(蒙利)와 내용상의 동의어인 수리(水利) 개념을 반영해서 '수리학(水利學)'으로 지칭하곤 한다. 그런데 현대적 관점에서 볼 때 이동하는 유체, 특히 액체의 실제적인 응용에 관련된 토목공학의 한 분야인 수리학(hydraulics)에 배속된다.

던 것이다. 그렇다면 이제 과거 각종 고문헌 속에 기술된 이상의 서너 가지 조건들을 수원의 제공과 수문 시설, 그리고 관개·수리 시설이라는 세 측면으로 나눠서 순차적인 논의를 진행하도록 하겠다. 다만 애초 별도의 항목으로 설정했던 '제방[제언]' 조항은 해당 자료 자체가 극히 불충분하나, 제1장에서 개진한 시축 담론을 통해서 어느 정도 해명이 된 상태다. 대신에 이번 장에서는 이 사안은 저수량을 논급하는 과정에서 간략하게 취급하도록 하겠다.

2) 수원 제공과 저수량, 제방

의림지의 수원은 용두산의 자락 가운데 남사면(南斜面)의 피재골[稷峙]에서 직접 유입되는 막대한 수량(水量)의 계곡수와 더불어, 또한 이 저수지 맨 밑바닥의 기층(基層) 부위에서 샘솟는 샘물 수원이라는 두 종류의 인자(因子)에 의해 제공되어 왔다. 특히 전자의 경우는 의림지의 유형을 산곡형(山谷型) 저수지로 분류하는 이유와도 직결되어 있으며, 후자는 의림지가 오랜 세월 동안에 걸쳐서 청정(淸淨)한 수질을 유지해 올 수 있었던 비결과도 연관되어 있다. 그리하여 의림지는 계곡수와 샘물 수원이라는 두 인자에 의해 풍부한 저수량을 연중 손쉽게 확보할 수 있는 천혜의 장점을 지속적으로 향유해 왔던 것이다.

이에 추가하여 전·후자 공히 의림지의 수온(水溫)이 한랭(寒冷)한 상태를 유지하게 된 이유와도 동시에 계루되어 있다는 사실도 참고할 필요가 있다. 지금 현재에 비해서 훨씬 청정한 수질 상태를 유지했던 1960년도 무렵에는 여름철의 평균 수온이 섭씨 13도에, 물밑의 수저(水底) 온도는 섭씨 6도 정도였다고 기록되어 있다.[17] 이처럼 사시사철 한랭한 의림지의 수온 상태는 후론될 관개·수리시설을

---

17 堤川郡誌編纂委員會(編), 『堤川郡誌』, 上黨出版社, 1969, 518쪽.

운용하는 문제에도 직접적인 영향을 미치게 된다는 점을 미리 지적해 둔다. 그뿐만 아니라 의림지의 한랭한 수온과 청정한 수질은 과거 의림지 생태환경의 지표였던 순채의 서식 여건을 뒷받침해 주기도 했는데, 1972년 대홍수 이후로는 거의 자취를 감추고 말았다고 한다.

한편 김이만은 극히 실증적인 유람 기록인 『산사(山史)』를 통해서, 17, 18세기 당시 의림지의 현황과 관련해서도 매우 귀중한 기록들을 남겨 두었음이 주목된다. 일단 김이만은 의림지의 주수원(主水源)이 형성되는 경위와 관련하여, "치악산(雉嶽山)이 내달려 남쪽 자락을 이룬" 용두산 계곡으로부터 수원을 공급받는 의림지가 터한 천혜의 입지적 조건을 적시해 두었다.[18] 나아가 김이만은 좀 더 세부적 차원에서 제천현의 북쪽 20여 리 지점에 위치한 "용두산의 남쪽 줄기인 직치(稷峙)[피재][19] "골짜기로부터 흘러내려 온 (계곡)물들이 휘어서 꺾이어 저수지로 유입한다."고 기술해 두었다.[20] 이 기록은 의림지가 풍부한 수량 확보가 가능한 산곡형 저수지에 해당한다는 사실을 에둘러 표현해 둔 것이다. 이처럼 자연의 경사면을 이용한 산곡형 저수지는 해안가 주변의 충적지를 관리하기 위한 목적에서 축조된 방조제(防潮堤)와는 사뭇 다르게, 수심이 깊고 면적 또한 넓어 풍부한 수량을 확보할 있는 장점을 확보하게 된다.[21]

---

18 金履萬, 『鶴臯集』 卷2, 「龍頭山」, 59쪽. "雉嶽走南支 … 列壑下逶迤 … 純浸百頃池."

19 忠淸北道鄕土史硏究會(編), 『忠淸北道各郡邑誌·堤川郡邑誌』, 「山川」, 修書院, 1997, 251쪽. "稷峙在縣北二十里, 由茅山坪, 走原州之一路, 龍頭山之南枝也." 『충청북도각군읍지』는 "한말(韓末)인 1890년대 이후에 각 군읍(郡邑)에서 작성한 읍지류를 일제하(日帝下)에서 일본인들에 의해 필사(筆寫)하여 엮어 놓은 『충청북도각군읍지』"를 정도(定道) 100년을 기념하기 위해 1997년에 영인(影印)한 것이다. 忠淸北道鄕土史協議會(編), 위의 책, 1997, 「刊行辭」, 3~4쪽.

20 金履萬, 『鶴臯集』 卷9, 「山史」, 195~196쪽. "池北亂樹如麻 … 澗水屈折流入于池."

21 梁起錫(2010), 앞의 논문, 12쪽.

반면에 산곡형 저수지는 풍부한 저수량을 감당할 만한 건실한 제방을 축조해야 하고, 또한 건립된 제방을 상시적으로 관리해야만 하는 부수적인 난제가 동시에 뒤따르게 된다. 뿐만 아니라 산골짜기로부터 경사면을 타고 퇴적하는 토사(土砂)를 수시로 준설(浚渫)해야만 하는 관리상의 어려움도 수반될 수밖에 없다. 예컨대 일제(日帝) 강점기(强占期) 시절에 토지개량 사업의 일환으로 제천시의 장락면(長樂面)에 위치한 두고산(頭高山) 자락에 축조되었던 세칭 두고산제(頭高山堤)도 의림지와 유사한 입지 조건을 확보한 제언이었다. 그러나 두고산제의 경우 두 계곡으로부터 유입되는 토사 문제를 해결하지 못한 상태였음을『제천군읍지(堤川郡邑誌)』는 아래처럼 전언하고 있다.

"두고산제는 제천현[縣]에서 동쪽으로 5리(里)에 있으며, 둘레가 99척이다. 두 골짜기 사이에 위치하여, 비가 조금만 내려도, 곧 토사[沙]가 흘러들어 못 안에 (가득) 채워지면서, 제방[堤]의 평지를 트이게 뚫을 수 없었기에, 농민들이 관개(灌漑)의 혜택을 입을 수가 없었다."[22]

위의 두고산제의 사례를 통해서도 확인되듯이, 산곡형 저수지의 경우 상시적으로 토사를 처리할 수 있는 토목 공법의 마련과 건실한 제방의 건립, 그리고 수위를 적절하게 조절할 만한 수문 시설의 구축 등과 같은 제반 사항을 충족시켜야만 영구적인 수명을 보장받을 수 있다. 김이만이 의림지에서 노닐면서 "제방[堤]이 넓어서 새로 벌창한 물들을 수용하기에 적합하다."고 만족감을 표현한 이면에는,[23] 이처럼 넘쳐나는 유입수를 감당할 만한 건실한 제방이 축조된 데 따르

---

22 忠淸北道鄕土史硏究協議會(編),『忠淸北道各郡邑誌·堤川郡邑誌』,「堤堰」, 254~255쪽. "頭高山堤在縣東五里, 周九十九尺, 在兩谷間, 小雨則流沙塡於內, 與堤平不能疏鑿, 民不能蒙灌漑之利."

안도감을 반영해 준다.

한편 의림지의 저수량 제공에 기여한 두 번째 인자로는 이 저수지의 기층 부위에서 솟아나는 샘물 수원인 이른바 '천원(泉源)'을 지목할 수 있겠다. 17세기 중후반의 지식인으로 청요직(淸要職)을 두루 역임한 낙정재(樂靜齋) 조석윤(趙錫胤, 1606~1655)은 〈의림지에 기대어[倚林池]〉라는 제하의 고시(古詩)를 남긴 바가 있다. 조석윤은 이 시를 통해서 중국(中國)의 창랑(滄浪)에 비견한 의림지 자체의 엄청난 "샘물 수원이 용솟음쳐 마르지 않아, 가득 차서 넘쳐 못 둑을 넘실거린다."는 정황을 포착해 둔 사실이 눈에 띈다.[24] 조석윤에 뒤이어 18세기의 오상렴 역시 의림지 밑바닥에서 놀라울 정도의 샘물 수원이 샘솟고 있었다는 당시의 전언(傳言)을 사실감 있게 채록(採錄)해 두었다. 오상렴은 자신의 문집인 『연초재집(燕超齋集)』 중의 '의림지' 항목을 통해서 의림지 밑바닥에서 솟구치는 '천원(泉源)'을 아래처럼 실감나게 포착해 두었다.

"대개 엄청난 샘물 수원[泉源]이 용솟음쳐 올라서, 샘물이 흘러나오는 모습을 우러러 살피는 자도, 그 (천원이) 몇 곳인지를 알 수 없었다고들 운운한다."[25]

오상렴이 채록해 둔 의림지의 천원을 둘러싼 기록은 조선 초기의 학역재(學易齋) 정인지(鄭麟趾, 1396~1478)가 읊조린 제영시(題詠詩) 속의 해당 내용과도 정히 부합되는 내용이기도 하다. 정인지는 세조(世祖) 3년인 1457년에 단종(端宗)의 복위

---

23 金履萬, 『鶴皐集』 卷2, 「遊林湖」, 47쪽. "堤闊恰容新漲水, 壑深猶有後開花."

24 趙錫胤, 『樂靜集』 卷5(한국문집총간 106), 「倚林池」, 민족문화추진위원회, 1995, 331쪽. "有池如滄浪, 泉原湧不竭, 泛濫溢陂塘."

25 吳尙濂, 『燕超齋集(坤)』 卷5, 「滄浪翁茅山別業十六景小識·義林池」, 38~39쪽. "其深不可測 … 盖泉源騰勃, 仰出者, 不知其幾處云."

(復位)를 꾀하는 일부 세력들을 저지하기 위해 체찰사(體察使) 자격으로 제천에 한동안 체류한 적이 있었다. 당시 정인지가 제천에 체류하면서 읊은 시인 〈제천객 관(堤川客官)〉 중에는 의림지의 샘물 수원에 대한 묘사, 즉 "샘물은 밑도 없는 구덩이에서 흘러나와, 용솟음쳐 올라 저절로 못을 이루네!"라는 내용도 포함되어 있다.[26] 이상에서 소개한 정인지·조석윤·오상렴 세 사람의 증언은 의림지 기층에 서 제공된 샘물 수원이 상당히 기나긴 역사성을 간직한 천혜의 인자로 기능해 왔음을 뚜렷하게 방증해 주고 있다.

더 나아가 이상에서 소개한 정인지와 조석윤·오상렴 등과 같은 조선조 사대부 들에 의해 기술된 의림지의 샘물 수원과 관련된 기록들은, 1972년 대홍수 때에 의림지 제방에 무너지고 바닥이 드러나면서 채록된 목격담과도 일치하고 있다는 사실에도 잠시 유의해 본다. 당시 증언자에 의하면, "저수지 바닥에서 큰 경우는 보트를 엎어 놓은 것만큼, 작은 것은 동이를 엎어 놓은 만큼의 물이 샘솟아 오르 고 있었다."고 전언하였기 때문이다.[27] 이 같은 목격자의 증언이란 앞서 오상렴이 남긴 기록 중에서, "샘물이 흘러나오는 모습을 우러러 살피는 자도, 그 (천원이) 몇 곳인지를 알 수 없었다."고 한 대목과도 정히 부합되는 내용인 것이다. 따라서 선초(鮮初)의 정인지 이후로 17~19세기를 거쳐서 오늘날에 이르기까지 의림지 기층 부위에 연원한 샘물 수원인 천원은 의림지라는 저수지의 원형을 가장 잘 보전하고 있는 핵심적 인자로 평할 수 있다. 더불어 의림지 바닥의 샘물 수원에 관한 기록들은 의림지가 제방의 형식을 갖추기 이전 단계의 모습이 천연의 연못

---

26 민족문화추진위원회, 『국역 신증동국여지승람』 권14, 「충청도·제천현·제영」, 景仁文化社, 1985, "泉從無底竇, 霤沸自成塘."

27 구완회, 「제천 의림지에 관한 역사적 검토」, 『인문사회과학연구』 7, 세명대 인문사회과학연 구소, 1999, 276쪽, 각주 44) 재인용. 이 증언은 당시 충북 제천시 세명고등학교 교사인 김정 우 씨의 제보를 채록한 것이다.

혹은 늪지대 형태를 취했을 것이라는 추적을 동시에 가능케도 해준다.

　이렇듯 풍부한 수원을 제공받았던 의림지에 반해 "제천현[縣]에서 동쪽으로 10 리" 지점에 축조되었던 서채평제(鋤蔡坪堤)의 경우, "모래며 돌들로 이뤄진 바닥 [地]으로 물이 스며들어 새어나가기 때문에, 폐(廢)해진 지도 이미 오래된" 사연을 간직했던 단명의 제언이었다.[28] 이처럼 못물이 새어나갈 정도로 지반(地盤) 부위가 열악했던 서채평제의 사례에 비하면, 의림지는 정반대의 조건을 갖추고 있었던 셈이다. 결국 제천의 현좌면(縣左面)에 소재한 서채평제는 백성들이 제기한 소(訴)로 인하여 폐기되고야 말았다.[29] 반면에 용두산 계곡수와 샘물 수원이라는 상이한 두 종류의 수원을 확보해 왔던 의림지의 경우, 제방이 축조되기 이전 시기에서는 일정한 늪지대를 형성한 가운데 천연적인 연못의 모습을 취하고 있었을 것임은 앞서 논급한 바와 같다. 물가나 습지를 선호하는 수양버들도 이 무렵부터 의림지에 자생하면서, 점차 그 세를 불려 나갔을 것이다.

　이상에서 논급한 사실처럼 의림지는 "용두산의 남쪽 줄기인 피재골" 골짜기로부터 연중 유입되는 엄청난 양의 계곡수와 더불어, 또한 이 저수지의 기층 부위에서 제공되는 맑고 찬 샘물 수원을 동시에 제공받게 됨으로써, 2006년 당시에 무려 6, 611, 891m^{3}에 달하는 막대한 저수량을 지속적으로 확보할 수 있었다. 조석윤이 "비록 7년 가뭄을 만났어도, 일찍이 기황(飢荒)을 근심하지 않았다."는 감탄조의 말로써,[30] 의림지의 넉넉한 저수량에 놀라워했던 이유는 바로 이러한 맥락에서였다. 그럼과 동시에 이처럼 풍부한 저수량의 확보가 가능한 산곡형 저수지로서의

---

28 忠淸北道鄕土史研究協議會(編), 『忠淸北道各郡邑誌·堤川郡邑誌』, 「堤堰」, 255쪽. "鋤蔡坪堤在縣東十里, 周八百九十八尺, 以沙石之地滲漏, 廢已久, 壬辰報營懸頉."

29 柳今烈 譯註, 『堤川鄕土史料集-조선시대 堤川邑誌類를 중심으로』, 제천문화원, 2008, 486쪽. "鋤蔡坪堤縣左, 因民訴廢棄." 『향토사료집』에는 인용문의 원전 출처가 누락된 상태다.

30 趙錫胤, 『樂靜集』 卷5, 「倚林池」, 331쪽. "雖遭七年旱, 不曾憂飢荒."

의림지의 장점은, 비축된 서수량과 그 압력을 동시에 감당할 만한 건실한 제방의 축조를 요하는 난점을 추수하게 된다. 실제 이 사안은 그간 학계에서 의림지와 관련하여 가장 주된 이슈로 취급되어 온 사안 가운데 하나이기도 하다.

특히 18세기 당시까지 '대제(大堤)'[31]로 지칭되었던 의림지의 제방을 최초로 축조한 시기의 상한선을 과연 이렇게 설정할 것인가? 하는 의론, 곧 이른바 의림지 시축 담론의 문제는 오늘날에 이르도록 최대의 쟁점을 형성해 왔다. 다만 이 사안 자체는 본 논문의 주된 연구 목적이 아니므로, 더 이상 자세하게 취급하지는 않겠다.[32] 이처럼 다양한 의림지 시축설 논의와는 무관하게, 의림지는 넓고 튼튼한 제방 덕분에 "그 깊이를 헤아리기 어려운" 저수량을 지속적으로 확보할 수 있었던 것이다.[33] 실제 건실한 제방의 모습은 18세기 후반 이후 무렵에 그려졌을 것으로 추정되는 화공(畫工) 이방운(李肪運, 1761~?)의 다음 〈의림지(義林池)〉도(圖)를 통해서도 분명하게 확인되고 있다.

이방운의 〈의림지〉도는 주색 계통의 색을 자제하고 청색과 녹색을 주조로 한 담채를 사용함으로써, 평담한 아취(雅趣)와 시적인 운치를 강조했다는 평을 받는다. 또한 주자(朱子)의 〈관서유감(觀書有感)〉 중의 한 구절인 "조그만 네모 연못에 거울 하나가 열리니[半畝方塘一鑑開]"에서 연원한 '방당(方塘)' 개념을 쫓아 방지형(方池形)으로 재구성하여 표현한 것은, 도학적 자연관을 추구하는 문인적인 취향

---

31 吳尙濂, 『燕超齋集(坤)』 卷5, 「滄浪翁茅山別業十六景小識·大堤」, 39쪽. "堤之設, 盖起於羅代 … 今所稱古堤, 卽其蹟也."; 金履萬, 『鶴皐集』 卷9, 「山史」, 195쪽. "我朝鄭河東麟趾, 體察湖西嶺南關東三路, 調其丁壯浚治之, 築大堤于池南."

32 의림지 시축설은 크게 ① 이병도의 삼한시대(三韓時代) 축조설, ② 6세기 중반 신라(新羅) 진흥왕대(眞興王代)의 우륵(于勒)에 의한 축조설, ③ 조선 초기 정인지에 의한 축조설이라는 세 가지 견해로 정리된다. 충북대박물관·제천시, 『의림지정밀기초조사(조사보고 69책)』, 2000, 156~162쪽.

33 金履萬, 『鶴皐集』 卷9, 「山史」, 195쪽. "義林池, 堤之巨浸也. 其周十里, 其深不測."

〈그림 1〉 이방운의 〈의림지〉도(圖)

을 전달한 것이라는 분석이 따르기도 했다.[34]

　이상에서 논급한 의림지의 수원 제공에 따른 저수량 형성과 강고한 제방을 축
조하는 문제는, 저수(貯水)된 못물을 바깥으로 흘러내리게 하는 일차적 시설인
수문 설비에 대한 후속 논의를 촉발하게 된다. 수문 시설은 의림지의 "그 물길이
멀리 흘러서, 넉넉히 전답 수천(數千) 경(頃)에 물을 관개(灌漑)하는"관개·수리시
설의 1차적 설비에 해당한다. 다만, 수문과 관련된 고문헌 자료가 극히 빈약한
수문시설에 대한 논의는 이하의 제3)절에서 간략히 다루도록 하겠다. 대신에 의

---

34 박은순, 「19세기 초 名勝遊衍과 李昉運의 〈四郡江山參僊水石〉 書畵帖」, 『온지논총』 5-1,
　　1999, 온지학회, 305쪽의 내용을 적절하게 재구성·보완한 결과임. 〈의림지〉도는 이방운의
　　서화첩인 「사군강산참선수석(四郡江山參僊水石)」에 수록된 작품 가운데 하나로, 국민대 소
　　장본임.

림지 관개·수리시설을 둘러싼 본격적인 연구에 해당하는 이른바 친지(親池)-자지형(子池型) 수리체계·구조를 둘러싼 논의는 이어지는 제3장의 지면을 통해서 좀 더 상세하게 개진토록 하겠다.

3) 수문 시설

의림지에 저장된 못물이 무논인 수전(水田)을 위한 농업용수로 전환하기 위해서는 제방의 안팎을 연결해 주는 수문 시설의 정상적인 가동이 필수적인 조건으로 요청된다. 또한 의림지의 수문 시설은 저수량과 제방 및 관개·수리시설이라는 세 요소와 직간접적으로 연관되어 있는 중요한 저수지 시설의 일환에 해당한다. 의림지의 경우 두 부류의 수원 제공에 따른 저수량 형성의 지리적·자연적 조건은 매우 양호한 편이다. 그러나 저장된 못물을 제방 바깥으로 흘러내리게 하는 배수(配水) 혹은 유출(流出) 조건은 극히 까다로운 난공사(難工事)의 성격을 띠고 있었다.

그뿐만 아니라 지금까지 의림지의 배수 시설, 곧 수통(水桶)·수문 등과 같은 시설들에 대한 확인 작업은 물론이고, 이 방면에 관한 연구 성과도 극히 빈약한 실정이다. 이처럼 수문 시설에 대한 연구 부재는 관개·수리시설로서의 의림지의 기능을 규명하는 작업을 더디게 하는 직접적인 원인으로 작용해 왔다.[35] 심지어 기존 연구에서는 의림지에는 아예 수통이 부재했다는 설이 정설처럼 굳혀지고 있기조차 하다. 이처럼 오도된 결론 앞에 당도하게 된 이면에는, 무엇보다도『여지도서(輿地圖書)』나『제천현지(堤川縣誌)』등과 같은 읍지류에 국한된 연구 경향

---

35 김재호,「제천 義林池의 水理史的 특징과 의의」,『민속학연구』32, 한국민속학회, 2013, 69쪽.

이 크게 한 몫을 한 것으로 분석된다. 왜냐하면 읍지류에는 수통·수문 시설을 둘러싼 내용이 누락된 상태이기 때문이다. 물론 여타의 고문헌 자료의 경우에도 의림지를 단일한 항목으로 선정하여 자세히 묘사해 둔 기록은 잘 발견되지 않는다. 그나마 수문 시설을 묘사한 문헌들의 경우도 극히 간략하게 이 사안을 기술해 두고 있기에, 어차피 체계적이면서도 상세한 수준의 논의를 펼치기는 어려운 실정이다.

그러나 비록 극히 소략한 기록물에 불과하지만, 추적된 해당 자료들은 과거 의림지의 수문 시설과 관련하여 매우 중요한 정보들을 담지하고 있음이 확인되었다. 그 중에서 고문헌 자료상으로 확인이 가능한 의림지 수문 시설에 대한 최초의 기록은 전술한 체찰사 정인지에 의해 제공되고 있었다. 정인지에 의한 해당 기록을 김이만은 『산사(山史)』에도 수록되어 있다. 총 56개조로 구성된 『산사』는 조선후기 문인들에 의한 와유(臥遊)의 주된 대상이 되었던 만명(晚明) 공안파(公安派)인 원굉도(袁宏道, 1568~1610)의 산수유기의 영향 하에 이루어진 사실이 규명된 바가 있다.[36] 김이만은 이 같은 평을 받는 『산사』의 '의림지'[37] 조항을 빌려서 정인지가 1457년(세조 3)에 주도한 의림지 대수축 공사의 전모[38]를 아래처럼 비교적 자세하게 기술해 두었다.

---

36 김성진, 「鶴皐 金履萬의 「山史」 硏究」, 『동양한문학연구』 39, 동양한문학회, 2014, 71~81쪽.

37 규장각 소장본(奎 10387)인 「義林池記文」의 내용은 김이만이 남긴 유기류(遊記類)의 저술인 『산사』 중의 '의림지(義林池)' 항목과 동일한 내용임을 확인하였다. 따라서 해당 쪽수 표시는 『鶴皐集』 권9, 「山史」에 표기된 그것을 따르기로 한다. 이 기문은 『제천군지(堤川郡誌)』에도 등재되어 있다. 다만, 『산사』에서 '의림지'가 독립된 항목으로 설정된 것은 아니며, 여타의 서술 단위와 함께 '서술적인' 기법으로 묘사되었다.

38 이 사안에 대해서는 김종수, 「제천 의림지의 제림(堤林)에 관한 연구」, 『한국전통문화연구』 30, 한국전통문화대 전통문화연구소, 2022. 447~456쪽을 참조할 것.

"(체찰사 정인지가) 그 병사들을 조율하여 의림지를 준치(浚治)하도록 하고, 또 저수지 남쪽에 큰 제방[大堤]을 수축[築]하게 하였으나, (따로) 수문[閘]을 설치하지는 않았다. 여러 돌들을 포개 쌓아서 물이 흘러나오게끔 하였다."[39]

김이만이 기술해 둔 윗 인용문 속에는 정인지에 의한 의림지 수축·보수설 외에도, 의림지의 수문 시설과 관련하여 매우 귀중한 정보가 담겨져 있음이 주목된다. 특히 "여러 돌들을 포개 쌓아서 물이 흘러나오게끔" 조치한 대목, 곧 이른바 누석형(壘石型) 수문 설비를 언급한 대목은 매우 중요한 문헌 기록에 해당한다. 왜냐하면 위의 기록은 문헌상으로 확인되는 의림지 수문 시설을 취급한 최초의 기록물이라는 의미를 지니기 때문이다. 짐작컨대 15세기 중·후반 무렵에 설치된 누석형 수문은 크고 작은 돌들을 적절히 배합하여 층층이 쌓아서 못물이 새어 나갈 만한 틈새나 공백을 장치함으로써, 만수위(滿水位) 정도를 자동적으로 조절할 수 있는 시설물이었을 것으로 추정된다. 태종 15년에 전라도관찰사 박습(朴習, 1367~1418)이 벽골제의 수문 수축을 위해서 "석공(石工) 세 사람을 보내 줄 것"을 조정에 간곡하게 요청한 기록을 참고해 보건대,[40] 당시 설치된 누석형 수문도 상당히 정교한 기법이 발휘되었을 것으로 판단된다.

15세기 중·후반 무렵에 정인지에 의해 설치된 누석형 수문과 동일한 여수토(餘水吐) 기법을 적용한 현재 의림지의 여수문(餘水門) 또한 저수지의 수위 상승에 따라 제방이 붕괴될 가능성에 대비한 설비에 해당한다. 다시 말해서 의림지의 여수문 시설은 제방의 서쪽 모퉁이 부위에 미리 물길을 내어서, 만수위 이상의

---

39 金履萬, 『鶴皐集』卷9, 「山史」, 195쪽. "我朝鄭河東麟趾, 體察湖西嶺南關東三路, 調其丁壯 浚治之, 築大堤于池南, 不設閘, 壘石而滲出之."

40 『太宗實錄』卷30, 태종 15년 10월 14일[戊寅], "全羅道都觀察使朴習上築堤事目, 報云, 金堤 郡碧骨堤水門修築, 乞送石工三名, 則臣聚本道各官軍人, 以今月二十日, 開基始築."

물이 자연스럽게 넘쳐흐르도록 만든 상시 배수 수문이라는 큰 장점을 발휘하고 있다.[41] 현재 의림지 서쪽 끝에는 약 20미터 길이의 여수토가 조성되어 있는 상태다. 다만 지금의 의림지 여수토 수문 위에 덮여져 있는 시멘트는 의림지의 역사성 보전과 여수토의 원상 회복이라는 두 측면에서 제거하는 것이 마땅하다는 일리 있는 주장이 제기된 상태다.[42] 아무튼 "여러 돌들을 포개 쌓아서 물이 흘러나오게끔" 조처한 15세기 당시의 누석형 수문 역시 넘쳐흐르는 의림지의 못물 상태를 충분히 고려한 여수토 기법을 적용한 시설이었던 것으로 분석된다.

한편 상기 인용문 속에 표기된 누석형 '수문[閘]'은 이후의 문헌들 속에는 '수통(水筒)'이라거나,[43] 혹은 '수통(水桶)'으로 변경되어 표기된 사실이 확인되고 있다.[44] 물론 농서(農書)에서는 '수통(水筒)·수통(水桶)'이 상호 호환적으로 사용되고 있기에, 기능상의 차이는 존재하지 않을 것으로 보인다. 다만 전자인 '수통(水筒)'의 경우는 "전(前) 사군(使君)[현감] 홍중우(洪重禹)가 준치(浚治)하여, 마침내 그 옛 모습[舊]을 복원하였다."는 이어지는 기록으로 미뤄 보건대, 1696년(숙종 22) 무렵에 시도된 공사 때에 설치된 것으로 보인다. 이에 비해 후자인 '수통(水桶)'은 19세기 말인 1890년에 편저(編著)된 『제천군읍지』의 기록이므로, 전·후자 간에는 다소 시기상의 차이가 존재한다는 사실을 부기해 둔다. 보다 중요한 사실은 15세기

---

41 成正鏞, 「고대 수리시설의 발달과정으로 본 의림지의 특징과 그 의의」, 『중원문화연구』 14, 충북대 중원문화연구소, 2010, 214쪽의 각주 1) 참조.

42 成正鏞, 「제천 의림지의 특징과 수리사적 의의」, 『의림지 유산과 농경문화』, 제천문화원, 2013, 215쪽.

43 吳尙濂, 『燕超齋集(坤)』 卷5, 「滄浪翁茅山別業十六景小識·銑池」, 40쪽. "池在林湖水筒之外, 所以承其流節蓄洩之宜者也, 舊廢不修, 前使君洪重禹浚治, 遂復其舊."

44 忠淸北道鄕土史研究協議會(編), 『忠淸北道各郡邑誌·堤川郡邑誌』, 「堤堰」, 255쪽. "在義林池水桶外, 卽承林池水, 爲操縱蓄洩之處也."

에 돌들을 포개서 설치한 누석형 수문이 17~19세기에 이르러 보다 정교한 형식을 갖춘 수통형 수문 시설로 바뀌었을 가능성을 강력히 시사해 주고 있다는 점일 것이다. 특히 앞에서 소개한 "전(前) 사군(使君) 홍중우(洪重禹)가 준치(浚治)하여, 마침내 그 옛 모습을 복원하였다."는 구절을 참고해 볼 때에, 17세기 이전 시기에도 수통형 수문시설이 그대로 전승되어 왔을 것으로도 추측된다. 그러나 이러한 추정이 문헌상으로 확인된 것은 아니며, 해당 자료도 발견되지 않는다.

이렇듯 수통형 수문시설에 관한 추가적인 기록이 부재한 까닭으로 인하여, 이 시설의 구조나 설비 방식 등을 대상으로 한 더 이상의 자세한 추적은 불가능한 상태다. 다만 분명한 사실 하나는 못물이 흘러서 나가는 물길이 불규칙했을 누석형 수문에 비해서, 상대적으로 문을 여닫는 제어(制御) 기능이 강화된 수통형 수문시설의 경우, 보다 원활한 배수와 유출이 가능했을 것이라는 점이다. 또한 여수토 기법이 적용된 누석형·수통형 수문 시설 공히 만수위를 자동적으로 조절하여 배수하는 기능을 주로 수행하였을 것이므로, 전답(田畓)으로 못물을 관수(灌水)하기 위해서는 별도의 관개·수리시설이 필요했을 것임은 자명한 사실이다.

겸하여 이상에서 간략히 살펴 본 수문 시설이 위치한 서쪽 공간은 의림지의 "못물이 넘쳐 폭포(瀑布)가 되어, 거꾸로 저 아래 깊숙이 박힌 돌덩이까지 수십 길이나 떨어지는" 용추폭포(龍湫瀑布)와 함께,[45] 또한 이 용추폭포로 인해 "산맥(山脈)이 중간에 끊긴" 곳, 곧 폭포의 좌우 지대를 일컫는 홍류동(紅流洞) 일대라는 사실도 참고할 필요가 있다. 홍류동 일대는 의림지 쪽에서 멀리 청전들과 제천시를 한눈에 조망하기에 가장 좋은 위치에 해당한다. 또한 의림지에서 흘러넘치는 못물이 형성한 용추폭포로 인해 홍류정(紅流亭)[46]·청폭정(聽瀑亭)[47]·망폭정(望瀑

---

45 金履萬, 『鶴皐集』 卷9, 「山史」, 195쪽. "池水溢爲瀑布, 倒下穹石可十數仞."

46 忠淸北道鄕土史硏究協議會(編), 『忠淸北道各郡邑誌·堤川郡邑誌』, 「樓亭」, 371쪽. "在義林

亭)⁴⁸ 등과 같은 정자(亭子)들이 이름을 바꿔가며 건립된 공간이기도 했다.⁴⁹ 특히 김이만은 〈홍류동(紅流洞)〉이라는 시(詩)를 통해서 18세기 당시 홍류동의 용추폭포 위를 가로지르는 교량을 동양의 이상향인 무릉도원에 빗대어 '무릉교(武陵橋)'로 불렀다는 사실도 기록해 두었다.⁵⁰ 이렇듯 훌륭한 조망권과 수려한 자연 경관까지 아우른 용추폭포 주변 공간은 현재 경호루(鏡湖樓)가 소재한 부근과 함께, 과거 조선조 사대부들이 누각(樓閣)과 정자를 건립하기를 가장 선호했던 지점이었다.⁵¹ 이병연(李秉延)에 의해 1932년에 간행된 『조선환여승람(朝鮮寰輿勝覽)』에서는 특별히 용추폭포의 장관(壯觀)을 아래처럼 자세하게 묘사해 두었음이 눈길을 끌게 한다.

    "의림지[池]의 서쪽에는 물이 넘칠 때 아래로 흘러 내려가는 출구(出口)가 있
    는데, 깎아지른 절벽이 천척(千尺)이나 된다. 이 때문에 물줄기가 폭포를 이루
    어 나르는 것 같은 모양을 하고 있기 때문에 용폭(龍瀑)이라 한 것이다."⁵²

池瀑布傍, 今無."

47 堤川郡誌編纂委員會(編), 『堤川郡誌』, 521쪽.

48 李秉延, 『朝鮮寰輿勝覽』, 「忠淸道·堤川郡·樓亭條」, 普門社, 1932, 144쪽. "望瀑亭在義林 池北畔瀑布上今廢, 只有礎石." 원문 인용과 쪽수 표시는 제천문화원에서 1999년에 간행한 『국역 조선환여승람·제천』편의 뒤쪽에 수록된 것을 참조하였다.

49 忠淸北道鄕土史硏究協議會(編), 『忠淸北道各郡邑誌·堤川郡邑誌』, 「樓亭」, 371쪽. "在義林 池瀑布傍, 今無."

50 金履萬, 『鶴皐集』 卷5, 「紅流亭」, 116쪽. "武陵橋畔崔仙洞 … 請看三字楣間額."

51 김종수(2015), 앞의 논문, 68쪽. 의림지 서편에 위치한 경호루는 1948년에 정면 3칸에 측면 2칸, 2층 누각을 갖춘 양식으로 건립되었다.

52 李炳延, 『朝鮮寰輿勝覽·堤川郡』, 「名所」, 148쪽. "池之西部, 溢口下, 斷崖千尺, 因成飛瀑, 謂之龍瀑. 朴淵九龍相等."

곧장 이어서 이병연은 이른바 송도(松都)[개성] 삼절(三絕)의 하나인 "박연폭포[朴淵]와 (금강산의) 구룡폭포[九龍]와도 견줄 만한 것이 용추폭포다."는 부연 설명도 추가해 두었다. 이병연이 "깎아지른 절벽이 천척(千尺)"이라 표현한 것처럼, 실제 용추폭포가 아래 지점으로 직하(直下)하는 거리는 무려 약 300m에 달할 정도로 크나큰 낙차(落差)를 과시하고 있다. 실제 의림지의 여수문이 해발 약 320m 지점에 위치해 있는 정황 등을 고려해 볼 때 엄청난 낙차 혹은 표고(標高) 차이를 짐작할 수 있다. 이에 따라 의림지 수문에서 넘쳐흐른 못물이 "거꾸로 저 아래 깊숙이 박힌 돌덩이까지 수십 길이나 떨어지는" 용추폭포로 대변되는 크나큰 낙차 문제를 해결하는 일이야말로 의림지의 관개·수리 시설을 설비하는 과정에서 최상의 난제로 부상해 왔던 것이다.

이를테면 김이만이 〈임호관폭(林湖觀瀑)〉이라는 작품을 통해서 "거꾸로 쏟아지는 물줄기 지금까지 여전히 마르질 않았으니, 의림지에 저수량[水]이 많음을 비로소 알았도다!"라고 표현한 바와 같이,[53] 용추폭포로 상징되는 큰 낙차 문제는 상시적인 해결을 요하는 수리사적 과제를 제공해 주었던 것이었다. 게다가 앞서 논급한 의림지의 한랭한 수온까지를 감안하자면, 이곳의 관개·수리 시설은 큰 낙차와 한랭한 수온 문제라는 두 가지 난제를 동시에 해결할 수 있는 특수한 유형의 그 어떤 설비여야만 했다. 그런 점에서 이하의 제3장에서 본격적으로 취급할 친지-자지형 관개·수리 시설을 둘러싼 논의는, 의림지 수리사(水利史)의 전개 과정에서 해명을 요구하는 가장 중요한 과제라는 성격을 띠고 있다.

---

53 金履萬, 『鶴皐集』卷1, 「林湖觀瀑」, 38쪽. "一道飛流萬頃波, 倒瀉至今猶未涸, 義林池水始知多."

3. 친지(親池)-자지(子池)-손지형(孫池型) 수리체계

1) 15세기 중·후반의 경우

앞에서 거론한 바와 같이, 홍류동 상단에 위치한 의림지의 수문 부위로부터 약 300여 미터 아래 지점으로 직하(直下)하는 큰 낙차를 해결하는 문제란, 이곳에서 관개·수리시설을 운영하는 과정에서 최대의 난제로 부상해 왔다. 다시 말해서 의림지에 비축된 못물이 아래 지역의 청전들로 온전하게 관개(灌漑)되기 위해서는 "한 길로 세차게 흘러 내려가 만경(萬頃)의 물결을 이룬다."[54]고 묘사된 큰 낙차 문제를 해결하기 위한 특별한 토목·수리공학적 장치가 요구되었던 것이다. 그뿐만 아니라 사시사철 한랭한 수온 상태를 유지하고 있는 의림지 못물의 온도를 적절하게 조절하여 전답에 공급하는 대안도 동시에 마련되어야 했다는 점도 앞에서 충분히 언급한 바가 있다.

이상에서 적기한 관개·수리시설 방면의 두 가지 난제를 해결하기 위해 제시된 설명 방식이 바로 친지(親池)와 자지(子池), 곧 어미[부모] 못과 자식 못이라는 독특한 형식의 수리 체계에 관한 논의이다. 다시 말하여 의림지는 친지인 어미 못에 해당하고, 그 직하 지점 아래에는 자식 못에 상응하는 별도의 관개·수리시설을 설비(設備)하는 방식을 통해서 큰 낙차와 한랭한 수온 문제를 동시에 해결할 수 있었다는 설명 방식인 것이다. 이 사안과 관련해서 곽종철은 이른바 혈지(血池) 개념을 적용해서 의림지의 친지-자지형 수리 관행을 아래처럼 제기함으로써, 학계의 큰 주목을 받은 사실이 있다.

---

54 金履萬, 『鶴皐集』 卷1, 「林湖觀瀑」, 38쪽. "危亭落日倚嵯峨, 一道飛流萬頃波."

"그러나 발굴 조사를 통해 이를 밝혀내기는 어렵고, 다만 조선시대의 옛 그림을 통해 제천 의림지와 그 남쪽의 작은 혈지(血池) 간에 소위 친지(親池)−자지(子池) 관계가 성립되어 있음을 엿볼 수 있다. (중략) 이는 아마도 저수지 간에 여분의 물을 주고받는 관계를 시사하는 것으로 판단된다."[55]

물론 위의 인용문에서는 큰 낙차와 한랭한 수온 문제를 둘러싼 설명 대신에, 친지−자지형 수리 관행이 "저수지 간에 여분의 물을 주고받는 관계를 시사하는 것으로 판단된다."는 소박한 소견으로 대체되어 있다. 그러나 이 같은 곽종철의 설명은 의림지의 수리 체계를 해명하는 데 있어서 매우 중요한 단서가 될 뿐만 아니라, 당시 기준으로 수리사 연구에서 전혀 보고된 적이 없는 매우 중요한 근거 자료를 제공한 연구사적 의의가 인정된다.[56] 그런데 의림지의 친지−자지형 수리 체계에 관한 설명 방식은 고야마다 고이치(小山田宏一)가 일본의 협산지(狹山池) 아래의 제언인 소지(小池)[곧 자지(子池)]를 설명하는 과정에서 제시한 개념적 틀을 원용한 결과인 것으로 분석된다.[57]

그렇다고 해서 친지−자지형 수리 체계에 관한 프레임이 일본(日本)의 오사카에 소재한 사야마이케의 그것에서 차용(借用)한 것으로 단정해서는 안 된다. 왜냐하면 경상남도 기념물 제253호로 지정된 하동군 옥종면의 '청룡리 은행나무(Gingo Tree of Cheongryong-ri)'의 경우, 군 당국에 의해서 표지판에 아래와 같은 설명을 덧붙여 둔 사실이 주목되기 때문이다.

---

55 곽종철, 「청동기시대~초기철기시대의 수리시설(제3장.1절)」, 한국고고환경연구소 편, 『한국고대의 수전농업과 수리시설』, 서경문화사, 2011, 282쪽.

56 김재호, 「제천 의림지의 수리사적 특징과 의의」, 『의림지유산과 농경문화』, 제천문화원, 2013, 149쪽.

57 小山田宏一, 「狹山池の堤の構造」, 『大阪府立狹山池博物館研究報告』 3, 2006, 5~12쪽.

〈그림 2〉 청룡리 은행나무

"이 나무의 특징은 한가운데 가장 굵은 줄기가 있고, 그 주위에 8개의 큰 줄기(아들나무)가 있으며, 이들 둘레에는 다시 14개의 작은 줄기(손자나무)가 둘러싸고 있다. 사람들은 이를 보고 마치 3대가 한 나무를 형성하고 있는 것 같다고 한다."[58]

윗글에 따르면 '청룡리 은행나무'의 경우도 '부모 나무[大幹]-아들 나무[中幹]-손자 나무[小幹]'로 이어지는 혈목(血木) 개념에 기초한 분류 체계가 적용되었음이 확인된다. 앞의 인용문에서 친지-자지형 수리 체계를 '혈지' 간의 관계로 규정한 것도 윗글과 동일한 맥락에서 이해할 수 있다.

즉, 부모-아들-손자 나무·못이라는 범주화 방식이란 혈연에 기반한 특수한 조직 구분·운영 방식인 동양 전래의 종법제적(宗法制的) 분류 체계에 입각한 작명법인 것이다. 후론될 의림지의 관개·수리 시설의 경우, 부모[어미] 못-자식 못-손자 못[孫池]-증손(曾孫) 못으로까지 분류 체계가 연장되기도 하는바, 이 또한 적전(嫡傳) 의식에 기초한 종법제도가 투영된 작명법의 일환인 것이다.

여하간 의림지의 친지-자지형 수리 체계에 관한 설명 방식은 관련 고문헌들에 대한 분석 작업과 의림지 주변의 유지(遺址)를 대상으로 한 동시적인 검증이 가능

---

58 높이 38m, 가슴높이 둘레 10.623m인 이 나무는 경남에서 가장 굵은 은행나무로, 가지의 폭을 뜻하는 수관폭(樹冠幅)은 남북 25m, 동서 19m에 이른다.
출처: https://5004sis.tistory.com/

하므로, 상당히 설득력 있는 이론으로 정착될 전망이다. 이렇듯 한국수리사 방면
에서 대단히 중요한 의미를 내포하고 있는 친지-자지형의 수리 체계·구조와 관
련해서도 김이만은 매우 귀중한 기록을 남겨 두었음이 주목된다. 김이만은 앞서
소개한 실증적 기문인『산사·의림지』항목을 통해서, 체찰사 정인지(1457)가 시
도한 의림지 수축설 기사를 인용하는 서술 방식을 취하고 있다.

　　"(정인지가) 그 병사들을 조율하여 의림지를 준설[浚]·수리[治]하도록 하고,
　또 저수지 남쪽에 '큰 제방'을 축조[築]하게 하였으나 (중략) 여러 돌들을 포개
　쌓아서 물이 흘러나오게끔 하였고, 그 아래 작은 연못[小池]이 이 물길을 받게
　끔 해서, 저장[蓄]·배수[洩]가 적절하도록 조절하였으니, 이름하여 가로되 '선
　지(鐥池)'라고 하였다."[59]

　김이만이 채록해 둔 위의 인용문 속에는 앞서 논급한 "여러 돌들을 포개 쌓아서
물이 흘러나오게끔" 조처한 누석형 수문 시설 외에도, 보다 중요한 수리체계·
구조에 대한 묘사가 첨가되어 있음이 확인된다. 즉, 그것은 누석형 수문이 장치된
홍류동의 아래 지점에 별도로 '작은 못'[小池]인 '선지(鐥池)'를 가설하였고, 이 작
은 못은 의림지에서 흘러내리는 "물길을 받게끔 해서, 저장[蓄]·배수[洩]가 적절하
도록 조절하는" 식의 관개·수리적 기능을 동시에 발휘하였다는 것이다. 물론 여기

---

59 金履萬,『鶴皐集』권9,「山史」, 195쪽. "我朝鄭河東麟趾, 體察湖西嶺南關東三路, 調其丁壯
　浚治之, 築大堤于池南, 不設閘, 疊石而滲出之, 其下小池受之, 以節蓄洩之宜, 名曰鐥池也."
　언급된 '축설(蓄洩)'의 자전적 의미는 '모으기도 하고 흐트러뜨리기도 한다.'는 것이다. 즉,
　자지에 의해 의림지 수문에서 배출된 못물을 '저장[蓄]·배수[洩]'하는 두 가지 기능을 아울러
　수행한다는 의미다. 한편 國史編纂委員會(編),『輿地圖書(上)』의「山川」에는 용두산 "정상
　에 소지(小池)가 있었다."고 기록되어 있다.(296쪽): "龍頭山, 紺岩之幹也 … 山頂有小池."그
　러나 용두산 정상의 '소지'는 논의 중인 자지와는 전혀 무관하다.

서 의림지는 어미[부모] 못인 친지에 해당하며, 작은 못으로 표현한 '선지'는 자식 못인 자지에 해당하는 수리 시설임이 명백하다. 굳이 술·기름 등을 담아 두는 작은 접시인 복자를 뜻하는 '선(鐥)' 자(字)라는 단어를 간택한 이면에는, 이처럼 작은 못인 자지를 형상화하기 위한 의도가 투영된 결과일 것으로 분석할 수 있다.

아무튼 김이만의 『산사·의림지』에 서술된 내용을 따르자면, 친지-자지형 수리체계의 상한선은 최소한 15세기 중·후반 무렵으로까지 소급하여 적용될 수 있음이 확인된다. 이는 주로 조선후기 무렵에 편찬된 읍지류를 대상으로 한 논의를 진행한 끝에, 친지-자지형 수리 체계가 18~19세기 즈음에서야 출현한 것으로 진단한 기존의 연구 성과들과 대비되는 중대한 수리사적 사실(史實)인 것이다. 다시 말해서 의림지에 설비된 친지-자지형 수리 시설의 기원 혹은 상한선은 기존의 18~19세기보다 약 4세기 가량 선행된 시점, 즉, 정인지에 의해 보수가 시도된 1457년을 전후로 한 시기로 앞당겨 설정할 수 있음을 『산사·의림지』 항목은 명증하게 입증시켜 주고 있다. 또한 15세기 중·후반 당시 의림지는 누석형 수문 시설을 운용하였으므로, 친지-자지형 수리 체계도 이 같은 수문 시설과 함께 운용되었다는 사실도 아울러 확인하게 된다.

그뿐만 아니라 위의 『산사·의림지』 항목은 작은 못·자식 못인 '선지'가 의림지의 누석형 수문에서 쏟아져 내리는 못물을 일차적으로 저장[蓄]하기 위한 용도로 가설되었음과 더불어, 또한 비축된 못물을 다시 전답에 배수[洩]·공급하는 이차적인 기능도 아울러 발휘하였음을 확인시켜 주기도 한다. 자식 못이 일차적으로 수행하는 저장[蓄] 기능의 발휘란, 곧 "넘쳐 10여 장(丈)의 낙폭(落瀑)을 이룬다."고 묘사했듯이,[60] 직하 300m 거리에 이르는 큰 낙차 문제를 해결하였음을 의미한

---

60 金昌翕, 『三淵集·拾遺 Ⅱ』卷3(한국문집총간 166), 「同賦義林池, 周可五六里, 汪汪可泛, 溢爲十餘丈落瀑, 松樹陰映」, 민족문화추진위원회, 1996, 251쪽.

다. 또한 후자인 자식 못에 의한 재(再) 배수[洩] 기능은 의림지의 한랭한 수온이 수전 농업에 적합한 따스한 온도로 조절되는 효과로도 이어졌을 것임을 유추해 낼 수 있다. 실제 차가운 물은 벼의 생육을 저해할뿐더러, 종당에 잘 자라지 못한 벼는 이삭이 여물 때가 되어도 제대로 여물지 않는다고 한다. 따라서 김이만이 채록해 둔 상기 인용문은 15세기 중·후반 무렵에서의 의림지 관개·수리시설 현황과 그 안에 깃든 과학적 고심의 일단을 잘 전시해 주고 있다는 점에서 대단히 중요한 고문헌 자료로 평가된다.

다만, 김이만과 동시대 인물이자 지기 관계였던 오상렴이 남긴 기록물 속에는 자식 못을 '선(鐥)'자가 아닌 '선(銑)'자, 곧 '선지(銑池)'[61]로 표기해 둔 차이가 발견된다. 연경재(研經齋) 성해응(成海應, 1760~1839)은 단양군(丹陽郡) 운암(雲巖)의 동쪽에 위치한 선담(銑潭)을 접한 뒤에, "돌이 네 아름인데, 중간이 오목한[凹] 것이 흡사 활고자[銑] 같은 까닭에, (선담이라) 이름지은 것이다."는 기록을 남겼던바,[62] 이로써 오상렴이 표기한 '선지(銑池)' 또한 소형 연못을 형상화해 보인 작명법임을 이해하게 된다. 기실 김이만과 오상렴 두 사람이 남긴 기록 모두 우리말로 '선지'로 발음이 되는 공통점도 존재한다. 그럼에도 불구하고 오상렴이 굳이 '선(銑)'자를 간택한 이유란, 아마도 동일한 어휘가 반복되는 식의 무미건조함을 피하기 위한 작가의 의도 때문이 아닐까 싶다.

2) 18~19세기의 수리체계

한편 김이만의 『산사』에 기록된 15세기 중·후반 무렵의 친지−자지형 수리 체

---

61 吳尙濂, 『燕超齋集(坤)』卷5, 「滄浪翁茅山別業十六景小識·銑池」, 40쪽.

62 成海應, 『研經齋集』卷51(한국문집총간 275), 「記湖中山水」, 민족문화추진위원회, 2001, 61쪽. "銑潭, 銑潭在丹陽郡雲巖之東 … 又前而得銑潭, 石四圍而中凹似銑故名."

계·구조에 대한 서술은 18세기로까지 연속되고 있었다는 중요한 사실도 동시에 확인할 수 있었다. 왜냐하면 '의림지' 조항에 기록된 정인지에 의한 친지-자지형 수리 체계의 설비는, 차후로 오상렴이 남긴 18세기의 기록물인 〈선지(銑池)〉 중의 해당 내용과도 대체로 일치하기 때문이다. 이 사안과 관련하여 오상렴은 〈선지〉의 주된 기능을 다음과 같이 기록해 두었다.

"선지(銑池)는 의림호[林湖]의 수통(水筒) 바깥에 위치하여, 그 물길을 받아들여 저장[蓄]·배수[洩]가 적절하도록 조절하는 시설[所以]이다."[63]

이처럼 오상렴이 남긴 「창랑옹모산별업십육경소지(滄浪翁茅山別業十六景小識)·선지(銑池)」에 의해 의림지의 친지-자지형 수리 체계가 18세기 초엽 무렵에도 그대로 전승되어 왔다는 사실이 여실히 입증되고 있다. 그런 점에서 오삼렴의 〈선지〉는 의림지의 수리사와 관련하여 매우 중요한 자료적 가치를 발휘하고 있는 것으로 평가된다.

그런데 오상렴은 상기 인용문에 곧바로 이어서 의림지 수문의 "물길을 받아들여 저장[蓄]·배수[洩]가 적절하도록 조절하는 시설"인 이 선지가 "오랫동안 폐해져 수리되지 않았으나, 전(前) 현감[使君] 홍중우(洪重禹, 1661~1726)가 준설[浚]·수리[治]하여, 마침내 그 옛 모습[舊]을 복원하였다."는 정황도 아울러 적기해 둔 부분도 눈에 띈다.[64] 물론 "오랫동안 폐해져 수리되지 않았던" 기간이 과연 어느 정도였

---

63 吳尙濂, 『燕超齋集(坤)』 卷5, 「滄浪翁茅山別業十六景小識·銑池」, 40쪽. "池在林湖水筒之外, 所以承其流節蓄洩之宜者也." 류금렬은 이 구절에 대해 "선지는 林湖의 水筒 밖에 있는 곳인데, 이어진 그 유수를 절수하여 모았다가 흘러나가는 것이 마땅하다."고 잘못 국역하였다. 柳今烈 譯註(2008), 앞의 책, 486쪽.

64 吳尙濂, 『燕超齋集(坤)』 卷5, 「滄浪翁茅山別業十六景小識·銑池」, 40쪽. "舊廢不修, 前洪使

는지에 관한 정보는 누락된 상태다. 그러나 제천 현감을 역임한 홍중우에 의해 1696년(숙종 22) 경에 비교적 무난한 준설·수리 작업이 진행되었던 것으로 미뤄 보건대, 그렇게 긴 세월 동안의 공백기를 감수하지는 않았을 것으로 추측된다. 왜냐하면 관개·수리시설의 폐지는 곧 수전 농업의 중단을 의미하게 되며, 이는 곧 관아(官衙)나 국가에 대한 농민들의 큰 원성으로 이어질 수도 있는 심각한 민원(民怨) 사안에 해당되기 때문이다. 그래서인지 오상렴은 "진섭헌[雁軒]의 주인(主人)[김봉지]이 (수리시설의) 복구를 (적극) 찬성(贊成)하여, 고을 사람들이 그 수리(水利)를 받게 되었다."는 사실적 정황을 추가로 덧붙여 두었다.[65] 이 같은 오상렴의 전언은 "오랫동안 폐해져 수리되지 않았던" 의림지 관개·수리시설이 그다지 긴 공백기를 거치지는 않았을 것임을 시사해 준다.

보다 더 중요한 사실은 "오랫동안 폐해져 수리되지 않았다."는 구절은, 역설적으로 1696년 이전 무렵인 17세기에도 친지−자지형 수리 시설이 그대로 전승·운용되어 왔을 가능성을 강력하게 시사해 주고 있다는 점일 것이다. 짐작컨대 제천 현감 홍중우에 의한 복구공사도 17세기 초·중 무렵까지 전승·유지되어 온 수리 체계를 선행 모델로 삼았을 것임에 분명하기 때문이다. 따라서 의림지의 수리 시설을 취급한 고문헌 자료가 부재한 16~17세기의 경우에도 친지−자지형 수리 체계가 그대로 존속되어 왔을 가능성이 매우 높았을 것으로 추정된다.

이처럼 홍중우에 의해 옛 모습이 복원된 친지−자지형 수리 체계는 '수통(水筒)'

君重禹浚治之, 遂復其舊."

65 吳尙濂, 『燕超齋集(坤)』 卷5, 「滄浪翁茅山別業十六景小識·銑池」, 40쪽. "雁軒主人贊成之, 邑人受其利." 운위된 '섭헌(雁軒)'이란 18세기에 의림지 호반에 세워진 누정의 일환인 진섭헌(振雁軒)의 새 주인인 오상렴 자신을 지칭한 표현이다. 애초 진섭헌은 밀양(密陽) 부사(府使)를 지낸 남인계인 김봉지(金鳳至, 1649~1675)의 별장이었으나, 이를 오삼렴이 비싼 값으로 매입하였다. 金鍾秀(2015), 앞의 논문, 55~57쪽.

으로 표기한 수통형 수문 시설과 병행된 상태였음을 윗글은 아울러 확인시켜 주고
도 있다. 즉, "여러 돌들을 포개 쌓아서 물이 흘러나오게끔" 장치한 15세기 중·
후반의 누석형 수문 시설이 수통형 수문으로의 전환이 이뤄진 것이다. 그런데
오상렴이 남긴 기록물의 경우 대나무로 제작한 대롱이나 도구 따위를 뜻하는 '통
(筒)'자로 대체하였으나, 실제로는 죽재(竹材)로 수통을 제작하지는 않았을 것으로
판단된다. 왜냐하면 한겨울 온도가 무려 영하 20도를 오르내리는 제천 권역의
기후 조건상, 굵은 통나무 형태의 대나무는 제대로 생장하지도 못하기 때문이다.
물론 타지에서 죽재를 유입했을 수도 있으나, 문헌 부족으로 이를 입증하기는
어렵다.

한편 차후인 1899년(광무 3)에 편찬된 『충청북도각군읍지(忠清北道各郡邑誌)』에
편집된 『제천군읍지(堤川郡邑誌)』에는 다수의 제언들이 등재되어 있음이 확인된
다. 특히 이들 제언[제방] 중에는 "제천현[縣]에서 북쪽으로 10리에 위치하며, 둘
레가 5,805척(尺)이고, 수심[深]은 헤아릴 수 없다."고 기술된 의림지제(義林池堤)
와 함께,[66] 또 의림지와 같은 북쪽 방향으로 유등제(柳等堤)·퇴제(退堤)·대야지제
(大也池堤) 등과 같은 3개의 제언이 더 수록되어 있음에 잠시 주목해 본다.

특히 이들 제언 중에서 "제천현[縣]에서 북쪽으로 10리" 지점에 위치한 퇴제의
경우, "의림지 남쪽에 수로(水路)가 연계한 연못으로 일명 '퇴수둑'으로 불리기도
했다는 관련 사료집(史料集)의 설명이 엿보인다.[67] 다만 아쉽게도 퇴제를 보다 상
세히 취급한 고문헌 자료는 더 이상 발견되지 않는다. 대신에 읍지류에 등재된
「제천현도(堤川縣圖)」에는 의림지 아래 지점에 두 개의 제언이 더 그려져 있는

---

66 忠清北道鄉土史研究協議會(編), 「堤堰」, 『忠清北道各郡邑誌·堤川郡邑誌』, 255쪽. "義林池
堤在縣北十里, 周五千八百五尺, 深不可測."

67 柳㝷烈 譯註(2008), 앞의 책, 95쪽의 각주 241) 참조.

데,[68] 이들 중에 하나가 퇴제일 것으로 추정된다. 만약 퇴제가 후론될 대야지제보다 더 아래 위치에 터한 제언이었다면, 고야마다 고이치(小山田宏一)가 명명한 '손지(孫池)'와 동일한 유형의 제언일 가능성이 높다고 본다.[69] 즉, 의림지 수문에서 용추폭포를 경유한 못물을 저장 · 배수하는 기능을 발휘한다는 점에서는 자지[곧 대야지제]와 같은 유형의 제언이지만, 자지보다 더 아래 지점에 위치했기에 '손지'로 추정할 수 있기 때문이다. 만약 그렇다면 손지는 자지에서 유출된 못물을 더 먼 공간까지 보급하는 기능을 수행했을 것으로 보인다. '물이 빠져나가거나 밀려남'을 뜻하는 '퇴수(退水)'라는 단어로 둑의 이름으로 삼았다든가, 혹은 "(대야지제의) 수로가 연계한 연못"으로 퇴제를 설명한 정황 등은 손지로서의 퇴제가 수행한 기능과 무관하지 않아 보인다.

이렇듯 작은 못인 소지(小池)가 자지 · 손지 등과 같이 두 개의 제언으로 순차적으로 나뉘어져 설치된 이유로는, 의림지 수문에서 배출되는 엄청난 수량을 단계적으로 조절하여 감당하기 위한 장치의 일환으로 가설되었기 때문일 것이다. 따라서 용추폭포 상단 부위의 수문에서 흘러내리는 못물의 배출량이 차츰 감소하는 추세였다면, 자연히 손지인 퇴제의 활용도도 주춤할 수밖에 없었을 것이다. 이 사안과 관련된 사료집에 의하면, 지난 2008년도 당시에도 웅덩이에는 여전히 습지가 존재하였던 것으로 전한다.[70] 이 습지는 퇴제의 기능이 중단된 이면에 대한 그 어떤 정보를 간직하고 있을 것으로 짐작된다.

여타의 제언들 중에서 유등제(柳等堤)의 경우, 그 성격이 대야지제 · 퇴제와는

---

68 〈그림 2〉와 〈그림 3〉을 참조할 것.

69 小山田宏一, 「일본에 있어서 고대 水利遺蹟의 보존과 활용사례: 狹山池 土木遺産의 보존 · 계승과 그 활용」, 『중원문화연구』 14, 충북대 중원문화연구소, 2010, 6~7쪽.

70 柳今烈 譯註(2008), 앞의 책, 95쪽의 각주 241) 참조.

다소 구분되는 유형의 연못일 것으로 분석된다. 예컨대 의림지의 남쪽 방향으로 약 1.5km 정도 떨어진 위치에 소재한 유등제는 유등지·솔방죽 등과 같은 별명을 대동한 제언으로, 청전들 한가운데 자리하고 있어 지금도 육안으로 식별이 가능한 상태이다. 관련 사료집에 의하면, 유등제는 "북쪽 수로로부터 유입되는 물을 가두었다가, 유등지 남쪽으로 펼쳐진 농경지에 농업용수를 공급하는 기능을 수행했다."고 설명하고 있다.[71] 다시 말해서 작은 못인 자지·손지로부터 공급된 못물이 모종의 수로를 통해서 유등제[곧 솔방죽]에 유입되어 저수가 되는 식의 과정을 경유하기 위한 용도의 제언이었던 것이다.

그런데 비교적 최근에 보고된 자연지리학적 연구에 따르면, 의림지로부터 직접적으로 유등제로 연결되는 자연 하천은 없었던 것으로 조사된 바가 있다. 다시 말해서 의림지 남쪽 1.5km 지점에 위치한 유등제의 경우, 인공적으로 관개를 위해 조성된 저수지가 아니라 자연 하천으로부터 물 공급이 가능한 지형에 입지한 의림지의 중간 물저장장소였을 것으로 파악되었던 것이다.[72] 그렇다면 유등제의 경우 '의림지-대야지제-퇴제-유등지'로 이어지는 혈지(血池)의 계보, 곧 '친지-자지-손지-증손지(曾孫池)'의 흐름을 보여주는 연못 중의 한 곳으로 규정하기는 어렵다. 대신에 조선후기인 18~19세기 무렵에 이르도록 의림지는 '친지-자지-손지형' 수리 체계·구조를 취한 가운데, 유등제라는 또 다른 유형의 중간 물저장공간을 대동한 매우 복합적인 관개·수리시설을 구축하고 있었던 것으로 정리할 수 있겠다.

---

71 柳今烈 譯註(2008), 앞의 책, 95쪽의 각주 239) 참조. 「제천유등지시굴조사」에 의하면, 유등제의 크기는 동서 220m, 남북 80~100m로 담수 면적은 약 28,000㎡인 것으로 측정되었다.

72 박지훈, 「제천 의림지의 자연지리학적 연구」, 『堤川 義林池 시·발굴조사보고서』, 국립중원문화재연구소, 2014, 137~139쪽.

그런가 하면 『제천군읍지』에 등재된 나머지 제언들인 동방제(東坊堤) · 두고산제(頭高山堤) · 서채평제(鋤蔡坪堤) · 소갈야제(小葛也堤) · 대갈야제(大葛也堤) · 갈치제(葛峙堤) 등등과 같은 제언들은 방위가 모두 의림지와는 다른 남동쪽에 위치했던 것으로 기술되어 있다. 다시 말해서 두고산제와 서채평제는 각기 "제천현[縣]의 동쪽 5리 · 10리" 지점에,[73] 그리고 동방제[74]와 소갈야제[75] · 대갈야제[76] 및 갈치제[77]의 경우는 "제천현[縣]의 남쪽" 몇몇 리 지점에 소재했던 제언들이었다. 따라서 두고산제 · 서채평제 및 동방제 · 소갈야제 · 대갈야제 · 갈치제의 경우는, 지금 논의 중인 자식 못 · 작은 못과는 전혀 무관한 유형의 제언이었던 것으로 판단된다. 다만 이들 일곱 제언과는 다르게 "제천현[縣]에서 북쪽으로 위치한" 앞의 4개 제방 중에 하나인 대야지제(大也池堤)의 기능과 용도와 관련하여, 『제천군읍지』는 다음과 같이 주목할 만한 설명을 덧붙여 두었음을 참고할 필요가 있다.

"대야지제는 의림지의 수통(水桶) 밖에 있으니, 곧 의림지[林池]에서 (흘러나온) 못물[水]을 받아들여 저장[蓄] · 배수[洩]하게끔 조종(操縱)하는 곳이다."[78]

---

73 忠淸北道鄕土史研究協議會(編),「堤堰」,『忠淸北道各郡邑誌 · 堤川郡邑誌』, 254~255쪽. "頭高山堤在縣東五里, 周九十九尺.";"鋤蔡坪堤在縣東十里, 周八百九十八尺."

74 忠淸北道鄕土史研究協議會(編),『忠淸北道各郡邑誌 · 堤川郡邑誌』, 254~255쪽. "東坊堤在縣南五里, 周一千二百二十六尺."

75 忠淸北道鄕土史研究協議會(編),『忠淸北道各郡邑誌 · 堤川郡邑誌』, 254~255쪽. "小葛也堤在縣南十里, 周六百五十尺."

76 忠淸北道鄕土史研究協議會(編),『忠淸北道各郡邑誌 · 堤川郡邑誌』, 254~255쪽. "大葛也堤在縣南十里, 周一千四百十五尺."

77 忠淸北道鄕土史研究協議會(編),『忠淸北道各郡邑誌 · 堤川郡邑誌』, 254~255쪽. "葛峙堤在縣南五里, 周一千四百八十八尺."

78 忠淸北道鄕土史研究協議會(編),『忠淸北道各郡邑誌 · 堤川郡邑誌』, 255쪽. "在義林池水桶外, 卽承林池水爲操縱蓄洩之處也." 그런데 류금렬 역주(2008), 앞의 책에는『제천군읍지』

윗 인용문 속에 드러난 문헌적 기록을 토대로 삼아 대야지제가 어미 못인 의림지 아래에 위치하는 자식 못[子池]에 해당한다는 주장이 최근 김재호(2013)에 의해서 보다 구체적으로 제기된 상태다.[79] 그런데 상기 인용문은 이와 같은 기존의 주장에 추가하여 새로운 사실에 대한 추정을 동시에 가능케도 해준다. 그것은 바로 15세기 중·후반에 선보인 친지−자지형 수리체계·구조가 19세기 후반 무렵에 이르도록 그대로 전승·운영되고 있었다는 엄연한 정보에 관한 것이다. 또한 19세기 후반의 수문 유형은 기존 15세기의 누석형 시설이 아닌, 곧 '수통(水桶)'으로 표기한 수통형 시설로 전환된 사실도 동시에 확인할 수 있다. 물론 이처럼 수문 시설이 변경된 정황과는 무관하게, 친지−자지형 수리 체계는 최소한 4세기 이상 동안 지속적으로 유지되어 오고 있었음을 거듭 확인하게 된다. 따라서 우리는 19세기 후반 무렵을 하한선의 기준으로 설정하더라도, 의림지의 친지−자지형 수리 체계·구조란, 관개·수리시설에 관한 한 준(準) 원형에 상응하는 긴 역사를 향유해 왔다는 잠정적인 결론에 당도하게 된다. 참고로『여지도서』와『충청북도 각군읍지』에 수록된「제천현도(堤川縣圖)」를 제시하면 각각 다음의〈그림 3〉,〈그림 4〉와 같다.[80]

에 게재된 이 구절의 뒷부분을 "蓄洩之所也."로 잘못 표기했다(95쪽). 또한 이 구절에 대해 "대야지제는 의림지의 수통(水桶) 밖에 있다. 즉, 임지(林池)에서 받아들인 저수(貯水)를 <u>조종(操縱)하기 위하여 모았다가 흐르게 하는</u> 곳이다."라고 국역했는데, 밑줄 친 부분은 명백한 오역임.

79 김재호(2013), 앞의 논문, 75~76쪽. 그런데 필자는 대야지제에 관한 기록을 "在義林池水桶 外, 卽<u>永</u>林池水爲操縱蓄洩之<u>可</u>也."로 잘못 인용하였다. 또한 두 번째 구절에 대해서, 멀리 "임지(林池)의 물이 이리저리 흘러 새는 것을 막을 수 있다."고 국역했으나, 이 또한 명백히 잘못된 번역이다(72쪽).

80 인용된〈그림 3〉및〈그림 4〉의「제천현도」는 세명대 지역문화연구소(편),『의림지 유산과 농경문화』, 제천문화원, 2013, 147쪽에 김재호가 게재한〈그림 1〉과〈그림 2〉를 재인용한

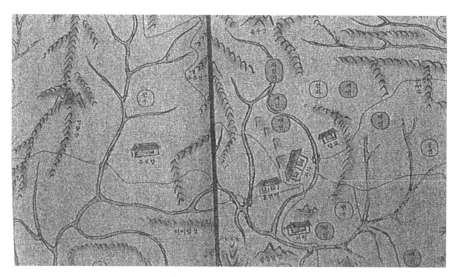

〈그림 3〉「제천현도」의림지 권역 부분 확대

〈그림 4〉『충청북도각군읍지』「제천현도」 부분 확대

것임.

그런데 의림지 아래 지점에서 좌우로 분기되는 두 갈래의 하천인 동쪽의 용두천(龍頭川)과 서쪽의 하소천(下所川) 중에서, 용두천은 근대화에 따른 개발 바람을 탄 나머지, 현재 그 자취가 모호해진 상황이다. 대신에 용두천길과 용두천로로 불리는 도로명이 신설되면서, 지난 날 용두천의 존재를 희미하게나마 환기시켜 주고 있을 뿐이다. 퇴제와 대야지제로 추정되는 두 제언이 위치했던 곳이 바로 용두천 방면이었다는 점에서 아쉬움이 크다. 특히 『제천군읍지』에서 "의림지에서 (흘러나온) 못물[水]을 받아들여 저장·배수하게끔 조종하는 곳"으로 특정(特定)한 대야지제의 경우, 그 유허(遺墟)마저도 민멸된 상황에 처해진 것은 참으로 애석한 일이 아닐 수 없다.

그러나 위의 고지도에 적기된 대야지제가 동시적으로 수행한 저장·배수하는 기능 덕분에, 과거 의림지는 그 아래 지대에 위치한 제천현의 들녘에 충분한 농업용수를 공급할 수 있었다. 세인들이 왕왕 의림지를 제천의 생명수로 비유했던 이면에는, 이상에서 논급한 친지-자지-손지형 수리체계·구조라는 독특한 유형의 관개·수리시설이 지속적으로 작동한 결과였음을 이해하게 된다. 이에 김이만은 의림지가 제천민의 삶에 기여한 크나큰 공로에 대해서 아래처럼 심심한 예찬을 토로해 두었던 것이다.

> "(의림지 수문의) 그 물길이 멀리 흘러서, 넉넉히 전답 수천(數千) 경(頃)에 물을 관개(灌漑)할 만하니, 그 덕(德)의 신령스러움이, 족히 구름과 비를 일게 하여 만물을 윤택하게 한다."[81]

---

81 金履萬, 『鶴皐集』 卷9, 「山史」, 195쪽. "義林池, 堤之巨浸 … 其流之遠, 足以灌田數千頃, 其德之靈, 足以興雲雨澤萬物, 歲旱必禱焉."

우리는 이상에서 개진한 제3장의 논의를 통해서, 김이만이 극구 찬탄해 마지않았던 의림지의 모성적인 수혜(水惠)에 대해 깊은 공감을 표하게 된다. 그런 점에서 위의 인용문은 15세기 중·후반에서 출발해서 19세기 후반 무렵에 이르도록 중단 없이 가동되어왔던 의림지의 친지−자지−손지형 수리체계·구조에 대한 예찬을 겸한 언술이었던 것으로 해독된다.

4. 맺음말

이상의 논의를 통해서 15세기 중·후반에서 19세기 후반 무렵에 이르기까지의 제천 의림지의 관개·수리시설의 현황과 그 전승 양상 등을 개괄적으로 살펴보았다. 특히 이번 제2장의 논의에서는 하나의 저수지가 정상적인 기능을 발휘하기 위한 필수적인 조건들인 수원의 제공에 따른 저수량의 형성, 제방 축조와 수문의 구축, 그리고 관개·수리 시설의 운용 등과 같은 제반 요소들을 종합적으로 검토하였다. 이를 위해 제천과 연고가 있는 조선조 사대부들이 남긴 문집들과 함께, 각종 읍지류와 고문헌 자료 등을 원용하는 문헌연구 방법론을 채택하였다. 그리하여 지금까지 묻혀 있었던 의림지의 관개·수리시설과 관련된 새로운 자료들을 발굴해 내게 되었고, 그 결과 기존의 단편적인 논의를 초극하는 차원에서 보다 포괄적인 논의를 개진할 수 있었다. 이하에서는 앞서 본론에서 개진한 내용들을 간략히 정리하고 음미하는 형식을 취하게 될 것이다.

의림지는 근대적 개발 여파가 미치기 이전 시기인 19세기 후반 무렵까지는 비교적 전래의 구관(舊觀)을 잘 간직하고 있었다. 이 같은 양상은 의림지 권역의 수질·생태환경 뿐만 아니라, 이 저수지를 모태(母胎)로 하여 운용되었던 일련의 관개·수리시설의 경우도 사정은 마찬가지였다. 이에 이번 제2장의 논의를 통해서는 과거 의림지의 관개·수리시설을 구성하는 제반 요소들 모두를 포함시키는 보다 종합적이고도 포괄적인 차원에서의 논의를 개진하게 되었다. 특히 의림지의 제원에 상응하는 요소들을 포착해 둔 김이만의『학고집』과 오삼렴의『연초재유고』를 비롯한 다양한 문집들을 적극 활용하게 된 것은, 금번 논의의 지평을 크게 확장하는 긍정적인 결실로 이어졌다.

무엇보다도 의림지 수원의 제공을 둘러싼 논의는 이곳의 관개·수리시설 연구에 대한 시발점이 되기에, 인접한 용두산·청전들과 하나의 벨트를 형성하고 있는 의림지의 지형학적·생태학적 여건에 유념하면서 이 사안을 우선적으로 다루었다. 그 결과 용두산 자락의 피재골로부터 유입되는 계곡수와 함께, 의림지 자체의 기층 부위에서 샘솟는 천원(泉源)은 오랜 세월에 걸쳐서 양대 수원을 형성해 왔음을 확인하였다. 특히 전자는 의림지를 산곡형 저수지로 분류하는 이유와 직결되어 있고, 전·후자 공히 이 저수지가 가뭄을 이겨 내면서 청정·한랭한 수온을 유지하게 된 경위와도 맞닿아 있기도 했다. 한편 8~13m에 달하는 깊은 수심과 그에 따른 강한 수압(水壓)의 문제는 극히 건실한 제방의 축조를 요구하게 된다. 더욱이 산곡형 저수지가 감당해야만 하는 토사·퇴적물 등을 처리하는 문제는 제방의 건립과 수문시설에 대한 추가적인 난제를 덤으로 부과하게 된다. 과거 '대제(大堤)·장제(長堤)·고제(古堤)' 따위로 지칭되곤 했던 의림지의 제방은 이러한 요청들에 대한 지혜롭고도 구체적인 해결책의 제시였다.

한편 의림지 관개·수리시설의 두 번째 층차에 해당하는 수문에 관한 논의는, 그 동안 학계에서 본격적으로 취급되지 못한 사안이었다. 그런데 고문헌 자료들에 대한 분석을 통해서, 이미 15세기 중·후반 무렵부터 의림지에 누석형 수문시설이 가설되었음을 밝혀내었다. 또한 차후 이 누석형 수문은 수통(水筒)·수통(水桶) 등으로 표기된 수통형 수문시설로의 전환이 이뤄졌다는 사실도 새롭게 규명하였다. 기실 친지-자지-손지형 수리체계·구조도 여수토 기법을 적용한 이 같은 수문 시설들과 줄곧 병행되어 온 사실을 밝힌 점도 이번 제2장의 중요한 성과의 일환에 해당한다.

의림지 관개·수리 시설을 둘러싼 마지막 논의 순서인 친지-자지-손지형 수리체계에 관한 연구는 앞서 적시한 제반 조건들과 긴밀히 연계된 사안이면서, 의림지 수리사(水利史)의 핵심적인 주제 사안이기도 하다. 특히 친지-자지-손지형 수리시설은 해발 300m 지점에 터한 의림지 수문에서 아래 지점까지의 큰 낙차 문제를 해결함과 동시에, 또한 연중 한랭한 수온 상태를 유지하는 의림지의 못물을 농업용수에 적합한 온도로 조절하는 두 가지 난제에 대한 구체적인 해법에 해당한다. 이에 각종 고문헌 자료들을 정밀하게 조사해 본 결과, 이미 15세기 중·후반 무렵부터 친지-자지형 수리 체계가 개발·적용되었다는 사실을 최초로 확인하게 되었다. 이에 추가하여 친지-자지-손지형 수리시설이 16~17세기를 거쳐서 19세기 후반 무렵까지 전승·운용된 사실도 아울러 규명하였다. 즉, 친지·어미[부모] 못인 의림지에 대해 '선지(鐥池)·선지(銑池)'로 표기된 작은 못[小池]·자지형 시설이 18~19세기에 제작된 읍지류를 통해서도 제시되고 있었던 것이다. 실상 의림지와 같은 방향에 자리 잡았던 대야지제·퇴제 중에서 대야지제가 자지형 저수지였다면, 퇴제의 경우 손지형(孫池型) 제언일 개연성이 큰 것으로 추정되기도 했다. 한편 유등제의 경우 친지-자지-손지형으로 이어진 혈지의 계보와는 무관한 저수지였지만, 드넓은 청전들에서 중간 물저장공간으로 기능했던 정황이 주목되었다.

결과적으로 의림지 관개·수리사에서 준 원형의 위상을 점유했던 친지-자지-손지형 수리 체계·구조와 또 다른 습지 공간인 유등제 덕분에, 제천의 들녘은 충청권에서 몽리(蒙利) 면적이 가장 넓은 수전 농업이 성행했던 것이다. 따라서 우리는 예로부터 의림지를 제천의 생명수라 평했던 이면에는, 바로 이 친지-자지-손지형 관개·수리체계·구조와 유등제 혹은 솔방죽이 동시에 운용·가동되어 왔기 때문에 가능했던 예찬임을 이해하게 된다.

이제 마지막으로 이미 자취마저 민멸될 상황에 처한 지난날의 친지-자지-손지형 관개·수리시설과 관련한 대안적 전망을 제안해 두고자 한다. 이는 장차 의림지가 유네스코 세계문화유산 목록에 등록되기 위한 대안과도 직결되어 있기 때문이다. 현재로서는 얽혀진 지역 주민들의 날카로운 이해·득실관계로 인하여, 의림지 관개·수리시설의 원형을 온전히 복원해 내는 일이란 거의 불가능한 일처럼 되어 있다. 그렇다면 과연 실현 가능한 대안은 무엇일까? 그것은 일차적으로 관련 수리시설들을 취급한 고문헌 자료를 보다 정밀하게 추적하는 가운데, 또한 이 시설들이 위치했던 용두천 주변에 대한 치밀한 현장 검증 작업을 병행해서 퇴제·대야지제를 유적화(遺跡化)하는 방안을 차선의 대안으로 신중하게 검토하는 일일 것이다. 물론 세계유산으로 등록된 외국 농경유적들의 경우 원형이 매우 잘 보전되어 있고, 또한 원래의 기능까지도 온전하게 발휘하고 있다고 한다. 그렇다면 용두천 변의 해당 지점이라도 제천시가 직접 매입해서, 친지-자지-손지형 수리 체계의 원형을 복원해 내는 일이야말로 진정 최선의 방안일 것으로 사료된다. 그러기 위해서는 이 일대를 염두에 둔 왕성한 개발 구상을 철회하는 것이 우선적으로 요청된다. 시 당국은 무려 2,000여 년에 이르는 영험한 의림지의 역사와 생태계의 건전성이 허황된 개발의 미명으로 한순간에 무력화되는 사태를 수수방관해서는 안 될 것이다.

신비의 인공섬 순주(蓴洲)에 대한 역사적 고찰

17세기 중반 무렵에 의림지는 "우리나라 3대 저수지[我國三大池]" 중에서도 첫 번째 순서로 지목되었을 정도로, 조선(朝鮮)을 대표하는 고대 수리시설로서의 확고한 위상을 공인받고 있었다. 그런데 작금의 시대는 바야흐로 디지털 혁명에 기반하여 물리적 공간과 디지털적 공간 및 생물학적 공간의 경계가 희석되는 기술 융합의 시대를 추구하는 제4차 산업혁명의 문로로 들어서고 있다. 때문에 농업적 생산양식에 기초한 전근대 시기 사회에서 선보였던 다양한 문명의 편린들은, 지난날에 향유했던 화려한 영화를 뒤로 한 채 차츰 빛이 바랠 조짐을 노정해 보이고 있다.

예컨대 일제 강점기 때인 1918년도 기준으로 관개(灌漑) 면적 260여 정보(町步)에 달하는 엄청난 몽리(蒙利)를 과시했던 의림지의 경우, 탈농업화의 시대로 접어든 지도 오래전인 현재로서는 예전의 자자했던 명성이 상당히 감쇄되어 가고 있는 상태다. 물론 그렇다고 해서 최소 1,500여 년 이상의 역사를 간직한 의림지의 위용 자체가 급격히 와해되지는 않을 것으로 보인다. 왜냐하면 의림지의 경우 애초의 용도였던 저수지가 발휘하는 관개·수리시설로서의 기능 외에도, 사시사철 내도록 관광객들을 유인할만한 제림(堤林)을 대동한 아름다운 호수(湖水)로서의 특징도 아울러 겸하고 있기 때문이다. 문화재청이 2006년 12월에 이르러 '제천 의림지와 제림'이라는 복합적인 명칭하에 명승(名勝)으로 승격시켜 등록한 것도 바로 이러한 맥락에서였다.

일찍이 노론계(老論係)의 일파인 낙론(洛論)을 대표했던 종장(宗匠)이었던 농암(農巖) 김창협(金昌協, 1651~1708)은 의림지에 대해서, "큰 이익에 좋은 경관 천연으로 열리어" 운운하는 표현으로 극구 예찬한 바가 있었다.[1] 즉, 김창협은 의림지가 수리(水利)와 가상(佳賞)을 겸비한 독특한 공간이라는 사실에 찬사를 보낸 것이다. 이 시구(詩句)의 행간 속에는 의림지가 저수지와 호수의 특성을 동시에 갖춘 호지(湖池)라는 사실을 묻혀두고 있음이 감지되기도 한다. 따라서 2022년 현재 의림지의 경우 저수지로서의 위상은 다소 실추했다손 치더라도, 수질·생태환경이 훼손되지 않는 한 호수로서의 절경(絕境)만큼은 차후로도 세인의 이목을 끌만한 크나큰 매력을 발휘할 것으로 전망된다.

그런데 의림지의 미관을 한층 더 돋보이게 하는 계기를 제공한 것은, 비단 '천개(天開)'로 묘사한 조화옹(造化翁)의 신비로운 가공력 때문만은 아니었다. 왜냐하면 의림지 북동쪽 모퉁이 쪽에 자리 잡은 인공섬인 순주 역시 이 천혜의 공간에 미학적 활기를 북돋우는 데 크게 일조해 왔기 때문이다. 그런데도 2021년에 이르도록 순주를 대상으로 한 그 어떤 연구 성과나 보고서도 부재한 실정이다. 이에 이번 제3장의 지면을 통해서는 그동안 미지의 지대에 빈 괄호 상태로 방치되어 왔던 순주에 대한 전면적이면서도 심층적인 논의를 최초로 개진하고자 한다. 그리하여

---

1 金昌協, 『農巖集』卷3(한국문집총간 161),「詩」,〈與子益同賦義林池, 得聲字〉, 민족문화추진위원회, 1996, 355쪽. "潹沆滄池澄不淸 … 天開美利兼佳賞, 終古留爲一縣名." 언급된 '자익(子益)'은 농암의 아우이자 출중한 문장가였던 삼연(三淵) 김창흡(金昌翕, 1653~1722)의 자(字)다.

세간에서 그저 신비의 섬으로만 회자되었던 세칭 '순주섬'이 의림지 수리사(水利史)의 핵심적 장치인 이른바 친지(親池)-자지형(子池型) 관개·수리시설에 대한 생생한 증표(證票)였다는 사실(史實)을 인지하는 결과로 인도하고자 한다.

이에 인공섬인 순주가 건립된 1696년(숙종 22) 이래로, 어언 325여 년에 달하는 기나긴 연륜을 축적한 이 한 점의 외로운 섬이 축조된 역사적 기원과 이면사, 그리고 순주의 도량(度量) 정보와 몇몇 기능에 관한 포괄적인 논의를 아울러 개진할 계획이다. 그 결과 우리는 「신비의 인공섬 순주에 대한 역사적 고찰(제3장)」을 하필이면 「제2부. 의림지 시축 담론과 관개·수리시설」에 배속시킨 이유를 자연스럽게 이해하게 되리라 본다.

1. 문제의 제기

제천시 모산동에 소재한 의림지는 국내 최고(最古)의 저수지로 농경문화의 원형과 수려한 주변 경관들의 옛 모습 그대로를 비교적 온전하게 잘 보전하고 있는 자연 공간이다. 그 결과 의림지는 1976년에 충청북도 기념물 제11호로 지정된 지 30년 만인 2006년 12월에 이르러서는 명승(名勝) 제20호로 재지정됨으로써, 이 천혜의 공간에 대한 독보적인 위상을 재차 공인받게 되었다. 의림지의 경우 호수와 저수지의 특성을 겸비한 호지(湖池)로서의 독특한 특성으로 인하여, 역사학과 문학·지질학·건축학·생물학·환경공학·문화학 등과 같은 제 방면의 연구자들에 의해 주목받은 끝에, 다수의 연구 성과를 축적하는 지적 계기를 제공하기도 하였다. 다만, 의림지를 대상으로 한 연구는 전반적으로 산발적이면서도 일회적인 추이를 보여주고 있어서, 새로운 연구 성과가 보다 체계적인 수준에서 결집될 만한 대책 마련이 필요한 실정이다.

이번 제3장의 논의에서 취급하게 될 의림지 북동쪽에 위치한 '순주(蓴洲)'의 경우, 지금까지 그 실체가 전혀 규명되지 않은 상태에서 그저 신비의 섬으로만 회자(膾炙)되어 왔다. 그런데 근년에 세칭 '순주섬'의 기원이 15세기 중·후반 이래로 운영되었던 의림지의 관개(灌漑)·수리시설(水利施設)의 구축과 직접적인 관계를 맺고 있으며, 또한 약 325여 년에 이르는 기나긴 역사를 향유하고 있다는 사실을 새롭게 발굴해 내게 되었다. 즉, 남인(南人) 계열의 관인·유자였던 창랑(滄浪) 김봉지(金鳳至, 1649~1713)에 의해 헌정(獻呈)된 이 인공섬은, 17세기 후반에 이르러 제천(堤川) 현감(縣監) 홍중우(洪重宇, 1661~1726)가 복원한 의림지의 관개·수리시설을 경하하기 위해 축조한 기념비적인 산물이자 증표였던 것이다. 또한 하필 섬 이름으로 의림지의 특산물로 이 저수지의 아이콘으로 작용했던 순채(蓴菜)를 기호화한 사실 또한 충분히 반추해 볼만한 여지를 제공하고도 있다. 왜냐하면 지금은 1972년 대홍수 사태 이후로 멸종되어 자취마저 찾을 길이 없으나, '수규(水葵)·사순(絲蓴)'[2] 따위로도 지칭되었던 순채는 읍민들에게 풍부한 먹거리를 제공했을 뿐만 아니라, 또한 의림지 생태계의 건전도 여부를 가늠할만한 살아있는 환경 지표와도 같은 귀중한 역할도 아울러 수행했었기 때문이다.

따라서 이번 제3장에서 논제(論題)로 설정한 순주의 경우를 보더라도, 의림지를 대상으로 한 연구가 매우 체계적이면서도 지속적인 차원에서 접근되어야만 한다는 주장에 공감을 표하게 된다. 이에 금번 논의의 장(場)을 통해서는 제천을 표상해 주는 상징적인 공간인 의림지에 순주가 축조된 배경과 이면에 대한 명쾌한 규명을 시도함과 더불어, 또 이 인공섬의 주요 도량 정보와 몇몇 기능들에 관한 논의를

---

2 金履萬, 『鶴皐集』 卷1(한국문집총간 續65), 「賦」, 〈林湖賦〉, 한국고전번역원, 2008, 19쪽. "…亦有水葵羅生, 采采水涯, 葉如靑錢, 莖類銀釵."; 같은 책, 「詩晚稿○七言律詩」, 〈還家作〉, 127쪽. "林湖不待秋風起, 見說絲蓴已可羹."

아울러 개진하고자 한다. 그리하여 이번의 논의가 기나긴 연륜을 축적한 의림지 역사의 한 단면을 새롭게 복원해 내는 계기로 작용함으로써, 이 유구한 공간에 대한 역사적 소양을 한층 더 제고하고 애정 어린 시선으로 응시하는 결실로 이어지 기를 기대해 본다.

2. 17세기 순주 축조의 배경과 이면

1) 송곡 이서우의 〈김밀양봉지제천십육경(金密陽鳳至堤川十六景)〉

의림지의 북동쪽 모퉁이에 자리 잡은 인공섬인 순주는 순채[蓴]와 섬[洲], 이 두 글자를 합성시킨 독특한 조어(造語)에 해당한다. 그런데 섬을 뜻하는 '주(洲)' 자(字)는 강이나 큰 하천 가운데의 모래가 쌓여서 자연스럽게 형성된 작은 섬을 의미한다. 따라서 순주라는 작명은 인공섬의 모습과는 다소 상반되는 이미지를 간직한 단어다. 그럼에도 이름을 붙인 애초의 작명가가 굳이 '주(洲)' 자를 간택한 이면에는, 아마도 인공섬인 순주가 자연스러운 퇴적 작용의 산물인 사주(沙洲)와 유사한 모습을 지닌 섬처럼 축조하고자 했던 의도가 읽혀진다. 실제 눈으로 조망 되는 순주의 길이와 폭·둘레 등은 이 섬이 흡사 호안(湖岸)의 모래섬처럼, 상당히 자연스러운 모습으로 수면 위로 얼굴을 살짝 드러낸 듯한 형국을 취하고 있다.

그렇다면 기록상으로 의림지의 일점 고도(孤島)인 순주를 최초로 포착해서 서술 해 둔 고문헌 자료는 과연 무엇이며, 또한 그 작자는 누구였을까? 보다 효율적인 논의를 위한 방편상 이 의문에 대한 답변을 단도직입적으로 제시하자면, 조선 후기의 문신으로 예문관(藝文館) 제학(提學)·황해도관찰사(黃海道觀察使) 등의 관 직을 역임한 남인 계열의 관인·유자였던 송곡(松谷)[송파] 이서우(李瑞雨, 1633~ 1709)가 창작한 〈김밀양봉지제천십육경(金密陽鳳至堤川十六景)〉이라는 제하의 아래의 시작(詩作)을 통해서 '순주'가 최초로 언급되었음을 확인하게 되었다.

> "순주(蓴洲)의 수심이 깊지 않은데,
> 순채가 물에 가득하여,
> 마침내 이 섬 주변 사람들로 하여금 캐게 하였더니,
> 육내사(陸內史)가 (평한 맛이) 아님이 없도다."[3]

위의 시인 〈김밀양봉지제천십육경〉은 밀양(密陽) 부사(府使)를 지낸 창랑 김봉지가 지은 이른바 〈제천십육경(堤川十六景)〉에 화답한 형식을 취한 오언절구(五言絕句) 연작시(連作詩) 16수(首) 중에서 열네 번째 순서에 배치되어 있다. 그렇다면 실제 순주를 최초로 문헌에 포착해 둔 인물은 김봉지였음이 자명해진 셈이다. 그러나 아쉽게도 김봉지가 지은 〈제천십육경〉의 실체가 현재에 이르도록 확인되지 않고 있는 상태다. 이서우는 김봉지가 묘사한 〈제천십육경〉의 순서에 의거하여 '진섭헌(振屧軒)·의림지(義林池)·우륵당(于勒堂)·연자암(燕子巖)·대송정(大松亭)·호월정(湖月亭)·대제(大堤)·선지(銑池)·폭포(瀑布)·용담(龍潭)·홍류동(紅流洞)·자연대(紫烟臺)·유만(柳灣)·순주·내교(內郊)·외교(外郊)' 등의 차례로 이어지는

---

3 李瑞雨,『松坡集』卷10(한국문집총간 41),「詩」,〈金密陽鳳至堤川十六景〉, 민족문화추진위원회, 2006, 193쪽. "蓴洲水不深, 蓴菜多於水, 遂使洲邊人, 無非陸內史, 右蓴洲." 운위된 '육내사(陸內史)'란 중국 서진(西晉)의 시인인 육기(陸機, 261~303)를 가리키는데, 평원 내사(平原內史)를 지냈으며 문집으로『평원내사집(平原內史集)』을 남겼다. 그런 육기가 어느 날 시중(侍中)인 왕제(王濟)를 방문했는데, 왕제가 손으로 양락(羊酪)[치즈]을 가리키며 말하기를, "그대의 고향 오중(吳中)에는 어떤 식품이 이와 맞먹을만한가?"라고 하였다. 이에 육기가 "천리호에서 나는 순채국은 맛이 좋아서 소금이나 된장을 쓸 필요도 없습니다.[千里蓴羹 未下鹽豉]"라고 답한 데서 유래한 말이다. 권경록,「鶴皐金履萬의 賦에 나타난 堤川 '林湖'의 심상지리-「林湖賦」와「閒居賦」를 중심으로」,『한국한문학연구』63, 한국한문학회, 2016, 332쪽의 각주 16)을 참조.

연작시를 지어 그에게 화답하였던 것이다.[4] 나열된 시료(詩料)들 대부분이 의림지 일대를 무대로 삼은 것이기에, 〈제천십육경〉은 내용상 '의림지16경'에 다름이 아님을 알 수 있다.

또한 맨 첫 번째 순서로 안배된 진섭헌은 김봉지가 의림지 주변의 신월산[곧 진섭산]에 지은 별업(別業)[별장]을 지칭한다. 김봉지는 신라(新羅) 때의 악사(樂士)로 "신선이 되어 갔다."[5]던 우륵(于勒)을 기다리는 누각이라는 의미를 취한 후선각(侯仙閣)을 따로 축조하기도 함으로써, 헌(軒)·각(閣)의 동시적인 영건(營建)을 통해서 "해 저물 무렵이면 강가[의림지 변] 별장에 나가는"[6] 식의 말년의 나날들을 오롯이 의림지에 위탁해서 영위한 인물이었다. 따라서 우리는 김봉지가 '순주'가 포함된 〈제천십육경〉을 창작한 이면에는, 그의 각별하고도 유달랐던 의림지 애호 성향과 직결되어 있었을 것임을 자연스럽게 이해하게 된다.

결과적으로 김봉지의 〈제천십육경〉에 화답한 이서우의 연작시인 〈김밀양봉지 제천십육경〉는 약칭 '제천16경'으로 운위된 의림지 시문담론의 주요 화소(話素)들이 일차 전승된 맥락을 반영해 주기도 한다. 왜냐하면 이들의 뒤를 이어서 적시한 열여섯 종류의 시재(詩材)들이 제천 출신으로 이서우의 빼어난 문하생이었던 학고(鶴皐) 김이만(金履萬, 1683~1758)과 연초재(燕超齋) 오상렴(吳尙濂, 1680~1707) 등에게로 연이어 전승되었기 때문이다. 이처럼 일련의 남인계 지식인들에 의해 특정

---

4 李瑞雨, 『松坡集』卷10, 「詩」, 〈金密陽鳳至堤川十六景〉, 193쪽. "岳塵相變遷, 池軒更敞豁, 應知振屨人, 別有凌波襪 … 右振屨軒 … 滄池千頃寬 … 右義林池 … 湖尻籬落稀 … 右內郊, 醴渠沃遠郊, 秔稻連天綠, 欲識畝鍾功, 河東是鄭國, 右外郊."

5 吳尙濂, 『燕超齋遺稿』卷5(미국 버클리대학교 동아시아도서관 소장본), 「雜著」, 〈滄浪翁茅山別業十六景小識·于勒堂〉, 고려대 해외한국학자료센터, 39쪽. "于勒, 蓋大伽倻國伶人也 … 世傳以爲仙去云."

6 金履萬, 『鶴皐集』卷8, 「祝文·祭文」, 〈祭金密陽鳳至文〉, 173쪽. "遁跡稼圃, 早占山居, 晚就江墅, 有亭翼然, 滄浪之曲, 滄浪之水, 可濯纓而可濯足."

한 시재가 전승·공유되었던 정황들이란, 비록 한시적인 차원에서나마 〈제천십육경〉으로 표상되는 의림지 시문담론이 형성되면서 향토문화의 진수를 선보였던 지난날의 자취들을 감지케도 해준다.[7]

그렇다면 이서우가 김봉지에게 화답한 오언절구 연작시인 〈김밀양봉지제천십육경〉 중에서, 열네 번째 순서로 '순주'가 최초로 간택되었던 이유나 배경이 과연 무엇인지가 자못 궁금하지 않을 수 없다. 물론 제천 지역 일각에서는 인공섬인 순주가 일제 강점기(强占期) 때에 시행된 의림지 대수축 공사의 일환으로 축조되었다는 설을 부동의 정설(定說)인 양 그대로 신뢰하는 경향이 포착되기도 한다. 그러나 이 지역에서 그 동안 회자되어 왔던 일제 강점기 축조설은 그간 세간에서 떠돌아다니던 전문(傳聞)을 드러내 보인 결과이긴 하나, 지금까지 그 정확한 실상이 단 한 번도 검증된 일이 없었다. 따라서 차제에 어쩌면 전문의 오류에 불과할지도 모르는 이 설의 진위 여부에 대한 명확한 검토 작업도 아울러 병행하고자 한다.

다만, 한 가지 분명한 사실은 이러한 류의 세간의 전문과는 너무나 다르게, 놀랍게도 순주는 어언 325여 년에 달하는 기나긴 연륜을 축적한 유형의 문화유산으로서의 자격을 이미 획득한 상태나 다름이 없다는 점일 것이다. 왜냐하면 순주는 17세기 후반인 1696년(숙종 22) 경에 이르러 폐해진 기존 의림지의 관개·수리시설을 제천 현감 홍중우가 다시 복원해 낸 일대 거사로부터 직접 파생된 기념비적 성격을 지닌 '작은 섬[小嶼][8]이었기 때문이다. 이제 이처럼 중요한 사실(史實)을

---

7 김종수, 「18세기 의림지 시문담론의 직조와 전승 양상」, 『한국연구』 2, 한국연구원, 2019, 107~135쪽.

8 吳尙濂, 『燕超齋遺稿』 卷5, 「雜著」, 〈滄浪翁茅山別業十六景小識·銃池〉, 40쪽(b), "振羼主人, 實贊成之邑人受其利, 中作小嶼, 植以嘉卉."

입증해 주고 있는 여러 고문헌 자료들을 분석·검토하는 방식을 경유하면서, 순주가 축조된 경위와 이면이며 초창기 적의 모습 등에 대한 면밀한 접근을 시도해 보기로 한다.

2) 홍중우의 관개·수리시설 복원과 김봉지의 '순주' 헌정

조선시대 중기 무렵인 1629년(인조 7)에 이르러 구포(鷗浦) 나만갑(羅萬甲, 1592~1642)은 국왕인 인조(仁祖)에게 "우리나라 3대 저수지"에 대해서 아래처럼 보고한 바가 있었다.

> "우리나라 3대 저수지는 제천(堤川)의 의림지(義林池)와 함창(咸昌)[상주]의 공거지(公巨池), 연안(延安)[연백]의 남대지(南大池)입니다. 사면(四面)이 모두 수원(水源)에 닿아 있지 않은데, 물이 어디에서 나와서 이렇게 큰 연못을 이루었는지 모르겠습니다."[9]

이렇듯 의림지는 조선 중기 때부터 이른바 '아국삼대지(我國三大池)' 중에서도 당당히 수위(首位)로 거론되었으리만큼, 비중감 넘치는 위상을 점유한 관개·수리시설이었음이 확인된다. 다만 『병자록(丙子錄)』의 저자이기도 한 나만갑의 경우, 의림지의 양대 수원 형성에 관한 정보는 미처 접하지 못했던 듯하다.

그런데 이처럼 조선을 대표하는 수리시설인 의림지 북동쪽 모퉁이 방향에 소재한 일점(一點) '작은 섬'인 순주가 언제 누구에 의해서, 그리고 어떤 의도로 축조되었는지를 명증하게 알려주는 고문헌 자료를 발굴하기란 그리 쉬운 일이 아니다.

9　『承政院日記』26책, 仁祖 7년 己巳(1629) 윤4월 19일(甲戌), "萬甲曰, 我國三大池, 堤川義林池·咸昌幺巨池·延安南大池, 四面皆不連水源, 不知水從何處出, 而如是成大池."

그러던 차에 우연히도 앞서 잠시 논급한 바가 있는 이서우의 『송파집(松坡集)』에 수록된 〈선지(銑池)〉라는 시제(詩題)를 통해서, 오랫동안에 기원 미상(未詳)의 상태에 처해져 있었던 이 미지의 섬에 관한 중요한 정보의 일단을 발굴하게 되었다.

> "작은 연못[小池]이 큰 저수지를 받드니,
>
> 저수[操]·방류[舍]를 조절하는 수단이었으나,
>
> 폐해진 지도 오래 된 탓에 작은 연못을 중수하였으니,
>
> 홍(洪) 군(君)이 어찌 졸렬한 자일까?"[10]

온통 알 듯 말 듯한 시어(詩語)들로 가득한 위의 시는 이서우가 김봉지에게 화답한 오언절구 연작시 중에서 여덟 번째 순서에 배정된 〈선지〉라는 제하의 시제를 취하고 있다. 또한 의림지를 뜻하는 '큰 저수지[大池]'와 그 아래에 가설된 '작은 연못[小池]'이란, 곧 의림지의 관개(灌漑)·수리사(水利史)의 핵심적 시설에 해당하는 이른바 친지(親池)−자지형(子池型) 수리체계를 포착해 둔 것이다. 시제로 간택한 〈선지〉란 바로 '작은 연못'인 자지(子池)를 가리키는 어휘로, 달리 '선지(鐥池)·선연(鐥淵)'[11] 등과 같은 단어로도 치환되어 표기되기도 했다. 우리말로 어미 못[혹은 부모 못]과 자식 못[혹은 아들 못]으로 번안되는[12] 친지−자지형 수리체계

---

10 李瑞雨, 『松坡集』 卷10, 「詩」, 〈金密陽鳳至堤川十六景〉, 193쪽. "小池承大池, 所以節操舍, 久廢重修之, 洪君豈拙者, 右銑池."

11 金履萬, 『鶴臯集』 卷9, 「雜著」, 〈山史〉, 179쪽. "嶺南關東三路, 調其丁壯浚治之, 築大隄于池南, 不設閘, 壘石而滲出之, 其下小池受之, 以節蓄洩之宜, 名曰鐥池."; 金履萬, 『鶴臯集』 卷1, 「賦」, 〈林湖賦〉, 19쪽. "其南則滲流石竇, 儲水鐥淵, 疏其餘派, 灌于渚田."

12 김재호도 「제천 의림지의 수리사적 특징과 의의(제4장)」, 세명대 지역문화연구소 편, 『의림지유산과 농경문화』, 제천문화원, 2013, 142쪽의 각주 33)을 통해서 필자와 유사한 번역상의 견해를 피력한 바가 있다.

는 일본인(日本人) 학자인 고야마다 고이치(小山田宏一)가 오사카에 소재한 산곡
형(山谷型) 저수지인 협산지(狹山池)의 사례를 통해서, 그 용례를 간략하게 소개한
사실이 있다.[13] 기실 제천 의림지의 친지-자지형 수리 체계의 경우, 기록상으로
세조(世祖) 연간인 15세기 중·후반 무렵에 첫선을 보인 이래로 19세기 후반에
이르기까지 지속적으로 가동됨으로써, 의림지 관개·수리사의 전개 과정상에서
핵심적인 역할을 수행해 온 사실이 새롭게 규명된 바가 있다.[14]

한편 사야마이케로 발음되는 협산지는 616년에 처음 축조되었고, 이치카와 히
데유키(市川秀之)에 의해서 부엽공법(敷葉工法) 등 백제(百濟)의 토목 기술을 받아
들여 건립된 사실이 밝혀지기도 했다.[15] 기실 협산지와 의림지 두 제언(堤堰) 사이
에는 여러모로 유사한 특징들이 많이 발견되고 있다. 따라서 제천시 당국과 의림
지역사박물관을 비롯해서 이 천혜의 공간에 대해서 특별한 관심을 지닌 이들이라
면, 의림지와 협산지를 비교의 관점에서 늘 주의 깊게 주시할 필요가 있다는 점을
첨언해 둔다. 특히 박물관 측은 콘텐츠 구축과 소장물을 전시하는 방식과 관련해
서 타산지석으로 눈여겨볼 필요가 있다.

본 논의와 관련하여 보다 더 중요한 부분은 의림지의 관개·수리사의 전개 과정
에서 핵심적인 기능을 발휘해 왔던 친지-자지형 수리체계가 어언 "폐해진 지도
오래 되었고", 이에 '홍(洪) 군(君)'으로 지칭된 인물에 의해서 소지(小池)가 다시

---

13 小山田宏一, 「일본에 있어서 고대 水利遺蹟의 보존과 활용사례: 狹山池 土木遺産의 보존·
   계승과 그 활용」, 『중원문화연구』 14, 충북대 중원문화연구소, 2010, 7쪽.

14 김종수, 「15~19세기 의림지의 관개·수리시설 연구」, 『한국전통문화연구』 18, 한국전통문화
   대 전통문화연구소, 2016, 135쪽.

15 市川秀之, 1998, 「狹山池の樋と堤」, 『第7回東日本埋藏文化財研究會 治水·利水遺跡を考
   える』 第Ⅱ分冊, 1998, 64쪽. 이치카와 히데유키의 논문은 노중국, 「한국고대 수리시설의
   역사성과 의미」, 『신라문화』 45, 신라문화학회, 2015, 130쪽의 각주 13)을 재인용한 것임.

복원되는 국면을 맞이하게 되었다고 밝힌 대목일 것이다. 다만, 여기서는 보다
세밀한 분석이 수반되는 소지 혹은 선지가 폐해진 시점과 그 기간을 둘러싼 논의
는 생략하도록 하겠다. 실상 이 사안은 문헌상으로 확인되지 않는다. 대신에 '홍
(洪) 군(君)'으로 지칭한 제천 현감 홍중우가 이 '작은 연못'인 선지를 다시 복원한
장면과 더불어, 그에 따라 인공섬인 순주가 의림지에 축조된 일련의 경위에 한정
된 논의를 개진하도록 하겠다. 이 사안과 관련해서 남인 계열로 비운의 수재였던
오상렴은 시문집인 『연초재집(燕超齋集)』권5를 통해서, 다음과 같이 비교적 상
세한 내용으로 '선지'가 복구된 경위를 증언해 두었음이 대단히 주목된다.

> "선지[池]는 임호(林湖)[의림지]의 수통(水筒) 바깥쪽에 있으니, 그 (의림지로
> 부터 흘러내리는) 유수[流]를 받아서 저수[蓄]와 배수[洩]가 마땅하도록 조절하
> 는 바의 시설이다. 오랫동안 폐해져 보수를 하지 않다가, 전(前) 사군(使君)[현
> 감] 홍중우(洪重禹)가 선지(鐥池)를 준설하고 고쳐서, 마침내 그 옛 모습을 복원
> 하였다."[16]

홍중우의 본관은 풍산(豐山)이며 호가 만향당(晚香堂)으로, 1696년(숙종 22) 9월
에 제천 현감으로 부임하여 1696년 12월에 이임했던 것으로 파악된다. 그렇다면
홍중우가 의림지 아래 지대에 '작은 연못'인 선지를 복원한 시점도 1696년 경이었
을 것으로 추산된다. 또한 홍중우가 선지를 복원한 내력과 관련해서 '준치(浚治)'
[곧 준설(浚渫)·수치(修治)] 운운한 표현을 사용한 정황으로 미뤄보건대, 아마도 그
어떤 사정으로 기존 선지의 밑바닥이 진흙이나 토사 등으로 꽉 메워져 온전한

---

16 吳尙濂, 『燕超齋遺稿』卷5, 「雜著」, 〈滄浪翁茅山別業十六景小識·銑池〉, 40쪽(b). "池在林
湖水筒之外, 所以承其流節蓄洩之宜者也, 舊廢不修, 前洪使君重禹, 浚治之, 遂復其舊."

수리 기능을 상실한 것을 깔끔하게 준설함과 동시에, 또한 연못의 크기도 좀 더 큰 규모로 확장하는 등의 보수 공사가 아울러 이뤄졌을 것으로 추정된다. 그리하여 "마침내 그 옛 모습을 복원한" 선지는 속칭 '신떠리봉(峯)'[17]을 대동한 신월산 주변의 수승한 자연경관과 어울려 조화를 연출하는 가운데, 아래와 같이 완전히 새로운 모습으로 단장하게 되었던 것으로 오상렴은 전한다.

> "선지[池]의 서쪽에는 푸른 소나무와 비단처럼 아름다운 바위들이 있으니, 기이하고 수려한 정도가 무척 사랑스럽다. 또 천 자루의 부용(芙蓉)[연꽃]을 그 가운데 심었으니, 이에 신부(新婦)와 짝하는 참군(參軍)으로 삼을 만하다."[18]

윗글 속에는 "의림지의 수통(水桶) 밖에 있으니, 곧 의림지[林池]에서 (흘러나온) 못물[水]을 받아들여, 저장[蓄]·배수[洩]하게끔 조종(操縱)하는 곳"[19]으로 설명된 대야지제(大也池堤)로 최종 판정된 자식 못인 소지(小池)[곧 선지]가 터한 구체적인 위치에 관한 묘사와 더불어,[20] 또 이 '작은 연못'을 가득 채운 연꽃들이 황홀한 장관을 연출했던 장면까지 제대로 잘 묘사되어 있다. 한편 의림지 남쪽 1.5km

---

17 堤川郡誌編纂委員會 編, 『堤川郡誌』, 1969, 520쪽.

18 吳尙濂, 『燕超齋遺稿』 卷5, 「雜著」, 〈滄浪翁茅山別業十六景小識·銑池〉, 40쪽(b). "池西有蒼松錦石, 奇秀念, 且種千柄芙蓉其中, 乃可爲新婦配參軍者也." 거론된 '참군(參軍)'이란 조선시대 한성부·훈련원에 두었던 정7품직으로, 2~3명의 관원이 맡았다.

19 忠淸北道鄕土史硏究協議會 編, 『忠淸北道各郡邑誌:堤川郡邑誌』, 修書院, 1997, 255쪽. "在義林池水桶外, 卽承林池水, 爲操縱蓄洩之處也." 柳今烈 역주, 『堤川鄕土史料集−조선시대 堤川郡邑誌類를 중심으로』, 제천문화원, 2008, 95쪽에는 "蓄洩之所也."로 잘못 표기했을 뿐더러, 인용문에 대한 국역도 오역(誤譯)된 상태다. 이 같은 번역상의 오류는 김재호, 「제천 의림지의 수리사적 특징과 위치」, 『민속학연구』 32, 국립민속박물관, 2013, 72쪽에서도 발견된다.

20 김재호(2013), 앞의 논문, 72쪽; 김종수(2016), 앞의 논문, 134쪽.

지점의 농경지 가운데 위치한 솔방죽은 지난날에 유등지(柳等池) 또는 유등제(柳等堤)로 불렸던 곳으로, 자식 못인 선지에서 방류한 물을 받아서 다시 주변의 논에 공급하는 기능을 수행한 손지(孫池)의 하나로 추정되기도 한다.[21]

그런데 이곳 솔방죽에서 최근에 이르도록 연꽃(Nelumbo nucifera)을 비롯하여 같은 과(科)에 속하는 수련(睡蓮)이며 왜개연꽃 등이 발견되어 보고되었음이 주목된다.[22] 왜냐하면 모두 수련과(Nymphaeaceae)로 분류되는 이 식물 개체들의 경우, 위의 인용문에서 기술한 "천 자루의 부용(芙蓉)" 운운한 연꽃의 유전자적인 후예일 지도 모르기 때문이다. 이를테면 1972년에 의림지에서 완전히 소멸된 순채가 1996년에 이르러 인접한 홍광초등학교에서 다시 출현했던 정황과 유비(類比)되는 바가 엄존하는 것으로 판단된다.

그런가 하면 세조 연간인 15세기 중·후반 무렵부터 지속적으로 운영되어 왔던 친지−자지형 수리체계가 폐하고야 말았던 것을 현감 홍중우가 구관(舊觀) 그대로 온전하게 복원해 낸 일대 거사에 따른 크나큰 기쁨이란, 비단 "또 천그루의 부용(芙蓉)을 그 가운데 심는" 식의 기념 식화(植花)에 그치는 정도가 아니었다. 이에 홍중우보다 12년 연상으로 일찍이 밀양 부사를 역임한 바가 있었던 남인 계열의 관인·유자이자, 상당한 재력가로도 보이는 김봉지가 "마침내 그 옛 모습을 복원한" 데 따른 축하 의식을 매우 특별한 방식으로 표출하기에 이른다. 아래의 인용문은 김봉지가 〈제천십육경〉에 '순주'를 포함시킨 이유와 함께, 또한 세간에서 그간 신비의 섬으로만 회자되었던 이 인공섬이 축조된 구체적인 경위와 초기의 모습 등을 둘러싼 매우 귀중한 정보들을 종합적으로 제공해 주고 있다.

---

21 이 사안에 대해서는 제2장의 2절인 '18~19세기의 수리체계'를 참조할 것.

22 강상준, 「의림지: 식생분야 기초조사」, 충북대학교 박물관·제천시 편, 『義林池: 精密基礎調査(조사보고 제69책)』, 학연문화사, 2000, 243~255쪽.

"진섭헌(振屧軒)의 주인인 (김봉지는) 참으로 고을 사람들이 그 수리[利]를 입는 것을 찬성하고, (이에) 의림지 가운데 '작은 섬'[小嶼, 곧 순주]을 만들고 아름다운 풀과 나무들을 심었다."[23]

오삼렴이 지은 위의 인용문인 〈창랑옹모산별업십육경소지(滄浪翁茅山別業十六景小識)·선지(銑池)〉 항목의 경우, 순주의 기원과 축조 경위 및 섬의 초창기 모습 등을 오롯이 기록한 유일한 고문헌 자료라는 점에서 대단히 중요한 기록적 가치를 내장하고 있다. 윗글대로라면 순주는 17세기 후반 무렵에 김봉지로 대변되는 남인 계열의 관인·유자가 품었던 여민동락(與民同樂) 정신이 발휘된 산물이면서, 또한 의림지 관개·수리사의 전개 과정에서 핵심적인 위상을 점유했던 친지-자지형 수리체계의 복원을 경하하기 위해 건립한 기념비적 증표(證票)의 성격을 띤 인조 공간이었음을 알 수 있다. 한편 김봉지보다 조금 후대의 인물로 문인화가였던 능호관(凌壺觀) 이인상(李麟祥, 1710~1760)은 "원컨대 저수지 한 가운데 작은 산을 쌓고자"했던 예술적 상상력을 발휘해 보인 바가 있다.[24] 이인상이 원했던 '작은 산[小山]' 대신에, 이미 '작은 섬'인 순주가 의림지의 북동쪽 모퉁이를 선점하고 있었던 것이다.

그런데 2020년도 현재 시점에서 순주의 지표(地表)는 열서너 그루 남짓한 이름 모르는 나무들이 잡풀들과 함께 너저분하게 어우러져 있는 상태다. 이 같은 장면 은 초창기 때인 1696년도 당시에 "아름다운 풀과 나무들을 심었던" 단아한 모습과

---

23 吳尙濂, 『燕超齋遺稿』 卷5, 「雜著」, 〈滄浪翁茅山別業十六景小識·銑池〉, 40쪽(b). "振屧主人, 實贊成之邑人受其利, 中作小嶼, 植以嘉卉."

24 李麟祥, 『凌壺集』 卷2(한국문집총간 225), 「詩」, 〈述平岫軒義林池游事, 敬呈李丈 在〉, 민족문화추진위원회, 2001, 485쪽. "堤州政堂高入雲 … 義林池動朱鯉大, 小舸容與蕩空碧 … 願築小山池中央, 繞岸靑荷蔭高檜, 棹舟千回隨風轉 … 寫取淸文交珠貝."

는 상당한 차이가 있음이 분명하다. 그런 점에서 일제 강점기 시절에 두어 차례에 걸쳐서 단행된 의림지에 대한 대규모 토목 공사 시에 순주를 대상으로 한 보수(補修) 작업이 병행되었을 가능성도 충분해 보인다. 그렇다면 이제 일제 강점기 때 의림지를 대상으로 하여 추진된 대토목 공사를 소개하면서, 그때 순주가 신축(新築) 혹은 개축(改築)되었을 개연성에 대한 검토 작업을 수행해보기로 한다.

3) 일제 강점기와 순주

최근에 충북학연구소에서 발간한 『충북산업지』의 〈의림지〉 항목에는 일제 강점기 시절인 1914년과 1918년에 이르러 두 차례에 걸쳐서 대대적으로 진행되었던 의림지 토목 공사에 대한 정황들을 아래처럼 비교적 상세하게 기술해 두어 크게 눈길을 끌게 한다.

> "1914년의 2개년 계속 사업으로 총독부 보조금 7천여 원과 부역 3만 4천여 명을 동원하여 대수축을 더하였다. 1918년(에) 수문(水門)과 암벽(岩壁)의 수축을 완료하였고, 현재 관개용(灌漑用) 저수지가 되었다."[25]

물론 위의 인용문 속에는 순주와 관련된 직접적인 언급은 전무한 상태다. 그런데 무려 "3만 4천여 명을 동원하여 대수축을 더한" 결과, "수면(水面) 12여 정보(町步), 저수지 내 최대 수심 32여 척(尺), 관개면적 260여 정보, 유역 680여 정보에 이른다."고 보고한 후속 기록의 행간에 내포된 의미 해독에 각별히 유의할 필요가

---

25 정삼철 외 편역, 『충북산업지(충북학 자료총서: 9)』, 충북학연구소, 2019, 176쪽. 이 책은 1923년에 발간된 天野行武, 『忠北産業誌』를 편역(編譯)하여 재발간한 것으로, 당시 일본 제국주의에 의해 자행된 충북 경제의 침탈 양상이 고스란히 담겨져 있다.

있다. 왜냐하면 "수면(水面) 12여 정보(町步), 저수지 내 최대 수심 32여 척" 운운한
기록은 당시에 의림지 내부 공간에 대한 대대적인 준설·정비 작업이 동시에 이뤄
졌을 것임을 은연중 시사해 주고 있기 때문이다. 따라서 1914년과 1918년에 감행
된 대수축 공사 때에 수면과 수심(水深)을 고르고 확장하는 등의 공사를 진행하면
서, 순주를 대상으로 한 보수 작업도 병행했을 개연성은 매우 높다고 본다.

또한 "지난 갑인년(甲寅年, 1914) 봄에 이종진(李鍾震)이 앞장서서 현재의 저수
지 모양으로 개축(改築)을 하여 수리조합(水利組合)의 관할로 편입시켰다."고 설
명한 『조선환여승람·제천』의 기록을 추가로 참고하자면,[26] 1918년 이전인 1914
년도에 이르러 순주도 지금 현재의 모습으로 '개축'되었을 개연성이 매우 높았을
것임을 짐작케도 해준다. 다만, 아쉽게도 1914년에 추진된 의림지 토목 공사의
발기인을 자임했던 이종진의 신상에 대한 정보는 자세하지 않다. 대신에 아마도
일제 강점기 때에 인공섬인 순주가 축조되었다는 항간에서 떠도는 전문(傳聞)이
란, 바로 『충북산업지』나 『조선환여승람·제천』에 수록된 해당 내용을 반영한
결과일 것으로 추정된다.

한편 순주가 일제 강점기 때 축조되었다는 설을 담은 유튜브의 전언에 따르면,
당시 의림지 밑바닥을 준설하는 작업을 진행하면서 캐낸 돌이며 진흙 따위를 운
반하여 현재의 순주를 쌓았다고 한다. 즉, 원거리까지 대량의 돌덩어리며 진흙더
미를 운반하여 나르는 작업이 결코 용이한 작업이 아니었던 까닭에, 이것들을
자재로 삼아서 지내(池內)에 인공섬을 축조하게 되었다는 설명인 것이다.[27] 물론
문헌적 전거(典據)를 대동한 채 100여 년 동안에 걸쳐서 전해져 내려온 전문(傳聞)

---

26 李秉延 著(鄭龍石 譯), 『국역 조선환여승람 제천』, 제천문화원, 1999, 51쪽.

27 https://www.youtube.com/watch?v=Ob0VqoaTfug. 이 기사는 2020년 1월 16일에 인터넷
   에 올려진 것임.

에 기초한 유튜브의 전언이 전혀 일리가 없는 낭설로 섣불리 단정해서는 안 될 것이다. 기실 1778년(정조 2)에 비변사(備邊司)에서 제정하여 각지에 시달한 제언 수축 시의 규정에 관한 문서인 〈제언절목(堤堰節目)〉의 두 번째 조목에는 "제언 안[堤內]에 작은 섬[小島]들"이 생겨나면서, "물을 저장하는 곳을 깊고 넓도록"하는 저수(貯水) 기능에 정면으로 반하는 사태에 대해서 아래처럼 깊은 주의를 촉구한 바가 있었음이 주목된다.

> "제언을 파내어 소통시킬 때 나온 진흙을 멀리 실어내어 언덕 위에 버리는 것을 꺼려해서, 제언 안에다 모아 쌓아 '작은 섬[小島]'처럼 된다. 큰 제언에는 그런 것이 수십 개나 되도록 많고, 작은 제언도 10여 개에 밑돌지 않기 때문에, 저수하는 땅이 점차 줄어들고, 예전에 쌓은 제언이 커지지 않아서, 비록 해마다 수축(修築)하지만, 도리어 수축하지 않는 것이나 마찬가지이다. 이번에는 그 이른바 크고 작은 여러 섬[島嶼]처럼 생긴 것들을, 하나같이 아울러 파내어 제방 위로 날라서 버리고, 또 특별히 더 파내 소통시켜서, 물을 저장하는 곳이 깊고 넓게 해서 훤하고 가지런하도록 힘쓰라!"[28]

2022년 현재로서는 의림지 외의 다른 저수지에서 "이른바 크고 작은 여러 섬[島嶼]처럼 생긴 것들"이 있다는 소식을 접하기는 어려운 실정이다. 반면에 위의 인용문은 제방을 준설하는 공사 시에 발생하는 "제내(堤內)의 작은 섬" 현상이 광범위하

---

28 『備邊司謄錄』 159冊, 정조 2년 1778년 1월 13일(음), "一, 堤堰疏鑿時, 所掘泥土, 憚於遠輸, 不置岸上, 而列爲纍纍小島於堤內, 大堰則多至數十, 小堰則不下十餘, 以此之故, 貯水之地 漸縮, 舊築之堤不增, 雖曰, 年年修築, 反與不修無異, 今番段, 所謂島嶼之類, 一並掘去, 運置堤上, 另加疏鑿, 使之貯水之處, 務爲深廣爲白齊." 국역은 국사편찬위원회에서 제공한 한국사데이터베이스[db.history.go.kr/] 상의 『국역 비변사등록』의 해당 내용을 부분 수정한 것임.

게 만연되어 있었던 18세기 후반의 정황을 생생하게 확인시켜 주고 있다. 물론 그러한 사태가 발생했던 이면에는 공사 때의 무거운 잔해들을 운반하는 장비며 여력이 충분하지 않았던 전근대 시기 사회였던 탓에, "제언을 파내어 소통시킬 때 나온 진흙을 멀리 실어내어 언덕 위에 버리는 것을 꺼려했기" 때문임을 밝히고 있다. 그리하여 그 이유로 제대로 된 배토처가 없었거나, 암반 표출 등으로 굴착 불가였을 가능성, 공사 기간·투입 노동력 부족 등과 같은 원인들을 추정하는 가운데, 대신에 저수율을 높이기 위하여 저수지의 내용적을 크게 하는 방안이 거론되었음을 지적하기도 했다.[29] 아무튼 결과적으로 상기 〈제언절목〉의 설명은 앞서 논급한 유튜브의 전언과도 일맥상통하는 바가 엄존하고 있다. 따라서 순주가 일제강점기 때 신축되었다는 세간의 전언이 전혀 수긍되지 않는 것도 아니다.

그러나 순주를 일본 제국주의에 의한 대규모 토목 공사 시에 발생한 진흙더미며 여타의 잔해들을 지내(池內)에 소모하기 위해 지은 인공섬으로 단정하기에는 뭔가 공허하고 미흡한 감이 없질 않다. 일단, 그 이유로서 이하의 세 가지 의문 사항들을 제기해 두자면 이러하다. 그것은 첫째, 왜 하필이면 순주를 오상렴(1680~1707)이 〈창랑옹모산별업십육경소지·순주〉를 통해서 전언한 지점, 즉 "순주는 호수 북쪽의 언덕 가까이에 있고 수심이 얕은 곳이다."[30]고 특정한 위치에 그대로 축조했는지에 대한 의문이 해소되지 않는다는 점이며, 둘째, 앞에서 소개한 〈제언절목〉에

---

29 곽종철, 「청동기시대~초기철기시대의 수리시설(제3장의 1절)」, 한국고고환경연구소 편, 『한국고대의 수전농업과 수리시설』, 서경문화사, 2011, 274쪽, 각주 83)을 재인용. 각주 83)의 내용은 상주대학교 상주문화연구소 편, 『상주·함창 공갈못 恭儉池』, 상주문화원, 1995, 57쪽에서 제시한 것임.

30 吳尙濂, 『燕超齋遺稿』 卷5, 「雜著」, 〈滄浪翁茅山別業十六景小識·蓴洲〉, 42쪽(a). "湖之北近岸水淺處." 오상렴의 〈창랑옹모산별업십육경〉에 대한 해제와 국역은 김종수, 「연초재 오상렴의 창랑옹모산별업십육경소지〉에 대한 역주」, 『충북학』 21, 2019, 65~80쪽을 참조.

서 "큰 제언에는 그런 것[곧 작은 섬(小島)]이 수십 개나 되도록 많다."는 지적과는 달리, 유독 순주라는 하나의 섬에 그쳤는가? 하는 의문점도 즉각적으로 제기될 법도 하다. 또한 셋째, 일제 강점기 시축설을 수용하기에는 그로부터 1백 년이 넘는 세월을 감당해 온 지금의 이 '작은 섬'의 외형 설계가 너무나 정교할뿐더러, 또한 수면 위로 솟구친 순주의 지표면 또한 매우 견고하다는 느낌을 끝내 지울 수가 없다. 다시 말해서 지금의 순주가 취하고 있는 위치와 정교한 설계며 견고한 지표면 및 비례적 조형미란, "수문(水門)과 암벽(岩壁)의 수축을 완료하였고, 현재 관개용(灌漑用) 저수지가 되는" 것을 목표로 삼았던 대수축 공사를 주도한 측에서 동시다발적으로 얼렁뚱땅 기획하고 추진할 만한 수준을 훨씬 상회해 있는 건조물처럼 느껴지는 것이다.

만일 이상에서 제기한 세 부류의 의문점들에 내재된 논리적 정당성이 수긍된다면, 일제 측에 의해 시도된 인공섬 축조 공사란 창축(創築) 혹은 시축(始築)·초축(初築)의 성격이 아닌, 곧 기존에 존재했던 순주에 대한 '개축(改築)' 공사로 진단하는 편이 합리적인 추정 방식일 것으로 판단된다. 좀 더 부연하자면 1914년 당시에 추진된 의림지에 대한 대수축 공사 이전 시기에도, 현재 순주가 위치한 그 자리에는 분명 다소 황폐한 모습을 취한 전래(傳來)의 인공섬이 자리 잡고 있었을 것으로 정당하게 추론할 수 있는 것이다. 기실 이 소규모 인공섬의 기원이나 유래가 1696년에 축조된 '작은 섬[小嶼]'인 순주로 소급된다는 분명한 사실(史實)은, 앞서 진행한 논의를 통해서 이미 자세하게 논급한 바와 같다. 다만, 깊은 물 속에 축조된 인공섬의 경우 세월을 감내할 수 있는 평균 연한이 무한정 연장되지만은 않았을 것으로 보인다. 우주 내의 그 모든 것이 다 제행무상(諸行無常)이 아니던가?

그렇다면 기존의 순주를 모델로 삼아 다소간의 '개축'이 시도되었을 것으로 짐작되는 일제 강점기 이전 시기에도, 당시 기준으로 220여 년이라는 긴 연륜의 나이테를 각인한 이 인공섬은 몇 차례에 걸친 보수 작업이 간헐적으로 이뤄져 왔을 것으로 보인다. 만약에 실제로 그러했다면 일제 강점기에 단행되었던 순주를 대상으로 한 개축 작업 또한 1696년 이래로 일정한 시점별로 시행되었을 인공섬 보수사(補修史)의 연장선에서 이해하는 편이 극히 타당한 방식이라고 본다. 한편 조선 후기의 화가인 이방운(李昉運, 1761~1815)의 서화첩인 『사군강산참선수석(四郡江山參僊水石)』에 수록된 아래 〈의림지〉도에는 순주가 그려져 있지 않다는 일부 언론의 지적[31]도 반추할 만하다.

〈그림 5〉 이방운의 '의림지'

---

31 강신욱, 「[종합]의림지 인공섬 '순주' "수심·청정도 가늠하는 기능했다"」, 『뉴시스』, 2017. 3.30.

물론 이방운의 〈의림지〉는 조선 후기에 우리나라 자연경관과 명승지를 소재로 그린 실경산수화(實景山水畵) 혹은 진경산수화(眞景山水畵)에 해당하는 작품이다. 따라서 주어진 대상을 있는 그대로 정밀하게 묘사해 내는 사실주의적 기법이 강한 특징이 있다. 그렇다고 해서 화가의 그림 그리기 구상에 따라 취사(取捨)·증감(增減)·추상(抽象)하는 기법이 전혀 적용되지 않았을 것으로 단정해서는 안 될 것이다. 그런 점에서 북동쪽 모퉁이에서 포착되는 복수의 가는 선(線)의 의미를 눈여겨볼 필요가 있다. 아니면 지적한 지점에 있던 순주의 수면이 18, 19세기 어느 시점에 이르러 의림지의 수파(水波)에 의해서 일시 잠식된 장면을 포착해 두었을지도 모를 일이다.

이제 이번 논의의 마지막 순서로 인공섬의 이름을 하필 '순주'로 작명한 이유에 대한 해명을 제시함과 더불어, 또 이 인공섬의 폭·둘레·길이 등을 담은 도량(度量) 정보와 순주가 수행했을 것으로 판단되는 몇몇 기능들에 대한 간략한 추론을 덧붙여 두기로 한다.

3. 순주의 명칭과 도량(度量)·식생(植生) 정보 및 기능

1) 작명 경위

우주 내의 삼라만상은 각각의 존재 양태에 어울리는 나름의 고유한 이름을 지니고 있다. 이와 마찬가지로 어언 325여 년에 이르는 기나긴 역사를 향유하고 있는 순주의 경우도, 이 인공섬이 축조됨과 동시에 특별한 의미의 뉘앙스를 지닌 명칭을 부여받았던 듯하다. 이는 순주를 의림지와 제천 고을에 헌정(獻呈)한 당사자인 김봉지의 〈제천십육경〉 중에 '순주'라는 시제가 포함된 정황을 통해서도 분명하게 확인된다. 어쩌면 김봉지가 순주라는 이름을 직접 작명한 당사자일 지도 모르겠다.

만약에 그렇다면 김봉지는 자신이 헌정한 섬 이름을 하필이면 왜 '순주(蓴洲)'라고 명명하였던 것일까? 일찍이 운양(雲養) 김윤식(金允植, 1835~1922)은 〈의림지〉라는 시에 덧붙인 세주(細註)를 통해서, "순채와 붕어[鯽]는 지중(池中)의 명산(名産)이다."고 설명한 사실이 있다.[32] 물론 김윤식 외에도 연재(淵齋) 송병선(宋秉璿, 1836~1905)을 비롯하여 의림지를 심방한 다수의 인사들의 경우, 공히 맑은 청향(淸香)을 풍기는 순채와 감미로운 맛을 지닌 붕어를 의림지의 양대 명산물로 지목하곤 했다.[33] "순채(蓴菜)·붕어(鮒魚) 역시 의림지의 특산물이다."는 『조선환여승람·제천』의 기록이란, 이처럼 오랜 세월에 걸쳐서 누적되어 온 세간의 관찰과 평들을 정리해 둔 결과인 것이다.[34]

특히 김이만이 "임호(林湖)의 순채는 우리나라에서 최고다."[35]라며 극찬한 바가 있는 의림지산 순채의 경우, 『조선환여승람·제천』에서 제천을 대표하는 토산물 목록 31종(種) 가운데서 제28항에 배치되어 있음이 눈길을 끌게 한다.[36] 이에 반해 이병연(李秉延)이 선정한 『조선환여승람·제천』의 〈토산물〉 조에는 붕어는 제외

---

32 金允植, 『雲養集』卷1, 「詩○濕遊漫吟」, 〈義林池〉, 연세대 국학연구원, 2015, "十里陂塘一笠亭 … 氷葉抽蓴寸裏靑 … 山扉半是漁人住, 隱隱舷歌隔水聽【蓴、鯽, 池中名産, 池左有龍湫, 右有燕子巖.】

33 宋秉璿, 『淵齋集 Ⅰ』卷20(한국문집총간 329), 「雜著」, 〈東遊記〉, 민족문화추진위원회, 2004, 334쪽. "… 偕行義湖, 坐映湖亭, 烹蓴剁鯽, 蓴甚淸香, 鯽亦有甘味."; 尹文擧, 『石湖遺稿』卷1(한국문집총간 105), 「詩」, 〈義林池, 得何字〉, 민족문화추진위원회, 1986, 128쪽. "峽口名湫雨後過 … 香蓴金鯽他時事, 一棹春風興若何."

34 李秉延 著(鄭龍石 譯)(1999), 앞의 책, 51쪽.

35 金履萬, 『鶴臯集』卷8, 「記」, 〈林湖採蓴記〉, 169쪽. "林湖之蓴, 甲于東國."

36 李秉延 著(鄭龍石 譯)(1999), 앞의 책, 49쪽. 수록된 내용은 이하와 같다. "(28) 순(蓴): 수련과에 속하는 다년생 水草─의림지에서 난다."

된 상태다. 이는 의림지의 명산이자 상징물로서 순채가 붕어에 대해 단연 비교 우위를 점하고 있었음을 암시해 주기도 한다. 이에 김봉지 또한 바로 이 순채를 그가 헌정한 인공섬인 순주를 상징하는 기호(記號, semiology)로 간택하게 되었던 것으로 사료된다.

우리는 이 같은 추론에 대한 문헌적 근거를 이서우가 김봉지의 〈제천십육경〉에 화답한 연작시인 〈김밀양봉지제천십육경〉 중에서, 특히 〈순주〉라는 시를 통해서도 합리적으로 유추해 낼 수 있을 듯하다. 앞에서도 소개한 바가 있는 이서우의 〈순주〉는 "순주의 수심이 깊지 않은데, 순채가 물에 가득하여, 마침내 이 섬 주변 사람들로 하여금 캐게 하였더니, 육내사(陸內史)가 (평한 맛이) 아님이 없도다!"라는 내용을 담고 있다.[37] 이 시의 경우 제목은 인공섬인 〈순주〉를 취했으되, 실제로는 온통 순채 이야기로만 이뤄진 묘한 특징이 발견된다. 물론 의림지의 평균 수심이 8~13m인 사실을 고려할 때에, "순주의 수심이 깊지 않다."고 언급한 구절은 이 섬의 도량 정보의 일단을 제공해 주고 있어서, 순채와는 다소 별개의 내용에 해당한다. 그렇다고 하더라도 이어지는 제2구를 감안하자면, 결국 순채는 물이 상대적으로 깊지 않은 지대인 순주 주변에서 대량으로 서식하고 있다는 내용으로 귀결되므로, 순채 일색으로 구성된 〈순주〉의 특징을 감쇄시킬 정도의 수준이지는 않다. 참고로 순채는 환경부에서 멸종위기동식물 Ⅱ급으로 분류했을 정도로 희귀한 수생 식물로, 주로 오래된 연못의 수심 1~2m 수역에서 자라는 다년생 식물로 규정하고 있다.[38]

아무튼 이참에 남인계 문단의 종장인 이서우의 뛰어난 제자였으나, 불행히도

---

37 李瑞雨, 『松坡集』 卷10, 「詩」, 〈金密陽鳳至堤川十六景〉, 193쪽. "蓴洲水不深, 蓴菜多於水, 遂使洲邊人, 無非陸內史, 右蓴洲."

38 강상준(2000), 앞의 논문, 243~255쪽.

〈그림 6〉 의림지 순채(출처: 한국향토문화전자대전)

요절하고야 말았던 비운의 인물인 연초재 오상렴이 지은 〈창랑옹모산별업십육경소지〉 중에 수록된 〈순주〉 항목도 마저 살펴보도록 하자.

> "순주는 호수의 북쪽 언덕 가까이에 있고 수심이 얕은 곳이다. 자라나는 순채는 가늘고 길며 무르나, 이슬에 엉기어 맑고 반드러운 모양이며 줄기는 얼음과도 같다. 예전부터 사람들[輩]은 그 매우 아름다워 짝이 없음을 칭송하곤 하였으나, 나는 육내사(陸內史)가 칭찬한 바와 비교되는 이유를 알지 못하겠다. 아직 소금이나 된장에 간이 되지 않은 것이란, (과연 그) 무엇이 순채를 능가하겠는가?"[39]

---

39 吳尙濂, 『燕超齋遺稿』 卷5, 「雜著」, 〈滄浪翁茅山別業十六景小識 · 蓴洲〉, 42쪽(a). "湖之北近岸水淺處, 產蓴絲脆, 露凝淨滑狀氷筋, 自前輩稱其甚美無雙, 第不知較諸陸內史所稱, 未下塩豉者, 孰爲勝之."

오상렴의 〈창랑옹모산별업십육경소지·순주〉 항목의 경우도, 스승인 이서우의 시작(詩作)과 마찬가지로 순주의 위치며 수심에 관한 묘사로부터 출발하고 있다. 뒤이어 오삼렴은 순채가 취한 형상과 식물학적 특성이며 요리법에 준하는 내용에 이르기까지 죄다 열거해 보임으로써, 이서우의 사례와 유사하게 시제와 내용, 형식과 콘텐츠를 혼돈시키는 식의 독특한 유형의 글쓰기를 반복해서 재현해 보였다. 그뿐만이 아니었다. 오삼렴은 위의 인용문에서 미처 못 다한 순채에 얽힌 이야기를 〈순주〉의 후반부 지면을 빌려서 아래처럼 소상하게 덧붙여 두는 친절을 베풀기도 하였다.

"순채는 매년 오뉴월 즈음이면 바야흐로 무성해지니, 채취하는 이들이 배를 저어서 (호수에) 들어가, 긴 낫을 사용하여 순채를 자르는데, 무한정 취하여도 다함이 없었다. 그런데 십수 년 이래로부터 차츰 줄어들기 시작하여, 무성했던 앞선 시기에는 채 미치지 못하니, 어찌 오염됨이 없는 위대한 지분(指分)에 대한 조처가 (이리도) 궁한가?"[40]

위의 인용문 속에는 "그 가택이 의호(義湖)[의림지]의 남쪽[陰]에 있었기에, 인하여 자호(自號)로 삼아 이르기를 택남(澤南)이라 하였던" 오상렴의 또 다른 호에 얽힌 이면을 이해하게 해줌과 동시에,[41] 순채가 성장하는 추이와 채취하는 방법에 대한 정보까지 모두 망라되어 있다. 또한 인용문 후반부에 추가된 기록은 전근대

---

40 吳尙濂, 『燕超齋遺稿』 卷5, 「雜著」, 〈滄浪翁茅山別業十六景小識·蓴洲〉, 42쪽(a). "每五六月中方盛, 採者, 榜舟而入, 用長鎌刈之, 取供不竭, 自十數年來稍損, 不及前時之盛, 豈窮措大無染指分耶."

41 金履萬, 『鶴皐先生文集』(성균관대 존경각 소장본, 분류기호: D03B-1124), "其家在義湖之陰, 因自號曰, 澤南, 又景周茂叔胸次, 一號曰, 霽月."

시기 사회인 조선시대에서 유발된 수질·생태학적 환경 오염의 위해성을 포착해 둔 장면이라는 점에서, 크게 눈길을 끌게 하는 대목에 해당한다. 의림지의 순채 는 1972년 때 발생한 대홍수로 인해 제방이 무너진 이후로 완전히 자취를 감추고 야 말았지만, 오상렴이 생존했던 1707년(숙종 33) 이전 시기에도 예기치 못했던 그 어떤 심각한 환경상의 문제로 인하여 순채의 개체 수가 급격하게 감소된 정황 이 확인되고 있기 때문이다. 그런 의미에서 우리는 지난날 순채가 의림지의 생태 학적 건전성 정도를 알려주는 중요한 환경 지표로 작용했다는 주장에 충분한 공 감을 표하게 된다. 한편 의림지에 서식하고 있는 순채(Brasenia schreberi)는 전 세계적으로 1속(屬, Genus) 1종(種, Species)에 해당하는 생물학적 분류 등급을 지니고 있으며, 식물 분포학적으로 보아 우리나라에서는 분포의 북방 한계선[北 限, Northern Limit] 지대에 해당한다는 사실도 부기해 두기로 한다.[42]

이상에서 살펴본 인물들과 다양한 고문헌 자료들은 조선시대 때 '의호순(義湖 蓴)'[43]으로 불기기도 했던 순채가 의림지를 상징해 주는 대표적인 식물 개체로서 의 위상을 확고하게 점유하고 있었다는 사실을 잘 방증해 주고 있다. 이에 김봉지 는 현감 홍중우가 복원해 낸 친지-자지형 수리체계의 옛 모습을 접한 직후에 만감이 교차하는 기쁨을 느꼈고,[44] 급기야 순채를 기표(記表, signifiant)로 삼아 신축한 인공섬이 의림지의 이미지를 형상화하는 의미 작용을 수행하는 차원에서 의 구상이 투영된 작명법을 선보였던 것이다.

---

42 강상준(2000), 앞의 논문, 243~255쪽.

43 金宗烋, 『書巢集』 卷1(한국문집총간 117), 「詩」, 〈義林池 癸未, 自京下鄉, 與李晦文同行, 作路于此.)〉, 한국고전번역원, 2011, 629쪽. "來時謾說義湖蓴, 纔到候仙便欲仙, 柳雨花風催 客夢, 翩然飛鳥下靑田."

44 吳尙濂, 『燕超齋遺稿』 卷5, 「雜著」, 〈滄浪翁茅山別業十六景小識·銑池〉, 40쪽(b). "振羆主 人, 實贊成之邑人受其利, 中作小嶼, 植以嘉卉."

한편 생물학자인 강상준의 전언에 의하면 의림지의 순채는 바로 이 1914년도 수리시설 공사 당시에 한 번 자취를 감추었다가, 다시 1972년에 발생한 대홍수로 퇴적물이 유실되는 바람에 완전히 소멸하고 말았다고 한다. 또한 그는 1996년도에 이르러 의림지 인근의 홍광초등학교 연못에서 순채가 발견되었으므로, 유전자가 동일한 순채의 경우 복원이 가능할 것으로 전망하기도 했다.[45] 실제 그동안 의림지 순채 찾기 운동을 펼쳐 왔던 제천시와 제천문화원, 그리고 제천시 농촌지도소 측에서는 1996년 7월에 의림지와 인접한 곳인 홍광초등학교에 있는 60㎡ 크기의 연못에서 원형을 그대로를 유지한 순채가 군락(群落)으로 성장하고 있는 것을 발견한 사실이 있다.[46] 반면에 『충북산업지』와 『조선환여승람』에 편집된 〈의림지〉 항목에는 순주와 관련된 직접적인 설명은 부재한 상태이므로, 더 이상의 무리한 확론은 자제하기로 한다. 왜냐하면 인문학적 상상력에 기초한 합리적인 해석(解釋)이나 추론(推論)도 문헌자료에서 제시된 객관적 기록의 범위를 함부로 초월해서는 안 되기 때문이다.

2) 순주의 도량·식생 정보

대신에 수면 위에 드러난 순주 지표면의 형태와 도량 정보에 대한 간략한 소개와 함께, 지난날에 이 인조섬이 수행했을 것으로 짐작되는 몇몇 기능들에 관한 논의를 간략하게 진행하도록 하겠다. 일단, 순주의 도량 정보를 파악하기 위해 2019년 1월에 제천문화원과 의림지역사박물관 측에서 공동으로 이 섬의 둘레며 길이·반경(半徑) 등을 측량한 사실이 있었다는 점을 상기해 본다. 그런데 답사를

---

45 강상준(2000), 앞의 논문, 243~255쪽.

46 박종국, 「〈화제〉 사라진 순채(蓴菜) 군락지 발견」, 『연합뉴스』, 1996.7.19.

통해서 측정한 정보들을 저장해 둔 파일을 일실(逸失)하는 바람에, 도량 정보를 분석하는 작업은 후일의 과제로 미루게 되었다.

그러던 차에 3년 뒤인 2022년 6월 8일에 이르러 재차 측량 작업을 시도한 끝에, 타원형으로 이뤄진 순주의 남북 길이는 19.3m이며 동서의 길이가 37m임을 확인하게 되었다. 또한 순주의 둘레 길이는 121.4m이고 면적이 1,172.8m²에 이른다는 정보도 취득하였다. 한편 식물이 자라는 초생대(草生帶)의 둘레는 96.8m로 나타났는데, 이는 밑변보다 24.6m가 적은 수치다. 초생대의 면적은 745.66m²로 측정되었는데, 이 면적은 의림지가 만수위(滿水位)에 도달했을 때 드러나는 면적에 해당한다. 한편 수면 아래의 바닥층[基層]과 초생대와의 거리는 약 3.5m에 달하는 것으로 측정되었다. 이 간격은 오상렴이 『연초재유고』를 통해서 남긴 "순주는 호수 북쪽의 언덕 가까이에 있고 수심이 얕은 곳"이라는 기록과도 일치한다. 이상에서 소개한 귀중한 정보들과 더불어, 당시에 측량을 주도한 이상학·장재우 팀은 "굵은 자갈돌이 경사면을 감싸고 있는" 순주의 비탈면을 육안으로 직접 관찰한 결과를 아래처럼 기록해 두었음이 자못 주목되는 바이다.

> "이 돌들은 인위적으로 공사를 해서 쌓은 것이 아니라, 수백 년 동안에 걸쳐서 지금보다 더 큰 섬이 담수(湛水)[괸 물]와 파도에 흙이 유실된 나머지, 앙상하게 돌들만 남은 것으로 보인다. 자갈돌의 직경은 약 30cm이고 10~15% 정도가 경사가 있다."[47]

윗글은 순주의 기원과 축조 방식 및 완만한 경사도와 관련해서 대단히 중요한

---

47 이상학·장재우, 『의림지 순주섬 실태 조사 보고서』, 제천문화원, 2022, 1쪽. 이 보고서의 전체 분량은 3쪽이며, 인용문은 필자가 다소 윤색(潤色)을 가한 결과임을 밝혀 둔다. 장재우 씨는 식물학자로 소개하고 있다.

정보를 제공해 주고 있다. 다시 말해서 위의 인용문은 애초 순주가 2022년 현재보다 "더 큰 섬"으로 축조되었으며 "수백 년 동안에 걸친" 기나긴 역사를 향유해왔다는 추정 정보와 함께, 또 흙과 자갈들로 합성된 입체 구조를 취하고 있음을 확인한 최초의 기록에 해당한다. 또한 위의 글이 앞서 논급한 일제 강점기 개축설의 타당성을 입증해 주는 기록으로 남게 된 점도 중요한 답사 성과라 할 수 있다.

그런가 하면 2022년 6월의 답사팀은 순주의 상층 부위인 초생대에서 자라고 있는 목본·초본류에 대한 면밀한 조사도 아울러 수행하였다. 먼저, 나무들의 수령(樹齡)에 대해서는 정확한 측정이 불가했다는 전제하에 제출한 목본류에 대한 정보는 이하와 같다. 괄호 안의 숫자는 몇 그루[株]인지를 나타낸 수치이다.

"사방오리(2): 약 60년생 정도, 버드나무[수양버들](5): 200~300년생 정도, 은행나무(1): 약 50년생 정도, 뽕나무(2): 약 70년 정도, 무궁화(5): 약 10~15년생, 산벚나무(?): 약 30~40년생, 리기다소나무(1): 약 50~60년생, 단풍나무(1): 약 30년생 정도."[48]

약 8종(種)에 이르는 나무들의 명칭과 수령을 보고한 위의 인용문은 지금까지한 번도 이뤄지지 않았던 순주의 식생(植生) 생태계에 대한 최초의 조사라는 점에서, 대단히 소중한 정보적 가치를 발휘하고 있다. 특히 조사팀은 이어지는 보고서에서 수양버들 5그루의 경우, 순주의 역사와 수령이 비슷할 것으로 추정하면서, 이 나무들의 하단·중간 부분이 부패해서 두드리면 통통거리는 소리가 난다

---

48 이상학·장재우(2022), 앞의 보고서, 2쪽. 단, 조사팀은 버드나무(Salix koreensis)와 수양버들(Salix babylonica)의 경우, 학명(學名)이 다르다는 사실을 간과하였다. 이 사안에 대해서는 김종수, 「제천 의림지의 제림(堤林)에 관한 연구」, 『한국전통문화연구』 30, 한국전통문화대 전통문화연구소, 2022, 465쪽 참조.

는 등의 자세한 설명을 곁들여 두기도 하였다. 어쩌면 수령을 200~300년으로 추정한 수양버들 5그루는 김봉지가 순주를 축조한 1696년을 전후로 한 시기에 이식(移植)되었을지도 모른다. 아무튼 수양버들의 수령 또한 일제 강점기 시축설을 반증(反證)해 주는 중요한 정보에 해당한다. 한편 조사팀은 수양버들을 제외한 여타의 나무들은 새들이 씨앗을 옮겼을 가능성을 점쳤고, 무궁화는 인위적으로 식재(植栽)하였을 것으로 파악했다.

조사팀은 이상에서 소개한 목본류에 이어서 초생대에서 서식하고 있는 다양한 초본류에 대한 정보도 아래처럼 기록해 두었다.

> "푼지나무[노박덩굴], 새모래덩굴, 꼭두서니, 왕고들빼기, 장대나물, 종지나물, 애기수영, 고랭이, 쑥, 줄딸기, 망초, 개망초, 주걱망초, 닭의장풀, 미국가막사리, 쇠무릎, 애기똥풀, 인동덩굴, 담쟁이덩굴, 며느리밑씻개, 산딸기, 댕댕이덩굴, 개발나물, 사위질빵, 할미밀망, 여뀌, 박주거리, 찔레꽃, 등골나무, 개밀, 토끼풀, 달맞이, 소리쟁이 등등."[49]

약 33종에 달하는 초본 식물에 대한 조사 또한 순주의 식생 생태계를 연구하는 작업에서 매우 귀중한 자료로 남을 듯하다. 그간 '숱한 잡초들'로만 표현했던 초본류에 대한 명확한 정보가 드러났기 때문이다. 다만, 문외한인 필자의 입장에서는 상기 인용문에 드러난 다양한 초본 식물들이 과연 어떠한 의미 양상을 취하고 있는지를 설명할만한 전문적인 식견이 결여된 상태라 아쉬울 뿐이다. 조사팀은 개미굴 등과 같은 곤충의 흔적도 발견했지만, 촉박한 시간 관계로 더 진전된 조사

---

49 이상학·장재우(2022), 앞의 보고서, 2쪽. 조사팀은 의림지 유람선 측에서 제공한 구조선 사용 시간에 쫓긴 끝에, 조사를 완벽하게 마무리하지 못한 아쉬움을 토로했다. 두 분께 깊이 감사드린다.

를 마무리하지는 못했다.

한편 못내 안타까운 또 다른 사항으로는 깊은 못물에 잠긴 순주의 수면 하단 부위까지를 실측하고, 이 인공섬의 전체 모습을 입체적으로 그려 낸 평면도가 지금까지 부재한 실정이라는 점이다. 조사팀도 "마당처럼 평탄한" 바닥과 지형을 조사한다면, 섬의 조성 연대를 규명할 수 있을 것으로 전망했다. 현재로서는 의림지의 경우 밑바닥의 퇴적층이 평균 7m를 형성하고 있으므로, 순주의 하단 부위도 이 뻘층에 착지하기 위한 공법을 적용했을 것으로 추정해 볼 따름이다. 아마도 크고 작은 돌들이며 자갈·진흙 따위를 적절히 배합하여 조성했을 순주의 축조 방식이란, 수압(水壓)과 잔잔한 파문(波紋)을 감당하기에 적합한 유형의 토목 기법을 원용하지 않았을까 하고 추정해 본다. 또한 빙산의 일각 격으로 수면 위에 드러난 순주의 지표면은 수중 깊숙이 착지한 하단 부위에 비해서, 상대적으로 다소 비좁은 공간적 비율을 형성하고 있을 것으로 아울러 상상해 본다. 그렇다면 약 3.5m에 달하는 수면 하의 뻘층에 착지한 순주 상단의 비좁은 지표면을 군중이 휘젓는 발길질에 노출되도록 방치하는 식의 행사 기획이란, 참으로 황당한 사태가 아닐 수 없다. 순주에는 숱한 탐방객들이 내딛는 답압(踏壓)으로 인하여 토양의 경도(硬度)를 몹시도 꺼려할 8종의 목본류와 33종에 이르는 초본 식물들이 고유한 식생 생태계를 형성하고 있기에, 제천시 당국의 세심한 배려가 필요해 보인다.

3) 순주의 주요 기능

이제 남아있는 마지막 논의 순서로 지난날 순주가 수행했을 것으로 짐작되는 몇몇 기능들에 대한 추론을 덧붙여 두기로 한다. 그런데 순주를 기록한 고문헌 자료 자체도 매우 희유한 실정이기에, 관개·수리시설을 복원해 낸 데 따른 기념비적 증표로서 출발한 이 인공섬의 기능을 추정하는 일이란 매우 조심스러울 수밖에

〈그림 7〉 신록이 찾아든 5월의 순주 전경

없는 일이다. 따라서 문집이나 고문헌이 제공해 주는 자료적 근거를 토대로 하되, 가능한 합리적인 상상력을 발휘하는 차원에서의 논의 방식을 취하기로 한다.

첫째, 제천 출신의 문신으로 정언(正言)·첨지중추부사(僉知中樞府事) 등의 관직을 역임한 김이만의 문집인 『학고집』의 시 작품을 참고해 볼 때에, 순주는 의림지의 수심(水深)을 파악하고 못물의 청정도를 살피는 등의 유용한 관찰 공간으로 활용되기도 했음이 확인된다.

"천지의 동남쪽에서 호탕하게 노니니, 의림호(義林湖) 변에는 또 맑게 갠 가을이 드네 (중략) 물길을 따라 내려가노라니, 맑고 얕은 정도가 순주(蓴洲)에 기록되누나!"[50]

---

50 金履萬, 『鶴皐集』 卷6, 「詩晚稿○七言律詩」, 〈秋懷(二首)〉, 143쪽. "天地東南浩蕩遊, 義林湖

김이만은 의림지에서 흔쾌하게 노니면서 가을의 단상을 담은 〈추회(秋懷)〉라는 칠언율시를 통해서 이곳의 풍광을 묘사하는 도중에, 문득 못물의 "물길을 따라 내려가노라니, 맑고 얕은 정도가 순주(蓴洲)에 기록되는" 정황을 포착해 두었던 것이다. 그런데 이 구절은 스승인 이서우가 김이만에게 전한 편지글 속의 그것을 그대로 차용한 사실을 확인하였다.[51] 결과적으로 이서우와 김이만이 묘사해 둔 이 한 구절은 당시 순주가 수심과 청정도를 관찰하기에 매우 적합한 공간으로 인식되었음을 시사해 주고 있다. 그즈음에 주로 수심을 탐지하는 방법으로는, "긴 동아줄을 던져서 깊이를 재었으나, 일찍이 그 최저점[極]을 알지 못했다."는 대목에서 확인되듯이,[52] 동아줄이나 긴 끈 따위를 투척해서 깊이를 측정하는 방식이었다. 그런데 육지로부터 비교적 접근하기가 용이하고 상대적으로 수심이 얕은 편인 순주가 축조되면서, 이곳에 상륙해서 못물의 청탁 양상이며 차고 빠진 정도를 손쉽게 관찰하곤 했던 것으로 짐작된다.

둘째, 춘하추동 네 계절마다 다양한 조류들이 드나드는 의림지 권역에서 순주는 철새들에게 휴식처를 제공하거나, 혹은 종종 부화지(孵化地)와 유사한 역할을 행했을 가능성이 점쳐진다. 순주가 철새들의 휴식처 기능을 행한 사실은 이미 공개된 여러 종류의 사진이나 화면 등을 통해서 충분히 확인이 가능한 사안이므로, 굳이 더 이상 자세하게 거론하지는 않는다. 이에 비해 순주가 철새들에게 부화 공간을 제공했을 가능성은, 최근에 경북 안동시 임하면에 소재한 안동호(安東湖)의 인공 모래섬이 대행한 부화지 기능과 관련된 보도를 통해서도 어느 정도 유추가

上又淸秋 … 沿流淸淺記蓴洲, 機心自覺消磨盡, 欲向煙波試白鷗." 이 시는 〈추회〉의 제2수임.

51 李瑞雨, 『松坡集』卷10, 「詩」, 〈金秀才履萬來訪, 又次前韻贈之(金在堤川, 來赴監試會場.)〉, 194쪽. "天地東南浩蕩遊, 義林湖上又淸秋 … 沿流淸淺記蓴洲 …"

52 金履萬, 『鶴皐集』卷1, 「賦」, 〈林湖賦〉, 19쪽. "美哉萬頃之洋洋, 涵乾象而浸坤軸, 投長縆而測深, 曾莫知其所極."

가능한 사안이다.[53] 이 기사의 핵심적인 내용은 안동시가 멸종 위기종인 쇠제비갈매기 번식을 위해 안동호에 설치한 인공 모래섬에서 부화한 새끼들이 자라서 호주(濠洲) 등지로 떠났다는 내용으로 간략히 정리할 수 있다.

그렇다면 드넓은 "백경(百頃)의 둥그런 저수지에 물만 가득 차서 누적된"[54] 이곳 의림지에 난데없이 출현한 순주 또한 철새들의 부화지로서의 역할을 대행했을 개연성은 충분한 것이다. 다만, 안동호의 인공 모래섬에는 강적의 공격으로부터 몸을 피할 수 있는 은신처용 파이프가 가설되어 있는 반면에, 애초부터 순주에는 이러한 부류의 피신용 안전장치는 부재한 상태였다. 따라서 안동호의 인공 모래섬에 비해 순주의 부화 조건은 그리 양호한 편은 아니었을 것으로 판단된다. 그렇다고 해서 순주가 철새들에게 부화 공간을 제공했을 개연성 자체가 완전히 부정되는 것은 물론 아니다. 앞서 소개한 2022년 6월의 조사팀이 순주를 답사했을 적에도 흰뺨검둥오리가 풀 속에서 날아가는 장면을 목격하고, 알을 낳아 품고 있었을 것으로 추측한 바가 있다. 이에 조사팀은 새들의 보금자리를 위해 매년 2~3회씩 진행되는 제초 작업을 지양함으로써, 인공섬의 자연생태를 보존할 것을 시 당국에 권고하기도 했다.[55]

기실 순주의 또 다른 이름으로 사용된 '구주(鷗洲)'[56]라는 호칭의 경우, 갈매기로 대변되는 철새들이 이 인공섬에 수시로 출입하곤 했던 정황을 나타낸 단어임이

---

53 배소영, 「안동호 인공 모래섬서 부화 쇠제비갈매기 61마리 자라서 날아가」, 『연합뉴스』, 2020.07.12. 이 기사를 검색하면 실물을 화면을 통해서 직접 두 눈으로 확인할 수 있다.

54 洪世泰, 『柳下集』 卷1(한국문집총간 167), 「詩」, 〈義林池 在堤川〉, 민족문화추진위원회, 1996, 322쪽. "百頃圓池積水盈, 千章喬木接雲平, 蛟龍抱子深中臥, 菱芡連根淺處生."

55 이상학·장재우(2022), 앞의 보고서, 2~3쪽.

56 南漢紀, 『寄翁集』 卷3(한국문집총간 58), 「律詩」, 〈義林池〉, 한국고전번역원, 2008, 491쪽. "榛莽迷塗眼未淸, 臨池始得義林名, 鷗洲空迥容舟楫, 鮫室幽森息水聲."

주목된다. 왜냐하면 '갈매기 섬'이라는 조어는 인공섬인 순주가 철따라 두나드는 다양한 조류들에게 안온한 휴식처를 제공하고, 또 다른 한편에서는 부화지 기능을 대행했을 가능성을 함축하고 있는 어휘에 해당하기 때문이다. 결과적으로 '갈매기 섬[鷗洲]'이라는 시어는 악사 우륵(于勒)이 남긴 신선(神仙) 전설을 이미지화한 '선주(仙洲)'[57]라는 순주의 또 다른 별호와는 달리, 지난날 의림지의 생태계 현황과 관련된 정보의 일단을 확인시켜 주고 있다는 점에서 대단히 흥미로운 단어로 읽혀진다.

셋째, 순주의 경우 이서우가 "물이 가득 찬 저수지는 수천 이랑만큼이나 드넓고, 깊은 곳의 수면은 마치 묵(墨)과도 같다."고 묘사한 바와 같이,[58] 다소 범범(泛泛)한 느낌이 들기도 하는 의림지의 미학적 품격을 보다 향상시키는 결과로 이어진 기능 또한 결코 빠뜨릴 수 없는 부분이다. 다시 말해서 순주는 늘 "못물이 가득 차서 횡하면서도 드넓은데 비단 물결이 무늬를 짜는"[59] 듯한 모습을 취한 의림지의 공활(空濶)한 수면 위에 한 점의 이채(異彩)로 솟구침으로써, "참으로 천하에서 홀로 천단[擅]하는 기이한 풍경[奇觀]"[60] 운운한 극찬을 받은 이 천혜의 공간에서 미학적 수준을 한층 더 제고시키는 미필적 결과를 연출하는 기능을 수

57 姜必愼, 『慕軒集』 卷2(한국문집총간 68), 「詩」, 〈義林池暮歸〉, 한국고전번역원, 2008, 26쪽. "澹澹林池夕, 蕭蕭楓岸秋, 一遊卽公事, 三宿又仙洲."

58 李瑞雨, 『松坡集』 卷10, 「詩」, 〈金密陽鳳至堤川十六景〉, 193쪽. "滄池千頃寬, 深處波如墨, 定有非常鱗, 雲雷忽傳翼."

59 俞漢雋, 『自著』 卷12(한국문집총간 249), 「律詩」, 〈義林池(戊戌)〉, 민족문화추진위원회, 2000, 205쪽. "百頃陂頭風鳥紛, 滄池空濶錦生紋, 瀑飄龍子噓時雨, 洞洩仙翁去後雲."

60 趙龜命, 『東谿集』 卷6(한국문집총간 215), 「贊」, 〈伯氏山水畵贊 二〇癸巳〉, 민족문화추진위원회, 1998, 116쪽. "其二, 絶壁約高千尺, 上頭平闊大池, 涵涵淳滀, 溢而爲縣瀑 … 眞天下獨擅之奇觀也." 이 시는 동계 조귀명(1693~1737)이 21세가 되던 해인 1713년(숙종 39)에 지은 것임.

행하게 되었던 것이다.

예컨대 순주에서 자라는 초목들이 녹음을 띠기 시작하는 늦봄이나 여름철이 찾아들면, 그 영상이 검푸른 의림지 못물 위에 투영되어 흡사 데칼코마니 (decalcomania) 장식 기법과도 같은 풍광을 재현하곤 하는 장면들이란, 이 인공섬 이 연중 발휘하는 미학적 기능의 한 단면을 제대로 입증시켜 주고 있다. 게다가 소규모 섬인 순주가 취한 적절한 둘레며 크기란, 무려 약 15만 1,470㎡에 달하는 '둥근 못[圓潭]'[61]의 호수 면적과도 극히 비례적인 조형 비율을 형성하고 있는 까닭 에, 이 인공섬의 존재가 의림지의 미학적 감성을 더욱 증폭시키는 한 점의 고도 (孤島) 역할을 늘상 수행하고 있다는 점도 충분히 반추할 만하다. 그런 점에서 순주를 창축한 설계자의 놀라운 조형 감각에 찬사를 보내게 되며, 또한 애초에 고안한 이 같은 조화로운 비율을 해치지 않고 개축에 임한 일제 강점기 때의 보수 작업에도 저으기 안도하게 된다. 아무튼 순주가 획득한 비례적 조형미는 제천 현감 홍중우에 의해서 이 섬이 창축된 시점과 비슷한 시대를 호흡했던 독일의 철학자인 라이프니츠(G.W Leibniz, 1646~1716)의 지론, 즉, 이 세상에 존재하는 악(惡)이란 한 점의 미학적 반점과도 같아서, 결국 선(善)을 창출하는 결과로 이어 지면서 최선(最善)을 실현하고자 하는 신(神)의 구상에 이바지하는 방향으로 귀착 된다는 예정조화설과도 일면 부합되는 맥락이기도 하다.[62]

이렇듯 순주는 지난날에 의림지의 수심을 파악하고 청정도를 가늠하는 등의 관찰용 공간의 기능을 발휘하였던 정황 외에도, 다양한 철새들에게 휴식처를 제공 하고 부화지 역할을 대행한 정황도 아울러 포착되고 있다. 나아가 순주는 의림지

---

61 金正喜, 『阮堂集』卷10(한국문집총간 301), 「詩」, 〈義林池〉, 민족문화추진위원회, 2003, 179 쪽. "濃抹秋山似畫眉, 圓潭平布碧琉璃, 如將小大論齊物, 直道硯山環墨池."

62 장승구, 『철학과 삶의 지혜』, 보고사, 2019, 155~157쪽.

의 미학적 완성도를 보다 향상시키고 새로운 볼거리를 제공하는 결과를 자아냄으로써, '명구(名區)·영지(靈池)·명호(明湖)'[63] 등등의 호평을 받았던 이 천혜의 공간이 내뿜는 격조를 한층 더 다채롭게 장식하기도 했다. 그리하여 2020년도 12월 현재 시점에 이르기까지 가칭 '순주 무용론'이 제기되면서, 이 인공섬을 즉각 혁파할 것을 청하는 식의 싸늘한 여론이 한 번도 형성되지 않았던 이유도 순주가 수행했던 이상의 유익한 기능들과도 결코 무관하지 않았을 것으로 사료된다.

4. 맺음말

이상의 포괄적인 논의를 통해서 우리는 오랜 세월 동안에 미지의 지대에 방치되었던 의림지의 인조섬인 순주의 기원과 축조 배경 및 이면사, 그리고 고문헌 자료들 속에서 명칭이 드러나기 시작한 정황 등에 대한 역사적 소양을 어느 정도 제고할 수 있게 되었다. 또한 하필 섬 이름을 순주로 작명하게 된 경위에 대한 해명을 시도함과 더불어, 이 인공섬의 도량·식생 정보와 상상 속의 평면도를 잠시 논급하기도 했다. 나아가 미필적 결과라는 측면에서 순주가 발휘하게 된 몇몇 기능들에 대한 추론을 펼쳐 보였다. 이하에서는 이미 진행된 논의들을 토대로 하여 순주가 직면한 작금의 위해적인 실태를 지적하고, 그에 따른 섬 관리상의

---

63 朴齊家, 『貞蕤閣二集』(한국문집총간 261), 「詩」, 〈義林池〉, 민족문화추진위원회, 2001, 493쪽. "義林古池秋耿耿, 貯月含風三百頃 … 名區一入眞堪幸."; 安重觀, 『悔窩集』卷3(한국문집총간 65), 「詩」, 〈義林池, 次阿微韻〉, 한국고전번역원, 2008, 308쪽. "曉起無公事, 靈池一馬看 … 盡日倚雕欄.(池上侯仙閣, 乃某賊之所作.)";李胤永, 『丹陵遺稿』卷9(한국문집총간 82), 「詩·丹陵錄」, 〈義林池, 次景洪〉, 한국고전번역원, 2008, 284쪽. "明湖衣濯濯, 青艸馬騑騑 … 月來不我違."

필요성과 연계된 정책적 대안을 제시하는 것으로써, 결론의 내용을 대체하는 형식을 취하도록 하겠다.

지금까지의 논의를 통해서 세칭 '순주섬'의 경우 1696년에 시축된 이래로, 어언 325여 년에 달하는 기나긴 연륜의 나이테를 간직한 유서 깊은 유형의 건조물임을 인지하게 되었다. 또한 인공섬인 순주가 일제 강점기 때에 단행된 두어 차례에 걸친 대수축 공사로 인하여 다소 개축되었을 개연성에 대해서도 충분히 수긍하게 되었다. 그러나 애초 김봉지가 이 '작은 섬'을 축조하고 헌정했을 때의 원형(原型)을 크게 이탈하지는 않았을 것으로 판단되었다. 다만, 순주를 처음 축조했을 때 "아름다운 풀과 나무들을 심었던" 정황과는 사뭇 다르게, 여덟 그루의 나무들이 30여 종에 달하는 다양한 초본류와 어우러진 현재의 모습은 상당한 차이가 있어 보인다. 또한 수면으로부터 3.5m 아래의 퇴적층에 건립된 순주는 일제 강점기 이전 시기에서도 몇 차례에 걸친 보수 공사가 진행되었을 개연성이 높았던 것으로 추정되기도 했다.

만약 순주가 조선의 행정 구역이 개편된 해이기도 한 1914년에 이르러 일제에 의해 단행된 대규모 토목 공사 때 '개축'되었을 것으로 가정한다면, 그로부터 벌써 108년의 세월이 흐른 셈이 된다. 때문에 순주에 식재된 수목들 가운데는 2010년을 전후로 하여 고사화(枯死化) 현상이 진행 중이거나, 겨울철의 과중한 눈 무게로 인해 가지가 비틀어지거나 부러져 있는 것들도 육안으로 뚜렷이 확인할 수 있다. 그나마 다행스럽게도 돌과 진흙을 배합하여 쌓았다는 순주의 몸통만큼은 비교적 온전한 모습을 유지하고 있는 편이다. 그러나 순주가 언제 예기치 못한 붕괴나 와해의 사태를 맞이할지는 그 누구도 장담할 수 없는 일이다.

그런데 의림지의 경우 연중 무수한 탐방객들이 수시로 내왕하는 특수한 역사적·문화적·경관적 공간인 까닭에, 이곳 주변에 서식 중인 다양한 식생들의 생태 환경의 적합성 유지나, 지형의 안전성 보전에도 각별히 유의할 필요가 있다. 기실 소나무 군락이 우점(優占)한 곳인 인접한 솔밭공원만 하더라도, 과다한 방문객들의 답압(踏壓) 문제로 인해 토양의 경도가 높아져서 만성적인 수분 스트레스(Water Stress)에 시달린 끝에, 고사 위기에 처해져 있다는 조사 보고서가 제출된 지도 벌써 오래전의 일이다.[64] 의림지 제로(堤路) 변의 소나무의 경우도 탐방로 옆에 식재되어 있어서 답압의 영향에서 벗어나 있는 것 같지만, 수관(樹冠)이 뻗어있는 지역에까지 근계(根系)가 뻗어있으므로, 간접적인 영향권 하에 놓여있다는 지적도 아울러 제기되어 있는 상태다. 그렇다면 깊은 수중(水中)의 퇴적층에 착지하여 축조된 인공섬 순주의 안전성 또한 숱한 인파가 휘젓는 발길에 따른 답압과는 반비례의 관계를 형성할 것임이 너무나 자명해진다. 수심 깊은 곳에 퇴적된 진흙뻘 바닥이 평지에 조성된 솔밭공원의 지표면보다 더 강건할 수는 없기 때문이다.

그럼에도 불구하고 지금껏 이 외로운 '작은 섬'인 순주가 감내해 온 현실은 과연 어떠했던가? 언제부터인가 매년 1월이 되면 순주에 부표 다리를 잇닿게 해서 이곳 지표면 위로 무수한 군중들의 발길을 재촉하게끔 유도하고 있다. 무슨 큰 이익이 남는 한철 장사판이라도 벌이는 듯한 느낌이 들 정도다. 또한 이미 2014년 이후로 일부 언론에서는 순주에 서식 중인 연로한 노거수(老巨樹)들이 처한 여러 가지 문제점들을 지적하는 가운데, 제천시 당국의 소홀한 관리를 질책하는 기사를 내놓았지만 아무런 반응이 없는 상태다. 이미 고사했거나 가지가 부러져 흉물스러운 나무들을 대체할만한 후계수(後繼樹)를 모색하는 일도 매우 중요한 문제다. 그런데도 이처럼 미온적인 당국의 처사는 의림지와 순주에 대한 역사적 소양이 부족한 데서 말미암은 것으로, 무려 325여 년에 이르는 영험한 연륜을 간직한 순주에 대한 중대한 결례임을 자각해야 한다. "순주섬에 대한 지적은 오

---

64 강상준(2000), 앞의 논문, 243~255쪽.

래전부터 지적되어왔지만, 당국은 요지부동이었다."[65]는 한 언론의 질타를 제천시 당국이 과연 언제까지 수수방관한 채로 외면할 것인지 지켜볼 일이다.

이제 이상의 논의를 토대로 순주를 영구히 관리·보전하기 위한 정책적 대안을 제시해 두고자 한다. 본 논의의 흐름을 참고하건대, 325여 년이라는 장구한 연륜을 축적한 순주의 경우 역사적·예술적·학술적 가치가 뛰어난 인공 건축물로 유형문화재(有形文化財)의 자격을 충분히 획득한 상태임이 분명하게 확인되었다. 그렇다면 제천시 당국은 시급히 시·도지정문화재로 등록하기 위한 진지한 노력을 기울여야 할 것이다. 이미 명승(名勝) 제20호로 지정된 의림지 권역에 독특한 유형의 시·도지정문화재까지를 아우르게 된다면, 장차 세계농업유산으로 등재되기 위한 부푼 꿈을 다시 지피는데도 크게 도움이 될 것으로도 판단된다. 왜냐하면 순주는 1696년에 제천 현감 홍중우가 의림지의 관개·수리시설의 핵심적 설비인 친지-자지-손지형 수리체계를 복원해 낸 거사를 경하하기 위해 건립한 기념비적 증표로, 그 원형이 비교적 잘 보존되어 있기 때문이다.

겸사해서 작금에 제천시 당국에서 왕성하게 추진하고 있거나, 혹은 기획 중인 각종 관광 사업과 주택단지조성 프로젝트의 경우, 의림지 전래의 생태계 원형을 제대로 보전해야 한다는 인식 자체가 상당히 결여된 상태에서 진행되고 있다는 점도 아울러 지적해 두기로 한다. 시 당국은 의림지가 유네스코 세계문화유산에 등재되기 위한 첫 번째 조건이 바로 '원형 보전'에 달려있다는 사실을 정녕 망각

---

65 정홍철, 「제천 의림지 볼품없는 '순주섬' 관리 소홀」, 『아시아뉴스통신』, 2018.5.6. 이에 앞서 『서울뉴스통신(2014.6.3)』의 이동주 기자도 「제천1경 의림지 … '순주섬 고사목 대책 시급'」이라는 제하의 기사를 전하면서, 고사(枯死)한 것은 정리를 하고 대체 수종을 모색하는 등의 대책 마련의 필요성을 제시한 바가 있다. 또한 의림지 주변에 대형토목사업이 줄줄이 펼쳐지고 있지만, 정작 이 저수지를 상징하는 순주에는 관리의 손길이 미치지 않고 있음을 아울러 지적하였다.

이라도 했단 말인가? 그런 점에서 수백 년 세월에 걸쳐서 애초의 구관(舊觀)을 잘 보존해 온 순주의 경우, 의림지 권역에서의 수질·식생 생태계 및 수리시설의 원형을 온전하게 보존하는 일의 중요성을 흡사 무정설법(無情說法)처럼 묵묵히 전언하고 있는 것만 같다.

제3부

17~18세기 제천 남인계 지식인의
의림지 묘사

18세기 의림지 시문담론(詩文談論)의
직조와 전승 양상

    현존하는 국내 최고(最古)의 저수지인 제천의 의림지는 호수의 특성도 아우른 호지(湖池) 개념의 전형적인 사례에 해당한다. 전래로 관개·수리시설과 관련된 기록들의 경우, 저수지로서의 기능에 주목한 결과였다면, 유흥(遊興)·완상(玩賞)과 유관한 다양한 읊조림들은 이 천혜의 공간을 호수로 파악한 문학적 결실에 해당한다. 다만, 적시한 두 부류의 기록문화 속에는 의림지를 대상으로 한 체계적인 논의를 개진한 자취들을 발견하기는 어렵다. 실제 조선조 사대부들이 남긴 문집과 읍지류, 그리고 여타의 고문헌 자료 등에서 의림지와 그 부속 상관물들을 대상으로 하여 체계적인 묘사를 가한 사례를 발견하기 어렵다.

    이에 반해 18세기 무렵에 제천에 연고를 둔 남인계(南人係) 인사들에 의해 직조·전승된 의림지 시문담론의 경우, 의림지와 그 주변을 대상으로 하여 하나의 체계적인 담론 형식을 취한 논의를 지속적으로 전개하였음이 자못 주목된다. 시(詩)·부(賦)·산문(散文) 따위의 장르를 통해 개진된 의림지 시문담론은 이른바 〈제천 십육경(堤川十六景)〉이라는 큰 명목하에, 세부적으로 열여섯 종류에 이르는 서술 단위들이 결집된 차원에서의 논의가 촘촘히 이뤄져 있기 때문이다. 결과적으로 이 담론은 의림지가 시축(始築)된 삼한시대 이래로, 2022년 12월 현재 시점에 이르기까지 의림지와 관련해서 가장 풍부하면서도 유의미한 기록물로 남게 되었던 것이다.

창안자인 창랑 김봉지에 의해 시문담론의 얼개가 처음으로 제시되었고, 이후 송파 이서우와 연초재 오상렴·학고 김이만 등에 의해 담론이 전파·변형되는 국면을 순차적으로 맞이하기에 이른다. 다만, 이 담론의 창시자인 김봉지의 작품이 일실(逸失)된 까닭에, 그 흔적을 시문담론의 계승자인 이서우의 〈김밀양봉지제천십육경(金密陽鳳至堤川十六景)〉을 통해서 간접적으로 추정할 수밖에 없는 아쉬움이 있다. '제목 + 설명[註]' 형식을 빌려 의림지 권역을 사실주의적 기법으로 묘사했던 김봉지의 작품 증정에 대해, 이서우는 오언절구 연작시를 통해 최초의 시문담론의 존재와 그 가치를 확인해 두었다. 스승인 이서우에 뒤이어 오삼렴은 산문체 저술인 〈창랑옹모산별업십육경소지(滄浪翁茅山別業十六景小識)〉를 통해서, 기존 시문담론의 외연을 보다 확장시키게 된다. 또한 오상렴의 지기인 학고 김이만은 〈임호부(林湖賦)〉와 유기류(遊記類)의 저술인 『산사(山史)』의 '의림지' 조항을 빌려서 기존 담론의 틀을 완전히 변형시킴으로써, 시문담론의 형식과 내용을 한층 더 고양시키는 새로운 국면으로 이행하게 된다. 즉, 18세기 의림지 시문담론은 김봉지·이서우·김이만·오상렴으로 이어지는 남인 계열의 인사들에 의해서 기조(基調)가 전승·변형되는 흐름을 유지하면서, 다소 한시적으로 유통되어 단명으로 마감한 독특한 담론이었던 것이다.

이렇듯 의림지 시문담론의 경우 기간이 매우 한시적이었고, 또 향리인 제천 지역에 연고를 둔 남인 계열의 소수 지식인들에 의해 공유된 특이점이 발견된다. 그러나 이 담론은 전근대 시기 사회에서 의림지와 그 주변에 대해서 가장 풍부하면서도 전문적인 기록물로 남게 된 결실로 이어졌다. 그 결과 이 담론은 지금껏 의림지와 관련하여 가장 유의미한 역사적·문화적 콘텐츠를 제공해 주는 고문헌이자 지적 원천으로 기능하게 되었다. 이에 이번 제3부의 제1, 2장의 지면을 통해서 18세기 의림지 시문담론의 얼개와 특징적 양상을 소개하는 가운데, 가장 소상한 기록을 제공해 준 오상렴의 〈창랑옹모산별업십육경소지〉에 대해서는 해제(解題)와 역주(譯註) 작업을 아울러 시도하게 되었다.

1. 문제의 제기

몹시도 궁벽진 호좌권(湖左圈)인 충북(忠北) 제천시(堤川市)의 모산동(茅山洞)에에 위치한 의림지는 국내 최고(最古)의 저수지이자 호수로서, 현재 명승 제20호로 지정되어 있는 천혜의 자연적·역사적 공간이다. 호지(湖池) 개념의 전형적인 사례를 제공해 준 의림지는 고대의 수리 시설을 대표하는 저수지로서의 기능에 추가하여, 연중 숱한 유객(遊客)들의 발길이 끊이지 않는 승경(勝境)을 간직한 독특한 유형의 호수의 성격까지 아울러 겸비하고 있다. 실제 의림지와 관련된 고문헌 자료들 대부분이 적기한 호지로서의 두 국면, 즉 저수지와 호수의 면모를 겸한 기록들을 남겨두었음이 확인된다. 다만, 사대부들이 남긴 각종 『문집(文集)』과 읍지류(邑誌類)를 포함한 고문헌 자료에서 의림지와 관련된 화소(話素)들이 결집된 차원에서 하나의 체계적인 담론 형식을 취한 논의를 개진한 기록들은 전혀 발견되지 않고 있다.

그런 점에서 기록상으로 남인 계열의 관인(官人)·유자(儒者)였던 송곡(松谷) 이서우(李瑞雨, 1633~1709)의 『송파집(松坡集)』을 통해서 처음으로 담론의 단초가 드러난 이래로, 그의 두 문하생으로 기록문화 방면에 대한 관심이 지대했던 연초재(燕超齋) 오상렴(吳尚濂, 1680~1707)과 학고(鶴皐) 김이만(金履萬, 1683~1758)의 문집에 이르러서는 의림지 관련 서술 단위들이 하나의 체계적인 담론을 형성한 채 전승되고 있었음이 대단히 주목된다. 가칭 시문담론(詩文談論)으로 명명함직한 이들 남인계 지식인들이 직조한 의림지 담론 가운데는, 이 천혜의 공간이 간직한 호지로서의 특성에 관한 서술 단위들 외에도, 17~18세기를 전후로 한 의림지와 그 주변의 상관물들과 관련하여 매우 귀중한 정보들이 모두 망라되어 있기 때문이다.

물론 같은 제천 출신으로 노론(老論) 계열의 관인·유자 신분이었던 임호(林湖) 박수검(朴守儉, 1629~1698)도 의림지를 대상으로 하여 상당히 다양한 글들을 남긴 사실이 있다. 그러나 박수검이 남긴 기록물의 경우, 앞서 적시한 이서우·오삼렴·김이만과 의림지 시문담론의 창안자인 창랑(滄浪) 김봉지(金鳳至, 1649~1713)의 그것과는 상당히 다른 양상을 취하고 있다. 이 같은 정황은 의림지 시문담론이 특정한 당파(黨派) 내부에서만 전승된 독특한 형식의 내용들을 공유하고 있을 것임을 은연중 시사해 준다. 이처럼 문학 장르인 시(詩)·부(賦)·산문(散文) 등과 같은 발화 수단을 가차하여 몇몇 작가들에 의해서 특정한 서술 단위들을 염두에 둔 체계적인 형식을 취한 담론이 직조되고, 또한 일정한 기간 동안에 걸쳐서 지속적으로 전승된 양상을 취한 사례란 그리 흔치 않은 일인 것이다.

이에 이번 제1장의 논의의 장(場)을 통해서는 의림지 시문담론이 제기된 이면과 그 경위 및 주요 얼개를 우선적으로 소개함과 동시에, 또한 후속 작가들에 의해 이 담론이 전변(轉變)된 양상에 대한 분석을 아울러 수행하고자 한다. 그 과정에서 이 담론이 의림지의 역사에 끼친 중요한 의미들에 대해서도 간헐적인 진단을 제시할 계획이다. 그 결과 제천에 연고를 둔 남인 계열의 관인·유자들에 의해 제시되었던 18세기 의림지 시문담론이 21세기 현재 시점에 이르도록 여전한 기록적 파급력을 발휘하고 있는 이유에 대해서 충분한 공감을 표하게 되리라 본다. 그리하여 기록문화의 중요성에 대한 자각을 역사적·경험적 차원에서 학습하는 기회로 다가설 것으로도 전망된다.

2. 의림지 시문담론의 직조와 전승

1) 창랑 김봉지의 〈제천십육경(堤川十六景)〉

앞에서 간략히 소개한 바대로, 김봉지에 의해 이른바 〈제천십육경〉으로 명명된 의림지 시문담론의 존재가 처음으로 확인된 지면은 이서우의 『송파집』을 통해서다.[1] 다만, 이러한 지적이 이서우가 이 담론을 맨 처음 직조한 창안자임을 의미하지는 않는다. 다시 말해서 이서우는 김봉지가 창작한 시작(詩作)인 소위 〈제천십육경〉에 화답(和答)한 형식을 취한 오언절구(五言絕句) 연작시(連作詩)를 남겼고, 이에 지금껏 작품의 소재가 확인되지 않고 있는 김봉지의 그것을 대체하는 차원에서의 기록적 위상을 획득하게 되었던 것이다. 이서우는 과거(科擧)에 응시하는 기회를 빌려서 자신을 내방(來訪)한 문하생인 김이만에게도 의림지를 취급한 시 한 수를 차운(次韻)한 사실도 있다.[2] 이 같은 정황은 이서우가 이 유서 깊은 공간인 의림지에 대해서 이미 상당한 소양을 축적한 상태임을 암시해 주고 있다. 이서우가 김봉지의 시에 화답한 16수의 오언절구 연작시도 이러한 맥락에서 이해할 수 있다.

그렇다면 일단 이 지점에서 자(字)가 성의(聖儀)인 창랑 김봉지가 소위 〈제천십육경〉이라는 제하의 작품을 남기게 된 이면을 잠시 추적해 볼 필요성이 제기된다. 밀양(密陽) 부사(府使)를 역임한 관인·유자인 김봉지의 본관은 안동(安東)으로, 그가 제천에서 태어난 이면에는 병조·호조판서 등과 같은 고위직을 역임한

---

1 李瑞雨, 『松坡集』 卷10(한국문집총간 續41), 「詩」, 〈金密陽鳳至堤川十六景〉, 한국고전번역원, 2007, 193쪽 참조.

2 李瑞雨, 『松坡集』 卷10, 「詩」, 〈金秀才履萬來訪, 又次前韻贈之(金在堤川, 來赴監試會場.)〉, 194쪽.

바가 있는 증조부 하담(荷潭) 김시양(金時讓, 1581~1643)이 처향(妻鄕)인 제천에 들어왔던 사정에서 비롯되었다. 부친은 의금부(義禁府) 도사(都事)를 지낸 김추만(金秋萬, 1629~1671)이며, 김봉지는 27세 때인 1675년(숙종 1)에 이르러 생진(生進) 양시에 합격했던 것으로 파악되었다.[3] 또한 김봉지는 김이만의 부친으로 1680년에 유발된 경신환국(庚申換局) 이후에 제천에 정착한 단계(檀溪) 김해일(金海一, 1640~1691)과도 도타운 친분 관계를 유지하기도 했다.[4] 이로써 김봉지의 당파적 소속이 남인 계열이었음을 알 수 있다.

이번 제1장의 논의와 관련하여 보다 주목되는 사실은 김봉지의 경우, 의림지 서편의 신월산(新月山)[진섭산]에 별장 성격의 건물인 진섭헌(振屧軒)을 건립하였을 뿐만 아니라, 또한 의림지에 누각인 후선각(候仙閣) 혹은 임소정(臨沼亭)[5]을 아울러 영건(營建)하였다는 점일 것이다. 전자인 진섭헌은 이서우가 지은 16수로 이뤄진 연작시 〈김밀양봉지제천십육경〉 중에서도 첫 번째로 취급된 서술 단위에 해당한다.[6] 차후 김이만은 진섭헌이 소재한 위치와 소유주, 그리고 이 건물의 성격 등에 대해서 아래처럼 기록해 두었다.

> "(의림지 아래 아들 못인) 선지(鐥池)의 서쪽 산기슭의 비탈진 고개 위에 진섭헌이 있으니, 바로 김씨(金氏)의 별서(別墅)[별장]이다."[7]

---

3 박인호, 『디지털제천문화대전』, 「제천향토문화백과」, 〈김봉지〉항 참조. 그런데 〈김봉지〉 항목에는 생몰 연도가 1649~1675로 잘못 표기되어 있기에 바로잡았다.

4 金履萬, 『鶴皐集』 卷8(한국문집총간 續65), 「祝文·祭文」, 〈祭金密陽鳳至文〉, 한국고전번역원, 2007, 173쪽. "昔我先人, 晚寓檀谷, 公時枉駕, 唱酬瓊玉."

5 崔錫鼎, 『明谷集』 卷9(한국문집총간 154), 「記」, 〈臨沼亭記〉, 민족문화추진위원회, 1995, 11쪽. "扁其前曰臨沼之亭, 其背曰候仙之閣."

6 李瑞雨, 『松坡集』 卷10, 「詩」, 〈金密陽鳳至堤川十六景〉, 193쪽. "岳塵相變遷, 池軒更敞豁, 應知振屧人, 別有凌波襪, 右振屧軒."

달리 '창랑옹(滄浪翁)'으로 지칭되기도 했던 김봉지는 진섭헌을 건립하기 직전
시기에, 그 터인 "이 산에 올라와 매우 특별한 장소를 발견하고는 기뻐하며 말하기
를, '이곳이야말로 참으로 나의 토구지지(菟裘之地)로다!'"라는 일성을 토했다고
한다.[8] 이러한 정황은 김봉지가 진섭헌으로 대변되는 의림지 권역을 향한 대단한
애호도 정도를 입증시켜 주기에 충분하다. 후일 오상렴 또한 스승 이서우의 차운
시에서도 묘사된 16경을 그대로 계승한 〈창랑옹모산별업십육경소지(滄浪翁茅山別
業十六景小識)〉라는 잡저(雜著)를 통해서, 맨 첫 번째 순서로 〈진섭헌〉을 소개해
두었음이 확인된다.[9] 그런 점에서 오삼렴의 〈창랑옹모산별업십육경소지〉는 18세
기로까지 연장되어 전승된 의림지 시화담론의 대체를 생생하게 방증해 주는 작품
임을 이해하게 된다.

---

7 金履萬, 『鶴皐集』 卷9, 「雜著」, 〈山史·義林池〉, 179쪽. "鐥池之西, 山麓坡陁, 上有振屣軒,
  乃金氏別墅也." 의림지 시문담론에서는 달리 '선지(銑池)·소지(小池)·선연(鐥淵)' 등의 어휘
  로도 표기되었던 '선지(鐥池)'란 친지(親池)인 의림지 아래 지대에 설치된 작은 못인 자지(子
  池)로, 이곳 관개·수리시설의 핵심적 설비에 해당한다. '친지·자지·손지(孫池)' 개념은 해발
  고도가 300m에 이르는 산곡형(山谷型) 저수지인 의림지와 유사한 입지 조건을 갖춘 일본(日
  本) 협산지(狹山池)의 관개·수리시설을 설명하는 과정에서 사용되었다. 小山田宏, 「일본에
  있어서 고대 水利遺蹟의 보존과 활용사례: 狹山池 土木遺産의 보존·계승과 그 활용」, 『중원
  문화연구』 14집, 충북대 중원문화연구소, 2010, 6~7쪽. 이 개념을 의림지에 처음으로 적용한
  논의로는 곽종철, 「청동기시대~초기철기시대의 수리시설(제3장.1절)」, 한국고고환경연구소
  편, 『한국고대의 수전농업과 수리시설』, 서경문화사, 2011, 282쪽을 참조할 것.

8 吳尙濂, 『燕超齋遺稿』 卷5(미국 버클리대학교 동아시아도서관 소장본), 「雜著」, 〈滄浪翁茅
  山別業十六景小識·振屣軒〉, 고려대 해외한국학자료센터 제공, 38쪽. "滄浪翁, 暇日游陟于
  此, 得異處焉, 喜曰, 此眞吾菟裘哉." 운위된 '토구'란 토구지지(菟裘之地)의 준말로, 벼슬을
  내놓고 은거하는 곳이나 노후에 여생을 보내는 곳을 뜻한다. 노(魯)나라 은공(隱公)이 토구의
  땅에서 은거한 데서 유래되었다.

9 吳尙濂, 『燕超齋遺稿』 卷5, 「雜著」, 〈滄浪翁茅山別業十六景小識·振屣軒〉, 38쪽. "新月山之
  東麓, 森蔚饒秀色. 俗云, 始築堤時, 鄕役者, 振黏屝塵土所成也, 其言詭誕不根, 未足據, 然
  其相傳爲名實久, 因而文之稱振屣云 … 秘藏畢現無遺, 可不爲開山一祖哉."

한편 후자인 후선각은 신선을 기다리는 누각이라는 뜻으로, 신라(新羅) 때의 악사(樂士)로 "신선이 되어 갔다."[10]는 악성(樂聖)인 우륵(于勒)에 얽힌 전설을 건물의 이미지로 형상화한 정자(亭子)에 해당한다. 근자에 청주박물관에서 바로 이 〈후선각도(候仙閣圖)〉를 전시해서 세인의 눈길을 끌기도 했다.[11] 또한 우륵은 의림지 권역 내에서 연자암(燕子巖)과 '〈우륵당(于勒堂)〉'[12]·우륵정(于勒井) 등과 같은 세 부류의 역사적·자연적 상관물들을 대동했으리만큼 큰 비중을 차지하고 있는 매우 상징적인 인물이다. 그런 점에서 우륵을 소새로 한 의림지 변의 상관물들이 의림지 시문담론을 구성하는 세부적인 서술 단위에 포함된 이유를 간접적으로 이해하게 된다. 여하간 김봉지가 이처럼 의림지 주변을 무대로 삼아 두 종류의 건물인 진섭헌과 후선각[후선정]을 영건하였다는 사실은, 그가 이 천혜의 자연 공간에 대해 견지하였던 깊은 애정과 관심의 정도를 여실히 입증해 주기에 충분한 사례들인 것이다.

이상에서 소개한 사실과 관련하여 김이만은 김봉지가 타계한 직후에 지은 〈제 김밀양봉지문(祭金密陽鳳至文)〉을 빌려서, "우리 공(公)이 나심에, 하늘은 그 천성 [界]을 도탑게 하고, 재(才)와 덕(德)을 내리어, 진실로 나라의 상스러움이 되었는

---

10 吳尙濂, 『燕超齋遺稿』卷5, 「雜著」, 〈滄浪翁茅山別業十六景小識·于勒堂〉, 39쪽. "于勒, 盖 大伽倻國伶人也 … 世傳以爲仙去云."; 金履萬, 『鶴皐集』卷9, 「雜著」, 〈山史·義林池〉, 179 쪽. "于勒蓋大伽倻國伶人 … 後浮遊江湖間, 不知所終, 傳以爲仙去." 우륵당을 대상으로 한 오상렴·김이만의 서술 방식도 상당히 유사한 편이다.

11 국립청주박물관, 「그림과 책으로 만나는 충북의 산수: 19-4」, 2014.

12 李瑞雨, 『松坡集』卷10, 「詩」, 〈金密陽鳳至堤川十六景〉, 193쪽. "모산동 선인이 우륵 신선으 로 화하여, 또 모산 정상에 머물러 쉬면서, 단정이 다함을 슬피 한탄하는데, 산 꽃은 차가운 우물물을 비추네. 이상은 우륵당.(茅仙化勒仙, 又憩茅山頂, 怊悵丹鼎空, 山花照寒井, 右于 勒堂.)" 단정(丹鼎)이란 도가(道家)에서 단사(丹砂)로 단약(丹藥)을 만들 때 쓰는 그릇을 가리 키나, 여기서는 우륵정을 의미하는 듯하다.

데, 어찌 크게 베풀지도 못하고 여기서 그치고 마시었다."는 애사(哀辭)로써 큰
아쉬움을 표했다.[13] 곧장 이어서 김이만은 의림지를 무대로 삼아 시도했던 김봉지
의 헌(軒)·각(閣)[정(亭)] 영건의 이면에 대해서도 아래처럼 간략한 설명을 덧붙여
두었음이 주목된다.

> "(공은) 자취를 가포(稼圃)[전답] 사이에 감추고, 일찍부터 산속의 거처[山居]
> 를 골라 마련하여, 해 저물 무렵이면 강가의 별장에 나아갔으니, 정자는 날개
> 가 돋친 듯하고, 창랑(滄浪)의 곡조와 창랑의 물로 갓끈을 씻고 발을 씻을 수
> 있었다."[14]

그리하여 인생 말년에 이른 김봉지의 경우, "넓고 넓은 호수[江] 가의 갈매기나,
망설이듯 서성거리는 들녘의 학(鶴)들도, (그의) 청복(淸福)을 다그치질 않는" 정
도의 넉넉한 내면 풍경을 형성했다는 점도 김이만은 아울러 회고해 두었다.[15] 또
일면 '창랑'에 대한 호기(號記)에 준하는 특성을 띤 윗글은 오상렴이 김봉지를 '창
랑옹'으로 칭한 이유를 간접적으로 설명해 주고 있을뿐더러, 또한 김봉지가 영위
한 이른바 '모산별업(茅山別業)'이 〈제천십육경〉으로 지칭된 시문담론을 직조하
는 과정에서 직접적인 계기가 되었을 것임을 시사해 주기도 한다. 그 결과 김봉지
는 그가 "토구(菟裘)의 땅"으로 일컬은 신월산의 진섭헌에서 "창랑(滄浪)의 곡조와

---

13 金履萬, 『鶴皐集』 卷8, 「祝文·祭文」, 〈祭金密陽鳳至文〉, 173쪽. "我公之生, 天篤厥畀, 之才
   之德, 允爲國瑞, 胡不大施, 斯焉而止."
14 金履萬, 『鶴皐集』 卷8, 「祝文·祭文」, 〈祭金密陽鳳至文〉, 173쪽. "遁跡稼圃, 早占山居, 晚就
   江墅, 有亭翼然, 滄浪之曲, 滄浪之水, 可濯纓而可濯足."
15 金履萬, 『鶴皐集』 卷8, 「祝文·祭文」, 〈祭金密陽鳳至文〉, 173쪽. "浩蕩江鷗, 婆娑野鶴, 淸福
   未遒."

창랑의 물로 갓끈을 씻고 발을 씻을" 정도로 크나큰 심리적 위안과 치유의 결실을 몸소 실감할 수 있었던 것으로 보인다.

따라서 내용상 '의림지16경'에 다름이 아닌 김봉지의 〈제천십육경〉이 직조된 이면에는, 이상에서 논급한 저변의 사정들이 직간접적으로 내밀히 관여한 결과였을 것임을 이해하게 된다. 다만, 김봉지가 창작한 작품인 〈제천십육경〉의 경우, 지금까지 문헌상으로 미확인 상태를 유지해 오고 있는 상태이기에, 그의 심상(心想)이 서려 있을 법한 해당 내용을 직접 음미하기 어려운 아쉬움이 남는다. 대신에 우리는 이서우가 지은 연작시인 〈김밀양봉지제천십육경〉을 통해서 〈제천십육경〉의 주요 얼개며 특징을 유추해 냄과 더불어, 또한 이 시화담론(詩話談論)이 계승·변형된 양상에 대해서도 이해를 도모하는 동시적인 계기로 삼을 수 있을 것이다.

2) 송곡 이서우의 〈김밀양봉지제천십육경〉

송곡(松谷)[송파] 이서우는 "시(詩)는 이아(二雅)를 종주로 삼고, 문(文)은 오경(五經)을 조술[祖]하여, 깊은 뜻을 찾아내는 데 탁월하였다."는 문하생인 김이만의 회고대로,[16] 그는 시문(詩文)과 서예(書藝)·경학(經學) 등과 같은 제 방면에 걸쳐 우뚝한 자취를 남겼던 남인 계열의 인사다. 실제 이서우는 17세기 후반에서 18세기 전반 무렵의 근기(近畿) 남인 문단을 대표했던 종장(宗匠)이라는 평가를 받기도 한다.[17]

---

16 金履萬, 『鶴皐集』 卷8, 「祝文·祭文」, 〈祭松坡李公瑞雨文〉, 172쪽. "於休先生, 嶽之峙而海之渟 … 詩宗二雅, 文祖五經, 擢秀鉤玄."

17 부유섭, 「송곡(松谷) 이서우(李瑞雨)의 삶과 시」, 『한국한시작가연구』 12, 한국한시학회, 2008, 171~173쪽.

그런데 원래 대북파(大北派)의 후예였으나, 차후 남인 계열로 전향한 이서우가
자신보다 16살이나 아래인 김봉지와 인연을 맺게 된 구체적인 경위에 대한 추적
작업이 그리 용이하지가 않다. 다만, 김봉지가 황해도관찰사 등의 고위직을 역임
한 취옹(醉翁) 오정원(吳挺垣, 1613~1667)의 셋째 사위로서,[18] 오상렴의 고모부에
해당하는 인물인 것으로 파악되었을 뿐이다. 그런데 당시 동복오씨(同福吳氏) 구
성원들 대부분이 남인 계열에 소속되어 있었기에, 이서우와 동일한 당색(黨色)을
유지하고 있었던 것만큼은 분명한 사실로 보인다. 이러한 추정은 이서우가 김봉
지에게 꿩 두 마리를 선물하면서 사육하는 방법까지 친절하게 안내한 답서를 통
해서도 어느 정도 그 실상이 확인된다.[19]

한편 이서우가 남긴 작품 중에서 〈수재 김이만이 찾아와서, 또 앞의 운을 차운
하여 주다.[金秀才履萬來訪, 又次前韻贈之]〉라는 제하의 시가 쓰인 시기란, 김이만
이 생원·진사시를 뜻하는 '감시(監試)'에 응시했던 1713년(31세, 숙종 39)이었다는
사실에도 잠시 유의해 본다.[20] 의림호(義林湖)의 가을을 바탕색으로 삼은 〈김수재
이만래방, 우차전운증지〉는 이곳 의림지의 홍류동(紅流洞)과 수양버들 수풀[柳藪,
곧 '유만(柳灣)'[21]] 및 소규모 인공섬인 순주(蓴洲) 등을 주요 시재(詩材)로 설정하고
있음이 크게 눈길을 끌게 한다.[22] 왜냐하면 나열된 세 부류의 시재들은 김봉지가

---

18 許穆, 『眉叟記言·別集』卷21, 「丘墓文」, 〈貞敬夫人沈氏墓誌〉, "挺垣四男 …. 四壻都事関弘
道, 士人韓器明, 金鳳至, 黃鍾亮." 이 자료는 한국고전번역원의 한국고전종합DB에서 취했다.

19 李瑞雨, 『松坡集』卷2, 「書」, 〈答金密陽鳳至書〉, 239쪽. "惠餽二華蟲, 明朝至日, 佐喫豆粥,
匕筯當輕, 報謝之誠."

20 李瑞雨, 『松坡集』卷10, 「詩」, 〈金秀才履萬來訪, 又次前韻贈之(金在堤川, 來赴監試會場.)〉,
194쪽.

21 李瑞雨, 『松坡集』卷10, 「詩」, 〈金密陽鳳至堤川十六景〉, 193쪽. "漁舟入曲灣, 柳暗如無外,
隔岸但聞聲, 鸎啼雜襖靄, 右柳灣."

22 李瑞雨, 『松坡集』卷10, 「詩」, 〈金秀才履萬來訪, 又次前韻贈之(金在堤川, 來赴監試會

처음으로 제시한 〈제천십육경〉을 구성하는 내용의 일부에 해당하기 때문이다. 참고로 김이만은 31세가 되던 1713년에 사마시(司馬試)에 합격한 이후에, 곧바로 다음 달에 증광문과(增廣文科)에 급제한 이력을 지니고 있다.[23] 따라서 〈김수재이만래방, 우차전운증지〉가 증정된 1713년도에서 크게 동떨어지지 않은 이전 시기에 김봉지의 〈제천십육경〉과 함께, 이서우의 〈김밀양봉지제천십육경〉이 연쇄적으로 창작되었을 것으로 추정된다.

또한 이서우가 "또 앞의 운(韻)에 차운하여" 운운한 표현은 김봉지가 창작한 〈제천십육경〉을 가리킨 언술일 것으로 짐작된다. 이 사안과 관련하여 이서우가 김봉지에게 띄운 답서인 〈답김밀양봉지서(答金密陽鳳至書)〉 중에는 "지난 번에 아드님이 내방했을 때에, 참으로 정성이 두루 미침을 느꼈고, 또 선경(仙境)을 나열하여 보이시니, 욕됨이 그치어 말을 잊었습니다."고 토로한 의미심장한 대목을 포함하여,[24] 아래와 같은 정황상의 증거가 될 만한 내용도 동시에 포함되어 있었음을 추가로 확인하게 되었다.

> "또 제목 아래에 따로 풀이[註]를 달아 베끼어 그린 것이, 마치 그림과도 같아서, 저로 하여금 더욱 경황없이 멍하도록 하였으니, 도리어 처음 들어 어슴프레한 상상에 기대던 때만 같지는 못한 듯합니다."[25]

塲.)〉, 194쪽. "天地東南浩蕩遊, 義林湖上又淸秋, 紅流舊是崔仙洞, 赤壁今無蘇子舟, 隔岸蔥朧知柳藪, 沿流淸淺記蕈洲, 機心自覺消磨盡, 欲向煙波試白鷗." 최선(崔仙)은 고운 최치원을, 최선동(崔仙洞)은 홍류동을 의미한다.

23 金履萬, 『鶴臯集』 卷8, 「附錄」, 〈行狀[李秉遠]〉, 232쪽. "癸巳陞上庠, 俄又闡大科, 選補槐院."

24 李瑞雨, 『松坡集』 卷2, 「書」, 〈答金密陽鳳至書〉, 239쪽. "向者賢胤見訪, 良晤欵洽, 又列示仙境, 辱徵蕪語."

25 李瑞雨, 『松坡集』 卷2, 「書」, 〈答金密陽鳳至書〉, 239쪽. "且題下註脚, 摸寫如畫, 使僕益惝

윗글은 김봉지가 지은 〈제천십육경〉이 취한 구성 체계의 대강에 관한 구체적인 정보를 제공해 주고 있다는 점에서 대단히 귀중한 문헌적 가치를 획득한 자료로 평가된다. 즉, 이서우의 상기 전언에 따르면, 김봉지의 〈제천십육경〉은 제1경인 진섭헌에서 시작하여 마지막 제16경에 안배된 외교(外郊)에 이르기까지 16경으로 지정된 개별 제목들을 차례로 제시하고, 또 그 아래에 "마치 그림과도 같은" 설명[註]을 상세하게 덧붙인 서경시(敍景詩) 형식을 취한 작품이었음을 짐작케 해 준다. 이서우가 "또 선경(仙境)을 나열하여 보였다."고 평했던 이유도 바로 이런 맥락에서 이해할 수 있다.

아마도 이서우는 명곡(明谷) 최석정(崔錫鼎, 1646~1715)에 의해 "이 의림지의 승경[勝]은, 하늘이 터를 만들어 가설한 것"[26]이라는 극찬을 받은 바가 있는 의림지에 대한 풍문을 처음으로 접한 이후에, 그 어떤 경로로 "참으로 승구(勝區)이자 신령스러운 지경[靈境]"인[27] 이 천혜의 권역을 대상으로 한 필력(筆力) 묘사를 제천 출신인 김봉지에게 요청했을 것으로 짐작된다. 이에 김봉지는 그간 의림지 변에서 영위해 온 자신의 헌(軒)·각(閣) 경영(經營)을 토대로 한 체험과 직접적인 관찰에 입각하여 신중하게 16경을 엄선하고, 또한 상상력이 허락하는 범위 내에서 이 서술 단위들을 매우 섬세하게 묘사한 시 작품을 이서우에게 증정했던 것으로 보인다. 그런 의미에서 18세기 초엽에 직조된 의림지 시화담론의 최초의 동인(動因)은 이서우에 의해서 촉발되었던 것으로 평가할 수 있다.

이제 일종의 화답시의 성격을 지닌 이서우의 시작(詩作)인 〈김밀양봉지제천십

悅, 反不如始聞依俙時, 此拙工例患, 自笑且憐也."

26 崔錫鼎, 『明谷集 Ⅰ』 卷9, 「記」, 〈臨沼亭記〉, 11쪽. "義林池在堤川縣北數里許, 其大方舟 … 況此義林之勝, 天作地設, 以待人爲之致飾."

27 崔錫鼎, 『明谷集 Ⅰ』 卷9, 「記」, 〈臨沼亭記〉, 11쪽. "又有斯池爲之藪澤, 寔勝區靈境也."

육경〉의 주요 내용에 대한 분석과 함께, 또한 이 시의 특징적 면모 등에 대한 검토를 아울러 병행하도록 하겠다. 일단, 이서우가 〈김밀양봉지제천십육경〉을 빌려서 취급한 대상들을 차례대로 소개하자면 아래의 순서대로 정리된다.

"진섭헌(振屧軒), 의림지(義林池), 우륵당(于勒堂), 연자암(燕子巖), 대송정(大松亭), 호월정(湖月亭), 대제(大堤), 선지(銑池), 폭포(瀑布), 용담(龍潭), 홍류동(紅流洞), 자연대(紫煙臺), 유만(柳灣), 순주(蓴洲), 내교(內郊), 외교(外郊)."[28]

뒤에서 논급될 연초재 오상렴의 〈창랑옹모산별업십육경소지〉[29]를 통해서도 그대로 재현되는 위의 시재(詩材)들은 의림지를 동심원의 중앙에 배치시킨 가운데, 그 주변 및 남북 방위에 분포된 주요한 대상들을 주의 깊게 적출(摘出)해 낸 결과를 반영해 준다. 따라서 비록 김봉지가 〈제천십육경〉으로 명명하였지만, 그 내용적인 측면에 있어서는 '의림지16경'에 다름이 아니라는 사실을 재차 인지하게 된다. 이번 제1장의 표제를 의림지 시문담론으로 확정한 이유도 바로 이러한 맥락에서다. 다시 말해서 의림지와 하나의 벨트(a belt)를 형성하고 있는 주변을 대상으로 하여, 상기 인용문에서 제시된 16개 단위의 화소들이 촘촘히 얽힌 채 시문이라는 수단을 빌려서 상당히 체계적인 논의가 형성되었던 것이다. 이제 본 논의에 대한 이해를 보다 제고하기 위한 방편상, 17~18세기에 이르러 제천에 연고를 둔 남인계 인사들에 의해 공유되었던 의림지 시문담론의 주요 얼개를 몇몇 유형으로 범주화해 두자면 이하와 같이 정리할 수 있다.

---

28 李瑞雨, 『松坡集』 卷10, 「詩」, 〈金密陽鳳至堤川十六景〉, 193쪽. "岳塵相變遷, 池軒更敞豁, 應知振屧人, 別有凌波襪 … 右振屧軒 … 滄池千頃寬 … 右義林池 … 湖尻籬落稀 … 右內郊, 釃渠沃遠郊, 秔稻連天綠, 欲識畝鍾功, 河東是鄭國, 右外郊."

29 吳尙濂, 『燕超齋遺稿』 卷5, 「雜著」, 〈滄浪翁茅山別業十六景小識〉, 38~42쪽 참조.

  그것은 첫째 고대의 관개(灌漑)·수리시설(水利施設)과 직간접적으로 연관된 '의림지·선지·대제·폭포·홍류동·용담·내교·외교' 등과 같은 서술 단위들이 주류를 형성하고 있다는 사실이며, 둘째, 그 뒤를 이어 정(亭)[각(閣)]·헌(軒)·'대(臺)'[30]로 지칭한 누정문화(樓亭文化)에 준하는 내용도 상당한 비중을 차지하고 있었음을 알 수 있으며,[31] 셋째, 의림지를 예술 방면과 접맥시킨 역사 속의 인물인 우륵과 관련된 역사적·자연적 상관물도 다루어졌다는 점도 간과할 수 없는 부분이다. 그뿐만 아니라 부수적으로 "버들 그늘은 끝이 없는 듯하고, 언덕과 떨어진 이곳엔 다만 소리만 들린다."고 묘사한 수양버들 수풀로 이뤄진 의림지 서쪽 굽이에 대한 별칭인 '유만(柳灣)'과 함께,[32] "순채가 물에 가득하여, 마침내 이 섬 주변 사람들로 하여금 캐게 하였다."고 기록한 의림지의 명산인 순채(蓴菜)를 기호화하여 축조한 인공섬인 '순주'도 주목할 만한 화소에 해당한다.[33] 겸사해서 유만과 순주, 그리고 후론될 다양한 서식 개체들을 포착해 둔 내용의 경우, 17~18세기 당시의 의림지 생태환경의 현황을 증언해 주는 중요한 자료적 가치를 발휘하고도 있다는 점도 부기해 둔다.

  따라서 이상에서 제시한 네댓 부류의 얼개들로 직조된 의림지 시문담론의 무늬 속에는, 그 어떤 정치적 요소 따위가 완전히 배제된 상태임을 확인하게 된다. 그 대신에 첫 번째와 두 번째 지적은 의림지가 발휘하는 관개·수리시설로서의

---

30 자연대의 '대(臺)' 자(字)는 공간을 일정한 높이로 북돋아 조성한 대(臺) 자와 유사한 개념임.
31 金鍾秀, 「18세기 堤川 義林池의 樓亭文化」, 『열상고전연구』 44, 열상고전연구회, 2015, 53~69쪽.
32 李瑞雨, 『松坡集』 卷10, 「詩」, 〈金密陽鳳至堤川十六景〉, 193쪽. "漁舟入曲灣, 柳暗如無外, 隔岸但聞聲, 鸎啼雜褯靄, 右柳灣."
33 李瑞雨, 『松坡集』 卷10, 「詩」, 〈金密陽鳳至堤川十六景〉, 193쪽. "蓴洲水不深, 蓴菜多於水, 遂使洲邊人, 無非陸內史, 右蓴洲."

저수지 기능과 함께, 또한 "하호(賀湖) 3백 리 형세"로도 비유되었듯이,[34] 산상(山上)의 호수[35]이자 산곡형(山谷型) 저수지[36]로서의 희유한 특성을 동시에 지닌 공간임을 재차 확인시켜 주고 있다. 어쩌면 시문담론에 동참한 김봉지·이서우와 후대의 오상렴·김이만 등과 같은 제천 지역의 남인계 인사들의 경우, "아마도 그곳(의림지)에서 기수(沂水)의 유풍(遺風)을 누렸던 듯하다."고 묘사한 바와 같이,[37] 지면으로 대체된 가상의 체험 공간을 빌려서 "기수(沂水)에서 목욕하고 무우(舞雩)에서 바람 쐬고, 읊조리면서 돌아오는"[38] 식의 증자(曾子) 류의 유풍을 만끽했는지도 모르겠다.

또한 미필적 결과라는 측면에서 볼 때에, 이들이 남긴 시문담론과 관련된 다양한 기록들은 전근대 시기 사회에서 의림지 권역을 가장 자세하면서도 풍부하게 묘사한 고문헌 자료라는 독특한 위상을 획득하게 되었던 것이다. 특히 의림지를 축으로 하여 가동된 일련의 관개·수리시설과 관련된 기록물이란, 이서우·오삼렴·김이만 세 사람의 것이 유일하다는 점에서 대단히 중요한 수리사적(水利史的) 가치를 지닌 것으로 평가된다. 본서 제3부의 제1, 2장을 통해서 이들 남인계 인

---

34 洪敬謨, 『冠巖全書』卷19(한국문집총간 續113),「記」,〈四郡山水可遊記〉, 한국고전번역원, 2011, 560쪽. "義林池在堤川縣北十里, 池據山上 … 然一望平濶。居然有賀湖三百里之勢."

35 趙龜命, 『東谿集』卷2(한국문집총간 215),「記」,〈追記東峽遊賞(己酉)·義林池〉, 민족문화추진위원회, 2000, 44쪽. "義林池, 是在山上, 渾涵百頃."

36 金信謙, 『檜巢集』卷3(한국문집총간 續72),「詩」,〈義林池, 用阻風於規林韻(二首)〉, 한국고전번역원, 2009, 161쪽. "其二, 山谷轉漠漠, 日暮迷所之."

37 金履萬, 『鶴臯集』卷11,「行狀」,〈朝奉大夫行掌隸院司評鄭公行狀〉, 222쪽. "堤有義林池, 以奇勝稱, 每於春姸秋朗之時, 撰杖屨挈壺檻, 與金公鳳至, 吳公始績, 許公奎往遊焉, 子弟隨侍, 童冠成列, 吟嘯徜徉, 竟夕而歸, 蓋有沂上之遺風焉."

38 朱熹, 『論語集註』,「先進」편의 제25장, "春服既成, 冠者五六人, 童子六七人, 浴乎沂, 風乎舞雩, 詠而歸."

사들이 남긴 의림지 관련 기록들을 집중적으로 해부한 이유도 바로 이러한 맥락
에서다.

그렇다면 이서우가 오언절구 연작시 형식을 가차해서 상기 인용문 속의 시료
(詩料)들을 소개한 두어 사례를 선별해서 음미해 보기로 한다. 보다 효율적인 논
의 전개를 위한 방편상, 16경 중에서 의림지를 가장 상징적으로 대변해 주고 있
는 〈의림지〉와 〈대제〉 두 서술 단위를 간택해서 차례대로 소개하기로 한다.

"물 가득한 저수지는 수천 이랑만큼이나 드넓고
깊은 곳에 이는 물결은 흡사 먹물과도 같구나
반드시 괴이한 이무기[鱗]가 있을 것만 같은데
구름과 번개가 문득 날개를 전하누나. 이상은 의림지."[39]

"호수 가엔 유객[遊人]들로 붐비고
걸으면서 부르는 노랫가락에 여인도 함께 하였으니
마땅히 작은 대제라 칭해야 할지니
이곳이 또한 강수[江] · 한수[漢]로고. 이상은 대제."[40]

기실 〈의림지〉와 큰 방죽을 의미하는 〈대제(大堤)〉는 의림지 권역의 16경 중에
서도 가장 핵심적인 서술 단위라는 고유한 위상을 지닌다. 실제 전래로 이 지역의
경우 '내토(奈吐) · 내제(奈堤) · 의천(義泉) · 의원(義原) · 제주(堤州)' 등과 같은 현

---

39 李瑞雨, 『松坡集』卷10,「詩」,〈金密陽鳳至堤川十六景〉, 193쪽. "滄池千頃寬, 深處波如墨,
定有非常鱗, 雲雷忽傳翼, 右義林池." 운위된 '이무기[鱗]'는 작가에 따라 교룡(蛟龍)이나 큰
뱀[巨蟒 · 大蟒] 따위로 치환되어 표현기도 했다.

40 李瑞雨, 『松坡集』卷10,「詩」,〈金密陽鳳至堤川十六景〉, 193쪽. "湖上盛遊人, 行歌兼女伴,
宜稱小大堤, 此地亦江漢, 右大堤."

(縣)·군명(郡名)의 다단한 지명의 변경사를 거쳐서,[41] 오늘날 제천(堤川)으로 불리게 된 이유와도 직결되어 있다. 이와 동시에 위에서 예시한 두 사례는 이서우가 취한 서술 체계, 곧 풀이와 시제를 연용한 작품 형식도 아울러 확인시켜 주기도 한다. 이 같은 방식은 김봉지가 택한 "또 제목 아래에 따로 풀이[註]를 달아 베끼어 그린" 묘사법과는 상반된 묘사 방식인 것이다. 아마도 김봉지가 택한 '제목 + 주해' 방식은 후론될 오삼렴의 산문체 작품인 〈창랑옹모산별업십육경소지〉와 매우 유사한 서술 방식일 것으로 짐작된다. 여하간 이서우의 〈김밀양봉지제천십육경〉의 경우, 전체적으로 위의 두 예시문과 동일한 양상을 취하고 있으므로, 나머지 14경을 군이 일일이 소개하는 식의 번거로움은 피하고자 한다. 단, 이어지는 후속 논의를 감안해서 16경 중에서 첫 번째 순서로 안배된 〈진섭헌〉만을 마저 소개하도록 한다.

> "산악과 풍진 세상은 서로 변하여 바뀌건만
> 의림지의 진섭헌은 재차 창활해졌어라
> 응당 나막신 떨던 사람들을 인지해야 할지니
> 따로 물결 위를 사뿐 거니는 버선이 있었으리. 이상은 진섭헌."[42]

그런데 김봉지의 경우 자신이 직접 축조한 인위적인 건물인 진섭헌을 〈제천십육

---

41 柳今烈, 『堤川鄕土史料集−朝鮮時代堤川邑誌類를 중심으로』, 제천문화원, 2008, 26쪽. 이 자료의 원래 출처는 『堤川縣誌』임.

42 李瑞雨, 『松坡集』卷10, 「詩」, 〈金密陽鳳至堤川十六景〉, 193쪽. "岳塵相變遷, 池軒更敞豁, 應知振屐人, 別有凌波襪, 右振屐軒." 마지막 제4구는 추운 날씨에 진행된 제방을 축조를 위한 토목공사에서 차가운 못물로 인해 발이 얼지나 않았을까? 하는 상상 속의 우려감이 반영된 서술 기법을 취한 것이다.

경)의 맨 앞자리에 배치시킨 조처가 다소 특별하게 느껴지기도 한다. 이 같은
작가 고유의 특권을 이서우 또한 위의 인용문을 통해서 확인되는 바와 같이, 적극
두둔하며 그대로 용인하였던 것이다. 윗글에서 '진섭인(振屧人)' 운운한 제3구 이
하는 오랜 세월 동안에 제천 지역에서 전승되어 왔던 이른바 진섭 설화를 나타낸
것으로, 제2부의 1장에서 취급한 의림지 시축 담론과 직결된 사안임을 부기해
둔다. 여하간 스승인 이서우의 뒤를 이어 오상렴의 〈창랑옹모산별업십육경소지·
진섭헌〉에로까지 김봉지가 제시한 화소의 내용이 그대로 전승되면서,[43] 마침내
의림지 시문담론의 기본 골격을 형성하는 결과로 이어지게 된다.

　결과적으로 김봉지·이서우·오상렴 세 사람의 경우, 의림지 시문담론에서 취급
한 화소들의 내용이며 얼개가 동일한 양상을 취하고 있음이 확인된다. 다만, 오상
렴의 〈창랑옹모산별업십육경소지〉에서는 부분적으로 몇몇 화소의 순서가 변경되
기도 했는데, 이는 담론의 얼개가 변형되기 시작한 조짐의 일단을 예시해 보인
것으로 분석된다.

3. 시문담론의 전변 양상

1) 연초재 오상렴의 '소지(小識)': 전승과 심화

　본관이 동복(同福)으로 연초재 외에도 택남(澤南)·제월(霽月) 등과 같은 복수의
호를 소유했던 오상렴의 가문은 화려한 관직 경력을 과시한 남인 계열의 대표적인
구성원이다. 그런데 1680년(숙종 6)의 경신환국(庚申換局)으로 우의정을 역임한

43　吳尙濂, 『燕超齋遺稿』 卷5, 「雜著」, 〈滄浪翁茅山別業十六景小識·振屧軒〉, 38쪽. "新月山之
　　東麓, 森蔚饒秀色 … 皆游蠟所, 不及屧軒, 主人始冥搜, 窮覽而後, 秘藏畢現無遺, 可不爲開
　　山一祖哉."

백부(伯父) 오시수(吳始壽, 1632~1681)가 사사(賜死)되고, 뒤이어 1694년에 유발된 갑술환국(甲戌換局)으로 인해 남인이 정치적으로 완전히 실권하는 처지로 접어들게 된다. 이에 오상렴은 황주(黃州) 판관(判官)을 지낸 부친 오시적(吳始績, 1657~?)을 따라 궁벽진 제천 지역으로 이주하여 정착하기에 이른다. 이처럼 오상렴 일가가 호서 권역의 제천으로 이주하게 된 이면에는, 사후에 영의정에 추증(追贈)된 조부인 오정원(吳挺垣, 1614~1667)에 뒤이어 오시수가 공주의 월굴(月窟)에 입향하여 거주했던 사정과도 무관하지 않아 보인다.[44]

오상렴은 1699년(숙종 25)에 실시한 증광사마시(增廣司馬試)의 생원·진사에 연달아 2등으로 합격한 사실이 있을 뿐만 아니라, 스승인 이서우로부터 "신라(新羅)의 최치원(崔致遠)과 고려(高麗)의 목은(牧隱) 이색(李穡)에 비견할 만한" 문장력을 발휘한 인물이라는 극찬을 받기도 했다.[45] 이처럼 오상렴은 빼어난 재주로 매우 주목받았던 신진 사류였으나, 불행히도 소싯적부터 병약했던 체질 탓에, 미처 꿈을 제대로 한 번 펼쳐보지도 못한 채 28세의 젊은 나이로 요절하고야 만 비운의 인물로 남게 되었다.

그런 점에서 전래의 의림지 시화담론이 결집된 〈창랑옹모산별업십육경소지〉가 포함된 시문집인 『연초재유고(燕超齋遺稿)』는 오상렴이 구축한 문학 세계와 사상적 성향 등을 이해하는 도정에서 매우 중요한 저술로 규정할 수 있다. 특히 절친한 벗인 김이만이 정규상(鄭奎祥, 1708~1778) 사후에 찬(撰)한 아래 행장(行狀) 중의 한 대목은, 오상렴이 시문담론을 처음으로 제창한 김봉지를 생전에 충분히 인지하고 있었다는 사실을 입증해 주고 있어서, 대단히 의미 있는 기록으로

---

44 윤용혁·이해준, 『역사 속, 공주의 사람들』, 서경문화사, 2020, 114~115쪽.

45 金履萬, 『鶴皐集』 卷11, 「附錄」, 〈墓碣銘〉, 236쪽. "時澤南吳尙濂字幼淸, 大爲松谷詞伯婙詡, 至比羅崔麗牧, 公與之結社, 鼓角對壘, 儼成敵匹."

사료된다.

　　"제천에는 의림지가 있어서 기승(奇勝)[기관]으로 일컬어진다. 매양 고운 봄날
과 유쾌한 가을철이 되면 지팡이와 신을 챙기고 병이며 통들을 들고서, 김공(金
公) 봉지(鳳至)·오공(吳公) 시적(始績)·허공(許公) 규(奎) 등과 더불어 그곳에
가서 노닐곤 하였다. 자제들도 뒤따라가서 시중을 들어 아이들과 갓 쓴 이들이
행렬을 이루었다. 소리 내어 시를 읊조리며 소요[徜徉]하다가, 마침내 저녁 무렵
이 되어서야 돌아오곤 하였으니, 아마도 그곳에서 기수(沂水)의 유풍(遺風)을
누렸던 듯하다."[46]

　　위의 인용문에는 이판(吏判)을 역임했던 동리(東里) 정세규(鄭世規, 1583~1661)
의 후손으로 행장의 주인공인 구계(癯溪) 정규상(鄭奎祥)[47]과 김봉지·오시적·허규
와 그 자제들이 함께 어울려 의림지에서 유유자적하며 노닐었던 정황들이 매우
자세하게 잘 드러나 있다. 따라서 우리는 〈임호부(林湖賦)〉와 『산사·의림지』 따위
와 같은 저술로 대변되듯이, 의림지와 관련하여 가장 많은 저술들을 남긴 김이만
과 마찬가지로,[48] 오상렴 역시 의림지에 대한 견문이며 소양 정도가 상당히 풍부하

---

46 金履萬, 『鶴臯集』 卷11, 「行狀」, 〈朝奉大夫行掌隷院司評鄭公行狀〉, 222쪽. "堤有義林池,
　　以奇勝稱, 每於春妍秋朗之時, 撰杖屨挈壺榼, 與金公鳳至, 吳公始績, 許公奎往遊焉, 子弟隨
　　侍, 童冠成列, 吟嘯徜徉。 竟夕而歸。 蓋有沂上之遺風焉." 기상(沂上) 운운한 부분은 『論語』
　　「先進」편 제25장에서 증자(曾子)가 토로한 "春服旣成, 冠者五六人, 童子六七人, 浴乎沂, 風
　　乎舞雩, 詠而歸."라는 전거를 함축한 표현이다. 한편 허규(許奎, 1684~?)는 42세 때인 1725
　　년에 증광시 병과에 합격해서 통덕랑(通德郞)을 역임한 인물임.

47 金履萬, 『鶴臯集』 卷11, 「行狀」, 〈朝奉大夫行掌隷院司評鄭公行狀〉, 222쪽. "公諱奎祥字文
　　卿, 姓鄭氏號癯溪, 本東萊人."

48 金履萬, 『鶴臯集』 卷1, 「賦」, 〈林湖賦〉, 19쪽. "漢陽客, 問於林湖主人曰 … 芰衣蕙帶兮與子
　　相羊."; 같은 책, 「雜著」, 〈山史·義林池〉, 182쪽. "義林池, 堤之巨浸也 … 仲尼曰仁者樂山,

면서도 익숙한 상태였음을 이해하게 된다. 기실 '택남(澤南)'이라는 또 다른 호는 의림지 남쪽에 집이 있었던 이유로 자호(自號)로 삼은 것이라는 문헌 분석[49] 또한 오상렴과의 긴밀했던 인연을 잘 확인시켜 준다.

이와 동시에 상기 인용문은 오상렴과 김이만이 김봉지를 어려서부터 익히 알고 지낸 사이였음을 암시해 주기도 한다. 특히 오상렴이 고모부인 김봉지를 '창랑옹'으로 칭하면서, 의림지가 소재한 모산동을 무대로 하여 영위했던 '모산별업'에 관한 기록인 '소지(小識)'를 남겼던 이유도 바로 이러한 맥락에서 이해할 수 있다. 겸사해서 윗글은 의림지 시문담론을 공유하고 전승한 인사들의 면면이 주로 남인 계열의 지식인들에 국한되었던 이유를 간접적으로 설명해 주기도 한다. 이는 한때 홍주원(洪柱元, 1606~1672)이나 박수검처럼 서인 계열의 인물들이 사랑하던 의림지가 남인들의 공간이 되었음을 의미한다는 분석도 참고할 만하다.[50]

오상렴의 〈창랑옹모산별업십육경소지〉는 그의 사후에 생질 관계인 명숙(明叔)[자] 이익정(李益炡, 1699~1782)이 1745년(영조 21)에 이르러 교서관(校書館)에서 간행한 『연초재유고』[51] 가운데, 마지막 권인 「잡저(雜著)」에 수록되어 있다. 〈창랑옹모산별업십육경소지〉는 10여 편의 글들로 구성된 「잡저」의 맨 뒤편에 편집되어 있으나, 최대 분량을 형성하고 있어 이 작품이 차지하고 있는 위상을 가늠케 해준다. 물론 오상렴이 저술한 〈창랑옹모산별업십육경소지〉 역시 이서우의 〈김

智者樂水." 자료 열람을 위한 편의상 〈산사·의림지〉로 표기했으나, 『산사』에서 '의림지' 조항이 별도의 항목으로 설정되지는 않았다.

49 부유섭, 「燕超齋 吳尙濂의 생애와 시세계」, 『한국한시연구』 9, 한국한시학회, 2001, 280쪽의 각주 10) 참조. 필자가 제시한 전거는 이하와 같다. "其家在義湖之陰, 因自號曰, 澤南."

50 구완회, 「제천 의림지의 경제·문화적 활용에 관한 역사적 검토」, 『조선사연구』 28, 조선사연구회, 2019, 158~159쪽.

51 박인호, 『디지털제천문화대전』, 「제천향토문화백과」, 〈연초재유고〉 항목 참조.

밀양봉지제천십육경〉과 동일한 화소들로 구성되어 있어, 의림지 시화담론이 전승된 양상을 명증하게 확인시켜 주는 작품이다. 다만, 〈창랑옹모산별업십육경소지〉의 경우 제천16경 중에서 홍류동(11) → 자연대(12)의 순서가 아닌, 곧 자연대(11)에서 홍류동(12)으로 이어지는 차서로 변경되었고, 내교와 외교의 순서가 뒤바뀐 차이가 발견될 뿐이다.

한편 오상렴의 경우 애초 '제목 + 주해[註]' 방식을 채택했던 김봉지의 서술체계를 계승하여, 이 방식을 진섭헌(1)에서 시작하여 내교(內郊, 15)·외교(外郊, 16)의 순서로 마무리된 〈창랑옹모산별업십육경소지〉에 그대로 적용시킨 특징도 아울러 포착된다. 이처럼 김봉지와 오상렴이 택한 서술 방식이란, 대상 사물을 "마치 그림과도 같이" 자세하게 묘사해 내기에 더 없이 유용한 사실주의적(寫實主義的) 묘사 기법으로 판단했기 때문일 것이다. 그리하여 각 면당 10행으로 이뤄진 목판본 판각(板刻) 공간에서 '진섭헌·홍류동·우륵당·대제'가 각기 16·10·9·7행에 달하는 서술 공간을 획득하였고, 그 뒤를 이어 '의림지·내교·선지·순주'가 6행을 부여받은 상태임이 확인된다. 이 같은 판각 분량이란, 불과 서너 줄에 한정된 '용담·자연대·폭포'와 '유만·연자암·호월정' 따위에 비하면 상당한 판각 공간을 부여받은 결과인 것이다. 그러나 불과 3·4행에 그친 판각 공간을 획득한 서술 단위들이라 할지라도, 당시 기준으로 그만한 분량을 형성한 기록물을 찾아보기 어려운 실정이기 때문에, 결코 가볍지 않은 기록문화적 가치를 내장하고 있다.

이제 시문담론에 동참한 인사들이 창작한 작품들과의 용이한 횡적인 비교를 위한 수단의 일환으로, 〈창랑옹모산별업십육경소지〉에서 각기 두 번째와 일곱 번째 순서에 배치된 〈의림지〉와 〈대제〉 항목을 순차적으로 소개하고 분석하도록 하겠다.

"의림지는 현의 치소(治所)에서 북쪽으로 소 두 마리가 우는 거리에 있다. 저수지의 물은 맑고 깊으며 가득 차고 푸른데, 그 깊이를 헤아릴 수 없으나, 그 둘레는 넉넉히 10리쯤 된다. 대개 (의림지 기층) 샘물의 발원이 높이 용솟음치며 솟구쳐 우러르 나오는 것이 그 몇 군데나 되는지를 알 수가 없다고들 운운한다. 물을 관개[浸灌]하는 지대가 매우 넓어서, 제천 사람들은 그 수리[利]에 힘입는다.

그 비늘 달린 것으로는 붕어와 메기 무리가 많으며, 그 날개가 달린 부류로는 물오리·갈매기·자원앙[비오리]·뜸부기[물새] 등의 무리들이다. 또 마름·가시연·순채·부들 등은 두실(豆實)[제기]을 가득 채운다. 저수지 한가운데는 잠자리 거룻배를 두어서, 유람객들을 맞이한다."[52]

편의상 두 문단으로 나누어 제시한 윗글의 처음 단락에는 의림지의 위치와 수질의 특성·수심(水深)·둘레 및 수원(水源)의 제공처와 관개·수리 시설로 인해 혜택을 입는 몽리(蒙利) 면적을 둘러싼 묘사가 차례대로 나열되어 있다. 즉, 오상렴의 〈의림지〉 항목은 한국의 대표적인 고대 수리 시설인 의림지의 특징적인 정보들을 죄다 간략하게 포착해 둔 기록물에 해당한다. 또한 두 번째 문단에는 의림지의 각종 산물들과 조류·어족 따위에 대한 정보들이 포함되어 있어서, 18세기를 전후로 한 의림지 생태계 현황을 연구하는 작업에 매우 유익한 정보를 제공해 주는 기록으로 평가받고 있다.[53]

---

52 吳尙濂, 『燕超齋遺稿』卷5, 「雜著」, 〈滄浪翁茅山別業十六景小識·義林池〉, 38~39쪽. "池在縣治北二牛鳴, 泓澄湛碧, 其深不可測, 其周可十里所, 盖泉源觱勃仰出者, 不知其處云, 所浸灌甚廣, 堤人賴其利, 其鱗物, 多鯽鱧之屬, 其羽物, 則鳧鷺鸂鶒之屬, 多菱芡蓴蒲, 可充豆實, 中置蜻蜓艇, 以待遊者." 언급된 '이우명(二牛鳴)'이란 8리 정도의 간격을 유지한 지점을 가리키는 표현임.

53 金鍾秀, 「학고 김이만의 18세기 의림지 생태환경 묘사」, 『충북학』 17, 충북학연구소, 2015,

다음으로 의림지가 지금까지 존재하게 된 핵심적 제방 혹은 제언(堤堰) 시설인 〈대제〉의 전반부를 오상렴은 아래처럼 기록해 두었음이 주목된다.

"대제(大堤)가 설치된 것은 대개 신라시대[羅代]와 고려[勝國] 시기에 기원하였으니, 아마도 누차 제방이 터지면서, 여러 번 제방을 수리하였을 것이니, 지금 이른바 '옛 제방[古堤]'이라는 것이 바로 그 유적이다. 조선조[國朝]에 이르러 일찍이 경상·전라·충청도 삼로(三路)의 장성한 젊은이들을 파견하여 제방을 증축(增築)케 하였고, 하동(河東) 정인지(鄭麟趾)가 실제 그 역사를 감독하기도 하였다. 지금 오래된 등나무와 관목(灌木)들이 휘어 뒤섞여 얽히어서 마치 베를 짠 듯하여, 제방이 더욱 견고해졌다."[54]

전래로 의림지 관련 논의들을 둘러싼 대표적인 핵심 쟁점의 하나에 해당하는 의론, 곧 이른바 의림지 시축설(始築說) 논쟁과 관련된 사실(史實)이 반영된 윗글은, 이 큰 방죽 위의 길을 찾은 유객(遊客)들의 동정을 예의 주목한 끝에, 이를 '작은 방죽[小大堤]'로 명명했던 이서우의 앞의 글과는 전혀 차원을 달리하는 서술 방식을 취하고 있음이 확인된다. 특히 맨 뒤에서 등나무와 관목(灌木)을 이용하여 제방의 견고함을 강화시켰다는 전혀 새로운 정보는, 노송(老松)들로 구성된 제림(堤林)에만 집착해 온 기존의 연구 성향을 광정(匡正)할 만한 유의미한 기록으로 평가된다. 실제 최근에 제출된 연구에서도 제로(堤路) 구간에 집중된 소나무의

9~18쪽.

54 吳尙濂, 『燕超齋遺稿』卷5, 「雜著」, 〈滄浪翁茅山別業十六景小識·大堤〉, 40쪽. "堤之設, 盖起於羅代勝國時, 盖累決, 而累修之, 今所稱古堤, 卽其蹟也. 國朝嘗發三路丁壯, 增築之, 鄭河東實董其役. 今壽藤灌木, 樛錯如織, 而堤坊益堅矣." 관목(灌木)이란 진달래처럼, 사람의 키보다 작고 원줄기와 가지의 구별이 분명하지 않으며 밑동에서 가지를 많이 치는 나무를 가리킨다.

뿌리가 제방을 견고하게 응축시키는 토목공학적 기능이 매우 제한적이라는 사실이 규명되었기 때문이다.[55]

물론 오상렴의 경우도 "매양 밤이면 고요한 달빛이 훤히 비추어서, 제방 위를 천천히 걸으면서" 느낀 소회 등을 피력하지 않았던 것은 아니다.[56] 한 걸음 더 나아가 오상렴은 "문득 능소화가 천둥 번개 치는 사이에 있어도, 생각이 모이는 마음자리[心處]란, 진정 스스로 멀리 떨어져 있지 않다."는 언술로 〈대제〉를 마무리한 대목도 눈길을 끌게 한다.[57] 이 대목은 불교(佛教)의 수행론적 자취가 융해되어 있어서 연초재가 일군 사상 세계의 일단을 감지케 해주기 때문이다. 논의의 균형감을 감안해서 여타의 서술 단위들을 일일이 다 소개할 수는 없으나, 〈창랑옹모산별업소지〉에서 〈의림지〉와 〈대제〉에 못지않은 기록적 가치를 획득한 사례들이 상당히 많은 것으로 확인하였다. 오상렴의 〈창랑옹모산별업십육경소지〉의 전모에 대해서는 다음 제2장을 통해서 해제(解題)와 역주(譯註) 작업을 가해 두었다.

결과적인 측면에서 볼 때 오상렴의 〈창랑옹모산별업십육경소지〉의 경우, 외형상으로는 기존 김봉지와 이서우가 제시한 화소나 서술 방식을 충실히 계승하는 형식을 취했지만, 내용 면에 있어서는 기존의 담론 체계를 보다 발전시켜 전승한 양상을 보여준 작품으로 평가할 수 있다. 그렇다면 스승인 이서우로부터 문학적 재능이 오상렴과 "의젓하게 필적[敵匹]을 이루었다."는 평을 받은 사실이 있는 김이만[58]의 의림지 권역 묘사는 과연 또 어떠했던가? 이 같은 궁금증에 대한 답변을

---

55 김종수, 「제천 의림지의 제림(堤林)에 관한 연구」, 『한국전통문화연구』 30, 한국전통문화대 전통문화연구소, 2022, 462쪽.

56 吳尙濂, 『燕超齋遺稿』 卷5, 「雜著」, 〈滄浪翁茅山別業十六景小識·大堤〉, 40쪽. " 每夜靜月明, 緩步堤上, 穴呀[窄]窔清邃輕凉, 四逗爽洗肺腸. 澄湖如鏡, 浮光相射, 瑣碎眩眦."

57 吳尙濂, 『燕超齋遺稿』 卷5, 「雜著」, 〈滄浪翁茅山別業十六景小識·大堤〉, 40쪽. "便有苔雪間, 想會心處, 正自不遠."

미리 앞당겨서 제시해 두자면, 김이만의 경우 선행된 김봉지·이서우·오상렴 삼
인의 서술 양식을 부분적으로 계승하는 가운데, 그러한 바탕 위에서 전혀 새로운
담론 체계를 선보였던 것으로 정리할 수 있다.

2) 학고 김이만의 〈임호부(林湖賦)·의림지(義林池)〉: 변형과 확장

『산사(山史)』속의 '의림지' 부분에서 "의림지는 제천[堤]의 거대한 저수지[巨浸]
다."라고 소개하기 시작한 김이만의 경우,[59] 매우 실증적인 서술 기법에 입각해서
의림지와 관련하여 가장 풍부한 기록물을 남긴 인물에 해당한다. 김이만이 취한
실증적인 서술 체계는 그가 눈과 정신, 그리고 마음으로 "산수(山水)의 이치"를
자득(自得)하기 위한 목적으로 '의림지' 저술에 임하였노라고 밝힌 언술을 통해서
도,[60] 어느 정도 작가가 착지했던 서술상의 근본 입각점을 확인할 수 있다.

이에 더하여 김이만이 거주했던 제천의 자택과 의림지와의 지근한 입지적 조건
과 함께, 무려 "30여 년을 하루처럼 (그곳에서) 배회했던" 일상, 곧 이른바 현장
성(現場性)에 대한 익숙한 체험 또한 의림지 방면에 대한 전문적인 저술가로 자리
매김하는 결과로 이어졌음을 아래의 인용문은 여실히 방증해 주고 있다.

"나의 집과 호수와의 거리는 겨우 소 한 마리가 우는 정도로, 마치 집안의 뜰이
나 이부자리[裀席]를 보는 것과도 같았다. 지팡이를 짚고 신발을 끌며 30여 년을

---

58 金履萬, 『鶴臯集』卷11, 「附錄」, 〈墓碣銘〉, 236쪽. "時澤南吳尙濂字幼淸, 大爲松谷詞伯嫁
    詡, 至比羅崔麗牧, 公與之結社, 鼓角對壘, 儼成敵匹."

59 金履萬, 『鶴臯集』卷9, 「雜著」, 〈山史·義林池〉, 179쪽. "義林池, 堤之巨浸也."

60 金履萬, 『鶴臯集』卷9, 「雜著」, 〈山史·義林池〉, 179쪽. "山水之理, 必悠然而與目遇, 澹然
    而與神遇, 穆然而與心遇, 吻乎無間, 怡然自得."

하루처럼 배회[相羊]하였다."[61]

위의 인용문은 김이만이 의림지를 대상으로 하여 남긴 대표적인 두 저술, 즉 〈임호부(林湖賦)〉와 유기류(遊記類)의 산문(散文)인 『산사』 중의 '의림지' 조항을 저술하게 된 생생한 이면이 극명하게 잘 드러나 있다. 때문에 김이만은 각종 식물 종과 조류·어족 따위를 망라한 차원에서의 18세기를 전후로 한 의림지 생태계 현황을 매우 상세하게 포착해 두었을 뿐만 아니라,[62] 김봉지에서 연원한 〈제친십 육경〉 시화담론과 그 이면사에 대해서도 상당히 깊은 이해력을 과시할 수 있었던 것이다.

그런데 김이만의 경우 전래의 의림지 시화담론에 대해서는 일면 전승과 타면 이탈 혹은 변형으로 정리되는 새로운 국면으로 진입한 양상을 보여주고 있음이 대단히 주목된다. 실상 기존의 담론 체계를 계승한 측면에서 보더라도, 16경을 구성하는 세부적인 서술 단위들에 대한 선정과 그 순서 안배, 그리고 글쓰기 방식 등과 같은 여러 가지 차원에서 완전히 새로운 양상을 취하고 있다. 그런 점에서 김이만이 개척한 시화담론은 전혀 판이한 서술 체계를 지향한 파격적(破格的)인 실험의 성격을 띠고 있고, 결과적으로 의림지 시문담론의 격을 보다 향상시킨 문학적 결실로 이어질 수 있었다.

이상과 같은 진단은 의림지에 대해서 전혀 무지한 가상의 인물인 한양객(漢陽客) 이 먼저 질문한 뒤에, 임호(林湖)의 주인(主人)이 답하는 형식을 가차한 부체(賦體) 인 〈임호부〉의 서술 방식을 통해서도 그대로 확인되고 있다.[63] 더욱이 김이만은

---

61 金履萬, 『鶴皐集』 卷9, 「雜著」, 〈山史·義林池〉, 179쪽. "余家距湖劣一牛鳴, 視猶戶庭焉衻 席焉, 杖屨相羊三十年一日也."

62 金鍾秀(2015), 앞의 글, 44~67쪽.

〈임호부〉를 통해서, 기존 〈제천십육경〉 중에서 '우륵당·선연(鐥淵)[곧 선지]·평교 (平郊)[외교, 곧 청전들]·연암(燕巖)[연자암]·폭포·홍류동·용담·유만'등과 같은 9 경만을 계승하였고,[64] 개별적 서술 단위들의 명칭도 기존 담론 체계의 그것을 그대 로 답습하지 않은 사례가 많은 편이다. 물론 부체로 대체된 글쓰기 방식에 의거하 여 기존의 '제목 + 설명' 형식을 완전히 탈피해서, 개별적 화소들 모두를 다분히 '서술적인(descriptive)' 기법으로 처리한 특징도 동시에 발견된다. 김이만은 『산 사』에서 '의림지'와 관련된 부분도 바로 이러한 서술 기법을 적용하였다.

그뿐만 아니라 김이만은 〈임호부〉를 통해서 기존의 화소가 결집된 제천16경에 추가하여 "수풀 골짜기가 맑고 그윽하여, 은자(隱者)가 서릴만한 곳"으로 평한 용 두산(龍頭山)을 새로운 서술 단위로 선정하고, 의림지와 인접한 벨트를 형성한 이 산의 지형적 특징과 산물들을 자세하게 소개해 두기도 하였다.[65] 〈임호부〉에서 새로 선정된 용두산의 경우, 『산사』의 '의림지' 조항에도 "또 그 외에 푸르른 메와 비취색 봉우리, 일군의 산봉우리들이 하늘을 문지르니, 곧 용두산이다."고 소개하 면서 재차 등장하고 있어,[66] 기존 담론의 틀을 벗어나서 김이만이 새롭게 용두산을 영입하려는 의도를 분명하게 엿보게 해준다. 이러한 정황은 전래의 시문담론의

---

63 金履萬, 『鶴臯集』卷1, 「賦」, 〈林湖賦〉, 19쪽. "漢陽客, 問於林湖主人曰, 蓋聞天地之東 … 俾余心焉豁蒙. 主人曰, 唯唯."

64 金履萬, 『鶴臯集』卷1, 「賦」, 〈林湖賦〉, 19쪽. "有壇屹其千尺, 于勒之所棲息也 … 其南則滲 流石竇, 儲水鐥淵, 疏其餘派, 灌于渚田 … 昒茲平郊, 大道如弦 … 其北則燕巖岩嶤, 直踞湖尻 … 其西則水溢爲瀑, 倒瀉百尺 … 下有紅流之洞, 上有候仙之閣 … 穹巖邃谷, 幽潤茂林, 長松 虬屈, 十畝蒼陰 … 沿洄柳灣, 濯足清漪, 欣然自適."

65 金履萬, 『鶴臯集』卷1, 「賦」, 〈林湖賦〉, 19쪽. "蓋乃龍頭之山, 煙橫翠屛, 雨濯靑鬢, 林谷清 幽, 隱者所盤, 梗枏杞梓, 寔生其中, 森鄧林之如束, 緊邑人之是賴, 棟千家而柱萬室."

66 金履萬, 『鶴臯集』卷9, 「雜著」, 〈山史·義林池〉, 179쪽. "又其外蒼巒翠嶂, 羣峭摩天, 乃龍頭 山也."

틀 자체가 변형되어 보다 확장되는 국면으로 이행하고 있음을 시사해 준다. 이와
마찬가지로 늪지대에 무성히 자생하는 수양버들의 이미지를 형상화한 기존 유만
(柳灣)에 부들의 군락을 뜻하는 '포항(蒲港)'을 병렬시킨 설명 체계를 취한 사례도
동일한 맥락에서 이해할 수 있다.[67] 또한 각기 의림지와 용두산과 직접적으로 연관
된 촌락인 어촌(漁村)과 땔나무 가게[樵店]도 새롭게 등장하였으나,[68] 기존 〈제천십
육경〉에 준하는 상징성을 획득한 서술 단위에는 미치질 못했다.

한편 김이만은 〈임호부〉의 말미에서 자맥질하는 물고기며 놀라 날아가는 새들
로 대변되는 의림지의 정경, 곧 이른바 "솔개가 날고 물고기가 뛰쳐 오르는[鳶飛魚
躍]"[69] 자연의 순리를 포착하고는, 바로 "이것이 대개 "강호(江湖)의 지락(至樂)으
로, 주인이 스스로 기뻐하는 바의 것"임을 토로해 두었음에 잠시 유의해 본다.[70]
물론 이 같은 '임호 주인' 김이만의 에필로그는 그가 의림지에서 향유했던 '소요(逍
遙)·영언(永言)[시조]·노랫가락' 따위의 휴식 방편들과 병행되어 추구되었다.[71] 그
런 점에서 김이만이 누렸던 지극한 즐거움 또한 앞서 김봉지·이서우·오상렴 등이
지향했던 "기수(沂水)에서 목욕하고, 무우(舞雩)에서 바람 쐬며, 읊조리면서 돌아
오겠다."[72]는 증자의 이른바 무위유학(無爲儒學)다운 유풍과도 부합되는 바가 없지
않다. 무위유학은 도덕적 당위를 추구하는 맹자(孟子) 류의 유위유학(有爲儒學)과

---

67 金履萬, 『鶴皐集』卷9, 「雜著」, 〈山史·義林池〉, 179쪽. "沿洄于柳灣蒲港, 與沙禽水鳥, 沉浮
而下上."

68 金履萬, 『鶴皐集』卷1, 「賦」, 〈林湖賦〉, 19쪽. "漁村樵店附澤而居者, 蓋有數十戶之延縣."

69 朱熹, 『中庸章句』의 제12장, "詩云, 鳶飛戾天, 魚躍于淵, 言其上下察也." 일견 이 단락을
베르그송이 설한 생명의 비약(lan vital)을 연상케도 해준다.

70 金履萬, 『鶴皐集』卷1, 「賦」, 〈林湖賦〉, 19쪽. "和者伊誰, 潛魚駭奔, 宿鳥驚飛, 斯蓋江湖之
至樂, 而主人之所自怡者也."

71 金履萬, 『鶴皐集』卷1, 「賦」, 〈林湖賦〉, 19쪽. "聊逍遙兮永言, 歌竟復歌, 和者伊誰."

72 朱熹, 『論語集註』, 「第11 先進」編의 제25장, "浴乎沂, 風乎舞雩, 詠而歸."

는 일정한 거리를 유지하고 있는바, 인위적(人爲的) 도덕의 세계 너머에서 대자연을 무대로 삼아 무위적 초탈(超脫)을 지향하는 특성을 지니고 있다.[73]

또한 비록 논의의 착지점 자체는 이번 장의 내용과는 상이하지만, 김이만이 임호[의림지]의 공간성을 일종의 원림(園林) 체계로 인식하였으며, 〈임호부〉는 '낙졸(樂拙)'을 추구한 작가의 심상이 드러난 작품으로 이해한 글 역시 진행 중인 논의의 저변과도 일맥상통하는 바가 있다.[74] 다시 말해서 김이만의 경우 의림지 시문담론의 틀이 변형·확장되는 단계로 접어들었지만, 이 담론이 추구하고자 했던 근본 기조(基調)만큼은 그대로 전승되고 있었던 것이다. 그렇다면 이제 공자(孔子)의 언명인 "인자요산(仁者樂山), 지자요수(知者樂水)"를 지향하는 차원에서, "저수지[池]의 대략"을 기술한 『산사』의 '의림지'[75] 조항에 수록된 특징적인 내용들을 간략하게 검토하도록 하겠다.

"제천의 거대한 저수지[巨浸]인" '의림지' 항목이 포함된 유기류의 산문인 『산사』는 기사본말체적인 서술 방식을 적용하여 도합 56개조로 구성되었는데, 총 1,090여 자(字)로 이뤄진 '의림지' 조항이 최대 분량을 형성한 조항으로 파악되었다.[76] 본 논의와 관련하여 보다 더 주목되는 사항으로는 '의림지' 조항에서 김이만

---

73 김형효, 『물학 심학 실학』, 청계, 2003, 489쪽.

74 권경록, 「鶴臯 鶴臯集의 賦에 나타난 堤川 '林湖'의 심상지리─「林湖賦」와 「閑居賦」를 중심으로」, 『한국한문학연구』 63, 한국한문학회, 2016, 54~64쪽.

75 金履萬, 『鶴臯集』 卷9, 「雜著」, 〈山史·義林池〉, 179쪽. "義林池, 堤之巨浸也 … 仲尼曰, 仁者樂山, 智者樂水."

76 김성진, 「鶴臯 金履萬의 『山史』 硏究」, 『동양한문학연구』 39, 동양한문학회, 2014, 61~64쪽. 다만, 김성진은 김이만이 '의림지' 조항에서 취급한 서술 단위가 '선지(鐥池)·진섭헌(振屧軒)·우륵당(于勒堂)·연자암(燕子巖)·대송정(大松亭)·임소정(臨沼亭)·홍류동(紅流洞)·후선각(候仙閣)' 이렇게 여덟 부류에 국한된 것으로 적시해 두었는데, 이는 잘못 분석된 통계에 해당한다.

은 '내교·용담·자연대·호월정·순주·대제'를 제외한 나머지 10경을 무차별적으로 소개함으로써, 앞의 〈임호부〉와는 상당히 대비되는 서술 태도를 선보였다는 점일 것이다. 물론 기존 〈제천십육경〉에는 등록되지 않았던 '어촌(漁村)'[77]과 '후선각·용두산' 등을 새로운 서술 단위로 선정한 정황이라든가, 혹은 의림지 바로 아래의 들판인 청전들을 뜻하는 '외교'를 '고른 들판[平郊]'[78]으로 지칭하는 등의 변형된 양상을 선보인 점은 〈임호부〉와 유사한 편이다.

그런데 『산사』의 경우 "의림지는 제천의 거대한 저수지[巨浸]다."는 서두 글 중의 '의림지'가 조제(條題)를 대체한 형식을 취했고, 16경을 구성하는 여타의 화소들 또한 별도의 독립된 항목을 부여받지는 못했다. 그 대신에 김이만은 다양한 서술 단위들이 올기졸기 서로 맞물리는 식의 정치한 산문체 작법을 선보였다. 결과적으로 이 같은 서술 방식은 독립된 항목 설정을 통해 시문담론의 얼개를 직조했던 김봉지·이서우·오상렴의 사례와는 뚜렷하게 변별되는 특징을 형성하고 있다. 이러한 특징은 '의림지' 항목의 서두에 배치된 '의림지·대제'와 같은 사례 외에도, 『산사』에 수록된 약 210여 서술 단위들 역시 동일한 양상을 취하고 있음이 확인된다. 이제 이서우·오삼렴 등과의 횡적인 비교를 위해 채택한 논의의 방편상, '의림지' 조항의 서두에 안배된 '의림지·대제'에 해당하는 내용들을 선별해서 순차적인 검토를 진행하도록 하겠다.

"의림지는 제천의 거대한 저수지[巨浸]다. 그 둘레가 10리요, 그 깊이는 헤아릴 수 없다. 그 산물로는 물고기·자라 족속들과 순채·마름 등과 같은 작물들이 많다. 그 (거침의 물길이) 멀리까지 흘러가서, 넉넉히 전답 수천 이랑을 관개(灌

---

77 金履萬, 『鶴臯集』 卷9, 「雜著」, 〈山史·義林池〉, 179쪽. "漁村四五家, 附麓而居."
78 金履萬, 『鶴臯集』 卷9, 「雜著」, 〈山史·義林池〉, 179쪽. "澗水屈折流入于池, 其外平郊案衍."

漑)할 수 있다.

그 덕(德)의 신령스러움은 족히 운우(雲雨)를 일게 하여 만물에 은택을 끼칠 수 있어서, 가문 해엔 반드시 그곳에서 기도한다. 아마도 (의림지는) 진(秦)의 미피(渼陂)와 항주(杭州)의 전당(錢塘), 월(越)의 감호(鑑湖)를 닮은 듯하다."[79]

편의상 두 단락으로 나눠서 소개한 위의 인용문 속에는 의림지의 둘레·수심·산물 따위에 대한 묘사와 함께, 관개를 통한 수혜(水惠)가 미치는 범위인 몽리(蒙利) 면적에 대한 정보들도 차례대로 나열되어 있다. 『신증동국여지승람(新增東國輿地勝覽)』을 위시한 읍지류(邑誌類)에 수록된 기록들이 반영된 전반부 글과 김이만의 '의림지' 조항의 상기 내용 사이에는 큰 차이가 발견되지는 않는다. 물론 제천현(堤川縣)과의 거리나 수원(水源) 형성에 관한 내용 및 의림지의 주요 산물을 둘러싼 내용들은 김이만의 기록이 좀 더 상세한 편이다. 그런데 김이만의 경우 여타의 항목이나 지면 따위를 통해서 관련 내용들을 보충하고 있으므로, 기존 의림지 시문담론의 전통이 그런대로 잘 유지되고 있었던 것으로 판단된다. 실상 '의림지' 항목 외의 '선지·우륵당'의 경우에도 오삼렴·김이만 양인(兩人)이 남긴 기록 간에는 상당한 유사점이 포착되고 있어서,[80] 이 시문담론이 특정한 커뮤니티 내에서 공유되어 온 역력한 자취들이 거듭 포착된다.

한편 〈임호기우문(林湖祈雨文)〉[81]의 찬자(撰者)임을 암시해 주기도 하는 두 번째

79 金履萬, 『鶴皐集』 卷9, 「雜著」, 〈山史·義林池〉, 179쪽. "義林池, 堤之巨浸也, 其周十里, 其深不測, 其産多魚鱉之族蓴芡之毛, 其流之遠, 足以灌田數千頃, 其德之靈, 足以興雲雨澤萬物, 歲旱必禱焉, 蓋猶秦之渼陂, 杭之錢塘, 越之鑑湖也."

80 부유섭은 김이만과 오상렴 두 사람 간에는 작시(作詩) 추이의 유사성이 많다는 지적을 하고, 그 이유로써 이들이 같이 삶을 공유했던 부분이 많았기 때문인 것으로 분석하였다. 부유섭(2001), 앞의 글, 283쪽 참조.

81 金履萬, 『鶴皐集』 卷8, 「祝文·祭文」, 〈林湖祈雨文(代地主作)〉, 171쪽. "猗玆鉅浸, 坎德靈

단락은 김이만이 온축한 호지(湖池) 방면의 식견이 잘 드러나 있다. 김이만은 〈임호부〉를 통해서도 3만 경(頃)에 이르는 진택(震澤)과 7백 리 크기의 동정호(洞庭湖)를 거론한 후에, 의림지의 넓은 형상이 이들 택·호에 버금가는 공간임을 은근히 자부해 보인 사실이 있다.[82] 기실 김이만은 그가 양산(梁山) 군수(郡守)로 재직하던 기간 동안에 자신의 봉록을 털어 방파 용도의 제방을 축조하고, 고향인 제천의 청전들[곧 외교]의 명칭을 차용하여 '청전제(靑田堤)'로 명명한 사실도 있다.[83] 다시 말해서 호지 방면에 대한 김이만의 식견은 그가 축적해 온 지식과 체험 양방면의 산물이었음을 알 수 있으며, 그 결과 시문담론을 구축하는 하나의 축인 '의림지' 항목에 새로운 정보를 제공하는 결과로 이어진 듯하다.

겸사해서 김봉지에서 연원하여 이서우를 경유한 뒤에, 오상렴과 김이만 두 사람에 의해 정박(碇泊)된 의림지 시문담론이란, 향리 사회인 제천에 연고를 둔 이들 남인계 인사들이 견지했던 민족문학 의식의 일단을 엿보게도 해주는 장면으로도 조심스럽게 평가해 본다. 왜냐하면 4인의 남인 계열 지식인들에 의해 공유되었던 의림지 시문담론이란, 일견 후대의 연암(燕巖) 박지원(朴趾源, 1737~1805)이 제창한 이른바 '조선지풍(朝鮮之風)'과도 결코 무관하지 않기 때문이다.[84] 물론 박지원이 주창한 "조선의 풍치"의 경우, 일방적인 모화(慕華)를 반대하는 주체성에 대한

長, 左右亭毒, 厥施無疆, 有叩必應 … 不腆牲幣, 敢冀神祐, 毋屯其膏, 亟霈甘澍."

82 金履萬, 『鶴皐集』卷1, 「賦」, 〈林湖賦〉, 19쪽. "且夫震澤之三萬頃, 洞庭之七百里, 大則大矣, 美則美矣 … 惟玆湖之廣象, 斯亦洞庭震澤之亞也." 언급된 진택(震澤)은 원림(園林)의 고장으로 일컫는 소주(蘇州)의 태호(太湖)를 가리킨다.

83 金履萬, 『鶴皐集』卷11, 「附錄」, 〈行狀〉, 233쪽. "公捐俸築堤, 梁民乃粒, 鄕人立石紀其績, 號曰 靑田堤, 以公家居稱也."

84 朴趾源, 『燕巖集』卷7(한국문집총간 252), 「嬰處稿序」, 민족문화추진위원회, 2001, 110쪽. "若使聖人者, 作於諸夏, 而觀風於列國也, 攷諸嬰處之稿, 而三韓之鳥獸艸木, 多識其名矣, 貊男濟婦之性情, 可以觀矣, 雖謂朝鮮之風 可也."

분명한 자각을 전제로 하고 있으므로, 향리 사회에 소재한 서술단위들을 새롭게 담론의 장으로 영입한 의림지 시문담론과는 일정한 거리를 유지하고 있는 것도 사실이다. 이제 '의림지' 다음 순서로 '대제' 항목을 대상으로 한 김이만의 기록을 검토할 차례이다.

김이만이 〈임호부〉에서 "10여 리(里)로 두른 제방이 있으니, 하동(河東)[정인지]이 경영[營]·구상[度]한 바이다."라고 우회적으로 설명해 두었던 '대제' 항목의 경우,[85] 그 내용이 극히 소략한 편이다. 또한 남쪽에 축조된 대제를 사방을 휘두른 둑에 포함시키는 식의 서술 방식을 취하고 있어, 구체성 정도도 다소 떨어진다. 이에 반해 『산사』의 '의림지' 항목에 뒤이어 두 번째 화소로 배치한 아래 '대제' 조항의 경우, 묘사된 내용이 상대적으로 〈임호부〉에 비해서 풍부한 편이다.

> "(큰 제방을) 최초[始]로 소착(疏鑿)한 때가 어느 시대[代]인지를 기록하지 않았다. 고려(高麗) 말엽에 이르러 저수지가 또 토사[淤]로 메워졌다. 조선시대 때 하동(河東) 정인지(鄭麟趾)가 호서(湖西)·영남(嶺南)·관동(關東)의 세 길목을 몸소 관찰[體察]하면서, 그 장정[丁壯]들을 뽑아 (의림지를) 준설[浚]·수리[治]하고, 저수지 남쪽에 큰 제방[大堤]을 (다시) 수축[築]하였다."[86]

위의 기록은 의림지를 둘러싼 여러 가지 논점들 가운데서 시축설 논쟁과 결부시킨 가운데, 의림지 기층에 대한 준설(浚渫) 작업과 대제가 수축(修築)된 시기를 설명해 보인 글의 성격을 띠고 있다. 결과적으로 윗글은 이병도(李丙燾)에 의해 제기된 이른바 삼한시대(三韓時代) 시축설을 우회적으로 회피한 글쓰기 전략이

---

85 金履萬, 『鶴臯集』 卷1, 「賦」, 〈林湖賦〉, 19쪽. "有堤繚以十里, 河東之所營度也."

86 金履萬, 『鶴臯集』 卷9, 「雜著」, 〈山史·義林池〉, 179쪽. "疏鑿之始, 莫記何代, 至于勝國之末而水且淤, 我朝鄭河東麟趾體察湖西, 嶺南, 關東三路, 調其丁壯浚治之, 築大隄于池南."

발휘된 가운데,[87] 고려 말엽에 이르러 의림지가 "또 토사로 메워진" 것을 준설(浚渫)·수치(修治)하는 공사를 단행하여 대제를 다시 보수했다는 사실(史實)을 확인해 보인 것이다. 특히 윗글은 정인지가 세종(世宗)·세조(世祖) 연간에 단행한 의림지에 대한 두 차례에 걸친 토목공사 중에서, 두 번째로 시도한 1457년(세조 3) 때의 대규모 역사(役事)를 기록해 둔 것으로 밝혀지기도 했다.[88]

한편 일반적으로 큰 방죽을 축조한 시기와 그 연대측정, 그리고 적용된 특수한 공법과 제림(堤林)의 기능 따위에 얽힌 내용들이 의림지 수축사(修築史) 의론의 핵심적인 내용을 형성하고 있다. 그런 점에서 저수지 바닥과 주변 수리 시설에 대한 '소착(疏鑿)·준치(浚治)' 문제를 대제의 축조와 연계시킨 김이만의 기록은 좀 더 진일보한 기록으로 평가할 수 있다. 다만, 시축설의 기원을 '옛 제방[古堤]' 운운한 구비전승으로까지 무한히 소급시키면서, 역사서에 수록된 기록에 의거하여 신라시대를 시축 담론의 잠정적인 기원으로 특정해 둔 오삼렴의 〈대제〉 조항에 비하면, 상기 인용문의 경우 논의의 체계성 정도가 상대적으로 떨어지는 편이다. 또한 제방 길을 오가면서 품었던 소회라든가, 혹은 유자(儒者)가 지향한 내면 세계 등이 피력되지 않았던 정황도 선행된 이서우·오상렴의 해당 내용과는 다소 변별되는 부분이다.

그런가 하면 상기 인용문은 전래의 시문담론의 기조를 충실히 전승한 결과를 반영해 주기도 한다. 또한 〈임호부〉와 마찬가지로 김이만의 〈의림지〉 조항도 전반적으로 변형과 확장의 흐름에 편승하고 있는 편이다. 이와 동시에 〈대제〉 항목이 방증해 주듯이, 기존 담론의 틀을 그대로 전승하는 측면도 공존하는 식의 다소 복잡한 양상을 취하고 있었음이 아울러 확인된다. 이렇듯 애초 김봉지의 〈제천십

---

87 이병도, 『한국고대사연구』, 박영사, 1975, 263쪽.

88 김종수(2022), 앞의 글, 453~457쪽.

육경〉에서 연원한 18세기 의림지 시문담론은 이서우에 뒤이은 오상렴과 김이만의 단계를 거치면서 전승과 변형이라는 상이한 양상을 취하면서, 이 천혜의 자연적·역사적 공간에 대해 보다 풍부하면서도 유의미한 인문 문화적 콘텐츠를 제공하는 귀중한 기록물로 남게 되었던 것이다.

4. 맺음말

이상의 포괄적인 논의를 통하여 18세기에 개진된 의림지 시문담론의 연원과 주요 얼개, 그리고 전변 양상과 그 안에 담긴 의미망 등에 관한 내용들을 종합적으로 살펴보았다. 제천 지역에 연고를 둔 남인계 지식인들에 의해 주도된 이 담론은 비록 한시적인 기간 동안에 표출된 아쉬움이 없지 않다. 그러나 이들이 화소로 설정한 '제천16경'에 내재된 기록문화적 가치는 명승 제20호를 넘어 유네스코 세계문화유산에의 등재를 지향하는 의림지의 역사와 관련하여 대단히 중요한 의미를 지니는 것이었다.

이제 본문에서 소개한 김봉지·이서우·오삼렴·김이만 4인이 공유하였던 시문담론의 고유한 특징을 보다 선명하게 드러내기 위한 목적으로, "만년에 의림지에서 유영(遊詠)"하면서 의림지의 별칭인 '임호'를 자신의 호로 삼았던 노론(老論) 계열의 관인·유자 신분이었던 박수검(朴守儉)[89]의 문집인 『임호집(林湖集)』 가운데서, '제천16경'과 유관한 내용들을 비교의 관점에서 검토하는 마지막 절차를 수행하도록 하겠다. 박수검은 기사환국(1690)으로 남인이 득세하자 귀향하여 고

---

89 朴守儉, 『林湖集』(한국문집총간 續39), 「林湖集跋[朴尙淳]」, 한국고전번역원, 2007, 303쪽. "公以湖海之志, 有山林之樂, 晚年游詠於義林池, 故以林湖自號云."

향인 제천의 의림지 주변에 건물을 짓고 이른바 '의림경영(義林經營)'을 시도한 사실이 있다.[90] 이 같은 정황은 진섭헌 건립을 통해서 '모산별업'을 영위한 김봉지의 사례와 매우 닮아있기에, 『임호집』에 담긴 의림지 관련 기록들에 대한 기대감을 한껏 자아내게 한다.

의림지를 대상으로 하여 많은 기록을 남긴 바 있는 박수검의 작품 중에서 본 논의와 관련하여 눈길을 끄는 시문으로는, 창작 연도가 자세하지 않은 〈의림지에 차운하여 명부에게 드리는 20운[次義林池韻, 呈明府, 二十韻]〉을 우선적으로 지목할 수 있다. 박수검이 당시 제천 현감에게 증정한 작품으로 보이는 〈차의림지운, 증명부, 이십운〉[91]에서 기존 '제천16경'과 유관한 화소들로는 시축설과 연계된 '장제(長堤)'[곧 대제]와 연이어 펼쳐진 청전 들녘을 뜻하는 '연야(連野)'[외교] 및 폭포[絕瀑], 그리고 의림지의 명산인 순사(蓴絲)[순채] 및 "푸르른 물가의 수양버들" 따위가 눈에 띈다.[92] 물론 진세(塵世)를 초극하여 창랑(滄浪)에 갓끈을 씻고자 했던 유학자의 강렬한 심적 지향성이 "자욱한 연파(烟波)를 골라잡아 이 (남은) 생을 보낼 만하다."는 의림경영 의지로 마무리되고 있는 점도 주목된다.[93] 이 같은 박수검의 내면 지향성은 본문에서 논급한 남인계 인사들의 그것과 별반 차이

---

90 金鍾秀, 「임호 박수검의 심리적 외상과 의림경영(제5장)」, 『의림지 유산과 농경문화』, 제천문화원, 2013, 188~208쪽. 박수검이 영위한 의림 경영은 강학·저술 활동, 소요유와 작시(作詩) 활동, 우륵과의 대면이라는 세 국면을 형성하고 있다.

91 朴守儉, 『林湖集』卷4, 「七言排律」, 〈次義林池韻, 呈明府, 二十韻〉, 261쪽. "從古義林稱絕境, 即今賢宰播仁聲, 深潭厚澤同流普, 不獨漳河惠化行."

92 朴守儉, 『林湖集』卷4, 「七言排律」, 〈次義林池韻, 呈明府, 二十韻〉, 261쪽. "… 縮谷長堤隱隱橫 … 追想昔人勞障築 … 絕瀑疏湍戒變盈 … 錦峀嵐光連野濕 … 查烟繞鼎蓴絲滑 … 詩青汀柳見閒情 … 思濯滄浪孺子纓."

93 朴守儉, 『林湖集』卷4, 「七言排律」, 〈次義林池韻, 呈明府, 二十韻〉, 261쪽. "思濯滄浪孺子纓 … 回瞻塵世無佗況, 可占烟波送此生."

가 없는 심경(心境)이기도 하다.

반면에 〈차의림지운, 증명부, 이십운〉이 칠언배율(七言排律)로 이뤄진 시작임을 고려하더라도, 이 작품에서 선보인 '장제·연야·절폭·순사·수양버들' 등과 같은 5경의 경우, 각각의 명칭과 서술 방식 및 시어(詩語)들 간에 촘촘히 얽혀진 연계성 정도란, 후대에 직조된 남인계 작가들의 시문담론 체계와는 판이한 양상을 취하고 있음이 확인된다. 좀 더 후대에 쓰인 한진호(韓鎭㦿, 1792~?)의 〈의림지소고(義林池小考)〉의 사례도 사정은 마찬가지다.[94] 이 같은 정황들은 18세기에 펼쳐졌던 의림지 시문담론이 기존의 해석학적(解釋學的) 전구조(前構造)와는 무관한 자생적인 담론 체계, 곧 미셸 푸코(M. Foucault)가 말한 "그들의 발언이라는 점에서 연속성, 표지의 실체"라는 진단에 상응하는 성질의 것임을 명료하게 입증시켜 준다.

다만, 의림지 시문담론의 경우 18세기라는 특정한 기간 내에 매우 한시적으로 유통되었던 까닭에, 담론의 연속성의 문제가 다소 아쉽게 느껴진다. 그러나 김봉지의 〈제천십육경〉이라는 시제로 표출된 의림지 시문담론은 전근대 시기 사회는 물론이고, 20세기 이후로도 이 역사적 공간을 대상으로 하여 가장 풍부하면서도 유의미한 기록을 제공해 준 결과로 이어졌다는 점에서, 이 담론에 내재된 기록문화적 가치에 대한 중요성을 아무리 강조하더라도 지나침이 없을 것 같다.

---

94 柳今烈 譯註(2008), 앞의 책, 65~66쪽.

연초재 오상렴의
〈창랑옹모산별업십육경소지〉에 대한 역주

    이번 제2장에서는 제천 출신으로 남인 계열의 지식인이었던 연초재 오상렴
(1680~1709)의 시문집인 『연초재유고(燕超齋遺稿)』에 수록된 〈창랑옹모산별업십
육경소지〉를 소개하고 분석하는 절차를 밟도록 하겠다. 특별히 조선조 사대부들
이 남긴 숱한 글들 가운데서 하필 오상렴의 〈창랑옹모산별업십육경소지〉를 선택
한 이유란, 이 작품이 18세기를 전후로 한 무렵에 의림지와 그 일대를 대상으로
한 가장 풍부하면서도 유익한 기록물에 해당하기 때문이다. 오삼렴이 저술한 〈창
랑옹모산별업십육경소지〉의 경우, 지기인 김이만의 문집인 『학고집』과 더불어
의림지 권역에 대한 실증적 기록문화의 정수(精髓)로 평할만한 내용으로 구성되
어 있음이 주목된다.

    그리하여 『연초재유고』의 「잡저(雜著)」에 편집된 〈창랑옹모산별업십육경소지〉
에 대한 해제(解題) 글을 제시하는 과정을 경유하면서, 작가인 오상렴의 생평사략
(生平史略)을 간략히 소개하는 절차를 아울러 수행하게 되었다. 작품은 작가의
삶이 투영된 자화상의 일면을 간직하고 있기 때문이다. 〈창랑옹모산별업십육경소
지〉에 대한 해제와 함께 작가가 영위한 특징적인 생애의 이면에 대한 이해를 통해

서, 우리는 오상렴이 의림지와 깊은 인연을 맺게 된 경위를 이해할 수 있을뿐더러, 또한 연초재가 〈창랑옹모산별업십육경소지〉를 저술하게 된 독특한 이면에 대한 깊은 이해를 도모하게 되리라 본다.

나아가 오상렴이 〈창랑옹모산별업십육경소지〉라는 산문체 작품에서 포착해 둔 열여섯 부류에 이르는 화소(話素) 혹은 서술단위를 대상으로 한 국역(國譯) 작업을 시도하기도 했다. 창랑 김봉지의 〈제천십육경〉에서 연원한 16개 화소는 애초 시작(詩作) 형식을 취했지만, 산문 장르에 해당하는 〈창랑옹모산별업십육경소지〉의 경우, 훨씬 서사적(敍事的)인 기록물의 성격을 띠고 있기 때문이다. 약간의 보충 설명을 곁들인 국역본 〈창랑옹모산별업십육경소지〉를 접하면서, 우리는 18세기 초엽의 의림지와 그 주변의 실상을 흡사 한 폭의 실경산수화를 접하는 듯한 느낌으로 감상할 수 있을 것이다. 이와 동시에 이번 제2장의 논의가 선행된 제3장의 내용과 긴밀히 상호 조응하는 관계 하에 놓여 있다는 사실도 자연스럽게 간취(看取)하게 되리라 본다.

1. 드는 말

제천을 상징해 주는 대표적인 명소인 의림지는 숱한 시인·묵객들에게 다양한 시재(詩材)를 제공해 주는 문학적 상상력의 원천으로 기능해 왔을 뿐만 아니라, 사시사철 숱한 유객(遊客)들의 발길이 끊이지 않는 유명한 관광지 역할을 아울러 수행한 특별한 공간이기도 했다. 그렇다고 해서 의림지가 한국의 고대 관개·수리 시설을 대변해 주는 최고(最古)의 저수지로서의 면모를 방기했던 것은 물론 아니다. 기실 의림지가 제공해 왔던 이처럼 다채로운 기능들이란, 이 천혜의 자연적·역사적 공간이 호수와 저수지의 특성을 동시에 갖춘 호지(湖池)로서의 존재감을 간단없이 드러내 보인 결과이기도 하다.

그런 점에서 17세기 후반에서 태어나서 18세기 초반 무렵에 생을 마감한 비운의 남인계(南人係) 신진 사류였던 연초재(燕超齋) 오상렴(吳尙濂, 1680~1709)이 남긴 시문집인 『연초재유고』 중의 〈창랑옹모산별업십육경소지(滄浪翁茅山別業十六景小識)〉는 호수와 저수지의 특성을 겸비한 의림지를 대상으로 한 가장 풍부하면서도 유의미한 '작은 기록[小識]'에 해당한다. 왜냐하면 〈창랑옹모산별업십육경소지〉는 의림지를 동심원의 중앙에 배치시킨 가운데, 그 좌우와 남북 지대를 아우른 18세기 당시의 주요 상관물 16개 서술단위들을 엄선해서 매우 자세한 묘사를 가해 둔 산문체 작품이기 때문이다. 특히 〈창랑옹모산별업십육경소지〉 속에는 조선 후기 무렵에 이르도록 지속적으로 가동되었던 의림지의 관개·수리 시설과 관련된 중요한 정보들도 다수 포함되어 있기에, 의림지의 수리사(水利史)를 연구하는 작업에서 매우 귀중한 기록물로 평가된다. 따라서 이번 제2장의 장(場)을 빌려서는 오상렴이 남긴 〈창랑옹모산별업십육경소지〉의 전모를 소상하게 그려서, 학계의 공적 담론의 네트워크에 접속시키는 작업을 수행하고자 한다.

이에 이번 2장의 논의를 효율적으로 개진하기 위한 방편상, 논자는 이하와 같은 두어 가지 글쓰기 전략을 채택하게 되었다. 그것은 첫째, 오상렴의 〈창랑옹모산별업십육경소지〉를 대상으로 한 간략한 해제(解題) 성격의 글을 우선적으로 제시함으로써, 이 작품의 해석학적(解釋學的)인 이해(理解)의 전구조(前構造, fore-structure of understanding)[1] 혹은 연원과 전체적인 얼개에 대한 이해를 도모하는 작업이며,

---

[1] 독일의 저명한 철학자인 가다머(H. G. Gadamer)는 그 어떠한 이해도 그 인식 대상에 대한 선이해(pre-understanding)의 바탕 없이는 불가능하다고 보았다. 그런 의미에서 가다머는 이해의 전구조를 통해 형성된 '전이해'가 정당한 선입견인 것으로 재평가했다. 리차드 팔머(이한우 옮김), 『해석학이란 무엇인가』, 문예출판사, 2011, 57~58쪽.

둘째, 〈창랑옹모산별업십육경소지〉에 수록된 열여섯 종류에 이르는 화소들 전부를 국역하고 적의한 주해(註解)를 덧붙이는 작업에 관한 것이다. 특히 두 번째로 선택한 방식은 〈창랑옹모산별업십육경소지〉라는 고문헌에 내장된 특별한 자료적 가치를 예의 주목한 결과일뿐더러, 또한 이 자료에 관한 해석학적 전이해(前理解)나 기초적 소양이 결여된 데서 야기된 기존의 오역(誤譯) 작업을 차제에 바로잡기 위한 논자의 고심을 반영해 준다.

그리하여 다소 복합적인 글쓰기 방식을 적용시킨 이번 제2장의 논의가 명승 제20호로 승격되어 지정된 작금의 의림지 현주소에 대해서 보다 풍부한 역사적·문화적 콘텐츠를 새롭게 주입시켜 보강함으로써, 장차 이 승경(勝境)의 유네스코 세계문화유산 등재를 위한 일련의 도정(道程)에서 의미 있는 하나의 계기로 작용하기를 기대해 본다. 중요한 역사적 기록물은 만인이 함께 공유함으로써, 새로운 의미의 지평을 형성하게 된다.

2. 〈창랑옹모산별업십육경소지〉에 대한 해제(解題)

본관이 동복(同福)으로[2] 연초재 외에도 택남(澤南)·제월(霽月) 등과 같은 복수의 호(號)를 사용했던 오상렴의 가문은 화려한 관직 경력을 과시한 남인 계열의 구성원들을 대표했다. 그러던 차에 1680년(숙종 6)에 유발된 경신환국(庚申換局)으로 인해 우의정을 역임한 백부(伯父)인 수촌(水邨) 오시수(吳始壽, 1632~1681)가 익년에 사사(賜死)되고, 뒤이어 1694년에 유발된 갑술환국(甲戌換局)으로 인해 남인이 정치적으로 완전히 실권하는 처지로 접어드는 국면을 맞이하게 되었다. 숙종(肅

---

2 지금의 전라남도 화순 지역의 옛 지명으로, 달리 능성(陵城)으로 불리기도 했다.

宗) 때 남인 세력의 중심적인 인물이었던 오시수는 충청도관찰사를 역임한 부친 오정원(吳挺垣, 1614~1667)이 공주에 입향한 것이 계기가 되어, 이곳의 우성면 단지리 월굴(月窟)에 정착해서 거주하던 참이었다.[3] 이런 사정 등으로 인하여 오상렴은 황주 판관(黃州判官)을 지낸 부친 오시적(吳始績, 1657~?)을 따라 궁벽진 호좌(湖左) 권역인 제천 지역으로 이주하여 정착하게 되었던 것이다.

일찍이 오상렴은 1699년(숙종 25)에 실시한 증광사마시(增廣司馬試)에서 생원·진사에 연달아 2등으로 합격한 사실이 있을 뿐만 아니라, 스승인 송곡(松谷, [송파]) 이서우(李瑞雨, 1633~1709)로부터 "신라의 최치원(崔致遠)과 고려의 목은(牧隱) 이색(李穡)에 비견할 만한" 문장력을 발휘한 인물이라는 극찬을 받았던 인물이다.[4] 이처럼 오상렴은 빼어난 재주로 매우 주목받았던 신진 사류였으나, 불행히도 소싯적부터 병약했던 체질 탓에, 미처 꿈을 제대로 한 번 펼쳐보지도 못한 채 28세의 나이로 요절하고야 만 비운의 인물로 남게 되었다. 그런 점에서 전래의 의림지 '시화담론(詩話談論)'[5]이 결집된 〈창랑옹모산별업십육경소지〉가 포함된 시문집인 『연초재유고』는 오상렴이 구축한 문학 세계와 사상적 성향을 이해하는 작업에서 매우 중요한 저술로 규정할 수 있다.[6]

---

3 윤용혁·이해준, 『역사 속, 공주의 사람들』, 서경문화사, 2020, 514~515쪽.

4 金履萬, 『鶴皐集』 卷11(한국문집총간 續65), 「附錄」, 〈墓碣銘〉, 한국고전번역원, 2007, 236쪽. "時澤南吳尙濂字幼淸, 大爲松谷詞伯姱詡, 至比羅崔麗牧, 公與之結社, 鼓角對壘, 儼成敵匹."

5 '시화(詩話)'란 시와 시인 및 유파(流派)에 관한 이야기를 뜻한다. 김봉지(金鳳至)·이서우(李瑞雨)·김이만(金履萬) 및 오상렴 등과 같은 18세기 남인계 지식인들에 의해 의림지 권역으로부터 제공된 16개 화소(話素) 혹은 서술단위들을 대상으로 하여 상당히 체계적인 시적 논의가 지속적으로 전개되었으므로, 이 같은 논의의 흐름을 시화담론으로 규정한 것이다. 다만, 이들의 경우 시(詩)와 부(賦) 및 산문(散文) 장르까지를 망라한 작품들을 동시에 취급하였기에, 이를 보다 광의의 어휘인 시문담론(詩文談論)으로 치환하였음을 해명해 두기로 한다.

6 이상의 내용은 金鍾秀, 「18세기 의림지(義林池) 시문담론(詩文談論)의 직조와 전승 양상」,

오상렴의 시문집인 『연초재유고』는 그가 타계한 이후에 생질로 자(字)가 명숙(明叔)인 이익정(李益炡, 1699~1782)[7]이 1745년(영조 21)에 이르러 교서관(校書館)에서 간행한 목판본이다.[8] 〈창랑옹모산별업십육경소지〉는 5권 2책으로 된 『연초재유고』의 마지막 권인 「잡저」에 수록되어 있다. 〈창랑옹모산별업십육경소지〉는 '기(記)·서(序)·발(跋)·논(論)·설(說)·제문(祭文)·잡저(雜著)' 등과 같은 글들로 구성된 권5의 맨 뒤쪽인 「잡저」에 분류된 편집 체제를 유지하고 있다. 그런데 10편의 글들로 구성된 「잡저」 중에서 〈창랑옹모산별업십육경소지〉의 경우 최대 분량을 점유하고 있어서, 이 작품이 차지하고 있는 위상을 간접적으로 가늠케 해준다. 각 면당 2쪽 20행으로 구성된 판각(板刻) 공간을 형성하고 있기에, 10쪽 분량을 획득한 〈창랑옹모산별업십육경소지〉는 양적인 측면에서 보더라도 『연초재유고』 전체를 통틀어도 가장 돋보이는 저술인 셈이다. 본 논의에서 저본으로 삼은 판본은 미국 버클리대학교 동아시아도서관의 소장본을 고려대학교 해외한국학자료센터[9]에서 제공한 데이터베이스[DB]에서 취한 것임을 밝혀 둔다. 이제 〈창랑옹모산별업십육경소지〉에 수록된 이른바 〈모산별업십육경〉[곧 〈제천십육경〉]에 대한 본격적인 소개와 해설을 병행하는 절차를 진행하기 이전에, 이 저술의 연원 혹은 해석학적 전구조에 관한 논의를 간략하게 제시함으로써, 독자 제위의 가독적 편의 제고를 도모하고자 한다.

일단, 이 사안과 관련하여 저술 명칭인 〈창랑옹모산별업십육경소지〉에 대한 자구(字句) 풀이부터 시도하는 편이 적절할 듯하다. 말하자면 〈창랑옹모산별업십

『한국연구』 3, (재)한국연구원, 2019, 9쪽의 내용을 적절하게 재구성한 결과임.

7 경종(景宗) 때의 문신으로 예조판서·의금부도사·공조판서 등의 관직을 역임한 인물임.

8 박인호, 『디지털제천문화대전』, 「제천향토문화백과」, 〈연초재유고〉 항목 참조.

9 출처: kostma.korea.ac.kr/riks/

육경소지〉에서 '창랑옹'이란 밀양(密陽) 부사(府使)를 역임한 남인 계열의 관인(官人)·유자(儒者) 신분이었던 창랑(滄浪) 김봉지(金鳳至, 1649~1713)를 지칭하며, '모산별업'은 김봉지에 의해 의림지가 위치한 제천의 모산동 일대를 무대로 하여 영건(營建)된 별장 식의 건물인 진섭헌(振屧軒)을 의미한다. 또한 '십육경'은 18세기 당시에 의림지 권역에 소재했던 주요 상관물들이자 열여섯 서술단위, 곧 김봉지가 창작한 작품인 이른바 〈제천십육경(堤川十六景)〉을 가리키는 어휘에 해당한다. 한편 김봉지는 달리 '진섭정(振屧亭)'으로도 불렸던 신월산[진섭산]에 위치한 이 별장 외에도,[10] 신선으로 화한 우륵(于勒)을 기다리는 누각이라는 뜻인 후선각(候仙閣)도 아울러 경영함으로써, 명곡(明谷) 최석정(崔錫鼎, 1646~1715)이 "참으로 승구(勝區)이자 신령스러운 지경[靈境]"[11]으로 극구 예찬해 마지않았던 이 천혜의 공간인 의림지에 대해서 심히 유별난 애호도를 과시해 보인 인물이었다는 점도 첨언해 둔다.

그렇다면 오삼렴이 창작한 산문체 저술인 〈창랑옹모산별업십육경소지〉란, '김봉지가 모산동[곧 의림지]을 무대로 하여 영건한 별업(別業)인 진섭헌과 후선각[후선정]을 통해 관찰하고 엄선한 제천16경을 대상으로 한 작은 기록'이라는 의미가 되는 셈이다. 다시 말해서 오삼렴이 지은 〈창랑옹모산별업십육경소지〉의 지적 연원은 김봉지의 '모산별업십육경'[곧 〈제천십육경〉]이었던 것이다. 또한 김봉지는 송곡 이서우가 자신에게 화답한 오언절구(五言絶句) 연작시(連作詩)인 〈김밀양봉지제천십육경(金密陽鳳至堤川十六景)〉라는 작품을 통해서 확인되고 있듯이,[12] 약

---

10 趙龜命, 『東谿集』卷2(한국문집총간 215), 「記」, 〈追記東峽遊賞(己酉)·義林池〉, 민족문화추진위원회, 2000, 42쪽. "庚午, 向義林池 … 候僊閣少憩, 振屧亭午炊, 金氏之別業也." 운위된 '후선각(候僊閣)'이란 김봉지가 영건한 정자인 후선각(候仙閣)을 말한다.

11 崔錫鼎, 『明谷集』卷9(한국문집총간 154), 「記」, 〈臨沼亭記〉, 민족문화추진위원회, 1986, 11쪽. "又有斯池爲之藪澤, 寔勝區靈境也."

칭 〈제천십육경〉으로 명명한 시작(詩作)을 남겼을 것으로 추정된다. 다만, 아쉽게도 지금까지 의림지 시화담론의 효시(嚆矢)에 해당하는 작품인 김봉지의 〈제천십육경〉의 존재가 확인되지 않는 일실(逸失) 상태를 유지하고 있다.

대신에 다행스럽게도 우리는 이서우가 화답한 연작시인 〈김밀양봉지제천십육경〉에 대한 분석을 통해서, 김봉지가 서술한 〈제천십육경〉의 큰 줄거리와 특징적인 양상 등에 관한 정보를 간접적으로나마 확인할 수 있다. 일단, 이서우가 〈김밀양봉지제천십육경〉을 빌려서 묘사한 주요 화소들을 차례대로 소개하자면 이하와 같이 차례대로 나열된다.

> "진섭헌(振屧軒), 의림지(義林池), 우륵당(于勒堂), 연자암(燕子巖), 대송정(大松亭), 호월정(湖月亭), 대제(大堤), 선지(銑池), 폭포(瀑布), 용담(龍潭), 홍류동(紅流洞), 자연대(紫煙臺), 유만(柳灣), 순주(蓴洲), 내교(內郊), 외교(外郊)"[13]

뒤에서 소개하게 될 오상렴의 잡저인 〈창랑옹모산별업십육경소지〉[14]를 통해서

---

12 李瑞雨, 『松坡集』 卷10(한국문집총간 續41), 「詩」, 〈金密陽鳳至堤川十六景〉, 한국고전번역원, 2007, 193쪽 참조.

13 李瑞雨, 『松坡集』 卷10, 「詩」, 〈金密陽鳳至堤川十六景〉, 193쪽. "岳塵相變遷, 池軒更敞豁, 應知振屧人, 別有凌波襪 … 右振屧軒 … 滄池千頃寬 … 右義林池 … 茅仙化勒仙 … 右于勒堂 … 閑雲度淸潭 … 右燕子巖 … 亭邊老赤龍 … 右大松亭 … 山頭頻碧湖 … 右湖月亭 … 湖上盛遊人 … 右大堤 … 小池承大池 … 右銑池 … 淵鮫潛織綃 … 右瀑布 … 始謂龍棲湖 … 右龍潭 … 初疑水蘸花 … 右紅流洞 … 忙起主人翁 … 右紫烟臺 … 漁舟入曲灣 … 右柳灣 … 蓴洲水不深 … 右蓴洲 … 醲渠沃遠郊 … 右內郊 … 湖尻籬落稀, 秔稻連天綠, 欲識畝鍾功, 河東是鄭國, 右外郊."

14 吳尙濂, 『燕超齋遺稿』 卷5(미국 버클리대학교 동아시아도서관 소장본), 「雜著」, 〈滄浪翁茅山別業十六景小識〉, 고려대학교 해외한국학자료센터, 38~42쪽.

도 그대로 재현되는 위의 시재들은 중심 화소인 의림지를 동심원의 중앙에 배치한 가운데, 그 주변 및 남북 방위에 분포된 주요한 대상들을 주의 깊게 적출해 낸 결과를 반영해 준다. 따라서 비록 김봉지가 시제(詩題)를 〈제천십육경〉으로 명명하였지만, 그 내용면에 있어서는 '의림지16경'에 다름이 아니라는 사실을 인지하게 된다. 또한 의림지와 하나의 벨트(a belt)를 형성하고 있는 주변의 상관물들을 대상으로 하여, 상기 인용문에서 제시된 16개 단위의 화소들이 촘촘히 얽힌채 시문(詩文)이라는 장르를 빌려서 체계적인 논의가 형성되었던 사실도 아울러 확인하게 된다. 다만, 오언절구로 된 연작시 형식을 취한 이서우의 〈김밀양봉지 제천십육경〉의 경우, 아래 〈대송정〉·〈대제〉의 사례를 통해서도 확인되는 바와 같이, 장르의 특징상 극히 함축적이면서도 간략한 서술 구조를 취하고 있다.

> "정자 가의 연로한 붉은 용
> 비늘과 가죽은 천년토록 활기차서
> 교룡이 사람 죽인 일을 돌이켜 생각하고 있노니
> 음산한 바람에 내 머리카락이 삐죽 서는구나."[15]

> "호수 가엔 유객들로 붐비고
> 걸으며 부르는 노랫가락에 여인도 겸하였으니
> 마땅히 작은 대제라 칭해야 할지니
> 이곳이 또한 강수[江]·한수[漢]구나."[16]

---

15 李瑞雨, 『松坡集』 卷10, 「詩」, 〈金密陽鳳至堤川十六景〉, 193쪽. "亭邊老赤龍, 鱗甲千年活, 緬憶斬蛟人, 陰風立我髮, 右大松亭."

16 李瑞雨, 『松坡集』 卷10, 「詩」, 〈金密陽鳳至堤川十六景〉, 193쪽. "湖上盛遊人, 行歌兼女伴, 宜稱小大堤, 此地亦江漢, 右大堤." 운위된 여반(女伴)이란 동행한 여성이나 처(妻)·반려자를

이서우가 〈김밀양봉지제천십육경〉을 통해서 읊조린 〈대송정〉·〈대제〉는 뒤에서 소개할 산문체 작품인 오상렴의 그것과는 내용과 분량이라는 두 측면에서 판이한 양상을 취하고 있다. 대신에 후속 작가들에게 창작을 위한 모티브를 제공했다는 점에서 중요한 문학사적 의의가 확인된다.

겸사해서 이 지점에서 오상렴의 〈창랑옹모산별업십육경소지〉에 대한 이해를 보다 제고하기 위한 방편상, 김봉지와 이서우에 의해 창작된 의림지 시문담론의 주요 얼개를 몇몇 유형으로 범주화해 두자면 이하와 같이 정리할 수 있다.[17] 그것은 첫째 고대의 관개·수리시설과 직간접적으로 연관된 '의림지·선지·대제·폭포·홍류동·용담·내교·외교' 등과 같은 서술단위들이 주류를 형성하고 있다는 사실이며, 둘째, 그 뒤를 이어 정(亭)·각(閣)·헌(軒)·대('臺')[18]로 지칭한 누정문화(樓亭文化)에 준하는 내용들도 일정한 비중을 차지하고 있음을 알 수 있으며,[19] 셋째, 의림지를 예술 방면과 접맥시킨 역사 속의 인물인 우륵과 관련된 역사적 상관물인 〈우륵당〉[20]도 취급되었다는 점도 간과할 수 없다. 또한 부수적으로 "버들 그늘은 끝이 없는 듯하고, 언덕과 떨어진 이곳엔 다만 소리만 들린다."고 묘사한 수양버들 수풀로 이뤄진 의림지 서쪽 굽이에 대한 별칭인 '유만(柳灣)'[21]과 함

뜻한다.

17 이하의 내용은 金鍾秀(2019), 앞의 논문, 7~8쪽의 내용을 본 논의의 흐름에 맞춰서 적절하게 재구성한 결과임을 밝혀 둔다.

18 자연대의 '대(臺)'자는 공간을 일정한 높이로 북돋아 평평하게 조성한 대(臺)와 유사한 개념임.

19 이 사안에 대한 자세한 내용은 金鍾秀, 「18세기 堤川 義林池의 樓亭文化」, 『열상고전연구』 44, 열상고전연구회, 2015, 53~69쪽을 참조할 것.

20 李瑞雨, 『松坡集』 卷10, 「詩」, 〈金密陽鳳至堤川十六景〉, 193쪽. "茅仙化勒仙, 又憖茅山頂, 怊悵丹鼎空, 山花照寒井, 右于勒堂."

21 李瑞雨, 『松坡集』 卷10, 「詩」, 〈金密陽鳳至堤川十六景〉, 193쪽. "漁舟入曲灣, 柳暗如無外, 隔岸但聞聲, 鷗啼雜襖靄, 右柳灣."

께, "순채가 물에 가득하여, 마침내 이 섬 주변 사람들로 하여금 캐게 하였다."고 기록한 의림지의 명산(名山)인 순채(蓴菜)를 기호화하여 축조한 신비의 인공섬인 '순주'도 주목할 만한 서술단위에 해당한다.[22]

반면에 오상렴이 저술한 〈창랑옹모산별업십육경소지〉의 경우, 기존 〈제천십육경〉 중에서 홍류동(11)·자연대(12) 및 내교(15)·외교(16)로 이어지는 순서가 아닌, 곧 자연대(11)·홍류동(12)과 외교(15)·내교(16)로 이어지는 흐름으로 차서가 변경되었다. 이처럼 시문담론의 차서에 변개를 시도한 이면에는, 작가인 오상렴 나름의 새로운 창작 의도가 투영되었기 때문일 것으로 사료된다.

이상에서 간략하게 진행한 해제 성격의 논의를 통해서, 우리는 오상렴이 저술한 〈창랑옹모산별업십육경소지〉가 김봉지의 〈제천십육경〉에 연원하여 발전시킨 작품이라는 사실과 함께, '모산별업십육경'에 대한 내용의 대강을 연초재의 스승인 이서우가 지은 연작시인 〈김밀양봉지제천십육경〉을 관규(管窺)하는 방식을 빌려서 간접적으로 확인하게 되었다. 또한 김봉지·이서우·오삼렴 및 학고(鶴皐) 김이만(金履萬, 1683~1758) 등과 같은 남인계 지식인들이 공유하였던 18세기 제천16경 관련 작품들의 경우, 의림지 권역을 주요 서술단위로 삼은 독특한 양식의 체계적인 시문담론으로 귀결되고 있었다는 애초 논자의 주장에 대해서도 충분한 공감을 표하게 된다. 그렇다면 이제 의림지 시문담론의 전승과 심화 국면을 대변해 주는 산문체 작품인 오상렴의 〈창랑옹모산별업십육경소지〉를 대상으로 한 국역과 주해[譯註], 그리고 약간의 해설을 덧붙이는 작업을 동시적으로 수행하도록 하겠다.

---

22 李瑞雨, 『松坡集』卷10, 「詩」, 〈金密陽鳳至堤川十六景〉, 193쪽. "蓴洲水不深, 蓴菜多於水, 遂使洲邊人, 無非陸內史, 右蓴洲."

3. 국역과 주해(註解) : 〈창랑옹모산별업십육경소지(滄浪翁茅山別業十六景小識)〉

〈창랑옹모산별업십육경소지〉에 대한 국역 작업을 선보이기에 앞서, 오상렴이 자화(自號)를 '의림지[澤]의 남쪽'이라는 의미에서 '택남'으로 정한 이유를 잠시 음미해 보기로 한다. 일종의 호기(號記)에 준하는 이 사안과 관련하여 오상렴과 막역한 친구 사이였던 김이만은 자신의 문집인 『학고집(鶴皐集)』을 통해서, 아래처럼 기록해 두었음이 대단히 주목되는 바이다.

> "그 가택이 의호(義湖)[의림지]의 남쪽[陰]에 있었기에, 인하여 스스로 호를 삼아 이르기를 '택남(澤南)'이라 하였고, 또 주(周) 무숙(茂叔)[주돈이]이 마음 속에 품은 생각을 우러러 사모하여, 또 다른 호를 '제월(霽月)'이라 하였다."[23]

위의 인용문 속에는 의림지가 오상렴의 삶에서 차지했던 크나큰 비중감과 함께, 송대(宋代)의 저명한 철학자로 〈태극도설(太極圖說)〉을 제출했던 주돈이(周敦頤, 1017~1073)가 지향했던 제월광풍(霽月光風)과도 같은 내면세계를 닮고자 했던 의식의 지향성이 동시에 드러나 있다. 오상렴의 사례와 마찬가지로, 같은 제천 출신으로 17세기 노론계의 관인·유자였던 박수검(朴守儉, 1629~1698)도 의림지의 별칭인 '임호(林湖)'를 자신의 호로 삼았는데, 이는 "만년에 의림지에서 유영(遊詠)"하며 이른바 의림경영(義林經營)을 직접 영위했던 사정과 직결되어 있었다.[24] 임호

---

23 金履萬, 『鶴皐先生文集』(성균관대 존경각 소장본), "其家在義湖之陰, 因自號曰, 澤南, 又景周茂叔胸次, 一號曰, 霽月."

24 朴守儉, 『林湖集』(한국문집총간 續39), 「林湖集跋[朴尙淳]」, 한국고전번역원, 2007, 303쪽. "公以湖海之志, 有山林之樂, 晩年游詠於義林池, 故以林湖自號云." 박수검이 노년에 영위하였던 의림경영은 강학과 저술 활동, 소요유와 작시(作詩) 활동, 우륵과의 대면이라는 세 국면을 형성하고 있다. 金鍾秀, 「임호 박수검의 심리적 외상과 의림경영(제5장)」, 『의림지 유산과

박수검 역시 의림지와 관련하여 다수의 기록과 작품들을 남긴 인물이다. 한편 처가가 제천이었던 낙정재(樂靜齋) 조석윤(趙錫胤, 1606~1655) 또한 "장차 은둔할 집[幽居]을 가려, (의림지) 물가에 푸른 띠풀 집을 얽고" 낚시질과 뱃놀이를 즐기고 물고기며 조류 무리와 어울리면서 "자신[身]과 세상 둘 다를 잊는"식의 은둔 일상을 영위할 것을 꿈꾸었으나,[25] 종당에 그토록 갈구하였던 의림경영을 실현하지는 못했다. 대신에 그는 의림지와 관련된 다수의 작품을 남겼다. 이렇듯 "평소 산수향(山水鄕)으로 일컬어졌던"[26] 제천이 고향이거나, 혹은 이 지역에 연고를 둔 사대부들에 의해서 의림지와 관련된 기록들이 차츰 축적되기 시작했음을 알 수 있다.

한편 당시 오상렴은 제천 동면(東面)의 백묘(百畝)에 거주하면서 인척과 부친의 친우들과 밀접한 관계를 유지하였던 것으로 파악되었다.[27] 그런 점에서 이하에서 소개할 〈창랑옹모산별업십육경소지〉 또한 오상렴의 자호인 '택남'의 연장선상에 위상한 저술의 성격을 띠고 있을 것임을 짐작케 해준다. 다만 〈창랑옹모산별업십육경소지〉의 경우, 기존 〈제천십육경〉 중에서 홍류동(11) → 자연대(12)로 연속되는 순서가 아닌, 곧 자연대(11)에서 홍류동(12)으로 이어지는 차서로 조정되었다. 또한 내교(15)와 외교(16)도 외교·내교로 순서가 변경된 차이가 있다. 이처럼 오상렴이 〈제천십육경〉의 순서를 부분적으로 재조정해서 변개한 이면에는, 기존 시문담론의 프레임을 변형시키는 방식으로 계승·발전시키기 위한 나름의 창작 의도가 발휘되었기 때문일 것이다.

농경문화』, 제천문화원, 2013, 188~208쪽 참조.

25 趙錫胤, 『樂靜集』 卷5(한국문집총간 105), 「五言古詩」, 〈倚林池〉, 민족문화추진위원회, 1993, 331~332쪽. "近將卜幽居, 結茅蒼崖傍, 雨朝把長竿, 月夕乘小航, 永與魚鳥群, 身世兩相忘."

26 趙錫胤, 『樂靜集』 卷5, 「五言古詩」, 〈倚林池〉, 331~332쪽. "堤也四郡一, 素稱山水鄕."

27 부유섭, 「燕超齋 吳尙濂의 생애와 시세계」, 『한국한시연구』 9, 한국한시학회, 2001, 280쪽.

1) 진섭헌(振屟軒)[28]

신월산의 동쪽 산기슭은 나무가 빽빽하게 우거지고 무성하여 빼어난 경치가 넉넉한 곳이다. 세속에서 이르기를, "맨 처음 제방을 쌓을 때, 고을에서 부역한 사람들이 짚신에 달라붙은 진흙을 떨어서 이룬 산[所]이다."라고 하나, 그 말이 괴이하고 허탄한데다 근거마저도 없어서, 족히 증거로 삼을 수는 없다. 그러나 그 서로 전하여 이름[名]과 실상[實]이 된지도 오래되었으니, 인하여 글로 나타내어 일컫기를 '진섭(振屟)' 운운하였던 것이다.

창랑옹(滄浪翁)[김봉지]은 한가한 날에 노니면서 이 산에 올라와 (문득 매우) 특이한 곳을 발견하고는 기뻐하며 말하기를, "이곳이야말로 참으로 나의 토구(菟裘)의 땅이로다!"라고 하였다.[29] 이에 장획(臧獲)[30]을 내다 팔고 열 개의 손가락을 수고롭게 한 끝에, 시렁을 얽어매는 비용을 충당하였다. 이미 집 짓는 일[緖復]이 이루어지자, '진섭'이라는 현판을 내걸었다. 생각하건대 진실로 진섭산[신월산]에서 (이름을) 취한 것만은 아니고, 또한 왕원미(王元美)[곧 왕세정]의 〈엄원기(弇園記)〉[31] 가운

---

28 오상렴의 〈창랑옹모산별업십육경소지〉를 대상으로 한 국역 작업은 柳今烈 譯註, 『堤川鄕土史料集-조선시대 堤川邑誌類를 중심으로』, 제천문화원, 2008을 통해서도 시도된 사실이 있다. 그런데 전반적으로 잘못 국역된 정도가 너무 심한 편이다. 참고로 ① 진섭헌에서 ⑯ 외교에 이르는 『제천향토사료집』에 수록된 열여섯 곳의 쪽수 표시를 제시하자면 이하와 같다. ① 진섭헌[185쪽], ② 의림지[484], ③ 우륵당[253], ④ 연자암[256], ⑤ 대송정[186], ⑥ 호월정[186], ⑦ 대제[485], ⑧ 선지[486], ⑨ 폭포[178], ⑩ 용담[178], ⑪ 홍류동[178], ⑫ 자연대[185], ⑬ 류만[485], ⑭ 순주[479], ⑮ 내교[100], ⑯ 외교[100]. 이하에서는 ①~⑯에 이르는 개별 단위마다 적용되는 인용문 표시는 생략하도록 한다.

29 벼슬을 내놓고 은거하는 곳이나 노후에 여생을 보내는 곳. 노(魯)나라 은공(隱公)이 토구의 땅에서 은거한 데서 유래된 어휘다.

30 옛날에 남의 집에 딸려 대대로 그 집에서 천한 일을 하던 노비(奴婢)를 지칭하는 표현임. 여기서는 토지나 전답 따위와 같이 값나가는 가산(家産)을 나타낸 표현인 듯하다.

31 언급된 왕원미는 중국 명대(明代)의 문학가이자 역사학자인 왕세정(王世貞, 1526~1590)의

데서 "사람 사람들이 짚신을 털기를 생각한다."고 한 뜻에서도 취한 듯하다.

건물[軒]의 정면은 산에 의거하여, 배 부분이 확 트이고 열리어 훵하니 허공을 이루어 맑고 밝은 까닭에, 산에 오르면 사람으로 하여금 이 세상 밖에서 홀로 우뚝 서고자 하는 의취를 갖게끔 한다. 북쪽의 창호를 열고서 머리 구부려 임호(林湖)를 흘끗 바라다보니, 스무 발걸음 남짓한 지점에 엷은 푸른빛을 띤 수풀이 우거져 있어, 서로 어울리는 정경이 은약(隱約)하기만 하다.[32] 아마도 호수 중에서 관망되는 것이 4분의 2쯤 되는 듯하니, 정히 마치 서자(西子)[곧 서시(西施)[33]]가 반쪽 얼굴만 화장을 한 것을 보는 것과 같을 따름이다. 동남쪽으로는 층층이 쌓인 산봉우리와 겹친 산꼭대기들이 어렴풋하게 끝없이 펼쳐져 하늘에 꽂혀진 듯한 모습이다. 가령 소백산(小白山)과 상악산(上岳山)·금수산(錦繡山) 등의 여러 산들의 경우, 모두 은은하게 하늘을 기이한 모습으로 등짐 지고 있어서, 눈여겨보는 도중에는 자리에 앉을 새가 없다. 죄다 눈길로 어루만지어 마음에 담아 둘 만한 것은, 참으로 산들이 처한 지대가 높기 때문일 것이다.

처음으로 호수에 와 노니는 자들은, 반드시 먼저 대송정(大松亭)에 이르렀으나, 진섭헌이 완성되면서부터 이 지름길은 거의 우거진 요새로, 이른바 "이륙(二陸) 형제가 경사(京師)[서울]에 들고,[34] 세 장씨[三張]가 값을 덜었다."[35]고 했던 것이,

---

자(字)를 차용한 어휘다. 또 〈엄원기(弇園記)〉는 왕세정이 남긴 작품임에 분명해 보이나, 그 소재를 분명하게 확인하기가 어렵다.

32 뒤의 '은약(隱約)'은 말은 간략하나 뜻이 깊음을, 앞의 영대(映帶)는 ① 경치가 서로 어울리다, ② 서로 비추다는 두 가지 의미를 지닌 단어다.

33 중국 춘추시대 말기 무렵의 월(越)나라의 유명한 미인.

34 서진(西晉)의 문인인 육기(陸機, 261~303)와 육운(陸雲) 두 형제를 가리킨다. 이들은 오(吳)나라의 명족 출신이었으나, 서진에 멸망 당하자 낙향하여 학문에 전념하여 문명을 날렸다.

35 이른바 '삼장(三張)'으로 지칭된 인물로는 오두미도(五斗米道)를 주창한 장릉(張陵)·장형(張衡)·장로(張魯)나, 혹은 위진남북조 시대 때의 문학가들인 장화(張華)·장재(張載)·장협(張

(결코) 빈말이 아니었도다! 그 여타의 홍류동과 호월정·자연대 등과 같은 여러 수승한 지경들은, 모두 달콤하게 노니는 유랍소(游蠟所)나, 진섭헌에는 채 미치지는 못한다. 헌(軒)의 주인이 처음에는 아득하게 찾았으나, 모두 살펴본 뒤로는 숨겨진 비장(秘藏)들이 죄다 드러나서 남김이 없으니, 어찌 산문(山門)을 처음으로 여신 한 분의 조사 스님과 같지 않겠는가?[36]

2) 의림지(義林池)

의림지는 제천현의 치소(治所)[37]에서 북쪽으로 '소 두 마리가 우는[二牛鳴][38] 거리에 있다. 저수지의 물은 맑고 깊으며 가득 차고 푸른데, 그 깊이를 헤아릴 수 없으나, 그 둘레는 넉넉히 10리쯤 된다. 대개 (의림지 기층) 샘물의 발원이 높이 용솟음치며 솟구쳐 우러르 나오는 것이 그 몇 군데나 되는지를 알 수가 없다고들

挾) 등이 있으나, 누구를 지칭하는지가 자세하지 않다.

36 吳向濂, 『燕超齋遺稿』卷5, 「雜著」, 〈滄浪翁茅山別業十六景小識·振屝軒〉, 38쪽(a, b). "新月山之東麓, 森蔚饒秀色. 俗云, 始築堤時, 鄕役者, 振黏屝塵土所成也, 其言詭誕不根, 未足據, 然其相傳爲名實久, 因而文之稱振屝云. 滄浪翁, 暇日游陟于此, 得異處焉, 喜曰, 此眞吾菟裘哉, 乃鬻臧獲, 累十指, 充締架之費, 旣就緖復, 顔之以振屝, 盖不啻取諸山, 亦取王元美弇園記中, 人人思振屝之意也. 軒正據山, 腹疎豁廖朗, 登之, 令人有獨立物表意. 啓北戶, 俯睨林湖, 可二十武所, 林薄蔥蒨, 映帶隱約, 盖得湖者, 四之二, 正如覩西子半面妝耳. 東南層嶂複岫, 縹緲揷天, 如小白上岳錦繡諸山, 皆隱隱負奇, 目徑中不下席, 盡可撫 而有之, 正以處地高也. 始遊於湖者, 必先至大松亭, 及軒成, 而此徑幾蓁塞, 所謂二陸入洛, 三張減價者, 不虛哉. 其佗紅流湖月紫烟諸勝境, 皆游蠟所, 不及屝軒, 主人始冥搜, 窮覽而後, 秘藏畢現無遺, 可不爲開山一祖哉." 각 면당 2쪽으로 구성된 것을 각기 a, b로 나누어 구분하였다.

37 치소(治所)란 어떤 지역에서 행정 사무를 맡아보는 기관이 있는 곳이나, 혹은 지방의 고급 관리의 관공서가 있던 곳을 말한다.

38 이른바 '일우명지(一牛鳴地)'가 4리 거리를 뜻하므로, 이우명(二牛鳴)이란 8리 정도 떨어진 거리의 지점을 가리키는 표현이다.

운운한다. 물을 관개[浸灌]하는 지대가 매우 넓어서, 제천 사람들은 그 수리[利]에 힘입는다.

그 비늘 달린 것으로는 붕어와 메기 무리들이 많으며, 그 날개가 달린 부류로는 물오리와 갈매기·자원앙[혹은 비오리]·뜸부기 따위의 무리들이다. 또 마름과 가시연·순채·부들 등은 두실(豆實)[제기]을 가득 채우곤 한다. 저수지 한가운데는 잠자리 거룻배를 두어서, 유람객들을 맞이한다.[39]

3) 우륵당(于勒堂)

우륵은 아마도 대가야국(大伽倻國)의 영인(伶人)[악사][40]이었던 듯하다. 가야국의 임금인 가실(嘉悉)의 정치적 혼란으로 인해, 우륵은 악기를 가지고 신라(新羅)로 달아났다. 신라의 진흥왕(眞興王)은 그를 국원(國原)의 객관에 머무르게 하고, 법지(法知)·계고(階古)·만덕(萬德)에게 명하여 가야의 12곡을 전수하게 하였다. 우륵은 가야금을 잘 연주하였고, 일찍이 12줄로 된 가야금을 제작하였으며, 또 현금(玄琴)을 만든 뒤로는 강호 사이를 떠돌아다녔는데, 그 마지막 행방이 자세하지 않다. 세상에 전하기로는, "신선이 되어 갔다."고들 운운한다.

지금 그 우륵당의 옛 자취가 남아 있는 빈터가 임지(林池)[의림지][41]의 동쪽 석봉

---

39 吳尙濂, 『燕超齋遺稿』卷5, 「雜著」, 〈滄浪翁茅山別業十六景小識·義林池〉, 38(b)~39쪽(a). "池在縣治北二牛鳴, 泓澄湛碧, 其深不可測, 其周可十里所, 盖泉源鬐勃仰出者, 不知其處云, 所浸灌甚廣, 堤人賴其利, 其鱗物, 多鯽鱧之屬, 其羽物, 則鳧鷖鸂鶒之屬, 多菱芡蓴蒲, 可充豆實, 中置蜻蜓艇, 以待遊者."

40 영인(伶人)은 악공과 광대를 통틀어 이르는 말이나, 여기서는 악사(樂師)나 악관(樂官) 따위가 더 적합한 번역어다.

41 의림지의 옛 이름으로, 드물게 '임제(臨堤)·임지(臨池)'로 표기되기도 했다. 이 사안에 대해서는 김종수, 「제천 의림지의 제림(堤林)에 관한 연구」, 『한국전통문화연구』30, 한국전통문화

(石峰)의 남쪽에 있다. 옛적부터 전하기를, "우륵이 머무르던 곳이다."라고 한다. 혹자는 말하기를, "제방을 처음으로 일으켰을 때 우륵이 도와서 공로를 남겼다. 그러므로 후세 사람들이 우륵을 이곳에서 제사 모신 것이다."라고 하였다. 그러나 (제사를) 관장한 이가 없었으므로, (혹자의 말을) 의거할 만한지를 나는 의심한다. 은혜에 보답하기 위해 제사를 지냈다는 것[報賽][42]은, 곧 그 예전에 살던 집으로 인한 것으로, 설(說)이 두 가지인 것은 전하여 들은 것이 같지 않았을 뿐이다. 우륵당의 동북쪽 모퉁이에는 우물이 있으니, 매우 맑으면서도 차다. 지금도 '우륵정(于勒井)' 운운하며 일컫는다.[43]

4) 연자암(燕子巖)

연자암 바위는 임지(林池)의 동북쪽에 있다. 옛적부터 전하기를, "우륵이 가야금을 타던 곳이다."라고들 한다. 지금은 물고기 낚시하는 사람들이 대부분 이곳에서 낚싯줄을 드리운다.[44]

대 전통문화연구소, 2022, 443~444쪽 참조.

42 원문의 보새(報賽)란 신불(神佛)의 은혜에 보답하기 위해 드리는 제사를 말한다.

43 吳尙濂, 『燕超齋遺稿』卷5, 「雜著」, 〈滄浪翁茅山別業十六景小識·于勒堂〉, 39쪽(a, b). "于勒, 蓋大伽倻國伶人也. 伽倻之君嘉悉政亂, 勒以樂器, 奔新羅, 新羅眞興王, 舘之國原, 命法知階古萬德, 傳伽倻十二曲. 勒善彈琴, 嘗作十二弦琴, 又作玄琴後, 浮游江湖間, 不詳其所終. 世傳以爲仙去云. 今其堂之遺址, 在林池東石峰之南, 舊傳勒所居也. 或曰, 堤之始起, 勒與有勞焉, 故後人祠勒於此, 無掌故, 可据余疑. 報賽者, 卽因其故居, 而二說者, 傳聞有不同耳. 有井在堂之艮隅, 甚淸冽, 至今稱于勒井云."

44 吳尙濂, 『燕超齋遺稿』卷5, 「雜著」, 〈滄浪翁茅山別業十六景小識·燕子巖〉, 39쪽(b). "燕子巖巖, 在林池東北, 舊傳于勒彈琴之所, 今釣魚者, 多于此垂綸."

5) 대송정(大松亭)

대송정은 의림지 남서향 모퉁이에 위치하니, 연자암[燕巖]과 더불어 서로 똑바로 마주하고 있다. 비탈진 (홍류동의) 골짜기가 트인 채로 구부려 고른 수면의 호수에 임하고, 높은 소나무 3, 4장(章)[45]이 의젓한 모습으로 떨어져 서 있다. 음력으로 6월임에도 오히려 바람 소리는 서늘한 정취를 머금고 있다.

옛날에 고을 사람들 중에는 어영진(魚泳津)이라는 이가 있었는데, 힘과 용기가 뛰어났다. 일찍이 그는 연못 한가운데 사는 교룡(蛟龍)을 베어서, 정자의 소나무에 매달았다고 한다. 그 일이 심히 기이하고 훌륭하니, 어찌 주자(周子)의 은덕[46]을 사양하겠는가?[47]

6) 호월정(湖月亭)

호월정은 신월산(新月山)[48]의 가장 높은 정상에 있다. 머리 굽혀 의림지를 내려다보노라면, 아득하고 넓은 수면이 비치어 띠를 두른 듯하기에, 그 이런 연유로

---

45 장(章)이란 큰 재목을 세는 단위임.

46 중국 진(晉)나라 때의 인물인 주처(周處)가 교룡(蛟龍)을 죽인 일을 가리키는 고사다.

47 吳尙濂, 『燕超齋遺稿』卷5, 「雜著」, 〈滄浪翁茅山別業十六景小識 · 大松亭〉, 39(b)~40쪽(a). "亭在池坤隅, 與燕巖相直案, 衍洞谺俯臨平湖, 喬松三四章, 儼然離立. 暑月, 猶颯然有凉意. 昔有縣人魚泳津, 多拳勇, 嘗斬蛟池中, 懸之亭松, 其事甚奇偉, 奚讓周子隱哉." 구완회는 김이만과 오상렴이 남긴 기록들을 전거로 제시하면서 대송정이 인공 정자 건물이 아닌, 즉 키 큰 소나무 서너 그루가 나란히 서 있던 공간으로 파악했다. 구완회, 「제천 의림지의 경제 · 문화적 활용에 관한 연구」, 『朝鮮史硏究』28, 조선사연구회, 2019, 158쪽.

48 모산동에 소재한 산으로 『제천군지』(1969)에 의하면 속칭 '신떠리봉'으로도 불렸다고 한다.(520쪽) 과거 진섭산(振屧山)으로 지칭되기도 했었던 이 산은 나막신[屧]에 달라붙은 진흙을 털곤 했다는 구비전승을 간직한 공간으로, 의림지의 큰 제방[大堤]을 쌓아 올리는 과정에서 파생된 시축(始築) 설화(說話)를 반영해 주기도 한다.

(호월정으로) 이름을 지은 것이다. 더 높고 확 트인 처마는 시원하기도 해서, 사람들로 하여금 허공에 기대어 속된 생각을 떨쳐내게끔 함이 있다.[49]

7) 대제(大堤)

대제가 설치된 것은, 대개 신라시대[羅代]와 승국(勝國)[50][고려] 시기에 기원하였으니, 아마도 누차 제방이 터지면서, 여러 번 제방을 수리하였을 것이니, 지금 이른바 '옛 제방[古堤]'이라는 것이 바로 그 유적이다. 조선조[國朝]에 이르러 일찍이 경상·전라·충청도 삼로(三路)의 장성한 젊은이들을 파견하여 제방을 증축(增築)하게 하였고, 정(鄭) 하동(河東)[정인지]이 실제 그 역사를 감독하였다. 지금 오래된 등나무와 관목(灌木)[51]이 휘어 뒤섞여 얽히어서 마치 베를 짠 듯하여, 제방이 더욱 견고해졌다.

매양 밤이면 고요한 달빛이 훤히 비추어서, 제방 위를 천천히 걷노라면, (아득한 듯) 그윽한 듯하고 맑고도 깊숙하며 가볍고 청량하여, 사방에 머물러도 폐장을 시원하게 씻어준다. 또 맑은 호수는 흡사 거울과도 같아서, 떠다니는 빛들을 서로 비추어, 자질구레한 것들을 깨부수니 바라보는 눈초리가 아찔해진다. 문득 능소화가 천둥 번개 치는 사이에 있어도, 생각이 모이는 마음자리[心處]는 스스로 정념[正]을 멀리하지 않는다.[52]

---

49 吳尙濂, 『燕超齋遺稿』卷5, 「雜著」, 〈滄浪翁茅山別業十六景小識·湖月亭〉, 40쪽(a). "亭在新月山最高頂, 俯瞰林池, 渺瀰映帶, 其名之以此. 敞豁軒爽, 令人有憑虛, 出塵想."

50 자기 나라가 이겨 멸망시킨 나라를 가리킨다. 조선시대에는 전 왕조인 고려시대를 일컫는 용어로 사용되었다.

51 진달래처럼 사람의 키보다 작고 원줄기와 가지의 구별이 분명하지 않으며, 밑동에서 가지를 많이 치는 나무.

52 吳尙濂, 『燕超齋遺稿』卷5, 「雜著」, 〈滄浪翁茅山別業十六景小識·大堤〉, 40쪽(a). "堤之設,

8) 선지(銑池)

이 연못[池]은 임호(林湖)의 수통 바깥쪽에 있어, 그 흐르는 물을 받아서 저수[蓄]와 배수[洩]가 마땅하게 조절하는 바의 시설이다. 오랫동안 폐해져 보수를 하지 않다가, 전 사군(使君)[현감] 홍중우(洪重禹, 1661~1726)[53]가 선지를 준설하고 수치(修治)하여, 마침내 그 옛 모습을 복구하였다. 이에 진섭헌의 주인인 (김봉지는) 참으로 고을 사람들이 그 수리[利]를 입게 된 것이 좋다고 여겨 뜻을 같이한 끝에, 의림지 가운데 '작은 섬'[小嶼][순주]을 만들고 아름다운 풀과 나무들을 심었다.

선지의 서쪽에는 푸른 소나무와 비단처럼 아름다운 바위들이 있으니, 기이하고 수려한 정도가 무척 사랑스럽다. 또 천 자루의 부용(芙蓉)[연꽃]을 그 가운데에 심었으니, 이에 신부와 짝하는 참군(參軍)[54]으로 삼을 만하도다![55]

盖起於羅代勝國時, 盖累決, 而累修之, 今所稱古堤, 卽其蹟也. 國朝嘗發三路丁壯, 增築之, 鄭河東實董其役. 今壽藤灌木, 樛錯如織, 而堤坊益堅矣. 每夜靜月明, 緩步堤上, 穴吲篠淸邃輕涼, 四逗爽洗肺腸. 澄湖如鏡, 浮光相射, 瑣碎眩眦, 便有苕雪間, 想會心處, 正自不遠." 원문 중의 '穴吲'자는 '穴(상) + 吲(하)'가 합성된 글자임.

53 홍중우의 본관은 풍산(豐山)이며 호가 만향당(晩香堂)으로 조선 후기의 문신. 1696년(숙종 22) 9월에 제천 현감으로 부임하여 1696년 12월에 이임했다.

54 참군(參軍)이란 조선시대 때 한성부(漢城府)의 훈련원(訓鍊院)에 두었던 정7품직으로, 2~3명의 관원이 맡았다.

55 吳尙濂, 『燕超齋遺稿』卷5, 「雜著」, 〈滄浪翁茅山別業十六景小識·銑池〉, 40쪽(b). "池在林湖水筒之外, 所以承其流節蓄洩之宜者也, 舊廢不修, 前洪使君重禹, 浚治之, 遂復其舊, 振贊成之邑人受其利, 中作小嶼, 植以嘉卉. 池西有蒼松錦石, 奇秀念, 且種千柄芙蓉其中, 乃可爲新婦配參軍也." 달리 '선지(鐥池)·선연(鐥淵)·소지(小池)' 등의 이름으로도 치환되곤 했던 선지는 어미 못[親池]인 의림지에 대해 자식 못[子池]에 해당하는 관개·수리시설의 핵심적 설비에 해당한다. 수문과 인조섬인 순주에 대한 기록이 포함된 오상렴의 〈선지〉 항목은 의림지의 관개·수리사에서 대단히 중요한 문헌적 가치를 지닌다.

9) 폭포(瀑布)

매년 여름철에 장맛비가 의림지에 내리면, 못물이 넘쳐 범람하여 나는 듯이 세차게 떨어지는 폭포[飛瀑]를 이루어 큰 돌덩이에 쓰러지듯 직하하면서, 족히 수십 장(丈)으로 흩어져서 제멋대로 넘쳐흐른다. 하늘에서 내뿜는 눈발이 산을 깨뜨리는 천둥소리를 내는 듯하니, 그 이상야릇하고 기이한 장관이란, 사람들로 하여금 정신과 넋을 두렵게 하고 머리 터럭을 오싹하게 만드니, 참으로 항왕(項 王)[항우]이 장한(章邯)[56]을 쳐부수던 때를 방불케 한다.[57]

10) 용담(龍潭)

용담은 임지(林池)에서 유수가 흘러나와 홍류동으로부터 서남쪽으로 흐르니, 족히 2~3리는 된다. (홍류동의) 골짜기가 다한 곳의 들판은 고르기만 한데, 돌들 이 높이 치솟아 여울물을 들끓게 해서, 떠돌아다니며 끓어오르고 용솟음치면서 샘솟기도 하여, 벼락을 때리고 천둥을 치며 번개가 치는 소리를 내니, 단지 한 걸음 사이임에도 사람들의 말소리를 분간할 수 없을 지경이다. 그 아래로 깊은 소[潭]를 이루었는데, 수심이 깊고도 맑아서 짙은 구름이 끼인 듯하다.[58]

---

56 장한은 중국 진(秦)나라 말기의 장군으로, 초(楚)나라의 명장인 항우에게 투항하였다.

57 吳尙濂, 『燕超齋遺稿』 卷5, 「雜著」, 〈滄浪翁茅山別業十六景小識·瀑布〉, 40(b)~41쪽(a). "每夏月水潦降池, 水汎濫爲飛瀑, 倒下穹石, 可數十丈散, 而爲漫, 天之雪噴, 而爲破山之雷, 詭怪奇壯, 令人神魂忄雙然, 毛髮灑淅, 眞彷彿項王破章邯時也." 폭포는 홍류동 상단의 용추 폭포를 가리킨다.

58 吳尙濂, 『燕超齋遺稿』 卷5, 「雜著」, 〈滄浪翁茅山別業十六景小識·龍潭〉, 41쪽(a). "林池洩 流, 從紅流洞西南流, 可二三里. 峽盡郊平, 石聳湍激, 蓬湧鬢沸, 聲震雷霆, 只步之間, 不分 人語, 其下爲深潭, 泓澄霅䨥."

11) 자연대(紫煙臺)

진섭헌[振屧]의 뒤쪽으로부터 신월산에 올라, 구불구불 돌아서 서남쪽 방향으로 수십 보를 걸어가면, 비로소 자연대[臺]를 만난다. 소나무와 전나무가 빽빽하게 들어서서 서늘한 기운을 제공하고, 시원한 바람 소리가 도처에서 이르니, 흔쾌히 떠나고 싶지 않다. 그 폭포수를 관망하기에 마땅하므로,[59] 이태백의 여산시(廬山詩) 중의 시어[語][60][곧 '자연(紫煙)']를 취하여 이름을 지은 것이다.[61]

12) 홍류동(紅流洞)

홍류동은 곧 임지(林池)에서 넘쳐난 물결이 흘러나오는 입구이다. 그 처음에는 언덕과 산이 서로 접했던 탓에, 골짜기가 있지는 않았다. (그러다가 입구로부터) 급하게 흐르는 물결들이 세게 부딪치고 씻김으로 인하여, 깎이고 파헤쳐서 빈 골을 이루어, 입을 벌린 듯한 하나의 동천(洞天)이 열리게 된 것이다. 낭떠러지 언덕은 가파르게 깎이는데, 수풀 우거진 골짜기는 깊고 아름답다. 고요히 우거진 삼림의 시원하고 으슥한 모양이란, 마치 양명(陽明)의 구곡산[句曲][62] 사이에서 노

---

59 바로 이 같은 조망 여건으로 인해, 홍류동 상단 부위에도 '청폭정(聽瀑亭) · 망폭정(望瀑亭) · 홍류정(紅流亭)' 등과 같은 정자들이 이름을 바꿔가며 교대로 건립되었던 것이다.

60 당(唐)나라의 대문호인 이백(李白, 701~762)이 지은 〈망여산폭포(望廬山瀑布)〉 중에서 제1구인 "향로봉에 해 비치니, 자색 안개 피어올라.(日照香爐生紫煙)"라는 한 구절을 가리킨다.

61 吳尙濂, 『燕超齋遺稿』卷5, 「雜著」, 〈滄浪翁茅山別業十六景小識 · 紫煙臺〉, 41쪽(a). "從振屧之後, 陟新月山, 蛇紆西南行, 可數十步, 始得臺, 松栝森挺凉, 颸颭至逗, 不肯去, 以其宜於望瀑, 故取太白廬山詩中語, 名之." 자연대는 신월산 동쪽 산기슭에 위치하였으나, 이 건물이 건립 · 훼멸된 시점을 파악하기가 어렵다.

62 구곡(句曲)은 양(梁)나라의 도교 사상가인 도홍경(陶弘景, 456~536)이 은거했던 중국의 구곡산(句曲山)을 지칭하나, 지명으로 짐작되는 '양명(陽明)' 운운한 단어에 대해서는 자세하지 않다.

니는 것만 같다. 또 졸졸 흐르는 샘물이 있어 숲속 사이에서 나오니, 옥홀이 쟁쟁 부딪치는 듯한 운율이란, 흡사 거문고를 타는 것만 같다. 그 빛깔이 붉은색이 성한 것은, 곧 붉은 모래가 비추기 때문이니, '홍류(紅流)'라는 명칭은 이로 인한 것이다.

매년 봄철이면 양쪽 산에서 온갖 꽃들이 다투어 피어나니, 여신(女神)이 힘써 토한 향기요, 꽃 그림자는 맑은 계곡물에 고꾸라져 드리우는데, 그 눈부시게 고운 모습이란, 흡사 붉은 비단[紅錦]과도 같으니, 이 또한 그 (홍류동이라는) 이름으로 칭하는 이유인 것이다.

홍류동 골짜기 밑으로 나아가 위쪽을 올려다 바라보니, 의림지 공간[林池所] 가운데서 볼 수 있는 것이란, 겨우 1장 크기의 정방형[63] 거울[方丈鏡] 남짓한 정도다. 노니는 유객들은 고기잡이 거룻배를 두드리며 노래를 부르고, 웃옷에 자욱한 기운이 스치니, 참으로 선려(仙侶)인[64] 양 하다. 위로 거니는 자들[65]은 다시는 인간 세상으로 화함을 알지 못하리라! 고운(孤雲)[최치원]이 일컬은 바인 가야산(伽倻山) 의 홍류동[66]을 알지 못함은, 또한 이토록 뛰어난 지경[境]이 있었기 때문이 아니겠는가?[67]

---

63 원문의 방장(方丈)은 1장의 정방형을 뜻하며, 1장은 10척(尺)에 해당한다.

64 동행하거나 같이 노는 사람을 칭찬하여 이르는 말.

65 원문의 능파(凌波)란 파도 위를 걷는 것 같다는 뜻으로, 미인의 가볍고 아름다운 걸음걸이를 일컫는 표현.

66 법보 사찰인 해인사(海印寺)가 있는 경남 합천군 가야산의 계곡 이름. 홍류동 계곡에 건립된 농산정(籠山亭) 앞쪽에는 붉은 글씨로 새겨진 '고운최선생둔세지(孤雲崔先生遁世地)'–고운 최치원 선생이 속세를 피하여 은둔한 곳–라는 비석이 세워져 있다.

67 吳尙濂, 『燕超齋遺稿』卷5,「雜著」,〈滄浪翁茅山別業十六景小識·紅流洞〉, 41쪽(b). "洞卽 林池漲波之洩口也. 其始, 盖岡巒相接, 非有洞也. 因湍流盪激, 刮除成空, 呀然一洞天闢矣. 懸崖峻削, 林壑窈窕, 悄蒨森爽窅然, 若陽明句曲間遊也. 有泉潺湲, 出林間, 琮琤之韻, 若操

13) 유만(柳灣)

의림지 북쪽에는 양류(楊柳)[68]가 많아 초록빛이 무성하고, 노을이 그물처럼 뒤 덮고 있다. 배를 저어서 수양버들 물굽이[柳灣] 속으로 들어가노라면, 물가로부터 바라보이는 것들이란, 그 위치[處]를 알 수 없을 정도이다.[69]

14) 순주(蓴洲)

순주는 호수의 북쪽 언덕 가까이에 있고 수심이 얕은 곳이다. 자라나는 순채는 가늘고 길며 무르다. 이슬에 엉기면 맑고 반드러운 모양이고 줄기는 얼음처럼 변한다. 옛날부터 사람들[輩]은 그 심히 아름다워 필적할 짝이 없음을 찬미하곤 하였으나, 나는 육내사(陸內史)[70]가 칭송한 바와 비교되는 이유를 알지 못하겠다. 아직 소금이나 된장에 간 되지 않은 것이란, (과연 그) 무엇이 순채를 능가하겠 는가?

순채는 매년 오뉴월 즈음이면 바야흐로 무성해지니, 채취하는 이들이 배를 저 어서 (호수에) 들어가 긴 낫을 사용하여 순채를 자르는데, 무한정 취하여도 다함

琴然. 其色殷紅, 則頹沙映之也, 紅流之名, 因此. 每春時, 兩山雜花競發, 斐亹吐芬, 影倒淸 流, 爛然若紅錦, 此亦稱其名矣. 從洞底仰視, 林池所 可見者, 僅若方丈鏡. 遊者, 鼓漁舠歌, 襪襴過之, 眞若仙侶. 凌波者, 不復知爲人間世矣, 不知孤雲所稱伽倻紅流, 亦有此勝境否.”

68 수양버들을 비롯한 버드나뭇과에 속한 낙엽 교목을 통틀어 이르는 말.

69 吳尙濂, 『燕超齋遺稿』卷5,「雜著」,〈滄浪翁茅山別業十六景小識·柳灣〉, 42쪽(a).“池北多 楊柳, 濃綠罨霞, 榜舟入其中, 自涯望者, 不知處也.”일제 강점기 이전에 왕성한 세력을 과시 했던 수양버들은 천연의 연못에서 진화한 의림지의 식생 생태계를 상징해 주는 개체로, 달리 의림지를 ‘유지(柳池)’로 표현했던 이유도 바로 이러한 맥락에서 이해할 수 있다.

70 중국 서진(西晉)의 시인이자 관리였던 육기(陸機, 261~303)를 가리킨다. ‘육내사’라는 칭호 는 육기가 평원 내사(平原內史)를 지낸 데서 연유한 표현이다.

이 없다. 그런데 십수 년 이래로부터 차츰 줄어들기 시작하여, 무성했던 앞선 시기에는 채 미치지 못하니, 어찌 오염됨이 없는 위대한 지분(指分)에 대한 조처가 (이리도) 궁할까?[71]

15) 외교(外郊)

외교란 곧 제천현[縣]의 치소[治]로부터 북쪽의 교외니, 비스듬히 잇닿아 늘어진 것이 수십 리나 된다. 들판의 진펄은 용 비늘이요, 밭두둑의 봇도랑은 비단 무늬처럼 얽혀 있다. 봄철의 모판은 초록빛을 둘렀고, 가을에 익은 곡식은 황금빛을 매달았다. 논밭을 갈면서 노래하고 들밥을 내가며 흥얼거린다. 종종 들녘의 정취가 산등성 같은 구릉이 일어났다 엎드렸다 하는 듯하여, 만약 뒤집으면 쟁반[敦] 모양과도 같다. 바둑판을 고르고 넓은 들녘 한가운데 둔 것이, 마치 북두칠성의 숫자와도 같다. 불 지피는 연기가 간간이 피어오르고, 닭이며 개들의 울음이 지척 간에서 서로 들린다. 제천현 외곽 촌락의 집들이 손가락과 손바닥의 간격인 마냥 분명하고 뚜렷하게 드러난다.[72]

---

71 吳尙濂, 『燕超齋遺稿』卷5, 「雜著」, 〈滄浪翁茅山別業十六景小識·蓴洲〉, 42쪽(a). "湖之北近岸水淺處, 産蓴絲脆, 露凝淨滑狀氷筋, 自前輩稱其甚美無雙, 第不知較諸陸內史所稱, 未下塩豉者, 孰爲勝之, 每五六月中方盛, 採者, 榜舟而入, 用長鎌刈之, 取供不竭, 自十數年來稍損, 不及前時之盛, 豈窮措大無染指分耶." 〈순주〉 조항은 no. 8의 〈선지〉와 함께, 현존하는 의림지의 인조섬인 순주에 대한 귀중한 양대 고문헌 자료에 해당한다.

72 吳尙濂, 『燕超齋遺稿』卷5, 「雜著」, 〈滄浪翁茅山別業十六景小識·外郊〉, 42쪽(a, b). "外郊, 卽 縣治北郊也, 迤延數十里, 原隰龍鱗, 溝塍綺縞, 春苗匝綠, 秋實懸黃, 耕謠饁謳, 種種野趣, 岡隴起伏, 若覆敦狀, 棊置平遠中, 如北斗之數, 煙火間起, 雞狗相聞, 縣郭村舍, 歷歷指掌間矣." 외교란 지금의 제천시 청전동 주변에 위치한 청전들을 지칭한다. 구완회는 외교를 밖모산으로, 내교를 안모산으로 파악하였다. 구완회(2019), 앞의 논문, 158쪽.

16) 내교(內郊)

내교는 호수의 북쪽 언덕으로부터 고르고 넓어서 들판을 이룬 곳이다. 그 둘레를 헤아려 보건대 넉넉히 10여 리는 될 만하다. 조정(朝廷)에서 백성들의 개간(開墾)을 금지하는 명령을 내렸더니,[73] 잡목이 우거진 숲이 길고 넓어져서[長薄][74] 무성한 모습이 눈에 가득 차 보일 정도다. 산을 빙 둘러서 거주하는 자들이란, 겨우 양쪽으로 세 집뿐이어서, 연기와 불빛이 적막하고 스산하다. 암사슴들이 무리를 이루었고, 꿩이며 토끼 떼들이 매우 번성해졌으니, 사람들로 하여금 산을 떠받쳐서 푸르게 우거지도록 하려는 생각이 있었던 것이다.

매년 봄·여름철이 되면 고른 들녘이 녹음으로 아름답게 생기가 넘쳐나서, 저 멀리 무한정 바라보아도 넓고 아득하여 끝이 없도다. 소치는 이들이 이곳으로 모여들어, 노래하고 흥얼거리면서 서로 화답하니, 유유자적한 들녘의 정취로 넘쳐난다. 문득 (배도의) 오교장[午橋][75]이 좋은 터를 골라 지어졌음을 느끼면서, 예전처럼 다리를 건너고 또 억지로 안배(安排)하기도 한다.[76]

---

73 조선 후기에 이르러 조정(朝廷)에서 특수 국유림에 한해 금산(禁山)과 봉산(封山) 등 규제와 처벌을 강화한 정책을 펼친 사실을 나타낸 것이다.

74 장박(長博)과 같은 의미로 사용되어, 길고 넓다는 뜻임.

75 운위된 오교(午橋)란 오교장(午橋莊)의 준말로, 당나라 때의 장군으로 재상을 지낸 바 있는 배도(裵度, 765~839)가 오교에 지은 별장 이름을 일컫는다. 배도는 매우 넓은 동산을 골라서 무려 1만여 그루에 달하는 화목을 심었던 까닭에, 호화스럽기로 유명하였다고 한다.

76 吳尙濂, 『燕超齋遺稿』 卷5, 「雜著」, 〈滄浪翁茅山別業十六景小識·內郊〉, 42쪽(b). "內郊, 湖之北岸, 平廣爲郊, 量其周可十里而贏, 朝令禁民開墾, 叢林長薄, 蔚然目矣, 緣山而居者, 厪兩三家, 烟火蕭條, 麀鹿成羣, 雉兔甚蕃, 令人有擎蒼意, 每春夏時, 平綠天天, 極望無際, 牧者萃焉, 歌謳互答, 脩然有野情, 覺午橋粧點, 尙涉强安排也." 의림지 북쪽 지대에 위치한 들판을 가리키는 〈내교〉 항목은 스승인 송곡 이서우의 〈김밀양봉지제천십육경〉 중에서 no.15에 배치된 〈내교〉와 부분적으로 서술상의 유사성이 확인된다.(李瑞雨, 『松坡集』 卷10, 「詩」, 〈金密陽鳳至堤川十六景〉, 193쪽.): "호수 꽁무니엔 울타리가 드물고, 무성한 잡초들만 우뚝

4. 맺음말

이상에서 제시한 해제 논문과 역주 작업의 수행을 통해서, 우리는 18세기 초엽에 창작된 오상렴의 저술인 〈창랑옹모산별업십육경소지〉에 대한 문헌적 특성과 더불어, 또한 이 작품에 수록된 이른바 '모산별업십육경'에 대한 내용 구성과 서술 방식 등에 관한 이해를 도모하게 되었다. 그 결과 오삼렴의 〈창랑옹모산별업십육경소지〉의 경우, "쓸쓸한 이미지와 자아의 상실감"을 형상화하였다는 시 방면의 평론과는 전혀 차원을 달리하는 극히 실증적인 작품임을 확인할 수 있었다. 물론 건강한 전원생활과 현실의 우의적 풍자를 노래했다는 평을 받는 고시(古詩)의 세계[77]와도 상당한 거리를 유지하고 있다는 사실도 아울러 확인하게 되었다.

적시한 작가론이나 문학 세계에 대한 평론보다는 오히려 오삼렴의 〈창랑옹모산별업십육경소지〉의 경우, 극히 사실주의적(寫實主義的) 서술 기법에 의거한 실증적(實證的)인 기록물의 성격을 강하게 띠고 있으며, 이 같은 경향은 그와 막역지기였던 학고 김이만의 『산사(山史)』 중의 〈의림지〉 조항을 통해서도 공히 발견되는 특징이기도 하다. 바로 이러한 실증적·사실주의적 특징으로 인하여 오삼렴의 〈창랑옹모산별업십육경소지〉는 전근대 시기에서 작성된 여타 사대부들의 저술들과는 다르게, 의림지와 관련하여 매우 귀중한 고문헌 자료로서의 위상을 획득할 수 있었던 것이다. 이번 제2장에서 오삼렴의 〈창랑옹모산별업십육경소지〉를 엄선해서 소개한 이유도 바로 이러한 맥락에서다.

특히 김봉지의 〈제천십육경〉 중에서 관개·수리 시설과 직간접적으로 연관된

한 나무와 나란히 자라구나. 해 저문 들녘에는 연기가 모락모락, 땔나무꾼과 소치는 아이들 흥얼거리는 노랫소리. 이상은 내교.(湖尻籬落稀, 豊草連喬木, 日暮野烟生, 行歌返樵牧, 右內郊.)"
77 具仕會, 「燕超齋 吳尙濂論」, 『조선후기 한시작가론』 2, 이회, 1998, 389~410쪽 참조.

'의림지·선지·대제·폭포·홍류동·용담·외교·내교' 등과 같은 화소들을 대상으로 한 묘사는 오삼렴의 〈창랑옹모산별업십육경소지〉가 가장 풍부하면서도 자세한 기록을 담고 있다는 점에서, 대단히 중요한 기록적 가치를 내장하고 있는 것으로 평가된다. 물론 의림지에 부속된 또 다른 화소인 '유만·순주'에 관한 기록도 이 저수지의 생태계 현황이나, 역사적 경위를 파악하는 작업에서 대단히 귀중한 고문헌 자료에 해당한다. 한편 여타의 화소들인 '진섭헌·우륵당·연자암·대송정·호월정·자연대' 따위와 같은 항복들의 경우, 제례(祭禮)와 완상(玩賞)·유흥(遊興)과 유관한 역사적·자연적 상관물들로, 의림지가 추수하는 또 다른 국면이자 개념적 층차(層差)인 호수로서의 면모를 잘 대변해 주고 있다.

그런 점에서 오상렴의 〈창랑옹모산별업십육경소지〉는 18세기를 전후로 한 시점에서 저수지와 호수, 곧 호지로서의 특성을 겸비한 의림지를 대상으로 한 가장 풍부하면서도 의미 있는 기록문화의 산물로 평가할 수 있다. 그러나 오상렴이 열네 번째인 〈순주〉 항목을 통해서 의림지의 명산(名山)인 순채가 "십수 년 이래로부터 차츰 줄어들기 시작하여, 무성했던 앞선 시기에는 채 미치지 못하니, 어찌 오염됨이 없는 위대한 지분(指分)에 대한 조처가 이리도 궁한가?"라며 깊은 의문을 토로했듯이, 점증하는 위해적 환경 요인과 문화 철학적 전망이 부재한 채 시도되고 있는 작금의 개발 프로젝트들이란, 이 천혜의 역사적·경관적 공간이 직면할 미래를 몹시도 우울한 쪽으로 내몰아 가고 있다. 그런 점에서 제2장의 논의는 2022년 현재 의림지 권역의 수질·생태환경이 18세기의 그것과 비교의 관점에서 성찰할 만한 중요한 시사점을 제공해 주고 있다.

이어지는 제4부의 1, 2장에서는 생태환경사의 관점에서 조선 후기의 의림지 수질·생태환경의 실상과 함께, 전근대 시기의 의림지 특징적인 임상(林相)을 자세하게 소개하고 있다. 따라서 제4부의 논의를 통해서 우리는 2022년 12월 현재와는 확연히 비교되는 의림지의 구관(舊觀)과 대면하는 기회를 맞이하게 될 것이다.

제4부

전근대 시기 의림지의
생태환경과 제림(堤林)의 기원

학고 김이만의 18세기 의림지 생태환경 묘사

제천시 모산동에 소재한 의림지는 현존하는 국내 최고(最高)의 저수지로서 농경문화의 원형을 잘 간직하고 있는 역사적 공간이다. 원형의 의미를 '고대의 흔적'으로 정의한 심리학자인 칼 융(C. G. Jung)의 개념 정의를 따르더라도, 18세기에 남겨진 다양한 고문헌 자료들은 이 시기까지는 의림지 생태환경의 원형이 잘 보전되고 있었음을 확인시켜 준다. 특히 학고(鶴皐) 김이만(金履萬, 1683~1758)과 여타의 몇몇 조선조 사대부들이 남긴 문집에는 18세기를 전후로 한 무렵의 의림지와 그 주변에 대한 생태계 현황을 대상으로 하여 상당히 풍부한 묘사를 가해 두었음이 주목된다. 이에 이번 제1장의 지면을 통해서는 사대부들이 남긴 각종 문집들을 중심 텍스트로 채택한 가운데, 또한 여타의 읍지류를 보조텍스트로 활용하는 차원에서의 문헌 연구법을 적용하게 되었다.

특히 적시한 고문헌 자료 중에서 선친의 유별난 산수 취향으로 인해 타지인 제천에 출생한 김이만의 문집인 『학고집』은 금번 논의의 밑그림을 제공해 주었다. 김이만은 그가 양산(梁山) 군수(郡守)로 재직하던 당시에 청전제(靑田堤)라는 제방을 직접 축조한 경험이 있었을 뿐만 아니라, 중국의 호수며 저수지에 대해서도 풍부한 지적 소양을 겸비하고도 있었다. 더욱이 김이만의 가택은 "소 한 마리의 울음소리가 들릴" 정도로 의림지와 지근한 거리에 터하고 있었다. 자연히 김이만은 춘하추동 수시로 의림지에 제집 드나들 듯이 출입할 수 있었고, 그 결과 "흡사 방 안에 까는 요처럼 여겼다."는 그의 회고대로, 의림지의 제반 실상에 대해서 매우 소상한 정보들을 체화했던 인물이었다. 김이만이 수행한 의림지와 그 주변 묘사가 극히 실증적·사실적 특징을 띠었던 이유는 바로 이러한 맥락에 이해할 수 있다.

그리하여 김이만은 18세기 초·중엽의 의림지의 생태환경을 식물종과 조류 및 어족, 그리고 수양버들 물굽이[柳灣]·부들 항구[蒲港] 따위와 같이 상당히 다양한 부문에 걸쳐서 포착해 두었음이 자못 주목된다. 다만 김이만의 『학고집』의 경우, 의림지의 명산인 순채에 대해서는 매우 자세한 묘사를 수행하였으나, 조류와 어족 및 유만·포항 등등에 대해서는 시문(詩文)을 통해서 서술적인 기법으로 간략하게 포착해 둔 차이가 발견된다. 그러나 비록 소략한 기록물의 성격을 띠고 있지만, 의림지에 서식하던 다양한 식물의 품종·조류·어족 및 수생 초본류에 대한 귀중한 정보를 증언해 주고 있는 것만큼은 분명한 사실이다. 특히 18세가 당시에는 무성한 세를 과시했던 수양버들 군락의 경우, 2022년 12월 현재 시점에서 비교의 관점에서 고찰할 만한 명증한 기록상의 준거를 제공해 주고 있다는 점에서 매우 유익한 기록물로 평가된다. 물론 이처럼 비교할 만한 기록상의 지표를 제공해 주기로는 여타의 서식 개체들도 사정은 마찬가지이다. 바로 이러한 맥락에서 이번 제1장의 논의가 갖는 중요한 생태환경사(生態環境史)적 의의가 확인되기도 한다.

나아가 김이만은 『학고집』을 빌려서 18세기 무렵에 의림지의 주변 권역에는 어촌과 어시장, 그리고 땔나무 가게인 초점(樵店) 등으로 구성된 일정한 규모의 촌락이 형성되었다는 사실도 전언해 주고 있다. 전자는 당시 의림지에서 서식했던 어족과 순채 및 식물종의 산물이 무척 풍부했다는 점을 상기시켜 준다. 이에 비해 후자의 경우는 용두산 및 청전 들녘과 하나의 벨트를 형성해 온 의림지의 지형학적·생태학적 여건을 방증해 주고 있다. 그런 점에서 산림에 대한 남벌이 자행되었던 18세기 용두산의 황폐화 현상은, 그 아래에 터한 의림지에 상당히 부정적인 파급력을 드리울 것이 예상되기도 한다.

결과적으로 김이만과 오상렴 등이 묘사해 둔 18세기 무렵의 의림지 주변의 촌락 묘사란, 향리 사회였던 제천 지역과 의림지 권역의 향토사 연구에 귀중한 문헌 자료로 등록될 전망이다. 또한 당시에 형성된 촌락에서 배출된 오염 물질들로 인해 의림지의 식생(植生) 생태환경이 크게 위협받았던 정황이란, 이 사안을 환경사(environmental history)의 시각에서 접근할 만한 중요한 역사적·경험적 사례를 제공해 주었던 것으로 평가된다.

1. 드는 말

학고 김이만은 18세기 초·중엽을 주요 활동기로 삼았던 남인(南人) 계열의 관료이자 유학자였다. 김이만은 경주(慶州) 부윤(府尹)을 지낸 부친인 단계(檀溪) 김해일(金海一, 1640~1691)의 유별난 산수 취향에 의해 선대의 연고지인 경상좌도(慶尙左道)의 예천(醴泉)에서 궁벽진 호좌권(湖左圈)인 제천으로 이주하여, 이 지역의 단곡(檀谷)에서 출생한 특이한 집안의 내력을 간직한 인물이다. 당쟁(黨爭)이 초래한 정치적 피해를 감내하던 부친의 유별난 산수 취향을 그대로 물려받은 김이만은 제천의 백학봉(白鶴峯)과 청전들이 마주 보이는 곳에서 태어나 그곳에서 줄곧 성장하였다. 이후 김이만은 서인(西人)과 남인 사이에 정치적 환국(換局)이 교차하던 당쟁의 소용돌이로 인하여, 도합 20여 년에 달하는 주기적인 관직 생활의 공백기를 고향에서 보내게 되면서, 제천의 산수며 자연환경과 한층 더 친숙해지게 되는 식의 의도하지 않았던 기회를 맞이하게 된다.

특히 김이만이 거주했던 가택(家宅)은 드넓은 청전들과 제천을 상징해 주는 유서 깊은 공간인 의림지의 중간 지점에 위치하고 있었다. 때문에 김이만은 자택과 바로 이웃한 의림지를 철따라 제집 드나들 듯이 출입하였고, 그에 따라 의림지와 그 주변 공간들에 대해 매우 생생한 기록들을 남길 수 있었던 것이다. 김이만이 수행한 의림지와 그 주변 묘사는 여타 조선조 사대부들의 그것에 비해서 훨씬 사실적(寫實的)이면서, 또한 극히 실증적(實證的)인 기록물의 성격을 띠고 있음이 크게 주목된다. 기실 김이만이 가한 의림지와 그 주변 묘사는 미치 정밀한 한 장의 여행용 실측 지도를 접하는 듯한 느낌이 들게 한다. 물론 이 지도는 김이만이 의림지와 관련하여 남긴 제반 기록들을 수습·취합하여야만 독해가 가능한 것이기에, 그의 문집인『학고집(鶴皐集)』과 여타의 자료들 일체를 정밀하게 분석하고 검토할 필요성이 제기된다.

이와 동시에 제천 출신의 사대부들인 임호(林湖) 박수검(朴守儉, 1629~1698)과 연초재(燕超齋) 오상렴(吳尙濂, 1680~1707), 그리고 이 지역과 연고가 있었던 소론(少論) 계열의 중진으로 영의정을 역임한 명곡(明谷) 최석정(崔錫鼎, 1616~1715) 등이 남긴 문집들을 보조텍스트로 적극 원용함으로써, 중심 텍스트인『학고집』의 내용을 보충하는 방식을 채택하였다.

그 결과 김이만은 문집인『학고집』을 통해서 의림지에서 서식하고 있는 다양한 식물종(植物種) 및 어족(魚族)과 조류(鳥類) 따위를 대상으로 한 상세한 기록들을 남겨 두었음을 확인하게 되었다. 또한 김이만은 당시 의림지 일대에 형성되었던 촌락(村落)의 분포 양상까지도 포착해 두기도 하였다. 실상 이 같은 기록들은 18세기 초·중엽을 전후로 한 의림지의 수질·생태환경을 상징적으로 표상해 주고 있다는 점에서, 향토 사회사 연구와 관련하여 대단히 중요한 의미를 지닌다. 특히 김이만이 포착해 둔 18세기 무렵의 의림지 생태환경에 대한 묘사란, 근대 서구의 신문명과 자본주의적 상업문화가 전이·감염되기 이전 시기에서 칼 융(C.

G. Jung)이 설한 이른바 원형(原型, archetype) 개념에 상응하는 상징성을 간직하고 있었던 것으로도 평가된다.

결과적으로 이번 제1장의 논의가 의림지와 그 주변 공간을 대상으로 하여 다양한 문화·관광 기획과 주택단지조성 프로젝트를 시도하고자 하는 제천시(堤川市)에 역사적·경험적 차원에서의 유용한 생태적 모델로 반추되기를 기대해 본다. 지난 2013년도에 의림지가 국가농업유산으로 선정되지 못하고 탈락한 주요 원인 중에는 생태학적 지속성이 부족하다는 평가도 포함되어 있었던바, 이번 제1장의 논의는 바로 이 '생태학적 지속성'의 문제에 대해 중요한 참고 자료를 제공할 것으로 판단된다. 더 나아가 의림지가 국가적 범위를 초극한 차원인 유네스코 세계농업유산에 등재되기 위한 필수적 요건인 원형 보전의 문제에 대해서도, 본 논의가 유의미한 자료로 기능하기를 아울러 기대해 본다.

2. 김이만과 제천, 청전제(靑田堤)와 호지(湖池) 지식

1) 김이만과 제천

호가 학고·동애(東厓)이고 자(字)가 중수(中綏)였던 김이만은[1] 부친 김해일과 모친인 여주(驪州) 이씨(李氏) 사이에서 1683년(숙종 9) 6월 3일에 제천의 단곡에서 출생하였다. 김이만은 어릴 적부터 "용모가 풍만[豊碩]하고, 타고난 바탕·성품이 깊고 정중[沈重]하였으며, 총명하고 기억력이 뛰어난" 재질을 타고난 인물로 알려져 있다.[2] 본관이 예안(禮安)인 김이만은 선초(鮮初)인 세종(世宗) 때의 명신(名臣)

---

1 金履萬, 『鶴臯集』卷11(한국문집총간 續65), 「附錄」, 〈行狀〉, 한국고전번역원, 2007, 233쪽.
  "公諱履萬字中綏姓金氏, 禮安人 … 築鶴臯草堂, 自號鶴臯, 又號東厓."

으로 순흥(順興)의 단계서원(丹溪書院)에 배향된 인물로 이판(吏判)을 지낸 김담(金淡, 1416~1464)의 8세손에 해당한다.[3]

김이만의 가문은 고려(高麗) 시대에 밀직사(密直使)를 역임한 김성세(金成世) 때부터 차츰 현달(顯達)하기 시작해서, 그 이후로 벼슬길이 끊이지 않은 내력을 지니고 있다.[4] 김이만 부친의 형제 7인은 모두 경상좌도 예천의 화장리(花庄里)에서 출생하였다.[5] 자연히도 이향(異鄕)인 호서권의 제천에서 태어난 '부객(浮客)'[6] 김이만의 경우, 선대로부터 세거(世居)했던 그곳 화장리를 그리워하는 심회를 종종 토로하곤 하였다.[7]

이렇듯 김이만이 선대의 세거 지역인 예천 땅을 벗어나서 타향인 제천의 단곡에서 출생하게 된 이면에는, 부친인 김해일의 유별난 산수 취향과 긴박했던 당시의 정국(政局) 상황, 그리고 집안 사정 등이 복잡하게 뒤얽힌 채 동시에 작용한 결과였다. 즉, 김해일이 성주(星州) 목사(牧使)로 재임 중이던 1680년(숙종 6)에 서인이 집권한 경신환국(庚申換局)이 유발되면서 기어이 파직되어 귀향하게 되었

2　金履萬, 『鶴皐集』 卷11, 「附錄」, 〈行狀〉, 233쪽. "以肅廟九年六月三日, 生于堤川檀谷之寓第. 容貌豊碩, 姿性沈重, 聰明强記, 不肅而成."

3　金履萬, 『鶴皐集』 卷11, 「行狀」, 〈伯父通訓大夫, 行槐山郡守府君家壯〉, 227쪽. "入本朝諱淡, 官吏曹判書諡文節, 文章德業爲世宗朝名臣."; 같은 책, 〈仲父通訓大夫, 行司諫院司諫, 蘆洲先生家壯〉, 229쪽. "廟享丹溪書院, 於公爲七世祖."

4　金履萬, 『鶴皐集』 卷11, 「行狀」, 〈伯父通訓大夫, 行槐山郡守府君家壯〉, 227쪽. "其先禮安人, 自高麗密直使諱成世而顯, 其後簪組不絶."

5　金履萬, 『鶴皐集』 卷11, 「行狀」, 〈伯父通訓大夫, 行槐山郡守府君家壯〉, 227쪽. "生公于醴泉之花庄里第, 兄弟六人, 公其長也."

6　金履萬, 『鶴皐集』 卷6, 「詩晚稿·七言律詩」, 〈酬朴孝有孫慶〉, 145쪽. "堂構知君子舊庄 … 承家卻喜光前烈, 浮客還慚落異鄕."

7　金履萬, 『鶴皐集』 卷6, 〈酬朴孝有孫慶〉, 145쪽. "憶曾吾祖住花庄, 三世依然舊梓桑."; 〈酬朴孝有孫慶(2首)〉, 145쪽. "浮客還慚落異鄕."(1首)

고,[8] 연달아 당해 겨울에 부친상을 당한 끝에 울적하고 답답한 심회를 달래기 위해 호서(湖西) 사군(四郡)을 향해 유람을 나서게 된 사정 등이 동시적으로 계루되었던 것이다.[9] 그리하여 김해일은 호서권의 명승지를 두루 유람(遊覽)하던 도중에, "제천의 빼어난 자연경관[泉石]을 사랑한 나머지, 마침내 단곡에 복거(卜居)하기에" 이르렀던 것이다. 당시 김해일은 몇 칸의 초옥(草屋) 속에서 거친 음식을 먹으면서도 마음은 무척 편안하였다고 전한다.[10] 그리하여 김해일은 단곡에서 이곳 향리의 학동(學童)들을 대상으로 한 강학[訓誨] 활동에도 힘쓰는 한편, 또 틈틈이 야복(野服) 차림에 대나무 지팡이[竹杖]를 짚고서 제천의 계곡이며 산들에서 노닐거나, 혹은 고기잡이와 낚시질을 일삼는 식의 은둔 일상을 즐겼다고 한다.[11] 김해일의 호인 '단곡(檀谷)'은 바로 제천 단곡 지역 주변의 빼어난 자연환경을 표상한 기호(記號)라는 의미를 내포하고 있으며, 또 울결(鬱結)한 심회를 대자연을 통해서 해소하고 승화시키려는 의지가 감지되기도 한다.

같은 맥락에서 '단곡'이란 호에는 현실 세계에서 인정받지 못하고 부정당함으로써 주위와는 다른 자기라는 존재를 각성하는, 혹은 자기라는 존재를 절실하게 의식하는 성찰과 자아 발견의 공간이라는 의미가 깃들어 있다는 분석도 참고할 만하다.[12] 아무튼 김이만 또한 차츰 성장해 가면서 부친이 보여준 제천의 자연

---

8 金履萬, 『鶴皐集』 卷11, 「行狀」, 〈先考通政大夫, 行承政院左承旨府君家壯〉, 225쪽. "庚申春, 出牧星州, 已而時事大變, 公亦罷歸."

9 金履萬, 『鶴皐集』 卷11, 「行狀」, 〈先考通政大夫, 行承政院左承旨府君家壯〉, 225쪽. "是年冬, 丁參判公憂, 毁瘠幾殆, 旣外除, 遊覽湖西四郡." 언급된 '호서(湖西) 사군(四郡)'이란 제천·단양·청풍·영춘을 지칭한다. 달리 이 지역은 호좌권(湖左圈)으로 분류되기도 한다.

10 金履萬, 『鶴皐集』 卷11, 「行狀」, 〈先考通政大夫, 行承政院左承旨府君家壯〉, 225쪽. "遊覽湖西四郡, 愛堤川泉石之勝, 遂卜居檀谷焉, 草屋數楹, 飯糲茹蔬晏如也."

11 金履萬, 『鶴皐集』 卷11, 「行狀」, 〈先考通政大夫, 行承政院左承旨府君家壯〉, 225쪽. "訓誨鄕鄰學子不倦, 暇則竹杖野服, 徜徉于溪山漁釣之間, 其視嚣日之影纓結綬 … 而弁髦之矣."

사랑을 그대로 대물림한 인물로 변신하게 된다.

차후 김이만은 비교적 늦은 나이인 31세가 되던 1713년(숙종 9)에 사마시(司馬試)에 합격한 이후에, 곧바로 다음 달에 증광문과(增廣文科)에 급제한 이래로 승문원부정자(承文院副正字)·박사(博士)·태상(太常) 등의 관직에 순차적으로 임명되기에 이른다.[13] 마침내 조기에 등과(登科)하여 원대한 포부를 펼치겠다던 청년기 적의 꿈이 실현된 것이다.[14] 김이만은 사환기(仕宦期)에 접어든 이후로 내직(內職)으로는 전적(典籍)·병조좌랑(兵曹佐郞)·사예(司藝)·장령(掌令)·종부시정(宗簿寺正)·정언(正言)·사간(司諫)·집의(執義) 등과 같은 관직을 차례대로 거쳤다. 또한 외직(外職)으로는 평안도사(平安都事)·무안현감(務安縣監)·양산군수(梁山郡守)·서산군수(瑞山郡守)·영암군수(靈巖郡守) 등의 직책에 임명되었다. 그런데 적시한 관직명에서 드러나듯이, 대체로 김이만은 한직(閑職)과 외직(外職)을 전전했던 환력(宦歷)을 보여주고 있는 편이다. 이는 1694년에 유발된 갑술환국(甲戌換局) 이후로 정치적 영향력을 완전히 상실한 남인의 정치적 입지를 간접적으로 대변해 주기도 한다.

그 연장선에서 김이만의 경우 형식적 차원에서는 "통적(通籍) 50여 년에 이르는" 기나긴 관직 생활을 영위한 것으로 기록하고 있으나,[15] 실제로는 이 기간 동안에

---

12 권경록, 「鶴皐 金履萬의 문학에 나타난 '단곡(檀谷)'의 표상과 의미-'단곡' 관련 시와 기문(記文)을 중심으로」, 『어문논총』 71, 한국문학언어학회, 2017, 85쪽.

13 金履萬, 『鶴皐集』 卷11, 「附錄」, 〈行狀[李秉遠]〉, 233쪽. "癸巳, 陞上庠, 俄又闡大科, 選補槐院, 由副正字陞博士選太常."; 〈墓碣銘〉, 235쪽. "癸巳秋, 旣中司馬試, 又登文科及第, 選補槐院正字." 〈행장〉을 지은 이병원은 대산(大山) 이상정(李象靖, 1711~1781)의 손자로, 금부도사와 비안 현감 등을 역임하였다.

14 金履萬, 『鶴皐集』 卷위의 책, 「詩晚稿·七言律詩」, 〈放歌行〉, 67쪽. "小少負奇氣 … 早年釋偈登淸朝, 一蹴靑雲程萬里."

15 金履萬, 『鶴皐集·附錄』 卷11, 「行狀[李秉遠]」, 234쪽. "通籍五十年, 未嘗以宦達經心." 운위된 통적(通籍)이란 궁문(宮門)의 출입을 허락받은 자의 성명 등을 쓴 문서를 말한다.

무려 20여 년에 달하는 주기적인 공백기를 감당하였음을 소암(所菴) 이병원(李秉遠, 1774~1840)이 지은 〈행장(行狀)〉은 확인시켜 주고 있다.[16] 본 논의와 관련하여 더욱 중요한 사실은 김이만의 경우, 환로상(宦路上)의 공백기를 맞이할 때마다 어김없이 고향 집으로 '환가(還家)'하였고[17], 이는 결과적으로 의림지를 비롯한 제천의 산천(山川)과 한껏 친숙해지게 되는 계기로도 이어졌다는 점일 것이다. 이 같은 정황은 제천 출신의 관인·유자였으나, 생애 대부분을 주로 외지에 근무한 탓에, 고향의 산수를 시료(試料)로 삼을 겨를이 없었던 상곡(商谷) 강유(姜瑜, 1597~1668)[18]의 경우와는 단연 대비된다.

한편 앞에서 논급한 바와 같이, 선대의 세거지인 예천 지역의 화장리를 종종 그리워했던 김이만은 "다만 (이곳 제천의) 강산(江山)이 고향(故鄕)은 아니다!"는 아쉬움을 토로하곤 했다.[19] 이처럼 "윗대 조상이 살던 예천 화장리를 추억하는" 식의 연원 깊은 향수 감성은 노년에 이르기까지 지속된 현상이었던 듯하다.[20] 특히 이러한 현상은 선대의 고향과 연고가 있는 이들을 접할 때면 재발하곤 하는 특징을 보여주었다.

16　金鍾秀, 「鶴皐 金履萬의 생애와 학문세계」, 『한국철학논집』 37, 한국철학사연구회, 2013, 117~118쪽 참조.

17　金履萬, 『鶴皐集』 卷3, 「詩晚稿·七言古詩」, 〈還家〉, 77쪽. "驅馳何事白頭翁 … 歸到鶴鳴軒 上臥, 北牕依舊有淸風."; 같은 책, 「詩初稿·五言古詩」, 〈還家作(1首)〉, 30~31쪽. "三旬爲客 返紫荊, 屋後春薇可羮."

18　본관이 진주(晉州)인 상곡 강유는 황해도관찰사와 우부승지·호조참의 등의 관직을 역임한 인물임.

19　金履萬, 『鶴皐集』 卷1, 「詩初稿·七言律詩 附排律」, 〈己未元日試筆〉, 30쪽. "客舍重逢歲載 陽 … 秖是江山非故鄕."

20　金履萬, 『鶴皐集』 卷6, 〈酬朴孝有孫慶(1首)〉, 145쪽. "憶曾吾祖住花庄, 三世依然舊梓桑 … 送君聊復感山陽."

　그러나 김이만이 이처럼 골 깊은 외지인(外地人) 의식에 간힌 채 평생을 배회했
던 것은 물론 아니었다. 이를테면 1723년(40세)에 서울에서 관직 생활을 영위하
던 도중에, 김이만은 "우리 고향의 여러 군자(君子)들"로 지칭한 제천 출신의 벗들
과 더불어 '호사(湖社)'라는 문학 동우회를 결성하고, 이들과 공유한 창작 행위를
『호사창수록(湖社酬唱錄)』이라는 시문집으로 결실을 보기도 했기 때문이다.[21] 그
런데 『호사수창록』이란 시문집은 제천을 상징하는 아이콘(ikon)인 의림지를 표
제(標題)로 내세웠던 만큼, 제천은 벌써 김이만의 삶 속에서 운명적인 공간으로
정착하고 있었던 것이다.

　기실 김이만이 자호를 '학고'로 간택한 이유 또한 제천의 청전 들녘에 울려 퍼
지는 학(鶴)의 울음소리를 표상한 결과였으며, 호기(號記)에 참조된 전거는 『시경
(詩經)·소아(小雅)』의 〈학명(鶴鳴)〉편이었다.[22] 김이만의 자택은 바로 이 널따란
청전들과 마주한 곳에 위치한 백학봉(白鶴峯) 주변에 자리하고 있었다.[23] 또한 김
이만은 "자택[家]의 서편 자투리땅에, 세 기둥으로 된 초당(草堂)을 본뜬 집[堂]을
짓고," 비록 누추하나마 높고 전망 좋은 서재인 이곳 학고초당(鶴皐草堂)에서 매
년마다 무더운 여름철을 보내기도 하였다.[24] 그리하여 김이만은 자신의 서재(書

21　金履萬, 『鶴皐集』 卷8, 「序」, 〈湖社酬唱錄序〉, 164쪽. "昔司馬公在洛中, 與文范數公, 約爲
　　眞率會 … 乃吾鄕數君子, 相與景前休, 而敦宿好, 爲眞率會 … 歌詠旣多, 遂成鉅帙, 同社諸
　　公, 以不侫亦忝在從遊之列, 命爲之序."

22　金履萬, 『鶴皐集』 卷8, 〈鶴鳴軒記〉, 165~166쪽. "鶴鳴軒者, 主人自名也, 謂之鶴鳴者, 以其
　　地號靑田也 … 詩云鶴鳴于九皐, 聲聞于天, 此物之遂其樂也." 『시전(詩傳)』 卷10의 〈학명(鶴
　　鳴)〉편의 제1장에 "鶴鳴于九皐, 聲聞于野."라는 구절이 보인다.

23　金履萬, 『鶴皐集』 卷8, 「記跋」, 〈鶴皐草堂記〉, 166쪽. "堤川之艮隅, 有地曰靑田, 三峯鼎峙,
　　而居中最秀者曰白鶴峯, 峯之趾, 余乃家焉."

24　金履萬, 『鶴皐集』 卷8, 「記跋」, 〈鶴皐草堂記〉, 166쪽. "就家之西便隔地, 規作草堂三楹, 堂
　　之制至庫且陋, 而坐地頗高, 俗矚界殊曠, 可以把爽氣, 而醒煩慮, 每夏月多居之."

齋)를 겸한 이곳 학고초당에서 향유한 지극한 즐거움을 아래처럼 토로해 두기도
하였다.

> "이에 곁에 '학고초당'이라는 문패를 써서 붙이고, 그 안에서 편안하고 한가
> 로이 지냈다. 의취[意]가 심히 자적(自適)하여, 거의 하늘이 무너져 내리는 줄
> 도 알지 못하였으니, 다시 그 어떤 외물[物]이 나의 자적함[適]을 바꿀 수 있겠
> 는가?"[25]

윗글에 드러나 있는 김이만의 '자적(自適)' 철학이란 만족할 줄을 아는 지족(知
足)과 그칠 데를 아는 지지(知止)라는 중층의 의미를 간직한 체험과 사색의 결실
로,[26] 당쟁의 폐해가 초래한 연원 깊은 자신의 심리적 외상을 차츰 치유하고 승화
시켜 나갔음을 은연중 시사해 주기도 한다.

한편 윗글에서 언급한 학고초당의 북쪽으로 "소 한 마리의 울음소리가 들릴"
정도로 지근한 거리에는 "커다란 저수지[巨浸]"인 의림지가 자리 잡고도 있었다.[27]
김이만은 이곳 의림지에서 "뱃놀이를 즐기기도 하고, 고기잡이를 하기도 했으며,
(또한) 헤엄을 치기도 하고, 탁족(濯足)을 행하기도" 했던 즐거웠던 추억을 술회
해 두었다.[28] 즉, 의림지는 김이만에게 주변의 산이며 들녘이 제공해 주지 못했던
치유와 휴식, 그리고 심적 안온함을 충전시켜 주는 영혼의 공간으로 기능하고

---

25 金履萬, 『鶴臯集』卷8,「記」,〈鶴臯草堂記〉, 166쪽. "於是乎, 傍日鶴臯草堂, 而優游其中,
意甚自適, 殊不知天壤之間, 更有何物可以易吾適也."

26 김종수,「제천 의림지의 여름 풍광」,『충북학 누리』7, 충북학연구소, 2022, 6쪽.

27 金履萬, 『鶴臯集』卷8,「記」,〈鶴臯草堂記〉, 166쪽. "雖然堂之北, 一牛鳴許, 有巨浸焉, 卽所
謂義林池也."

28 金履萬, 『鶴臯集』卷8,「記」,〈鶴臯草堂記〉, 166쪽. "可以舟焉, 可以釣焉, 可以泳焉, 亦足補
其缺陷也."

있었던 것이다. 결과적으로 제천을 상징해 주는 청전들과 백학봉, 그리고 의림지 등과 같이 극히 친숙하고도 정겨운 자연환경으로 인하여, 애초 김이만이 간직했던 이방인 의식도 차츰 옅어져만 갔던 것이다.

　실제 김이만은 예나 지금이나 호서권 내에서도 열악하기 짝이 없는 지역, 곧 "골짜기는 길고 고갯마루가 험하여 말 타고 가는 이가 적고",[29] 또한 "땅이 궁벽 [僻]져서 인사(人事)마저도 드문"[30] "충주(忠州) 동북쪽의 제천(堤川)"[31] 지역에 대한 분명한 인식상의 변화가 수반되고 있었다. 이 같은 정황은 김이만이 수년 만에 다시 관직을 접고 고향으로 뒤돌아 온 뒤에 읊조린 시 속에서 자신의 집을 동양의 이상향인 무릉도원[武陵溪]에 비견한 장면을 통해서도 거듭 확인된다.[32] 급기야 김이만은 '청전옹(青田翁)·청전노(青田老)·백학산인(白鶴山人)·호해객(湖海客)·강호객(江湖客)·관포옹(灌圃翁)·야인(野人)'[33] 등과 같이 제천의 자연을 형상화한 다

---

29 金履萬, 『鶴皐集』 卷2, 「詩中稿·七言律詩」, 〈詠堤川風土(1首)〉, 233쪽. "龍頭遠勢鬱嵯峨 … 峽路嶔巇騎馬少."

30 金履萬, 『鶴皐集』 卷1, 「詩初稿·五言古詩」, 〈青田雜詩(1首)〉, 26쪽. "十家同一井, 煙火送朝晡 … 地僻疎人事."

31 金履萬, 『鶴皐集』 卷2, 「詩中稿·七言律詩」, 〈詠堤川風土(2首)〉, 233쪽. "忠州東北是堤川, 林湖灌作千畦雨."

32 金履萬, 『鶴皐集』 卷5, 「詩晚稿·五言律詩」, 〈歸青田, 次老杜歸成都韻(2首)〉, 114쪽. "幽居何似武陵溪, 爲有桃花路不迷."

33 金履萬, 『鶴皐集』 卷6, 「詩晚稿○七言律詩」, 〈直廬秋夜漫吟(二首)〉, 120쪽. "直署寥寥淸晝空, 高卧白髮青田翁."; 같은 책, 「詩中稿○七言律詩」, 〈夜坐對月, 又用前韻〉, 48쪽. "誰憐寂寞青田老, 坐到三更河漢西."; 같은 책, 「詩晚稿○七言絕句」, 〈旅邸見南山〉, 79쪽. "白鶴山人本在山, 誰敎一出客長安."; 같은 책, 「詩中稿○五言律詩(附排律)」, 〈自南漢入京〉, 39쪽. "五年湖海客, 重到眼如新."; 같은 책, 「詩中稿○五言律詩(附排律)」, 〈舟中作〉, 38쪽. "老作江湖客, 光陰半在船."; 같은 책, 「詩晚稿○七言律詩」, 〈夜坐〉, 131쪽. "一生鉛槧竟何功, 晚節甘爲灌圃翁."; 같은 책, 「詩中稿○七言律詩」, 〈漫成(二首)〉, 43쪽. "青山半面寄全家 … 野人唯惜麥耕鋤."

양한 별호를 애용하기에 이른다. 이처럼 다양한 별호들은 김이만이 제천의 산수 풍광(風光)에 완전히 동화되었음을 의미한다.

그뿐만 아니라 김이만은 자신의 서재 명칭을 하필 '학명헌(鶴鳴軒)'으로 명명한 이유와 관련해서, "(학명)헌(軒)의 이름은 다만 청전(青田) 들녘을 위해 베푼 것"으로 해명한 장면도 예사롭지가 않다.[34] 이처럼 학명헌으로 귀착된 서재 명칭은 청전들로 표상되는 제천의 자연 공간과 김이만 사이에 존재했던 의식상의 간극이 완전히 무화(無化)된 상태였음을 확인시켜 주고 있기 때문이다. 김이만이 수행한 의림지와 그 주변 공간을 대상으로 한 사실적·실증적 묘사란, 이상에서 논급한 복잡다단한 저변의 맥락들을 경유하는 과정을 겪으면서 이뤄진 문학적 결실이었음을 간취하게 된다.

2) 청전제 축조와 호지 관련 소양

김이만이 문집인 『학고집』을 통해서 묘사해 둔 18세기 의림지의 수질·생태환경과 관련된 기록을 검토하기에 앞서, 우선 그가 제방(堤防)[제언]을 직접 축조한 실무적 경험과 함께, 호수와 저수지의 합성어인 호지(湖池)[35]를 둘러싼 지적 소양이 풍부한 지식인이었다는 사실을 잠시 들추어 보이도록 하겠다. 일단 전자와 관련하여 1740년(58세) 여름에 김이만이 양산 군수에 재직하던 동안에 보여준 각별한 위민(為民) 의식이란 매우 주목할 만한 것이었다.

당시 양산군(梁山郡)은 해문(海門) 가까이 위치한 지형적 특성으로 인하여, 낙동

---

34 金履萬, 『鶴臯集』 卷5, 「詩晚稿·五言律詩」, 〈鶴鳴軒〉, 110~111쪽. "唯將枕供閑臥 … 軒名只 為青田設."

35 의림지에 '호지' 개념을 도입한 논의로는 김종수, 「18세기 堤川 義林池의 樓亭文化」, 『洌上古 典硏究』 44, 열상고전연구회, 2015, 44~50쪽 참조.

강(洛東江)의 홍수[水]가 모여들어 범람하면서 수재(水災)가 발생했고, 이에 군민(郡民)들이 넋을 잃고 허우적거리는 긴박한 재해 상황에 처해졌다.[36] 이처럼 비상한 재이(災異) 사태를 맞이하여 김이만이 보여준 아래와 같은 처사란, 길이 기억될 만한 목민관(牧民官)의 한 전형을 전시해 주고 있음이 분명해 보인다.

> "(이에) 공(公)이 봉록(俸祿)을 털어서 제방(堤防)을 축조하자, 비로소 양산 군민들이 양식[粒]을 먹을 수 있게 되었다. (그리하여) 향인(鄕人)들이 돌비석[石碑]을 세워 그 치적을 기렸고, 제방은 청전제(靑田堤)로 불렸으니, 공의 (제천) 가택 거주지[家居]로써 칭(稱)했기 때문이다."[37]

특히 윗 인용문 후반부에서 '청전제'로 작명한 경위와 관련하여 "공의 가택 거주지[家居]로써 칭(稱)했기 때문"이란 표현이 뜻하는 바는, 지난 시절에 달리 '남전(藍田)'이라는 이름으로도 불렸던 청전들[38]이 터한 고향 제천 지역을 상징하는 표현임이 눈길을 끌게 한다. 따라서 양산 군민이 허용한 청전제라는 제방 명칭은 김이만이 이룬 치적(治績)에 대해서 군민들이 무한한 영예를 부여한 작명법으로 평가된다.[39]

그런데 김이만은 양산 군수로서 상기 인용문에 드러난 방파제(防波堤)인 청전제를 몸소 축조하기 이전 시점에서부터 중국의 유명한 호수와 저수지에 대해서

---

36 金履萬, 『鶴臯集』 卷11, 「附錄」, 〈行狀[李秉遠]〉, 233쪽. "郡近海門, 水匯爲災, 民多昏墊.";
〈墓碣銘〉, 235쪽. "郡在嶺南, 其瀆曰洛東江, 水匯于郡, 是年滔瘰爲災, 居民昏墊."

37 金履萬, 『鶴臯集』 卷11, 「附錄」, 〈行狀[李秉遠]〉, 233쪽. "公捐俸築堤, 梁民乃粒, 鄕人立石紀其績, 號曰 靑田堤, 以公家居稱也."

38 金履萬, 『鶴臯集』 卷6, 「詩晚稿·七言律詩」, 〈哭進士姪慶錫〉의 제5구인 "藍田草綠迷歸襯"에 대한 주해: "自檀谷來靑田奴家, 半日暴逝, 靑田亦謂之藍田."

39 金鍾秀(2013), 앞의 논문, 112~113쪽 참조.

큰 관심을 기울여 왔던 것 같다. 이러한 정황은 김이만이 무려 "3만 경(頃)에 이르
는 커다란 호수"인 중국 강서성에 소재한 진택호(震澤湖)의 중앙에 산(山)이 자리
한 모습을 보고 읊은 칠언절구인 〈관진택기(觀震澤記)〉를 통해서도 일정 부문 확
인된다.[40] 또한 김이만은 동국(東國)의 의림호(義林湖)를 중국의 진택호와 동정호
(洞庭湖)와 비교한 아래의 〈임호부(林湖賦)〉를 창작하기도 하였다. 부체(賦體)를
취한 이 작품 역시 김이만이 호지와 관련하여 축적한 풍부한 지적 소양이며 견문
정도를 어느 정도 가늠하게 해준다.

> "또 저 3만 경(頃)에 이르는 진택호와 700여 리(里)에 걸친 동정호의 크기란
> (참으로) 크기도 하고, 아름다움이란 (진정) 아름답기도 하나, 진실로 우리 영토
> [土]는 아니다. 경계[疇]를 능히 볼 수 있는 자라면, 오직 이 의림호[林湖]의
> 널따란 모습, 이 또한 동정호와 진택호에 버금감을 알리라!"[41]

김이만은 윗글을 통해서 비록 의림지[林湖]의 규모나 크기가 중국의 진택호·
동정호의 그것에는 채 미치지는 못한다는 솔직한 아쉬움을 표하였다. 이와 동시
에 상대적으로 영토가 비좁은 우리 강역(疆域)을 고려하자면, "이 의림호의 널따
란 모습"이란 그 자체만으로 중국의 진택호와 동정호에 못지않은 동국 최고의
호수라는 자긍심을 표출해 보이기도 하였다. 이 같은 김이만의 전향적인 인식이

---

40 金履萬, 『鶴臯集』 卷4, 「詩晩稿·七言絶句」, 〈觀震澤記〉, 99쪽. "太湖三萬頃, 山在水中央
… 豈意神仙宅, 還兼富貴鄕." 이 시는 실제 진택호를 답사하고 읊은 것이라기보다는 화공(畵
工)이 그린 그림을 감상하고 창작했을 가능성이 높다. 한편 1경(頃)은 100묘(畝)에 해당하는
데, 약 10,000㎡로 환산된다.

41 金履萬, 『鶴臯集』 卷1, 「詩初稿·五言古詩」, 〈林湖賦〉, 20쪽. "且夫震澤之三萬頃, 洞庭之七
百里, 大則大矣, 美則美矣, 諒匪五土. 疇能見者, 惟玆湖之廣象, 斯亦洞庭震澤之亞也."

란 그가 평소 견지했던 민족문학 의식의 일단을 엿보게도 해주는 대목으로, 일면 연암(燕巖) 박지원(朴趾源, 1737~1805)이 설파했던 이른바 '조선지풍(朝鮮之風)'[42] 과도 궤를 같이하는 장면으로 평가된다.

한편 조선의 문학이 민족문학으로서의 성격을 강화해 나가는 과정에서 명말(明末)의 원굉도(袁宏道, 1588~1610)의 개성적인 문학론이 일정하게 참고가 되었다는 주장도 주목할 만하다.[43] 왜냐하면 『학고집』에는 김이만이 명나라 말엽의 문학가인 원굉도의 『병화록(瓶花錄)』과 『명산기(名山記)』에 순차적으로 탐닉했던 정황이 더러 발견되고 있기 때문이다.[44] 실제 김이만은 만년(晚年)에 이르러 원굉도의 전집(全集)[곧 『원중랑집(袁中郎集)』]을 중국으로 사행(使行)에 나선 "다른 사람에게 부탁하여, 멀리 북경[燕]의 서점[書肆]에서 구입해서" 틈나는 대로 이 서책을 읽곤 하는 열정을 발휘하였던 인물이었다.[45] 결과적으로 김이만이 수행한 의림지와 그 주변 공간에 대한 묘사 역시 진(眞)의 문학을 추구했던 원굉도의 문학세계에서 일정한 영향을 받았을 것으로 추정된다.

그리하여 김이만은 만년에 이르러 지난날의 유람에의 기억을 추수적으로 기록한 유기류(遊記類)의 저술인 『산사(山史)』를 통해서도 고대 중국의 호수·저수지 [못]와 "제천[堤]의 거대한 저수지[巨浸]로, 그 둘레가 10여 리이며, 그 깊이를 헤

---

42 朴趾源, 『燕巖集』卷7(한국문집총간252), 「嬰處稿序」, 민족문화추진위원회, 2001, 110쪽. "若使聖人者, 作於諸夏, 而觀風於列國也, 攷諸嬰處之稿, 而三韓之鳥獸艸木, 多識其名矣, 貊男濟婦之性情, 可以觀矣, 雖謂朝鮮之風 可也."

43 심경호, 「조선후기 한문학과 袁宏道」, 『韓國漢文學研究』34, 韓國漢文學會, 2004, 125쪽.

44 金履萬, 『鶴皐集』卷8, 「記跋」, 〈題袁中郎集後〉, 170쪽. "余少時見袁石公瓶花錄而愛之, 中年讀名山記, 間多石公所作, 頗適於心." 인용문 속의 『병화록(瓶花錄)』은 원굉도의 저서인 『병사(瓶史)』를 가리키는 표현이다.

45 金履萬, 『鶴皐集』卷8, 「記跋」, 〈題袁中郎集後〉, 170쪽. "晚乃托人遠購於燕肆, 恒置座右, 暇則閱之."

아릴 수 없는"[46] 의림지를 아래처럼 비교의 관점에서 서술해 두기도 하였다.

> "대개 (의림지는) 진(秦)의 미(渼)와 항(杭)의 전당(錢塘), 그리고 월(越)의 감
> 호(鑑湖)와 같은 것이다. (다만 의림지를) 소착(疏鑿)한 (최초의) 시기[始]가 어
> 느 시대[代]인지를 기록하지는 않았다. (아마도) 고려조[勝國]의 말경에 이르러
> 못물[水]이 또 진흙으로 메워져서, 우리 왕조[我朝]의 정(鄭) 하동(河東) 인지
> (麟趾)가 …"[47]

앞의 인용문에서 김이만은 중국의 진택호와 동정호, 그리고 의림지 삼자 간의
크기나 면적을 비교해 보았다. 이에 비해 위의 인용문을 통해서는 의림지 제방을
최초로 축조한 시기, 곧 이른바 의림지 시축(始築) 담론으로 지칭되는 사안에 초점
을 맞춘 차이가 발견된다. 실제 의림지 시축 담론은 이병도가 1956년에 「한국
수전(水田)의 기원」이라는 수필을 통해서 삼한시대 시축설을 제기한 이래로,[48]
2020년 현재에 이르기까지 핵심적 쟁점으로 부상해 온 주제 사안이다.

여하간 이상의 논의를 통해 우리는 김이만이 제방을 직접 축조한 매우 특이한
이력을 지니고 있었을 뿐만 아니라, 중국의 호지에 대해서도 상당한 지식을 축적
한 상태였음을 확인하게 되었다. 어쩌면 의림지를 향한 깊은 애정이 김이만으로
하여금 중국의 호수·저수지에 대한 진지한 관심으로 이어졌는지도 모르겠다. 결

---

46 金履萬, 『鶴皐集』卷9, 「雜著」, 〈山史〉, 195쪽. "義林池, 堤之巨浸也, 其周十里, 其深不測."

47 金履萬, 『鶴皐集』卷9, 「雜著」, 〈山史〉, 195쪽. "蓋猶秦之渼, 杭之錢塘, 越之鑑湖也. 疏鑿之
始, 莫記何代, 至于勝國之末, 而水且淤. 我朝鄭河東麟趾, 體察湖西嶺南關東三路 …" 인용문
중에서 '수차어(水且淤)'의 '어(淤)'자는 진흙 혹은 토사(土砂) 따위가 쌓여 저수지가 막힌다는
뜻인 '어알(淤閼)'의 준말로 보인다.

48 李丙燾, 『두계잡필(斗溪雜筆)』, 일조각, 1956, 48~51쪽.

과적으로 이처럼 선행된 체험과 축적된 지식들은 김이만이 제천의 의림지와 그
주변 공간 및 역사적 상관물들을 묘사하는 과정에서 극히 유익한 지적 원천으로
작용하게 되었을 것으로 사료된다.

3. 18세기 의림지의 수질·생태환경

김이만은 "수많은 전답에 물을 대주는 의림호[林湖]"[49]를 찾는 나그네를 뜻하는
'호해객(湖海客)'[50]으로 자신을 지칭했으리만큼, 그의 생애에서 의림지는 매우 특
별한 공간으로 자리매김하고 있었다. 물론 그 이면에는 김이만의 자택과 "의림호
[湖]가 5리 거리로 가까워서, 그 호수 보기를 마치 집 안의 뜰처럼 여겼던" 지형학
적 여건도 크게 작용하였다.[51] 이에 김이만은 의림지 대하기를 "흡사 방 안에 까는
요처럼 여겼다."는 말로써, 지극한 친숙함을 표현해 두었던 것이다. 그 연장선에
서 김이만은 그가 의림지에 드나든 지도, 어언 '30년 1일'이나 되는 세월이 지났다
며, 의림지와 인연을 맺은 구체적인 연수와 날짜까지 밝혀 두기도 하였다.[52]

이 같은 지형학적 근접 여건과 정서적 친근함으로 인해 김이만은 이른 아침에
일어나자마자 의림지의 경관을 충분히 완상(玩賞)할 수도 있었다.[53] 더욱이 의림지

---

49 의림지는 '임호(林湖)·의호(義湖)·의림호(義林湖)' 등의 어휘로 지칭되곤 하였다

50 金履萬, 『鶴皐集』 卷1, 「詩初稿·五言古詩」, 〈自南漢入京〉, 39쪽. "夜宿開元寺, 崇朝渡廣津
… 五年湖海客, 重到眼如新."

51 金履萬, 『鶴皐集』 卷8, 「記跋」, 〈林湖採蓴記〉, 169쪽. "余家距湖五里而近, 其視湖猶戶庭焉."

52 金履萬, 『鶴皐集』 卷9, 「雜著」, 〈山史〉, 196쪽. "余家距湖劣一牛鳴, 視猶戶庭焉衽席焉, 杖
屨相羊, 三十年一日也."

53 金履萬, 『鶴皐集』 卷2, 「詩中稿·七言律詩」, 〈朝起〉, 60쪽. "朝起盥漱畢 … 湖上夜來雨, 爽
氣滿簷楹."

는 김이만이 잦은 관직 생활의 공백기를 감당한 끝에, "사람의 정신[神]·기운[氣]이 지쳤어도, 이곳에 이르면 (문득) 마음이 맑아지고 즐거워짐을 느낀다."는 고백에서 확인되듯,[54] 일종의 심리적 치유의 기능까지 제공해 주고도 있었음이 주목된다. 자연히 김이만의 자제들도 덩달아 수시로 의림지를 드나들며 유희(遊戲)의 공간으로 삼았음은 물론이다.[55] 이처럼 김이만과 그의 직계 가족들의 경우, 의림지는 오랜 세월에 걸쳐서 제집 드나들 듯이 대한 매우 친숙한 생활 속의 공간 그 자체였던 것이다. 때문에 김이만이 묘사해 둔 의림지와 그 주변에 대한 기록 또한 극히 사실적이면서 실증적인 특징을 띨 수밖에 없었다. 실제 김이만은 의림지에 부속된 주변 공간과 상관물들인 우륵당·연자암·후선각·진섭헌 및 홍류동·용추폭포 등이 포함된 "제천현(堤川縣)의 북쪽 수(數) 리(里)쯤에 자리한 의림지(義林池)"[56]의 전모를 매우 입체적인 차원에서 세밀하게 관찰하고 있었다는 사실을 아래 인용문은 제대로 확인시켜 주고 있다.

"대개 일찍이 우륵당(于勒堂)에 노닐면서 호수의 둘레[圓]를 알았고, 연자암(燕子巖)에 노니면서는 호수의 면적[廣]을 알아차렸으며, 후선각(候仙閣)에서 노닐면서 호수의 고도[敲]를 알게 되었다. (또한) 진섭헌(振屧軒)에 노닐면서 호수가 가려진 정도를 알았으며, 홍류동(紅流洞)에 노니면서 호수의 기이한 풍경[奇觀]도 알게 되었다."[57]

---

54 金履萬, 『鶴皐集』卷2,「詩中稿·七言律詩」,〈義林池, 次柳州南澗韻〉, 50쪽. "春秋豈不美 … 令人神氣疲, 到此覺爽然."

55 金履萬, 『鶴皐集』卷4,「詩晩稿·七言絶句」,〈兒輩往遊林湖, 獨坐漫吟〉, 87쪽. "春陰漠漠養花天 … 湖上春遊讓少年."

56 崔錫鼎, 『明谷集』卷9(한국문집총간 154),「記」,〈臨沼亭記〉, 민족문화추진위원회, 2000, 11쪽. "義林池在堤川縣北數里許, 其大方舟, 其深不測."

57 金履萬, 『鶴皐集』卷9,「雜著」,〈山史〉, 196쪽. "蓋嘗遊於于勒堂, 而得湖之圓, 遊於燕子

위의 인용문에서 우륵당·연자암·후선각·진섭헌·홍류동 등과 같은 부속 공간 및 역사적 상관물들을 통해서 언급한 의림지의 둘레·면적·고도·가려진 정도·기관[奇] 따위를 둘러싼 정보란 일종의 의림지 제원(諸元)에 해당하는 사항들이다. 김이만은 위의 인용문에서 누락된 수심(水深)과 관련해서는 "긴 끈을 던져서 깊이를 재었으나,[58] 일찍이 그 최저점[極]을 알지 못했다."고 보충해서 기록해 두었다.[59] 또한 김이만은 "물길을 따라 내려가노라니 맑고 얕은 정도가 순주(蓴洲)에 기록된다."라는 부연 설명을 통해서,[60] 순주가 수행한 기능의 일단까지도 서술해 두기도 하였다. 이 같은 김이만의 언술은 의림지 북동쪽 방향에 위치한 인조섬인 순주가 수심과 수질(水質)을 동시에 가늠하기 위한 용도로도 활용되었음을 밝힌 중요한 문헌 자료에 해당한다. 이에 추가하여 김이만은 〈임호관폭(林湖觀瀑)〉이라는 작품에서, "거꾸로 쏟아지는 물줄기 지금까지 여전히 마르질 않았으니, 의림지에 수량[水]이 많음을 비로소 알았도다!"는 에두른 표현을 통해서,[61] 의림지의 막대한 저수량과 깊은 수심의 문제를 읊조려 두기도 했다.

의림지는 2006년 12월에 이르러 문화재청에 의해 국가지정문화재 명승 제20호로 등록된 상태다. 현재 의림지는 호반 둘레가 약 2km, 호수 면적은 158, 677m²,

---

巖, 而得湖之廣, 遊於於候仙閣, 而得湖之敞, 遊於振屧軒, 而得湖之幽, 遊於紅流洞, 而得湖之奇."

58 이상은 김종수, 「15~19세기 의림지(義林池)의 관개(灌漑)·수리시설(水利施設) 연구」, 『한국전통문화연구』 18, 한국전통문화대 전통문화연구소, 2016, 107~108쪽의 내용을 간략히 재구성한 결과임.

59 金履萬, 『鶴臯集』 卷1, 「賦」, 〈林湖賦〉, 19쪽. "投長絃而測深, 曾莫知其所極."

60 金履萬, 『鶴臯集』 卷6, 「詩晚稿·七言律詩」, 〈秋懷(2首)〉, 143쪽. "天地東南浩蕩遊 … 沿流清淺記蓴洲."

61 金履萬, 『鶴臯集』 卷1, 「詩初稿·五言古詩」, 〈林湖觀瀑〉, 38쪽. "一道飛流萬頃波, 倒瀉至今猶未涸, 義林池水始知多." 시제 중에서 폭(瀑)자는 용추폭포(龍湫瀑布)를 말한다.

저수량 6, 611, 891m³, 수심 8~13m로, 이 저수지로부터 물을 공급받는 몽리(蒙利) 면적은 약 300여 정보(町步)에 이르는 것으로 측정되었다.[62] 따라서 김이만이 언급한 의림지의 제원을 둘러싼 사항들은 수치상의 기록이 불가피하게 누락될 수밖에 없었던 18세기의 사정을 감안할 때에, 의림지의 제원에 해당하는 요소들을 두루 충족시킨 기록임을 알 수 있다. 물론 그 이면에는 제방 및 호지 방면에 대한 관찰자인 김이만의 실무 경력과 평소 온축한 지적 소양 등이 크게 작용하였을 것임은 앞에서 자세하게 논급한 바와 같다. 그렇다면 이제 김이만이 수행해 둔 18세기 초·중반 무렵의 의림지의 생태·수질환경 현황에 대한 묘사를 개괄적으로 소개하는 절차를 밟도록 하겠다.

1) 식물종(植物種)

의림지는 인접한 용두산(龍頭山) 및 청전들과 하나의 벨트(a belt)를 형성하고 있음과 동시에, 또한 의림지 자체만의 별도로 독립된 구역을 이루고 있는 공간이기도 하다. 자연히 의림지의 생태환경도 용두산 및 청전 들녘과 밀착된 지형학적 조건에 크게 영향을 받을 수밖에 없다. 이번 제3장의 1), 2)절에서 검토될 내용은 하나의 독립된 구역으로서의 의림지 공간과 관련되어 있으면서, 아래 지대인 청전들의 솔방죽 혹은 유등제(柳等堤)의 식생(植生)·수생(水生) 생태계와 일정한 연관성을 지닌 논의이기도 하다. 한편 제3)절의 논의는 용두산·청전들과 하나의 벨트를 형성하고 있는 의림지의 지형학적·생태학적 여건과 두루 맞물려 있는 차원의 내용에 해당한다.

---

62 충북대 박물관·제천시, 『의림지 정밀기초조사(조사보고 제69책)』, 학연문화사, 2000, 150쪽 참조. 참고로 1정보(町步)는 약 3,000평에 해당한다.

이번 제1)절과 관련해서 무엇보다 주목되는 부분은 18세기 초·중엽 무렵을 전후로 하여 의림지 권역의 생태계 정보를 자세하게 포착해 둔『학고집』의 해당 기록에 관한 것이다. 다시 말해서 김이만은 당시 의림지에 서식하고 있는 다양한 어족·조류·식물 품종들에 대한 기록들을 모두 남겨 놓았던 것이다. 다만 김이만의 경우 수련과(睡蓮科)에 속하는 다년생 물풀인 순채를 제외한 여타의 부류들에 대해서는 체계적인 서술 방식을 채택하지는 않았다. 다시 말해서 김이만은 의림지의 특산물로 "동국(東國)에서 으뜸가는" 순채에 대해서는 〈임호채순기(林湖採蓴記)〉라는 기문(記文) 양식[63]을 빌려서 비교적 상세한 설명을 덧붙여 두었지만, 여타의 식물군은 시(詩)·부(賦) 등과 같은 장르를 빌려서 다분히 '서술적인(descriptive)' 기법으로 간략히 묘사해 둔 차이가 발견된다. 그러나 우리는 김이만의 문집인『학고집』과 여타의 조선조 사대부들이 남긴 해당 기록들 모두를 수습·취합하는 논의 방식을 적용함으로써, 18세기 당시 의림지의 식생 생태계 환경의 현황에 어느 정도 근접할 수 있을 것으로 기대한다.

우선, 김이만은 식물과에 해당하는 서식체로서 순채·청빈(靑蘋)[네가래]·능(菱)[마름]·행(荇)[마름류]·청고(靑菰)[향초]·'수규(水葵)[물해바라기]'[64]·손(蓀)[향풀] 따위와 같은 다양한 품종들을 간헐적으로 서술해 두었음이 눈에 띄었다. 이들 개체 중에서 마름인 '능(菱)'은 수면 식물의 대표적 개체로 수중에 넓게 분포하고 있으며, 옛날 춘궁기 적에 구황(救荒) 식품으로 이용되어 백성들의 삶을 이어주던 농업적 가치가 컸던 것으로 알려졌다.[65] 다음으로 "저 황매(黃梅)가 피는 계절"인 봄철

---

63 金履萬,『鶴臯集』卷8,「記」,〈林湖採蓴記〉, 169쪽. "林湖之蓴, 甲于東國 … 遂筆其說, 以貽同好者."

64 순채의 별칭.

65 강상준,「의림지 생물의 다양성」,『古代 水利 의림지 농업유산의 가치 재발견 민관학 공동 워크숍』, 제천문화원, 2013, 9쪽 참조. 마름의 열매인 능실(菱實)은 녹말 67%, 단백질 14%가

에 왕성하였던 네가래풀에 대한 묘사를 살펴보자. 이 개체와 관련하여 김이만은 "푸른빛 네가래풀[靑蘋]이 가득한 물 위에 뜬 채 출렁거린다."라거나, 혹은 "물이 따스해진 의림호[林湖]에서 초록빛 네가래[綠蘋]를 채취하노라!"[66]는 등의 관찰 결과를 수록해 두었다. 다만 소개된 네가래풀이 오늘날의 어떠한 학명(學名)을 부여받은 개체인지는 불확실하다.

이제 김이만이 시·부 장르를 통해서 극히 소략하게 포착해 둔 여타의 서식 개체들 모두를 취합하여 한꺼번에 열거해 두도록 하겠다.

> "'비취색 마름[荇]이 바람을 따라서 휘둘린다.'·'비취색 마름[荇]을 뽑아 올린다.'[67]·'(조류들이) 푸른 줄[靑菰]을 쪼고는 맑은 물을 마신다.'[68]·'의림호에 마름[菱]을 캐서 그릇에 담도다.'[69]·'산에는 계수나무가 있고, 못에는 창포[蓀]가

들어 있어서 능미(菱米) 또는 물밤(Water Nut)으로 칭하기도 한다. 단, 쪽수 표시는 인터넷 유포본을 복사해서, 필자가 임의로 매긴 것임.

66 金履萬, 『鶴臯集』 卷1, 「賦」, 〈林湖賦〉, 19쪽. "及夫黃梅之節, 時雨潤物 … 靑蘋泛波." 빈(蘋)은 개구리밥의 일종임; 같은 책, 「詩晚稿·五言律詩」, 〈歸靑田, 次老杜歸成都韻(5수)〉, 114쪽. "水暖林湖采綠蘋, 于仙消息香千春."

67 金履萬, 『鶴臯集』 卷1, 「賦」, 〈林湖賦〉, 19쪽. "及夫黃梅之節… 翠荇牽風, 覽群芳之競茂."; 같은 책, 「雜著」, 〈山史〉, 196쪽. "泛入于琉璃汗漫之中 … 或搴翠荇." 행(荇) 역시 네가래풀과 함께 봄철에 무성한 식물임을 알 수 있다.

68 金履萬, 『鶴臯集』 卷1, 「賦」, 〈林湖賦〉, 19쪽. "鳥則鸕鶿鸂鶒鸛鷺鳧鴈, 遊泳淸泓 … 啄靑菰而飮白水." 고(菰)는 포아풀과에 속하는 여러해살이 수초로 학명은 Zizania latifolia임. 그 잎은 자리를 만드는 데 쓰이고, 열매와 어린 싹은 식용했다고 한다.

69 金履萬, 『鶴臯集』 卷6, 「詩晚稿·七言律詩」, 〈旣望, 獨坐思昨遊〉, 125쪽. "義林湖上採菱舟 … 江山剩占一年秋." 이 시 바로 앞에 〈七月望, 與龜翁遊林湖〉라는 제하의 작품이 있으므로, 기망(旣望)은 음력 7월 16일에 해당한다. 또한 주(舟)자는 술통을 받치는 쟁반이나, 혹은 제기(祭器) 따위를 받쳐 놓는 그릇을 뜻한다. 이를 바구니 대신에 사용하였던 것으로 판단된다. 능(菱)은 바늘꽃과에 속하는 일년생의 수초(水草)로, 능(葰)과 같은 글자임.

있다네![70]·'순채·가시연의 잔털·[71] '세발 마름[荺]으로 옷을 입고 순채로 띠를 두른다.'[72]"

이상에서 소개한 네가래풀·마름 종류[능·행] 및 줄·창포·순채·가시연 등은 대체로 봄에서 늦은 여름까지의 서식 시기를 보여주고 있으며, 창포를 제외하면 대부분의 품종이 식용성 식물에 해당한다는 공통점이 발견된다. 따라서 위의 인용문에서 소개한 수생식물 부류에 한정하더라도, 지금까지 순채나 연꽃 위주로 의림지에 서식하는 식물종을 설명하던 기존의 논의 관행에 대해서, 전혀 새로운 서식 개체들의 정보를 제공해 준 의미가 있다고 본다. 다만 아쉽게도 『의림지 정밀기초조사』의 「의림지 식생분야 기초조사」에는 수생식물에 대한 조사가 결여된 까닭에,[73] 오늘날 그것과의 비교를 통한 통시적 차원에서의 교차 분석은 어려운 실정이다.

마지막 순서로서 김이만이 서술해 둔 의림지 순채에 대한 기록들을 마저 살펴보도록 한다. 순채는 세계적으로 1속(屬, Genus)·1종(種, Species)으로 학명은 Brasenia schreberi이며, 정수성(靜水性) 생태계에 서식하는 식물이다.[74] 이 같

---

70 金履萬, 『鶴臯集』 卷1, 「賦」, 〈林湖賦〉, 20쪽. "叩舷而歌之, 歌曰 山有桂兮, 澤有蓀, 我思幽人兮." 손(蓀)은 창포과에 속하는 다년초로, 못가나 습지에 나며 향기가 좋다.

71 金履萬, 『鶴臯集』 卷위의 책, 「雜著」, 〈山史〉, 195쪽. "義林池, 堤之巨浸 … 其産多魚鼈之族, 蓴芡之毛." 가시연인 검(芡)은 수련과에 속하는 일년생의 수초로, 못이나 늪에서 자란다. 땅속줄기는 식용하며 열매인 가시연밥과 씨[곧 검인(芡仁)]는 식용이나 약용으로도 사용된다.

72 金履萬, 『鶴臯集』 卷1, 「賦」, 〈林湖賦〉, 20쪽. "遂繼而歌曰 … 荺衣蓴帶兮." 운위된 기의(荺衣)는 '마름과 연[荷]'의 잎을 엮어 옷을 만들어 입었다는 은인(隱人)의 고사를 차용한 표현이다.

73 충북대학교 박물관·제천시(2000), 앞의 책, 244~253쪽.

74 강상준(2013), 앞의 논문, 9쪽. 순채의 영문명[英名]은 Purple Wen-dock, Water shield, Water target 등임.

은 생물학적 계통과 특성을 지닌 순채에 대해 김이만은 "나의 집과 의림호[湖]와의 거리는 5리 정도로 가까워서, 그 순채[蓴] 대하기를 텃밭에 있는 과실처럼 하였다."고 토로하였을 정도로,[75] 순채에 대한 관찰과 기록은 가장 상세하면서도 많은 분량을 차지하고 있다. 때문에 김이만은 순채의 모양·맛에 대한 묘사뿐만 아니라, 그 요리법에 이르기까지 실로 다양한 기록들을 『학고집』에 기록해 두었던 것이다. 일단, 김이만은 순채만의 고유하면서도 독특한 색깔로 인해 '은순(銀蓴)'[76]이라는 시어(詩語)를 구사하기도 했던, 18세기 의림지의 순채와 관련한 일반적인 사항들을 아래처럼 자세히 설명해 두었다.

> "의림호[林湖]의 순채[蓴]는 우리나라[東國]에서 으뜸이다. 그 모양은 흡사 은비녀나 옥빛 힘줄과도 같고, 그 맛은 마치 감로수·우락더껑이[醍醐]와도 같다. 호수 근처의 백성들이 다만 배불리 먹을 뿐만 아니라, 멀고 가까운 곳에서 순채를 채취하기[織芸] 위해 왕래하곤 하는데, 거의 허탕을 치는 날이 없는 듯하다."[77]

위의 인용문에서 특별히 주목되는 점은 의림지의 순채가 "동국(東國)에서 으뜸 가는" 맛과 멋을 과시한다는 지적 외에도, 의림지 주변의 주민들이 배불리 먹고

---

75 金履萬, 『鶴臯集』卷8, 「記跋」, 〈林湖採蓴記〉, 169쪽. "余家距湖五里而近 … 其視蓴猶園圃之果菰焉."

76 金履萬, 『鶴臯集』卷1, 「詩初稿·五言古詩」, 〈次金孟綽林湖韻〉, 30쪽. "金鯽銀蓴味〇佳, 野人於此作生涯."; 같은 책, 「雜著」, 〈山史〉, 196쪽. "已乃駕蜻蜓一葉 … 或采銀蓴."

77 金履萬, 『鶴臯集』卷8, 「記跋」, 〈林湖採蓴記〉, 169쪽. "林湖之蓴, 甲于東國, 厥狀若銀釵玉筋, 厥味若甘露醍醐, 傍湖之民, 不但饜厭, 遠近之爲此織芸來, 殆無虛日." 이 글은 1751년(69세)에 작성된 것이다. "辛未夏五之望." 인용문 속의 직운(織芸)이란 표현은 순채를 캐는 일을 향내 나는 길쌈질에 비유한 것으로 보인다.

도 남음이 있을 정도로 순채가 무성하게 서식했다는 사실이다. 이러한 정황은 "5월의 잔잔한 호수에 푸른 물결이 철석거리노니, 순채를 캐서 집에 오니 낚시질한 고기보다도 더 많도다!"라고 읊조린 시구를 통해서도 분명하게 확인된다.[78] 앞서 소개한 "세발 마름으로 옷을 입고, 순채로 띠를 두른다."[79]는 구절도 동일한 맥락에서 이해할 수 있다. 또한 김이만은 의림지 순채의 맛·멋을 묘사한 윗글에 추가하여 "일행에게 순채를 따도록 했더니, 큰 것은 엽전만하고 작은 것은 바둑돌만 하다."며 크고 작은 순채의 생김새에 대한 정보도 보충해 두었다.[80]

나아가 김이만은 "배를 북쪽 기슭에 대고, 그곳에서 순채를 삶은 다음, 식초와 간장으로 버물러 점심밥에 보태면, 부드럽고 반드르르하며 담백하고 연해서, 사람들 모두가 과연 배불리 먹는다."는 보고성 언술을 통해서, 당시 민간에서 유행하던 순채의 요리법의 일단에 대한 정보도 채록해 두었다.[81] 그런데 당시 민간에서 의림지에서 생산되는 순채를 요리하는 방법이 상당히 다양했던 모양이다. 이처럼 다채로웠던 18세기 무렵의 순채 요리법과 관련하여 김이만은 아래처럼 호기심 가득한 질문 하나를 던져두기도 했다.

"이 순채를 어떤 이는 꿀로써 (타기도 하고), 또 어떤 자는 식초를 섞기도 한다. 장차 지기(地氣)의 차이가 없더라도, 세속의 풍습[俗習]이 달라서 그러한

---

78 金履萬, 『鶴皐集』卷3, 「詩晚稿·七言古詩」, 〈林湖欵乃曲〉, 76쪽. "五月平湖瀲碧波, 採蓴還較釣魚多."

79 金履萬, 『鶴皐集』卷1, 「賦」, 〈林湖賦〉, 20쪽. "遂繼而歌曰 … 芰衣蓴帶兮."

80 金履萬, 『鶴皐集』卷8, 「記跋」, 〈林湖採蓴記〉, 169쪽. "往湖上棹小艇 … 沿洄浦漵, 令從者摘蓴, 大如錢小如棊, 無慮萬億."

81 金履萬, 『鶴皐集』卷8, 「記跋」, 〈林湖採蓴記〉, 169쪽. "艤舟北岸, 于以湘之, 和醯醬佐午飯, 滑膩淸脆, 人皆果腹."

것일까?"[82]

김이만은 윗글을 통해서 순채가 서식하는 공간인 의림지는 공공의 채취 공간이지만, 그 요리법에 관해서는 세인의 풍습이며 기호에 따라 다양할 수밖에 없을 것이라는 상상력을 발휘해 보인 것이다.

그런가 하면 김이만은 가을이 찾아드는 무렵에 생산한 철 지난 '사순(絲蓴)'에 한해서는 국을 끓여 먹기도 했다는 사실을 전언해 주기도 했다.[83] 또한 김이만은 순채를 채취하기에 가장 적합한 시기와 관련해서 "이 순채는 순화(鶉火)의 달에 무성하다."는 말로써,[84] 음력 5월이 제철에 해당함을 밝혀 둔 바가 있다. 따라서 제철 채취기를 지난 '사순'의 경우 줄기나 잎 등의 품질이 매우 거칠어진 상태였을 것으로 짐작된다. 이 사안과 관련하여 한진호(韓鎭㞦, 1792~?)는 왕유학(王幼學)의 『자치통감강목집람(資治通鑑綱目集覽)』을 인용하여 "3월에서 8월까지는 줄기의 가늘기가 비녀의 넓적다리[釵股]와도 같아서, 사순(絲蓴)으로 불린다. 또 9월에서 10월에 이르면 점점 거칠어지고, 진흙 속에 나는 것을 괴순(塊蓴)이라 부른다."[85]는 부연 설명을 가해 두었다. 이처럼 순채는 제철 수확기인 오뉴월을 분기점으로

---

82 金履萬, 『鶴臯集』 卷8, 「記跋」, 〈林湖採蓴記〉, 169쪽. "此蓴則盛于鶉火之月 … 此蓴則或以蜜或以醢, 將無地氣殊, 而俗習異耶."

83 金履萬, 『鶴臯集』 卷8, 「詩晚稿·七言律詩」, 〈還家作〉, 127쪽. "林湖不待秋風기, 見說絲蓴已可羹."

84 金履萬, 『鶴臯集』 卷8, 「記跋」, 〈林湖採蓴記〉, 169쪽. "此蓴則盛于鶉火之月." 순화(鶉火)의 달.

85 韓鎭㞦, 『島潭行程記』, 「義林池小考」, 204쪽. "綱目集覽云, 蓴生水中, 採莖可噉, 三月至八月, 莖細如釵, 股名曰絲蓴. 九月至十月, 漸粗在泥中, 名曰塊蓴." 원문은 충북대 박물관·제천시, 『義林池精密基礎調査(조사보고 제69책)』(2000)의 204쪽에 게재된 내용을 재인용한 것임.

하여 품질의 고하 정도가 나뉘었고, 이에 따라 별도의 명칭과 그에 따른 추가적인 요리법이 생겨났음을 알 수 있다.

한편 물해바라기[水葵]의 경우 순채의 이명(異名)에 해당한다는 일설을 간직한 식물 개체이다. 이에 한진호는 〈의림지소고(義林池小考)〉라는 글을 통해서 순채와 물해바라기 사이에 빚어지는 생물학적 종(種)의 동이(同異) 문제에 대해서, "의림지[池]에는 순채[蓴]가 나는데, 순채는 작기가 돈 모양과 같아서, 마치 연잎에 수정(水精)이 어린 것과 같다. 『고금운회(古今韻會)』를 살펴보건대, 이를 수규[葵]라 하고, 육전(陸佃)은 순채(淳菜)라 한다고 했다."라는 기록을 남긴 바가 있다.[86] 이 설명을 따르자면 수규는 순채와 내용상 동의어에 해당한다는 사실이 분명해 보인다. 김이만 또한 이 같은 일설을 간직한 물해바라기에 대해서도 일정한 지면을 할애하여 다음과 같이 소개하는 친절을 베풀어 두었다.

"또한 늘어서서 자생하는 물해바라기[水葵]도 있으니, 물가에서 캐고 또 캔다. 잎은 마치 푸른 동전과도 같고, 줄기는 은비녀와 비슷하다. 봉액(蜂液)[꿀]과 잘 맞고, 한 번 맛을 보면 맑은 향이 폐(肺)와 위(胃)에까지 스며든다."[87]

윗글에 곧장 이어서 김이만은 물해바라기의 향기가 "장별가(張別駕)의 몽상(夢想)에 마땅하고, 육내사(陸內史)의 풍미(風味)에 완연(宛然)하다!"는 찬미의 말로써,[88] 수규가 풍기는 그윽한 향과 고상한 맛이며 멋 등을 몽땅그려서 극찬해 두기

---

86 韓鎭㠍, 앞의 책, 204쪽. "池産蓴, 蓴小如錢狀, 如蓮葉水精凝成. 按韻會謂之葵, 陸田謂之淳菜." 육전(陸田)은 송대(宋代)의 문신으로, 『이아(爾雅)』의 증보판인 『비아(埤雅)』를 저술한 학자이기도 했다. 따라서 원문의 육전이란 『비아』를 지칭한 표현으로 보인다.

87 金履萬, 『鶴臯集』卷1, 「賦」, 〈林湖賦〉, 19쪽. "亦有水葵羅生, 采采水涯, 葉如靑錢, 莖類銀釵, 和蜂液而一啜, 沁淸馨於肺胃."

도 하였다. 이상에서 소개한 물해바라기의 경우, 묘사된 모양과 맛·향 등이 순채
와 닮은꼴인 품종처럼 여겨지나, 여기서 진위(眞僞) 여부를 성급하게 단정하지는
않겠다.

그런데 김이만의 지기(知己)였으나 불행히도 요절한 남인 계열의 재사(才士)였
던 연초재(燕超齋) 오상렴(吳尙濂, 1680~1707)은 이처럼 다양한 논의 거리를 제공
해 주었던 의림지의 명물인 순채의 개체 수가 증감(增減)의 역사를 거쳤다는 사실
을 아래처럼 전언해 주고 있어서 대단히 주목된다.

> "매년 5월과 6월이 되면, 바야흐로 순채를 채취하는 자들이 무성하다. 배를
> 저어 (의림지에) 진입하여 긴 낫으로 순채를 베었고 (중략) (그런데 지난) 십수
> (十數) 년 이래로 조금씩 감소하기 시작하여, 이전의 무성하던 시절에는 채 미
> 치지를 못한다."[89]

오상렴이 전언한 윗글 속에는 매년 5, 6월이면 배를 타고 의림지에 잠입하여
"긴 낫으로 순채를 베어서" 채취하곤 하였다는 당시의 정황과 더불어, 또한 그
어떤 알 수 없는 이유로 인하여 수년 동안에 걸쳐서 순채의 생산량이 급격하게
감소하는 추이로 접어든 상태였다는 새로운 정보도 담겨 있다. 이는 아마도 모종

---

88 金履萬, 『鶴臯集』卷1, 「賦」, 〈林湖賦〉, 19~20쪽. "宜乎張別駕之夢想, 宛然陸內史之風味."
거론된 두 인물 중에서 장별가(張別駕)는 강주(江州) 별가(別駕)를 지낸 장일용(張日用)을
가리키나, 그를 인용한 전후 맥락은 분명하지 않다. 혜능(惠能)이 행자였을 때의 일화가 전한
다. 한편 육내사(陸內史)는 평원 내사(平原內史)를 지낸 서진(西晉)의 관리이자 문학가인 육
기(陸機, 261~303)를 말한다.

89 吳尙濂, 『燕超齋集(坤)』卷5(한국학중앙연구원 장서각소장본, K4-6278 2), 「雜著」, 〈滄浪
翁茅山別業十六景小識·蓴洲〉, 40쪽. "每五六月, 方盛探者, 榜舟而入, 用長鎌刈之 … 自十
數年來, 稍損不及前時之盛."

의 위해적인 환경상의 변인으로 인하여 순채의 서식 환경이 크게 위협받았기 때문이었을 것으로 짐작된다. 이를테면 당시 의림지 주변에는 상당한 규모의 촌락이 형성되었고, 그에 따라 수질 악화를 초래하는 위해(危害) 요인이 발생했을 가능성을 추정해 볼 수 있다. 순채는 청정한 수질과 한랭(寒冷)한 물에서만 자라는 생리적 특성 때문에, 가축과 인간이 제공하는 분뇨나 오폐수(汚廢水) 따위로 인해 서식 환경이 크게 위협받았을 개연성이 충분했으리라 판단된다. 그런 점에서 지난날 의림지의 순채는 "공간과 인간을 환경으로 접합하여, 시간의 흐름 속에서 그 둘의 상호연관성을 고찰하는 역사"인 환경사[90]에 관한 역사적·경험적 차원에서 중요한 선례를 제공해 준 것으로 평가된다. 환경사는 그간 인간이 마음껏 누려왔던 특별한 위상에 대한 겸허한 반성과 성찰을 동시에 요구하기도 한다.

아무튼 그 이후로도 오랜 세월 동안에 걸쳐서 명맥을 유지해 왔던 의림지 순채는 1972년 대홍수 때에 완전히 자취를 감추고야 마는 얄궂은 운명을 맞이하기에 이른다.[91] 이제 의림지 생태계의 지속성을 확보하기 위한 일련의 대책을 숙의하는 과정에서, 과거 생태환경의 건전성 정도를 가늠케 해준 지표를 복원해 낸다는 차원에서, 순채의 서식 여건에 대한 진지한 검토를 병행할 필요가 있다고 본다.

이제 마지막으로 김이만은 지난날 조선(朝鮮)에 사행(使行)을 온 명(明)나라 사신(使臣)이 수행한 순채에 대한 논평을 소개해 두는 방식을 통해서, 의림지의 특산물인 순채에 대한 깊은 애정을 거듭 확인해 보였다.

---

90 김기봉, 「환경사란 무엇인가 – 환경과 인간의 상호작용의 역사」, 『서양사론』 100, 한국서양사학회, 2009, 10쪽.

91 이창식, 「의림지 전승물의 문화유산적 가치」, 『의림지유산과 농경문화』, 제천문화원, 2013, 303쪽.

"황명(皇明)의 사자(使者)[사신]가 이르기를, '하늘 아래 온 세상에는 이 순채가 없고, 유독 (중국) 강동(江東)의 천리호(千里湖)에서만 서식한다. 그런데 지금 (조선에 와서) 이 순채를 보니, 천리호와 함께 두 곳이 되었다!'라고 하였다."[92]

『제천군지(堤川郡誌)』에는 극히 소략하게 언급되어 있는 위의 전언[93]에 곧바로 이어서 김이만은 "그 사람들에 의해 귀중하게 여겨진 바가 이와 같았다!"는 감탄 조의 말로써, 의림지 전래의 순채에 대한 뿌듯한 자긍심을 재차 표출해 두었다. 그뿐만 아니라 김이만은 의림지에 자생하는 순채의 향긋한 향기·멋을 "금빛 줄기 [金莖]의 선액(仙液)"이라는 존귀한 어휘로 표현하기도 했다.[94] 이 같은 수사법 속 에도 김이만이 "의림호[林湖]의 순채가 동국(東國)에서 으뜸"임을 확신했던 자긍 심이 그대로 재현되어 드러나 있다.

2) 조류(鳥類)·어족(魚族) 및 유만(柳灣)

18세기 초·중엽 무렵의 의림지 권역에는 이상에서 논급한 수생식물들 외에도, 실로 다양한 조류 및 어족 무리들도 공동의 생태계를 형성하고 있었다. 그리하여 김이만은 의림지가 부여받은 천혜의 자연 조건에 따라 "진실로 그 산물[産]이 무 성하다!"는 관찰 결과를 적시할 채비를 취하였다. 일단, 김이만은 평소 그가 관찰 해 왔던 다양한 부류의 조류들을 아래처럼 한꺼번에 나열해 두었다.

---

92 金履萬, 『鶴皐集』卷8, 「記」, 〈林湖採蓴記〉, 169쪽. "世傳皇明使者云 天下無此蓴, 而獨江東 千里湖有之. 今見此蓴, 與千里湖而二矣. 其爲人所貴重若此."

93 堤川郡誌編纂委員會 編, 『堤川郡誌』, 上黨出版社, 1969, 521쪽 참조.

94 金履萬, 『鶴皐集』卷1, 「賦」, 〈林湖賦〉, 20쪽. "爽我以金莖之仙液, 博我以雲夢之胸次."

"조류의 경우는 바다가마우지[鸕]·가마우지[鶿]·자원앙[비오리, 鸂]·원앙[뜸
부기, 鵣]·황새[鸛]·해오라기[백로, 鷺]·물오리[凫]·기러기[鴈] 따위가 맑고
깊은 물에 헤엄쳐 노닐다가, 물결을 뒤집듯 날아 언덕 위를 스쳐 지나간다. 푸른
줄[靑菰]을 쪼고는 맑은 물을 마시기도 하는데, 일찍이 창과 탄환을 가한 적이
없었다."[95]

김이만은 또 다른 시를 통해서 "맑은 물에는 해오라기가 내려와 있고, 푸른
수풀에서는 물오리 울음소리가 들리는구나!"라며 이른 아침에 발견한 해오라기
와 물오리의 동정을 추가로 묘사해 두기도 했다.[96] 이처럼 의림지를 활동 무대로
삼은 다양한 조류들이 "물에 잠기며 모이는 풍요로움"[97]을 만끽하게 된 이면에는,
"일찍이 창과 탄환을 가한 적이 없었던" 전통이 잘 유지되어 왔기 때문인 것으로
진단한 대목도 매우 주목된다. 다시 말해서 18세기 무렵까지 의림지 권역은 인간
이 자연에 군림하는 존재가 아닌 생태환경과 공존하는 한 고리로서 이해하는 이
른바 '생태학적 전환(ecological turn)'[98]에 준하는 고양된 의식이 적용되고 있었던
것이다. 결과적으로 앞에서 소개한 다양한 조류종의 실태와 함께, 상기 인용문
또한 최소한 18세기 초·중엽 무렵까지는 의림지가 시축(始築)된 이후로 유지되어
온 생태환경의 원형이 온전한 상태 그대로를 잘 보존하고 있었던 정황을 확인시
켜 주고 있다.

95　金履萬,『鶴臯集』卷1,「賦」,〈林湖賦〉, 19쪽. "乃若涵蓄之饒, 寔繁厥産, 鳥則鷺鶿鸂鵣鸛鷺
　　鴈凫, 遊泳淸泓, 翻波掠岸, 啄靑菰而飮白水, 曾不嬰乎戈彈."
96　金履萬,『鶴臯集』卷2,「詩中稿·七言律詩」,〈朝起〉, 60쪽. "白水見鷺下, 靑林聞凫聲."
97　金履萬,『鶴臯集』卷1,「賦」,〈林湖賦〉, 19쪽. "乃若涵蓄之饒, 寔繁厥産."
98　고태우,「한국 근대 생태환경사 연구의 동향과 과제」,『생태환경과역사』2, 한국생태환경사
　　학회, 2016, 35쪽.

다만, 위의 인용문에는 '흰 갈매기'에 대한 언급이 빠져 있는 상태다. 한편 김이만보다 반세기 정도 앞선 동향 출신의 관인·유자인 박수검이 창작한 〈사향(思鄕)〉에서는 해오라기[鷺]를 의림지 혹은 고향을 표상해 주는 상징물로 인식하고 있었음이 눈길을 끈다.[99] 박수검의 시작인 〈사향〉은 17세기 중·후반 무렵 당시에는 해오라기가 의림지에서 서식했던 다양한 조류 무리들 가운데서 가장 주된 개체의 하나였을 가능성을 시사해 준다.

이제 김이만은 차후의 순서로 18세기 무렵에 의림지에서 서식하고 있던 다양한 어류(魚類)들의 명칭과 함께, 이 개체들의 간략한 활동 양상에 대한 평소의 관찰 결과를 서술할 채비를 취한 상태다.

> "물고기로는 메기·뱀장어[가물치, 鱧]·어란[鮴]·곤이[鮰]·가는 비늘과 큰 등지느러미를 가진 살찐 은빛 붕어[鯽] 등이 위로 솟구치거나 물위를 오르며 내달린다. 크기는 용문(龍門)의 잉어만 하고, 아름답기란 흡사 송강(松江)의 농어와도 같다!"[100]

특히 윗글 중에서 맨 뒤에 소개한 '금빛 붕어'[금즉(金鯽)]는 순채와 함께 의림지의 대표적인 산물로 지목되곤 했던 어종에 해당한다.[101] 위의 인용문으로 미뤄보건대, 아마도 금빛 붕어의 유래가 꽤나 깊을 것으로 추정된다. 또한 이 '즉(鯽)' 붕어

---

99 朴守儉, 『林湖集』 卷1(한국문집총간 續39집), 「五言絕句」, 〈思鄕〉, 한국고전번역원, 2007, 223쪽. "今秋看又半, 愁殺未歸人 … 想得江湖鷺, 分明笑此身."

100 金履萬, 『鶴臯集』 卷1, 「賦」, 〈林湖賦〉, 19쪽. "魚則鮎鱧鮴鮰銀鯽之腴, 纖鱗巨鬐, 戲躍騰趨, 大如龍門之鯉, 美若松江之鱸." 그런데 물고기의 뱃속 알인 곤이(鯤鮞)를 뜻하는 '이(鮰)'가 어떤 어종인지를 파악하기 어렵다.

101 金履萬, 『鶴臯集』 卷1, 「詩初稿·五言古詩」, 〈次金孟綽林湖韻〉, 30쪽. "金鯽銀蓴味做佳, 野人於此作生涯."

는 봄철 식탁 위에 매번 오르는 또 다른 붕어인 '부(鮒)'[102]와는 명백히 구분되는
어종일 것으로 판단된다. 이병연(李秉延, 1894~1977)이 편찬한 『조선환여승람(朝
鮮寰輿勝覽)』의 〈명소(名所)〉 조항에는 이 부어(鮒魚)를 앞서 논급한 순채와 함께,
"진실로 충북(忠北)의 명소(名所)"인 것으로 극찬한 사실도 참고할 만하다.[103] 한편
위의 인용문에 나열된 어류들 중에서 '메기·뱀장어·붕어'만이 근래에 조사된 12
과 21속 22종에 이르는 '의림지 어류 목록'에 포함되어 있는 상태다.[104] 이는 18세
기에 의림지에 서식했던 어류의 개체 수 분포가 이들 3종에 국한되었다기보다는,
관찰자인 김이만의 실증적 묘사의 한계를 드러내 보인 장면으로 판단된다. 한편
강상준이 제시한 어류 목록에는 외래종인 블루길과 배스 및 파랑볼우럭·큰입우럭
등도 포함되어 있어, 의림지 수생 생태계에 큰 혼란이 진행 중일 것임을 감지케도
해준다.

이상에서 소개한 의림지의 주요 산물 및 조류·어족 따위에 대해서 김이만의
벗인 오상렴은 아래에서 확인되는 바와 같이, 한꺼번에 일괄적으로 나열하는 사
술 방식을 취하였다.

> "그 물고기로는 붕어[鯽]·메기 부치가 많으며, 그 조류로는 오리·해오라기·
> 뜸부기 무리가 많다. (또한) 마름·가시연·순채[蓴]·부들[蒲] 등은 제기[豆]를
> 채울 만하다."[105]

---

102 金履萬, 『鶴臯集』卷2. 「詩中稿·七言律詩」, 〈詠堤川風土(1首)〉, 46쪽. "春盤每薦北池鮒."

103 李秉延, 『朝鮮寰輿勝覽』(국립중앙도서관 소장본, 한古朝 62-112-7), 「堤川郡」, 〈名所條〉,
   1933, "蓴菜鮒魚, 亦此地特産, 味極佳香, 漁人遊客, 絡繹不絕, 實忠北名所也."

104 강상준(2013), 앞의 논문, 12쪽.

105 吳尙濂, 『燕超齋集(坤)』卷5, 「雜著」, 〈滄浪翁茅山別業十六景小識·義林池〉, 40쪽. "其鱗物
   多鯽鱧之屬, 其羽物則鳧鷺鸂鶒之屬. 多菱芡蓴蒲, 可充豆實, 中置蜻蜓艇, 以待游者."

대체로 오삼렴이 소개한 식물종 및 어족·조류 등은 앞서 김이만이 제시한 의림지의 대표적인 서식 개체들과 비슷한 편이다. 다만 "마름·가시연·순채[蓴]·부들[蒲, 향포] 등은 제기[豆]를 채울만 하다."는 사실, 곧 의림지에서 생산되는 일부 식물종이 제사 때의 제수(祭需)로 사용되기도 했다는 새로운 정보가 추가된 점이 눈길을 끌게 한다. 또한 당연하게도 자라를 포함한 여타의 어족들도 다수 공생하고 있었을 테지만,[106] 김이만과 오상렴 양인은 군이 세세하게 나열하는 식의 수고로움을 자제했던 듯하다. 왜냐하면 "자라[黿]와 도마뱀[鼉]이 노닐면서 헤엄치면 바"[107]와 같은 장면이란 여느 저수지에서 흔히 발견되곤 하는 현상이기 때문이다.

한편 18세기의 의림지 생태계 현황과 관련하여 놓칠 수 없는 또 다른 장면으로는 수변(水邊)의 자연환경을 둘러싼 묘사가 주목된다. 일단, 이 사안과 관련하여 김이만은 의림지의 양쪽 언덕인 "격안(隔岸)이 푸릇푸릇하니 수양버들 덤불임을 알겠네!"라고 하여,[108] 당시 수변의 양쪽 가쪽에는 상당한 규모의 수양버들 수풀이 형성되어 있는 상태였음을 확인해 보였다. 또한 물길을 따라 '유만(柳灣)·포항(蒲港), 곧 각기 수양버들 물굽이·부들 항구로 번안되는 특별한 두 공간에 다다르곤 했던 장면도 남겨두었다.[109] '수양버들로 뒤덮인 물굽이'란 의미의 유만은 그 푸르른 색감으로 인해, 달리 '벽만(碧灣)'으로도 지칭되기도 했다.[110] 이처럼 수양버들이

---

106 金履萬, 『鶴臯集』 卷9, 「雜著」, 〈山史〉, 195쪽. "其産多魚鱉之族, 蓴芡之毛."

107 趙錫胤, 『樂靜集』 卷5(한국문집총간 106), 「五言古詩」, 〈倚林池〉, 민족문화추진위원회, 1995, 331쪽. "黿鼉所遊泳, 鳧鴈所翶翔." 본관이 배천(白川)인 조석윤(趙錫胤, 1606~1655)의 호는 낙정재(樂靜齋)로, 처향(妻鄕)이 제천이다. 대사성·대사헌과 동지중추부사 등의 관직을 역임하였고, 청백리에 녹선된 인물이다.

108 金履萬, 『鶴臯集』 卷6, 「詩晚稿·七言律詩」, 〈秋懷(2首)〉, 143쪽. "隔岸蔥朧知柳藪 … 欲向煙波試白鷗."

109 金履萬, 『鶴臯集』 卷9, 「雜著」, 〈山史〉, 196쪽. "沿洄于柳灣蒲港, 與沙禽水鳧, 沈浮而下上."

110 金履萬, 『鶴臯集』 卷3, 「詩晚稿·七言古詩」, 〈湖亭望見漁者乘舟入湖心垂釣(2首)〉, 78쪽.

무더기로 군락하던 모습과 관련하여, 오상렴은 〈수양버들 물굽이[柳灣]〉라는 별도 항목을 설정하는 방식을 통해서 보다 자세한 설명을 아래와 같이 남겨두었다.

> "의림지[池] 북쪽에는 수양버들[楊柳]이 많아서, 짙게 덤불을 이뤄 노을처럼 가려져 있다. 배를 타고 덤불 속으로 들어갈라치면, 물가에서 바라보이는 것들의 위치[處]를 알 수 없을 정도다."[111]

물론 2022년도 현재 시점에도 의림지 북쪽의 유입부 일대의 유만, 즉 지난날 "서쪽으로 해 기울 때 외로운 고기잡이배"가 정박했던 그곳 수양버들 물굽이[112]에는 다수의 수양버들이 서식하고 있는 상태다. 따라서 이상의 김이만·오상렴 두 사람의 기록은 현존하는 수양버들 숲의 유래가 꽤나 깊다는 사실을 확인시켜 줌과 동시에, 또한 잔존하고 있는 이 유만의 후예들을 잘 관리하는 문제의 중요성을 재차 일깨워 주기도 한다.

짐작컨대 의림호 변의 이 수양버들은 "물이 차면 고기가 없다."[113]는 고전의 경구를 무색케 할 정도로, 의림지에서 생장하는 "갈대·물억새·자잘한 낙엽 교목"[114] 등과 같은 수생식물 부류와 함께 어족(魚族)에게 필요한 식물성 플랑크톤을 제공할

"看取漁翁釣碧灣, 向來塵土覺騂顔."

111 吳尚濂, 『燕超齋集(坤)』卷5, 「雜著」, 〈滄浪翁茅山別業十六景小識·柳灣〉, 42(b)쪽. "池北多楊柳, 濃緣奄靄, 榜舟入其中, 自涯望者, 不知處也." 언급된 양류(楊柳)란 버드나뭇과에 속한 낙엽 교목을 통틀어 이르는 말이기에, 반드시 수양버들에 한정되는 어휘이지는 않다.

112 金履萬, 『鶴臯集』卷5, 「詩晚稿·五言律詩」, 〈于勒〉, 115쪽. "彈琴遺址碧山隅 … 柳灣斜日釣船孤."

113 『明心寶鑑』, 「省心」篇, "家語云, 水至淸則無魚, 人至察則無徒."

114 金履萬, 『鶴臯集』卷1, 「賦」, 〈林湖賦〉, 19쪽. "其北則燕巖岩嶢 … 脩汀曲渚, 葭葖檉柳." 정류(檉柳)는 버드나뭇과에 속한 낙엽 교목인데, 달리 능수버들을 지칭한다고도 한다.

만한 환경을 조성하는 데 일조하였을 것으로 추정된다. 이 사안과 관련하여 김이만은 『산사』의 '의림지' 항목을 통해서, "의림지[池] 북쪽에는 초목이 어지럽게 자라 마치 삼밭[麻]과도 같으니, 모두 수양버들·팥배나무 따위다."고 서술해 두었다.[115] 이 대목 또한 어류들의 서식 여건이 양호한 상태였던 18세기 의림지의 식생 생태환경의 일단을 포착해 둔 장면에 해당한다.

3) 촌락(村落)의 형성

이상에서 소개한 식물종·어족·조류 및 유만·포항 등을 둘러싼 다양한 묘사 외에도, 김이만은 당시 의림지 주변에는 "네댓 집의 어촌(漁村)이 산기슭에 부치어 거주하고 있다."는 전혀 새로운 사실도 추가로 기술해 두었다.[116] 어촌이 형성된 사실을 전언하는 이 기록은 "금빛 붕어와 은빛 순채의 맛이 참으로 좋으니, 야인(野人)들이 여기서 생계[生涯]를 꾸려 나간다."는 서술과 극히 조응하는 맥락인 셈이다.[117] 다시 말하여 당시의 의림지 주변에는 이곳에서 산출되는 다양한 어족·수생식물들이 제공해 주는 산물만으로도 소규모의 촌락 형성이 가능했다는 사실을 확인시켜 주고 있기 때문이다. 이는 용두산이 제공하는 산림 자원에 힘입은 결과 땔나무 가게가 들어섰던 정황과 함께, '못의 나라'로 지칭되기도 했던 18세기 의림지 권역의 향토 사회사의 전혀 새로운 정보이자 내용들인 것이다.

심지어 김이만은 "근래 못의 나라[澤國]에는 어시(漁市)가 (들어)섰다."는 흥미로운 사실과 더불어, 또한 서로 "다투어 대나무 장대[竿] 잡는 법을 배우려 하고

---

115 金履萬, 『鶴臯集』 卷9, 「雜著」, 〈山史〉, 195~196쪽. "池北亂樹如麻, 皆柳與棠, 中劃如巷."

116 金履萬, 『鶴臯集』 卷9, 「雜著」, 〈山史〉, 196쪽. "其外平郊案衍, 漁村四五家, 附麓而居."

117 金履萬, 『鶴臯集』 卷1, 「詩初稿○七言律詩(附排律)」, 〈次金孟綽林湖韻〉, 30쪽. "金鯽銀蓴味 㑭佳, 野人於此作生涯."

호미질을 꺼린다."는 특이한 민간의 동향까지도 겸해서 포착해 두었다.[118] 다시 말해서 농사일[土] 대신에 고기잡이를 더 선호했을 정도로 당시 의림지의 어족 산물이 풍부했던 것이다. 김이만의 문집인 『학고집』에 등장하는 고기잡이배·낚 싯배들을 뜻하는 '어주(漁舟)·조선(釣船)'이라는 어휘들이라든가,[119] 혹은 그 운영 주체인 어부를 의미하는 '어옹(漁翁)·어자(漁者)·어주자(漁舟子)·고사(罟師)'[120] 따 위와 같은 시어들은 새로 어시장(魚市場)이 조성되었을 정도로 풍족했던 어류 생태 계의 현황을 어느 정도 가늠케 해준다. 따라서 일정한 규모 이상의 어촌(漁村)이 형성된 것도 지극히 자연스러운 현상으로 여겨진다. 실제 조선 후기의 화가인 이방운(李昉運, 1761~?)의 서화첩인 『사군강산참선수석(四郡江山參僊水石)』에 수 록된 〈의림지〉도(圖)에 드러난 어가(漁家)만 하더라도 네댓 집이나 된다. 이방운의 〈의림지〉는 현재 의림지 홍류동 건너편에서 거주하는 주민들의 경우, 18세기에 형성된 어촌과 연관되어 있을 개연성을 시사해 주기도 한다.

한편 예나 지금이나 의림지는 "멀리 울창한 산세가 높고도 높은" 해발 871m의 용두산과 "큰 들판 가운데 묵묵한 달팽이 모양 머금고 있는" 청전들과 하나의 벨트를 형성하고 있음은 앞에서도 누차 언급한 바와 같다.[121] 김이만이 『산사』에

---

118 金履萬, 『鶴臯集』 卷3, 「詩晩稿 · 七言古詩」, 〈湖亭望見漁者乘舟入湖心垂釣(3首)〉, 78쪽. "近來澤國成漁市, 競學持竿懶把鋤, 辛苦捕魚魚似土, 盤中猶自食無魚."

119 金履萬, 『鶴臯集』 卷5, 「詩晩稿 · 五言律詩」, 〈歸靑田, 次老杜歸成都韻(4수)〉, 114쪽. "春花 解引漁舟子."; 같은 책, 「詩晩稿 · 七言律詩」, 〈春日山村卽事〉, 127쪽. "桃花水暖釣船輕."

120 金履萬, 『鶴臯集』 卷3, 「詩晩稿○七言絕句」, 〈湖亭望見, 漁者乘舟入湖心垂釣(2首)〉, 78쪽. "看取漁翁釣碧灣, 向來塵土覺騂顏."; 같은 책, 「詩初稿○五言古詩」, 〈林湖記遊〉, 22쪽. "隔浦 喚漁者, 銀鱗四五頭, 亦足佐吾羍."; 같은 책, 「詩晩稿○七言律詩」, 〈歸靑田, 次老杜歸成都韻 (4首)〉, 113쪽. "水暖林湖采綠蘋 … 桃花解引漁舟子."; 같은 책, 「雜著」, 〈山史〉, 196쪽. "今夫 樵客罟師循湖而往來者, 日不知其幾人." 운위된 고사(罟師)란 능숙한 솜씨로 그물을 던져 물 고기를 잡는 숙련된 어부를 가리키는 표현임.

서 용두산과 의림지, 그리고 청전 들녘을 한 다발로 묶어서 묘사한 이유 또한
바로 이러한 벨트 개념에 입각해서였다.[122] 즉, 김이만은 용두산·의림지·청전들
이 하나의 생태학적 지대라는 사실을 인지하고 있었던 것이다. 이에 김이만은
먼저 "치악산(雉嶽山)이 내달려 남쪽 자락을 이룬" 용두산 골짜기로부터 주수원을
공급받는 의림지가 터한 천혜의 입지적 조건을 적시해 보였다.[123] 이어서 김이만
은 칠언율시인 〈용두산(龍頭山)〉을 빌려서, 제천의 진산(鎭山)인 용두산이 내장한
무한한 산림 자원이 제공하는 은택을 아래처럼 극구 예찬해 두기도 하였다.

"그 (하늘을 뒤덮은) 검은 구름은 비를 (가득) 머금고 있고, 그 (하늘의) 태양
에 풀이며 나무들이 번성하니, 작게는 땔나무를 제공할 만하고, 크게는 혹 마룻
대·서까래를 갖추고 있어서, 크고 작은 도끼들이 쉴 날이 없었으나, 일찍이 푸
르른 산색(山色)이 손상된 적이 없구나!"[124]

김이만은 위의 인용문과 같은 맥락에서 용두산에는 "편(楩)나무·녹나무[枏]·소
태나무[杞]·가래나무[梓]가 참으로 산중에서 자라고, 빽빽한 등(鄧)나무 수풀이
마치 가시와도 같으니, 이 고을 사람들이 힘입어서, 천가(千家)에 마룻대를 대주
고, 만 가옥[萬室]에 기둥이 된다."는 추가적인 정보를 덧붙여 두기도 하였다.[125]

---

121 金履萬, 『鶴皐集』 卷2, 「詩中稿·七言律詩」, 〈堤川風土〉, 46쪽. "龍頭遠勢鬱嵯峨 … 大野中
含點點螺."

122 金履萬, 『鶴皐集』 卷9, 「雜著」, 〈山史〉, 195~196쪽. "義林池, 堤之巨浸也 … 其外平郊案衍
… 又其外蒼巒翠嶂, 羣峭摩天, 乃龍頭山也, 池之大略如此."

123 金履萬, 『鶴皐集』 卷2, 「詩中稿·七言律詩」, 〈龍頭山〉, 59쪽. "雉嶽走南支, 龍山鎭民維, 羣
峯上縹緲, 列壑下逶迆 … 純浸百頃池."

124 金履萬, 『鶴皐集』 卷2, 「詩中稿·七言律詩」, 〈龍頭山〉, 59쪽. "其陰雲雨蓄, 其陽草樹滋, 小
可供薪樵, 大或備棟榱, 斧斤無時歇, 蒼翠不曾虧."

자연히 이 산에는 계절 따라 "땔나무하고 소먹이는 아이들"로 늘상 붐빌 수밖에 없었다.[126] 그리하여 김이만은 "지금 저 나무꾼·어부들 중에서 의림호[湖]를 따라 오고 가는 자들이, 하루에 그 몇 사람이나 되는지를 알 수가 없다!"는 말로써,[127] 당시 용두산과 의림지 일대를 생활 터전으로 삼았던 인근 주민들의 정황도 아울러 포착해 두었다. 이와 동시에 김이만은 "일찍이 푸르른 산색(山色)이 손상된 적이 없었던" 용두산이야말로 "임곡(林谷)이 맑고 그윽하여, 은자(隱者)가 서릴만한 곳"으로 전망한 부분도 눈에 띈다.[128]

그런데 땔나무꾼이 사시사철로 붐비는 가운데 "크고 작은 도끼들이 쉴 날이 없었다."는 『학고집』의 기록이란, 조선 후기는 식수(植樹)와 육림(育林) 사업이 결여된 남벌과 난개발의 시대였다는 지적을 언뜻 떠올리게 한다.[129] 물론 그 이면에는 조선왕조가 산림의 사용과 수익에 대해 사점금지(私占禁止) 정책을 취함으로써, 백성들이 수시로 드나드는 자유접근체제를 용인했기 때문에 가능한 일이었다. 김이만은 용두산에서 벌목된 나무들의 용도가 '마룻대·서까래·기둥' 등과 같이 주로 주택 건립용으로 사용된 것처럼 설명하고 있으나, 인구 증가에 따른 땔감이나 건축용 목재의 수요에 충당되었을 가능성이 훨씬 더 높았을 것으로 짐작된다.

---

125 金履萬, 『鶴臯集』卷1, 「賦」, 〈林湖賦〉, 19쪽. "蓋乃龍頭之山 … 梗枏杞梓, 寔生其中, 森鄧林之如束, 繄邑人之是賴, 棟千家而柱萬室."

126 金履萬, 『鶴臯集』卷2, 「詩中稿·七言律詩」, 〈龍頭山〉, 59쪽. "其柰懼嶮巇, 未能造堂奧 … 盡付樵牧兒."

127 金履萬, 『鶴臯集』卷9, 「雜著」, 〈山史〉, 196쪽. "今夫樵客罟師, 循湖而往來者, 日不知其幾人."

128 金履萬, 『鶴臯集』卷1, 「賦」, 〈林湖賦〉, 19쪽. "蓋乃龍頭之山, 煙橫翠屛, 雨濯靑鬐, 林谷淸幽, 隱者所盤.

129 이우연, 「조선시대의 산림소유제도(제1장)」, 『한국의 산림 소유제도와 정책의 역사, 1600-1987』, 일조각, 2010, 39~59쪽.

이는 의림지 주변에 땔나무 가게가 들어섰던 정황을 통해서도 분명하게 반증되는
바이다. 또한 김이만이 차례대로 열거해 보인 나무들은 소나무·신갈나무·상수리
나무 군락을 포함하여 도합 아홉 종류에 이르는 군락 양상을 집계한 『의림지 정밀
기초조사』의 식생분야 기초조사[130]에는 빠져 있는 수종(樹種)이라는 점도 주목된
다. 비록 김이만은 과도한 남벌에도 불구하고, "일찍이 푸르른 산색(山色)이 손상
된 적이 없었다."고 보고하고 있지만, 18세기 당시의 용두산 식생 생태계와 2000
년도의 그것 사이에는 확연한 차이가 있음을 알 수 있다.

한편 연료·목재의 수요 증가와 화전 개간에 따른 산림 개발 등의 원인으로 인
해 야기된 산림의 황폐화가 수리체계의 훼손과 19세기 농업 생산성의 하락으로
이어졌다는 분석도 아울러 참고할 만하다.[131] 기실 1972년에 발생한 대홍수로 인
해 의림지 둑이 파괴된 이후에, 직접 현장을 답사했던 임학자인 정인구(鄭印九)는
제방이 붕괴된 원인(遠因)을 다음과 같이 분석해 보인 사실이 있다.

"(의림지) 호반(湖畔) 북쪽에 용립(聳立)한 용두산(龍頭山)의 울창(鬱蒼)한 활
엽수임상(闊葉樹林相)은 남벌(濫伐)로 파괴(破壞)되고 적송단순림(赤松單純林)
으로 바뀌었으며, 따라서 임지(林地)[임야]는 성숙(成熟)된 표토(表土)가 침식
(浸蝕)으로 유실(流失)되고 척박(瘠薄)한 임지로 변하여, 현재는 초기(初期) 황
폐임지(荒廢林地)로서 생장(生長)이 불량한 적송단순림의 임간(林間) 나지(裸
地)[맨땅]를 형성하고 있다.
더욱이 용두산은 화강암질토괴(花崗岩質土塊)의 사토(砂土)[모래땅]로서 보

---

130 충북대학교 박물관·제천시(2000), 앞의 책, 246~250쪽. 나머지는 소나무–굴참나무·소나무
–상수리나무·일본잎갈나무–소나무 군락과 일본잎갈나무·리기다소나무·은수원사시나무 식
재림으로 파악되었다.

131 이우연(2010), 앞의 책, 43~45쪽.

수력(保水力)이 없는 메마른 임지로 변하였으므로, 강우량(降雨量)을 저류(貯溜)하지 못하고 일시(一時)에 유출시키므로, 표토는 물론 석력(石礫)[자갈]을 포함하여 하류(下流)에 유출시켜 저수지내(貯水池內) 상부까지 석력(石礫)이 유출(流出) 침입(浸入)하게 되었다."[132]

편의상 두 단락으로 나눠서 소개한 윗글의 전반부는 용두산에서 자행된 산림의 황폐화 현상을 지적했고, 뒷 단락에서는 맨땅처럼 척박해진 용두산의 지표(地表)가 큰 강우량을 감당하지 못하고 토사(土砂)와 자갈 따위를 그대로 의림지로 유출시킴으로써, 제방이 붕괴하는 직간접적인 원인을 제공했다는 주장이 담겨 있다. 물론 김이만이 활동했던 18세기 초·중엽과 462mm에 달하는 집중 호우로 인해 불과 30분 만에 제방 붕괴로 저수(貯水)된 물이 완전히 빠졌던 1972년 여름철 간에는 상당한 시차(時差)가 존재하는 것도 사실이다. 따라서 "크고 작은 도끼들이 쉴 날이 없었다."던 『학고집』의 기록과 1972년에 제방이 붕괴된 사태 간에는 명확한 인과(因果)·선후(先後) 관계를 적용하기 어렵다. 그러나 "용두산(龍頭山)의 울창(鬱蒼)한 활엽수임상(闊葉樹林相)은 남벌(濫伐)로 파괴(破壞)되고 적송단순림(赤松單純林)으로 바뀐" 사실만큼은 분명해 보이며, 그 원인의 일단은 앞서 소개한 『학고집』의 기록을 통해서 충분히 유추해 낼 수 있다. 아무튼 이상에서 논급한 내용들은 용두산과 의림지 및 청전들을 '하나의 생태학적 지대(one ecological zone)'로 파악하는 필자의 주장에 충분한 공감을 표하게 함과 동시에, 의림지를 장구한 시점에서 관리해 나가는 도정(道程)에서 매우 유익한 시사점을 제공해 주

---

132 鄭印九, 「義林池 築堤에 關한 一考察」, 『韓國林學誌』 23, 한국임학회, 1974, 32쪽. 한자로 표기된 원문은 국한(國漢) 병용으로 전환하였으며, 독자 제위의 가독적 편의를 위해 문장의 구성 일부를 변경하였다. 또한 인용문 가운데 대괄호([ ]) 속의 것은 독자의 이해를 돕기 위해서 보충한 내용임을 밝혀 둔다.

고도 있다.

이상에서 18세기 당시의 용두산은 활엽수와 침엽수가 공존한 임상을 취한 채 풍족한 산림자원을 함장하고 있었음을 확인하였다. 이처럼 용두산이 내장한 무한한 산림자원은 앞서 논급한 의림지의 풍부한 어족 산물과 순채와 함께, 생민(生民)들에게 주요한 생계의 밑천을 제공하는 결과로 이어질 수 있었다. 이는 의림지와 용두산 일대 지역에 형성된 어촌과 땔나무 가게인 초점(樵店)에 대한 정보를 통해서도 여실히 방증된 바가 있다. 달리 이 사안과 관련하여 김이만은 "의림지[澤]변에 부치어 거주하는 어촌이며 땔나무 가게들이, 대개 수십(數十) 호(戶) 정도가 솜옷처럼 얽힌 채 늘어서 있다."[133]고도 전언하기도 하였다. 이 같은 김이만의 보고성 언술은 앞서 소개한 어촌에 관한 정보, 곧 "네댓 집의 어촌(漁村)이 산기슭에 부치어 거주하고 있다."는 설명보다 훨씬 더 구체적이면서도 포괄적인 지난날 향토사의 이면 묘사에 해당한다.

1760년(영조 36) 이후에 편찬된 것으로 추정되는 『여지도서(輿地圖書)』의 「충청도(忠淸道)」 조항에 의하면, 당시 제천의 총 호구(戶口) 수는 2,673호에, 인구는 대략 11,141명이었던 것으로 집계되어 있다.[134] 『여지도서』에 드러난 제천의 전체 호구·인구 수효에 비하면, 비록 소규모이긴 하지만, 김이만이 창작한 〈임호부(林湖賦)〉의 해당 내용은 당시 의림지와 용두산 일대에 상당히 밀집된 형태의 어촌·초점 위주의 촌락이 형성되어 있었다는 사실을 뚜렷하게 확인시켜 준다.

이처럼 어촌·어시장 및 초점 등과 같은 촌락이 형성되면서 의림지와 인접한 청전들에도 연쇄적인 변화가 뒤따랐던 모양이다. 왜냐하면 용두산·의림지와 하

---

133 金履萬, 『鶴皋集』 卷1, 「賦」, 〈林湖賦〉, 19쪽. "漁村樵店, 附澤而居者, 蓋有數十戶之延緜."
134 이 숫자는 『世宗實錄地理志』(1454)에 기재된 제천의 호구 수인 415호에 인구 1,235명에 비하면, 약 10배 정도 증가한 수치에 해당한다.

나의 벨트를 이룬 당시 청전들에는 숱한 인파들이 무시로 출입을 하기 시작하면서 큰길인 '대로(大路)'가 조성된 상태였기 때문이다. 이와 관련하여 김이만은 '대로'를 왕래하던 18세기 제천 사람들의 모습을 아래처럼 극히 사실적인 기법으로 묘사해 두기도 하였다.

> "이 고른 (청전) 들녘을 돌아보노라니, 큰길이 흡사 활시위처럼 곧게 뻗어 있다. 사녀(士女)[남여]들이 무성히도 오가고, 높이 솟은 수레의 앞가리개가 계속 이어진 채 번득거리며 나부낀다."[135]

김이만이 '대로'로 표기한 이 길은 오늘날 이른바 삼한 초록길의 선행 모델이었을 것으로 판단된다. 특히 위의 인용문에서 단연 눈여겨 볼만한 구절로는 청전들을 가로질러 뚫은 큰길에 "사녀(士女)들이 무성히도 오갔다."고 서술한 부분이다. 왜냐하면 이 표현은 제천현의 읍민(邑民)들이 청전벌 대로를 경유하여 의림지를 완상(玩賞)하기 위해서 두 구간을 왕래하는 모습을 포착한 장면으로, 앞서 소개한 "지금 저 나무꾼·어부들 중에서 의림호[湖]를 따라 오고 가는 자들이, 하루에 그 몇 사람이나 되는지를 알 수가 없다!"는 정황 묘사와 극히 조응하는 맥락하에 놓여 있기 때문이다. 다시 말하여 18세기 무렵에 이르러 의림지 일대는 어부·나무꾼들의 생활공간으로 정착하였음은 물론이고, 기존의 저수지 기능에 추가해서 차츰 관광지로서의 호수의 면모가 겹치기 시작했던 것이다.[136] 18세기 초엽에 최석정이 의림지를 유람한 후에 내린 찬사, 즉 "진실로 승구(勝區)며 영경(靈境)이다."[137]는 예찬이란

---

135 金履萬, 『鶴皐集』卷1, 「賦」, 〈林湖賦〉, 19쪽. "眄玆平郊, 大道如弦, 繽士女之還往, 絡軒蓋之翩翩."

136 김종수(2015), 앞의 논문, 48쪽.

137 崔錫鼎, 『明谷集』卷9, 「記」, 〈臨沼亭記〉, 11쪽. "惟堤地勢稍平遠 … 又有斯池爲之藪澤, 寔

호수로서의 의림호가 간직한 수승한 경관에 대한 평가임과 동시에, 또한 청전들을 관통하는 대로를 경유하여 즐겨 찾는 관광지로서의 의림호의 면모를 아울러 확인시켜 주고 있다. 물론 이 같은 완상(玩賞) 혹은 유람 문화의 바람이 일기 시작하였음에도 불구하고, 청정한 의림지의 생태환경은 제방이 시축된 이후의 원형에 준하는 구관(舊觀)을 그대로를 잘 보전하고 있었다는 사실에 거듭 유념해 본다.

4. 맺음말

이상의 논의를 통해서 김이만과 오상렴, 그리고 여타의 조선조 사대부들이 기록해 둔 18세기 무렵의 의림지 생태환경 현황과 그 주변의 모습을 개괄적으로 살펴보았다. 특히 김이만의 경우 제천의 산수 및 의림지에 대해서 가장 풍부한 기록을 남겼고, 그 결과 이번 제1장의 주된 밑그림을 제공해 주었다. 그리하여 18세기 초·중엽 무렵의 의림지는 실로 다양한 식물종·조류·어족들이 공존한 생태환경을 구축하고 있었을 확인하게 되었다. 또한 제천의 진산인 용두산의 임상 또한 소나무 위주로 형성된 2022년 현재의 그것과는 다소 판이한 양상을 취하고 있었다는 사실도 확인할 수 있었다. 이처럼 변모한 용두산의 임상은 의림지와 그 아래 지대의 청전들에도 부정적인 파급력을 행하게 된다는 점에서 지속적인 주의력의 발휘가 요청된다. 이하의 논의는 앞서 본론에서 개진한 내용들을 간략히 정리하고 반추하는 형식을 취하고자 한다.

김이만은 부친의 유별난 산수벽(山水癖)과 계루된 당시의 긴박한 정국 상황 등으로 인해 선대의 세거지인 경상좌도의 예천 땅을 벗어나, 타향인 제천에서 출생한

勝區靈境也 … 況此義林之勝, 天作地設, 以待人爲之致飾."

특이한 내력을 지니고 있다. 때문에 김이만은 골 깊은 이방인 의식을 감내하기도 했으나, 차후 제천의 자연환경에 완전히 동화되는 승화의 국면을 맞이하게 된다. 다시 말해서 김이만이 제집 드나들 듯이 했던 의림지나 널따란 청전들, 그리고 가택과 마주한 백학봉 등과 같은 제천의 산수 풍광이란, 애초 김이만이 시달렸던 외지인 의식을 희석시키는 과정에서 중요한 촉매제 역할을 제공하였던 것이다.

그런가 하면 김이만은 그가 양산 군수로 재직하던 기간에 청전제로 명명된 방파용 제방을 축조하는 등의 각별한 위민의식을 발휘하기도 했다. 물론 그 이면에는 중국의 주요 저수지와 호수에 대해서 축적한 지적 소양도 한몫 담당했을 것으로 추정된다. 김이만이 남긴 의림지와 그 주변 공간들에 대한 다양한 기록들은 적시한 두 가지 이유와도 연관되어 있을 것으로 분석된다. 게다가 의림지는 김이만의 가택과 바로 인접한 장소에 위치하고 있었기에, 사시사철 수시로 출입이 가능한 생활 속의 친숙한 공간 그 자체였다. 김이만이 의림지를 소재로 삼아 남긴 숱한 시문이며 기록들이 극히 실증적·사실적 특징을 띠게 된 이유도 바로 이러한 맥락에서 이해할 수 있다.

김이만이 수행한 18세기 의림지의 생태환경 묘사는 크게 수생식물 부류와 조류·어족 및 수양버들 물굽이[柳灣]·부들 항구, 그리고 주변에 형성된 촌락의 분포라는 제 국면에 두루 걸쳐 있다. 먼저, 김이만이 포착해 둔 수생식물에는 순채를 위시하여 청빈·능·청고·손 따위와 같은 개체들이 포함되어 있다. 다만 순채를 제외하면 대개 시작(詩作)을 통해서 다분히 서술적인 기법으로 묘사가 이뤄진 까닭에, 특정 개체에 대한 체계적인 접근은 이뤄지질 못했다. 반면에 김이만은 의림지의 특산물인 순채에 대해서는 "우리나라[東國]에서 으뜸"이라는 큰 자긍심으로 비교적 상세한 묘사를 가해 두었다. 즉, 김이만은 순채의 모양과 맛·멋·향기에 대한 자세한 설명은 물론이고, 채취 시기와 별명 및 다양한 요리법, 그리고 순채를 둘러싼 민간의 특이한 동향까지도 죄다 묘사해 두는 친절을 베풀었던 것이다.

　결과적으로 김이만이 수행한 식물종과 조류·어족 및 유만·포항(蒲港) 등을 둘러싼 묘사는, 18세기 무렵의 의림지 생태계의 현황과 관련하여 귀중한 기록물의 성격을 띠고 있다. 특히 김이만은 당시 의림지에서 관찰된 물오리·해오라기 따위 같은 조류들이 '창과 탄알의 화(禍)'로 대변되는 인위적 문명으로부터 안전한 여건 속에서 서식이 가능했던 것으로 인식하였음이 주목된다. 이 같은 김이만의 보다 고양된 인식이란, 생태환경사와 직결된 역사적·경험적 차원에서의 의미 있는 선행 모델로 평할만한 성질의 것이다. 한편 김이만은 메기·뱀장어를 포함한 수생 어류들의 이름이며 활동 양상도 포착해 두었다. 특히 이들 어족 중에서 '금즉(金鯽)·부어(鮒魚)'로 표기한 의림지산 붕어는 순채와 함께 의림지를 대표했던 어종에 해당하는데, 그 유래가 무척 깊다는 사실이 확인된다. 이와 더불어 지금도 잔존(殘存)해 있는 유만의 경우, 천연의 연못 혹은 늪지대로부터 진화를 거듭해 온 의림지의 유구한 역사를 생생하게 증언해 주고 있다.

　나아가 김이만은 당시 의림지 주변에는 어촌과 어시장, 땔나무 가게로 이뤄진 상당한 규모의 촌락을 형성하고 있었다는 사실도 생생하게 전언해 주었다. 이 같은 촌락의 분포 양상은 18세기 당시에 풍족했던 의림지의 어족·순채의 현황과 더불어, 인근한 용두산·청전들과 하나의 벨트를 형성했던 의림지의 지형학적·생태학적 여건을 동시에 환기시켜 주고도 있다. 오상렴이 남긴 순채의 개체 수 급감 문제를 둘러싼 희귀한 기록은 용두산에서 산림자원이 남벌(濫伐)되었던 정황과 함께, 전근대 시기에도 온전한 생태환경을 보전하는 문제가 결코 용이한 사안이 아니었음을 명증하게 일깨워 준다. 결과적으로 김이만의 의림지와 그 주변 묘사는 이 저수지가 시축된 이래로 전승·유지되어 왔던 생태환경의 원형에 대해 의미 있는 역사적 시사점을 제공해 준 것으로 평가된다.

　한편 김이만과 오상렴이 포착해 둔 18세기 무렵의 의림지 생태환경 현황은 미국의 저명한 환경사학자인 도널드 휴즈(J. Donald Hughes)가 제시한 세 가지 측면에 걸친 환경사의 연구 주제, 즉 ① 인간 역사에 영향을 미친 환경 요인과 ② 인위적인 인간 활동에 의한 환경 변화 및 ③ 환경에 대한 인간의 사고와 태도[138]와 관련해서 매우 유익한 성찰의 계기를 제공해 주고도 있다. 도널드 휴즈가 제창한 3가지 주제 사안은 이어지는 제2장인 의림지의 제림(堤林)에 관한 논의에서도 그대로 통용될 수 있는 관점이기도 하다. 그런 점에서 제4부의 제1, 2장을 통해서 취급한 두 주제는 전근대 시기에서의 생태환경사와 관련된 중요한 논의 거리에 해당한다는 점을 이해하게 된다.

---

[138] J. Donald Hughes, What is environmental history?, Cambridge: Polity, 2006, p.3. 김도균, 「한국 환경사 연구의 동향과 과제 – 한국사 관련 학술지를 중심으로」, 『ECO』 12(1), 한국환경사학회, 2008, 222쪽에서 재인용.

제2장

제림의 역사적 기원과
전근대 시기 의림지의 임상

제천시 모산동에 소재한 의림지는 한반도의 유구한 농경문화의 원형을 지금까지 잘 보존하고 있는 국내 최고(最古)의 저수지다. 그리하여 의림지는 1976년에 이르러 충청북도 기념물 제11호에 지정된 데 이어서, 다시 2006년 12월에는 명승(名勝)으로 재지정되어 승격된 역사적·문화적 공간으로 자리매김하였다. 그런데 문화재청이 명승으로 등록하면서 부여한 명칭은 '제천 의림지와 제림'으로, 그 어떤 목적하에 제방에 식재된 나무를 일컫는 제림(堤林)의 존재가 단연 부각된 특징이 있다. 문화재청은 소나무와 버드나무 및 전나무·은행나무를 제림의 범주에 포함시켰으나, 제림의 기원과 역사 및 기능이며 보전책 등에 대한 설명은 누락시켰다. 또한 학명(學名) 자체가 다른 수양버들을 버드나무로 지칭하는 오류를 범하기도 했다.

그런데 의림지 제림의 역사적 기원과 기능, 그리고 영구한 보전 방안 따위를 취급한 고문헌 자료가 부재할뿐더러, 이 사안을 전문적으로 다룬 연구 성과도 이제껏 전무한 실정이다. 이에 제림의 주종을 형성하고 있는 소나무와 수양버들을 포함해서, 지난날 의림지 임상(林相)의 현황을 면밀하게 추적하는 작업을 펼치게 되었다. 그 결과 학역재(學易齋) 정인지(鄭麟趾, 1396~1478)가 조선 전기 무렵인 1457년(세조 3)에 본격적으로 제림을 조성했을 개연성이 매우 높다는 하나의 잠정적인 결론에 도달하게 되었다. 또한 소나무와 전나무의 경우, 태고적부터 의림지와 동일한 식생(植生) 생태계를 형성해 왔던 인접한 용두산과의 긴밀한 친연성(親緣性)의 관계를 확인하기도 했다.

　그런데 제림의 주종인 소나무의 경우, 제방을 견고하게 응축시키는 역할을 하는 토목공학적 기능보다는, 의림지 전체의 미관을 향상시키기 위한 미학적 구상이 반영된 결과일 것으로 추정되었다. 한편 수양버들은 천연의 연못 혹은 굴곡진 늪지대 형태에서 차츰 진화해 왔던 의림지와 줄곧 역사를 함께 해온 개체로, 조선시대 때 등장한 순채(蓴菜)와 함께, 의림지를 대변해 주는 양대 아이콘에 상응하는 위상을 획득하고 있었음이 주목된다. 실제 과거 의림지에는 수양버들이 무성한 세를 과시했던 정황들이 드러났고, 이러한 식생 추세는 일제 강점기 이전 시기까지 지속되었을 것으로 판단된다. 이렇듯 수양버들은 의림지 권역 내에서 소나무에 못지않은 역사성을 갖춘 개체였음에도 불구하고, 2006년에 문화재청이 제시한 설명에는 '버드나무'와 혼동을 빚었기에, 이번 장의 논의를 통해서 그러한 오류를 광정(匡正)하는 계기로 삼고자 한다. 한편 현대적인 감각의 조경 사업이 적용되지 않았던 전근대 시기의 의림지에는 관목(灌木)·등나무를 비롯한 숱한 잡목들이 소나무와 공존하는 식의 매우 복합적인 임상을 연출했던 것으로 파악되었다. 즉, 조선 후기 무렵까지만 하더라도 의림지의 임상은 오늘날의 그것과는 확연히 다른 모습을 취하고 있었음을 알 수 있다.

　더욱 중요한 문제는 제천 출신의 관인(官人)·유자(儒者)였던 학고(鶴皐) 김이만(金履萬, 1683~1758)의 문집인 『학고집(鶴皐集)』에서도 포착되는 소나무의 고사화(枯死化) 현상과 더불어, 숱한 탐방객들이 내딛는 발길이 초래한 제로(堤路)의 답압(踏壓) 문제를 해결하는 방안으로 귀결되었다. 그리하여 답압 스트레스 문제를 성공적으로 해결한 서울시 강북구의 선행 사례를 상기시키면서, 방부목 데크 시설을 갖춘 바이패스[곁길] 산책로를 유용한 대안으로 제시하였다. 나아가 소나무의 후계목으로 육성된 연약한 묘목을 이식하는 과정에서 요구되는 제반 기술적·환경적 사안들에 관해서는 관련 전문가들의 조언을 두루두루 경청할 것을 적극 권유하였다.

1. 머리말

충북 제천시 모산동에 위치한 의림지는 국내에서 가장 오랜 역사를 간직한 현존하는 저수지이자 호수로, 한반도의 유구한 농경문화의 원형을 잘 간직하고 있는 역사적·문화적 공간이다. 그리하여 의림지는 1976년 12월 21일에 이르러 충청북도 기념물 제11호로 지정됨으로써, 대내외적으로 독자적인 가치를 공인받게 되었다. 당시 문화재청에서는 의림지를 유적건조물〉 산업생산〉 농업〉 관개시설이라는 네 종류의 분류 체계로 범주화하였다. 또한 문화재청은 제천 의림지가 김제(金堤)의 벽골제(碧骨堤)와 밀양(密陽)의 수산제(守山堤)와 함께 원삼국[삼한]시대의 수리 시설로, 당시의 농업기술을 연구하는데 중요한 자료가 되고 있다는 설명도 덧붙여두었다.

그러던 차에 문화재청은 2006년 12월 4일에 '제천 의림지와 제림'이라는 복합적인 명칭하에 다시 명승(名勝)으로 승격시켜 등록함으로써, 이 천혜의 공간이 면모 일신하는 계기를 맞이하게 된다. 이때 문화재청에서 제시한 분류 체계는 자연유산〉 명승〉 문화경관으로, 기념물로 등록되었을 때와는 상이한 평가 기준이 적용되었다. 다시 말해서 이제 의림지와 그 일원(一圓)은 전근대 시기 사회에서 중시했던 농업용 관개·수리 시설이라는 산업적 잣대를 초극한 차원에서, 빼어난 자연유산과 문화경관을 거느린 명승으로 재평가 이뤄진 것이다. 특히 2006년에 취한 문화재청의 조치에서 제림의 존재가 부각되면서 명승으로 재지정한 대목이 돋보인다. 이에 당시 문화재청에서는 "우리나라의 대표적인 고대 수리시설인 의림지와 그 제방 숲인 제림, 그리고 주변의 정자와 누각 등이 어우러져 아름다운 경관을 연출하는 역사적 경승지이다."는 설명을 제시했던바, 이 언술은 기념물의 성격을 뛰어넘는 명승으로서의 조건을 구체적으로 해명해 보인 것이다. 나아가 〈문화재청·국가문화유산포털〉에서는 명승 지정에 기여한 의림지의 부속물인 '제림(堤林)'과 관련하여 아래와 같은 부연 설명을 제시해 둔 사실도 주목된다.

"제림은 의림지를 보호하는 제방 위에 심어진 소나무와 버드나무 숲으로 의림지와 역사를 같이 하고 있으며, 지금은 아름다운 노송이 주종을 이루고 버드나무, 전나무, 은행나무, 벚나무 등이 함께 자라고 있다."[1]

의림지 일대를 장식한 임상(林相)의 현장성(現場性)이 묻어나는 윗글을 통해서, 우리는 문화재청과 제천시 당국이 '제천 의림지와 제림'이라는 이름으로 명승으로 재지정하기 위해 상당한 시간 동안에 면밀한 조사를 벌였을 것임이 감지되기도 한다. 결과적으로 위의 글은 의림지의 제림에 관한 유일한 설명으로 남게 되었다.

물론 1972년 대홍수로 의림지 제방이 붕괴되자 현장을 답사한 후에, 〈의림지 축조(築造) 제방내부단면도(堤坊內部斷面圖)〉[2]를 조사하는 과정에서 축제(築堤) 당시에는 소나무 외에도 상수리나무·굴참나무·황철나무 등과 같은 활엽수가 공존하는 임상을 취했을 것으로 추론한 연구 조사가 제시된 바가 있다.[3] 그런데 이

---

1 문화재청 국가문화유산포털[출처: www.heritage.go.kr]
2 鄭印九, 「義林池 築堤에 關한 一考察」, 『韓國林學誌』 23, 한국임학회, 1974, 23쪽.

조사에서는 지적한 수종(樹種)들이 동일한 식생(植生) 생태계를 형성한 인접한 용두산에서 운반되었을 개연성에 대해서는 함구하였다. 한편 제림을 명승적 가치와 결부시킨 유일한 선행 연구[4]에서도 정작 제림 자체나, 혹은 주종인 소나무에 관한 세밀한 논의는 빠뜨린 상태다. 또한 방죽의 소나무 숲을 다루긴 했지만, 단상이 주를 이룬 에세이류의 글에 그친 사례도 있다.[5] 비단 의림지의 제림 뿐만이 아니라, 전국에 산재한 제림을 대상으로 한 본격적인 연구 성과도 사실상 전무한 실정이기도 하다.

한편 문화재청이 제시한 상기 인용문에는 제림의 역사적 기원과 그 기능, 그리고 이를 영구히 보전하기 위한 방안의 제시와 같은 주요 사안들에 대한 설명은 생략되어 있다. 지적한 사항들은 '제천 의림지와 제림'이 명승으로 재지정되기까지의 역사적 이면을 향한 추적의 성격을 띠고 있음과 동시에, 또한 제림을 영원히 보전하기 위한 지적 고민을 반영해 준다. 다시 말해서 그동안 충분히 연구되지 못했던 제림을 대상으로 해서 보다 종합적이면서도 심도 있는 논의를 펼칠 필요성을 제기한 것이다. 이제 적시한 사항들을 본격적으로 다루게 될 이번 제2장의 논의가 '제천 의림지와 제림'이 명승으로 거듭날 수 있었던 역사적 배경에 관한 이해를 한층 더 제고함으로써, 이 유수한 공간에 대한 역사적 소양과 애정 어린 시선을 보다 돈독히 하는 데에 일조하기를 기대하는 바이다.

---

3 鄭印九(1974), 앞의 논문, 33쪽.

4 유인표 외, 「고대 저수지의 명승적 가치−의림지를 사례로」, 『한국전통조경학회지』 4, 한국전통조경학회, 2006, 8~17쪽. 이 연구에서는 의림지가 현행법에서 제시한 명승으로서의 지정요건을 갖추고 있으며, 특히 기존의 명승과는 달리 문화현상으로서의 명승 가치가 높다는 결론을 제시하였다.

5 이천용, 「가장 오래된 저수지 제천 의림지 둑에 선 소나무 숲」, 『산림』 643, 산림조합중앙회, 2019, 22~27쪽.

2. '임지(林池)'와 제림

　존재 일반은 연기적(緣起的)인 맥락에서 제 각각의 기원을 간직하고 있다. 이처럼 특정한 존재의 기원을 둘러싼 의론이란, '제천 의림지와 제림'의 경우도 결코 예외가 아니다. 이를테면 학계의 오랜 쟁점을 형성해 왔던 의림지 시축설(始築說) 담론도 최초의 시원을 추적한 논의에 해당한다. 즉, 시축설 담론은 의림지가 터한 모산동 241번지에 제방(堤防)이 최초로 축조된 시기를 탐구하기 위한 기원 논쟁의 하나인 것이다. 필경 이 담론은 의림지의 제방에 제림이 최초로 출현한 문제를 수반하는 담론이기도 하지만, "지금은 아름다운 노송이 주종을 이루고 버드나무·전나무·은행나무·벗나무 등이 함께 자라고 있다."는 설명이 전부인 상태다. 다시 말해서 의림지에 제림이 출현한 역사적 이면에 대한 설명은 누락된 것이다. 따라서 차제에 각종 역사서와 고문헌 자료를 통해서 의림지에 식재된 제림의 역사적 기원의 문제를 추적해 볼 필요성이 제기된다. 그러나 이 사안을 명증하게 취급한 고문헌은 존재하지 않는다는 사실을 미리 토로해 둔다. 따라서 이하의 논의는 추적이 가능한 범위 내에서의 실험적인 시도의 성격을 띠게 된다는 점을 미리 밝혀 두고자 한다.

　일단, 호반 둘레가 약 2㎞에 달하는 의림지 공간에서 "의림지를 보호하는 제방"의 전체 길이는 약 320m 내외라는 사실을 상기할 필요가 있다. 이 중에서 제방의 중심 구간은 동쪽의 도로 부분에서 현재의 수문이 있는 지점까지의 길이로 약 170m에 해당한다. 제림의 주종을 이루고 있는 소나무는 바로 이 170m 구간에 집중되어 있다. 320m 내외라는 길이는 수문 서쪽의 여수토(餘水吐)가 있는 지점과 인위적 제방 축조 구간까지를 합한 거리를 가리킨다.[6] 이를 과거에는 크고

6　국립중원문화재연구소, 『堤川 義林池 시·발굴조사보고서』, 2014, 82~83쪽.

길쭉한 방죽이라는 의미인 '대제(大堤)'[7] 혹은 '장제(長堤)'[8]라 지칭하곤 했다. 따라서 엄밀한 의미에서의 제림이란 320m 이내 구간에 식재된 나무들에 한정된다.

일제 강점기 때 이식된 벚나무의 경우, 제방 구간과 동쪽 도로변 등지에 드문드문 분포되어 있기에, 이미 제림의 자격을 획득한 상태다. 전나무는 용추폭포 좌측에 10여 그루가 모습을 드러내고 있으나, 은행나무의 소재는 다소 불투명하다. 의림지에는 다수의 느티나무도 눈에 띄지만, 제방 구간에는 보이지 않는다. 문화재청에서는 일정한 범위 내의 지역을 뜻하는 '일원' 개념에 기초한 명승의 특징을 고려해서 의림지 일대(一帶)에 이식된 벚나무와 전나무·은행나무를 제림의 범주에 포함시킨 듯하다. 이번 장의 논의에서도 문화재청에서 2006년에 제시한 제림의 개념과 범주 설정을 그대로 수용하기로 한다.

무엇보다 의림지의 못둑에 식재된 제림의 기원과 관련해서 전래의 '임지(林池)'[9]라는 단어가 주목된다. 숲속의 저수지라는 의미가 내포된 '임지'[곧 숲지]란, 이 단어에 '의(義)'자가 덧붙여지기 이전 시기에 의림지를 일컫는 대표적인 어휘였다. 물론 조선 후기의 문신이었던 기옹(寄翁) 남한기(南漢紀, 1675~1748)의 경우, 칠언

---

7 李瑞雨, 『松坡集』 卷10(한국문집총간 續41), 「詩」, 〈金密陽鳳至堤川十六景〉, 한국고전번역원, 2007, 193쪽. "湖上盛遊人, 行歌兼女伴, 宜稱小大堤, 此地亦江漢, 右大堤."

8 朴守儉, 『林湖集』 卷4(한국문집총간 속39), 「七言排律」, 〈次義林池韻, 呈明府.(二十韻)〉, 한국고전번역원, 2007, 261쪽. "潮擅西南兩路名, 鑿斯人力與天爭 … 縮谷長堤隱隱橫."

9 尹舜擧, 『童土集』 卷1(한국문집총간 100), 「詩」, 〈倚林池得何字〉, 민족문화추진위원회, 1992, 11쪽. "十里湖光帶雨過, 擺林小大聽風和 … 夕陽枝亞古松多 …"; 吳尙濂, 『燕超齋集』 卷5(버클리대학교 동아시아도서관 소장본), 「雜著」, 〈滄浪翁茅山別業十六景小識·紅流洞〉, 고려대학교 해외한국학자료센터, 41쪽(b). "洞卽林池漲波之洩口也."; 鄭宗魯, 『立齋集』 卷1(한국문집총간 253), 「詩」, 〈義林池次簡易韻〉, 한국고전번역원, 2000, 51쪽. "天作林池勝, 千源一處歸." 그런데 인터넷에 널리 유포된 글과는 다르게, 의림지 변에 건립된 누정(樓亭)의 하나인 경호루(鏡湖樓)의 기문인 〈경호루기(鏡湖樓記)〉에는 임지에 관한 기록이 없다는 점을 분명하게 지적해 둔다.

율시인 〈의림지〉를 통해서 "임지(臨池)가 비로소 '의림(義林)'이라는 이름을 얻었다."고 전언하고도 있으나,[10] 이 단어는 그리 자주 발견되는 표현은 아니다. 어쩌면 한글 발음이 똑같기에, 상호 혼동을 빚은 결과가 아닐까도 싶다. 한편 『세종실록지리지(世宗實錄地理志)』에서는 의림지를 '의림제(義臨堤)'라고 표기하고 있어서,[11] '임지(林池)·임지(臨池)·임제(臨堤)' 등과 같은 어휘들이 상호 교차적으로 사용되었을 가능성도 완전히 배제하기 어렵다. 맨 뒤의 '임제'라는 표현은 정인지가 조선 초기인 세종(世祖)·세조(世祖) 연간에 두 차례에 걸쳐서 의림지 수축(修築)에 임했던 사실이 반영된 결과일 것으로 사료된다.

그런가 하면 1898년(고종 35)에 간행된 『제천현지(堤川縣誌)』에는 "우륵(于勒)이 임지(林池)를 처음으로 축조했다."는 구절이 수록되어 있어 주목된다.[12] 『제천현지』의 〈고적(古跡)〉 항목에 편집되어 있는 이 기록은, 구한말 무렵에 이르기까지 '임지'라는 단어가 그대로 계승되었던 정황을 방증해 주고 있기 때문이다. 또한 이 기록은 임지와 의림지라는 두 어휘가 내용상 동의어라는 관계를 형성하고 있었음을 재차 확인시켜 주기도 한다.

그런데 "임지(臨池)가 비로소 의림지[義林]라는 이름을 얻었다."고 전언한 남한기의 칠언율시와는 다르게, 임지(林池)가 의림지라는 고유명사의 지위를 최종적으로 획득한 상태다. 주지하다시피 의림지의 '의(義)'자는 고려(高麗) 성종(成宗) 10년(991)에 이르러 제주(堤州)[제천]에 '의천(義川)·의원(義原)'이라는 별호(別號)를 내린 데서 비롯되었다.[13] 조선조 태종(太宗) 때 제천현(堤川縣)으로 개명하

---

10 南漢紀, 『寄翁集』 卷3(한국문집총간 續58), 「律詩」, 〈義林池〉, 한국고전번역원, 2008, 491쪽. "榛莽迷塗眼未淸, 臨池始得義林名."

11 『世宗實錄』 卷149, 「地理志·忠淸道·忠州牧」, 〈堤川縣〉, "大堤一, 在縣北六里, 曰義臨堤."

12 忠淸北道鄉土史硏究協議會 篇, 『忠淸北道各郡邑誌·堤川縣誌』, 〈古跡〉, 1898, 105쪽. "于勒堂 … 于勒始築林池, 故後人 …"

고, 별호를 '의주(義州)'라 칭했던 것도 고려 적의 순화(淳化) 별호를 계승한 것이
다.[14] 예컨대 "옛날 객사[客] 동쪽에 위치했던 의천루(義泉樓)라는 누각이라든가,[15]
혹은 제천현을 '의원현(義原縣)'으로 표기한 사례,[16] 그리고 의림지를 나타낸 여러
시어(詩語) 가운데 '의호(義湖)'[17]라는 단어도 의천·의원·의주라는 별호에서 직접
파생된 것이다. 그리하여 '의천·의원'의 접두어인 '의'자와 기존 '임지' 간의 문자
결합이 자연스럽게 이뤄졌고, 이에 의림지라는 단어가 형성되었다는 것이 지금
까지 관련 학계의 일반적인 설명 방식이다.[18] 이러한 설명 방식은 상당히 설득력
을 지니고 있을뿐더러, 실제 이를 대체할만한 또 다른 개념의 변천사를 상상하기
도 어렵다.

　본 논의와 관련해서 보다 중요한 점은 '숲속의 저수지'로 직역되는 임지(林池)와
제림의 관계에 관한 것이다. 일단, '임지'라는 단어는 의림지가 무려 해발 약 300m
지점에 자리한 산곡형(山谷型) 저수지임을 에둘러 표현한 것과 무관하지 않아 보인
다. 예컨대 "의림지는 산상(山上)에 있으면서, 백경(百頃)을 물소리로 적신다."라거
나,[19] 혹은 "산곡(山谷)이 변하여 광활하고 아득하다."[20]는 현장 기록들은 의림지가

13　『高麗史』卷56,「志」卷10,〈地理(1)·堤州〉, "堤州本高句麗㮐吐郡 … 別號義川[成廟所定],
　　又號義原."

14　『世宗實錄』卷149,「地理志·忠淸道·忠州牧」,〈堤川縣〉, "本朝太宗十三年癸巳, 例改爲堤
　　川縣監, 別號義州."

15　忠淸北道鄕土史研究協議會 篇,『忠淸北道各郡邑誌·堤川郡邑誌』,〈樓亭〉條, 修書院, 1997,
　　272쪽. "義泉舊在客東, 今無."

16　朴守儉,『林湖集』,「年譜」,〈戊寅年〉, 212쪽. "七十歲 … 以前山之未吉, 窆于義原縣西艮坐
　　之原."

17　安錫儆,『霅橋集』卷1(한국문집총간 233),「詩」,〈義林池, 與季華踏氷〉, 민족문화추진위원
　　회, 1999, 433쪽. "秋鷹曉起毛前奻 … 義湖看冰長太息."

18　충북대학교박물관·제천시,『의림지 정밀기초조사: 조사보고 제69책』, 학연문화사, 2000,
　　149~150쪽.

"산언덕 위에"[21] 터한 산곡형 저수지라는 사실을 나타낸 것이다. 이처럼 의림지의 독특한 지형학적 특성을 두고, 동계(東谿) 조귀명(趙龜命, 1693~1737)은 "산 위에 못이 있는"『주역(周易)』의 함괘(咸卦)의 상(象)으로 비유하기도 했다.[22] 또한 조선 후기의 문신인 관암(冠巖) 홍경모(洪敬謨, 1744~1851)의 경우, "의림지는 제천현(堤川縣) 북쪽 10리에 있다. 못[池]이 산 위에 자리 잡은 채, 백경(百頃)의 넓이를 물소리로 적시는데, 그 깊이를 헤아릴 수 없다."[23]는 읍지류(邑誌類)의 설명을 소개한 뒤에, 의림지에 관한 자신의 소견을 아래처럼 부연해 두었음이 주목된다.

> "아마도 이 저수지가 세상에서 진기[異]하게 여겨지는 이유는, 특별히 산상(山上)에 있기 때문일 것이다. 그러나 한눈에 바라보노라면 평평하고 드넓어서, 의외로 하호(賀湖) 300리(里)의 기세를 간직하고 있다."[24]

윗글을 통해서 홍경모는 의림지가 특이하게도 고지대인 산상에 웅거하고 있는

---

19 趙龜命, 『東谿集』卷2(한국문집총간 215), 「記」, 〈追記東峽遊賞(己酉)·義林池〉, 민족문화추진위원회, 2000, 44쪽. "義林池, 是在山上, 渾涵百頃."

20 金信謙, 『檜巢集』卷3(한국문집총간 續72), 「詩」, 〈義林池, 用阻風於規林韻(二首)〉, 한국고전번역원, 2009, 161쪽. "其二, 山谷轉漠漠, 日暮迷所之."

21 申綽, 『石泉遺稿』卷1(한국문집총간 279), 「疏」, 〈四郡山水疏〉, 민족문화추진위원회, 2001, 477쪽. "縣北十里曰義林池, 池在山原之上."

22 趙龜命, 『東谿集』卷6, 「贊」, 〈伯氏山水畵贊(二〇癸巳)〉, 116쪽. "盖乃義臨池云, 贊曰, 水性就下, 在山則邪, 山上有澤, 咸之象邪."

23 洪敬謨, 『冠巖集』卷19(한국문집총간 續113), 「記」, 〈四郡山水可遊記〉, 한국고전번역원, 2011, 560쪽. "義林池在堤川縣北十里, 池據山上, 渾涵百頃, 其深不能測."

24 洪敬謨, 『冠巖集』卷19, 「記」, 〈四郡山水可遊記〉, 560쪽. "盖此池世所以爲異者, 特以在山上, 然一望平瀾, 居然有賀湖三百里之勢." 운위된 '하호(賀湖)'는 중국의 유명한 호수인 감호(鑑湖)의 이칭인듯하나, 자세하지 않다.

입지적 조건으로 인해 세인들이 매우 진이(珍異)하게 생각하지만, 실제로는 매우 놀랍게도 평활(平闊)한 담수 공간임을 지적해 보였다. 여하간 이상에서 소개한 조선조 사대부 4인이 남긴 문집들은 한결같이 의림지가 높은 "산언덕 위에" 위치한 저수지라는 사실을 지적하고 있음이 확인된다. 이는 '숲속의 저수지'라는 뜻인 '임지'라는 단어가 형성된 이면을 암시해 주고 있음과 더불어, 또한 제림을 상징해 왔던 소나무가 제천의 진산(鎭山)인 용두산(龍頭山, 871m)[25] 일대의 식생 생태계 현황과도 밀접한 연관성을 지니고 있을 것임을 아울러 시사해 주고도 있다.

그렇다면 이제 내용상 동의어에 해당하는 '고송(古松)·노송(老松)' 등의 표현으로 지칭되곤 했던 제림의 역사적 기원과 함께, 주종을 이룬 소나무가 의림지에 식재(植栽)된 과정을 추적해 보기로 한다. 이와 동시에 지난날 소나무 외에도, 매우 복합적인 임상이 의림지 공간에서 펼쳐졌던 정황들도 수습해서 아울러 소개하도록 하겠다.

3. 제림의 기원과 기능 및 의림지의 임상(林相)

1) 의림지 수축사(修築史)와 제림

제방·둑·방죽 혹은 방천(防川)에 식재된 나무를 일컫는 제림과 동일한 의미인 '반제수(盤堤樹)'[26] 혹은 '제상송(堤上松)'[27]은 원주(原州) "감암산[紺岩]의 줄기로,

---

25 『新增東國輿地勝覽』 卷14, 「忠淸道·堤川縣」, 〈山川〉, "龍頭山, 在縣北十二里, 鎭山."

26 金昌協, 『農巖集』 卷3(한국문집총간 161), 「詩」, 〈與子益同賦義林池, 得聲字〉, 민족문화추진위원회, 1996, 355쪽. "潏汩滄池澄不淸 … 盤堤樹擁高雲影 … 終古留爲一縣名." '반제수(盤堤樹)'란 흡사 소반처럼, 제방을 밑받침하고 있는 수목이라는 뜻임.

27 朴齊家, 『貞蕤集』 卷2(한국문집총간 261), 「詩」, 〈義林池〉, 민족문화추진위원회, 2001,

제천현[縣] 북쪽 12리에 소재한"[28] 용두산의 식생(植生) 생태계와도 밀접한 상관관계를 맺고 있다. 실상 의림지가 "제천현(堤川縣) 북쪽 10리" 지점에 위치하고 있으므로, 용두산과의 거리는 불과 2km 남짓한 셈이다. 이처럼 의림지는 용두산과 매우 근접한 지형학적 특성으로 인해, 용두산의 식생 생태계가 연장되어 재현했을 개연성이 점쳐진다. 그런 점에서 이 같은 생태계적 연대를 무시한 채 외지에서 소나무를 반입해서 박물관 앞쪽에 이식한 당국의 처사는 매우 잘못된 것임이 자명해진다.

실제 의림지 호저(湖低)의 퇴적체를 대상으로 한 목본·초본류의 화분(花粉)[꽃가루]을 산출해서 조사해 본 결과, 이곳의 화분 군집상이 주변의 산록 지대의 그것과 매우 유사한 양상을 보인 것으로 보고된 사실이 있다.[29] 이 연구 조사에서는 목본 화분으로 참나무 속(屬)과 소나무·전나무 속이 우점(優占)하는 식생 군락이 형성되었던 것으로 나타났고, 이 결과는 현존 식물군과 거의 유사한 식생 환경이었던 것으로 추론되었다. 이렇듯 강상준(2009) 외의 연구 조사는 의림지와 용두산의 식생 생태계가 극히 닮은꼴을 취하고 있다는 사실을 확인시켜 줌과 더불어, 제림을 대변하는 소나무며 전나무가 용두산 일대의 식물 생태계를 상징해 주는 수종(樹種)이었음을 방증해 주기도 한다. 실제 이 조사에서도 현재 의림지 주변에는 소나무 군락이 가장 넓은 면적에 걸쳐 분포하고 있고, 일부 지역에서 신갈나무와 굴참나무 군락이 분포하고 있는 것으로 파악하고 있다.

한편 의림지 내의 호저 퇴적층에서 소나무 화분이 많이 산출된 것은 자연에

493쪽. "義林古池秋耿耿 … 堤上松皆百年餘."

28 忠淸北道鄕土史硏究協議會 篇, 『忠淸北道各郡邑誌·堤川邑誌』, 〈山川〉, 71쪽. "龍頭山, 紺岩之幹也, 在縣北十二里, 頂有小池."

29 강상준 외, 「홀로세말 의림지 호소환경과 식생변천 고찰」, 『제4기학회지』 23-2, 한국제4기학회, 2009, 40~41쪽.

대한 인간의 간섭이 시작된 정황을 암시해 주는 것으로, 약 2,000 yr BP~2,500 yr BP부터 인류의 농경 활동으로 인해 원시림이 파괴되기 시작했음을 의미한다는 추가적인 해석도 주목된다.[30] 고고학적 편년(編年)에 따르면, 이 시기는 신석기시대 중기 무렵으로 집약 농업이 행해졌던 시기에 해당한다. 이상에서 소개한 강상준 외의 연구 성과를 수용하는 가운데, 연대측정 결과와 화분 조성 등을 고려할 때 의림지가 최초로 축조될 당시의 식생 환경은 소나무가 우점하는 침엽수림 환경이었을 것으로 진단한 연구도 자못 눈길을 끌게 한다.[31] 실제 "석양(夕陽)을 받으며 휘늘어진 고송(古松)이 많구나!"라고 읊조린 시와[32] 함께, "고송은 모두 열 아름[圍]인데, 울창하기가 천년토록 변함이 없구나!"며 수령에 놀라워 한 작품,[33] 그리고 "아래는 응달진 골을 이루었고, 위로는 숱한 노송(老松)이 무성히 우거져 있어, 앉을 만했다."[34]는 기록 등은 17세기 중엽에서 18세기 초반에 이르는 시기 동안에 의림지에 '고송·노송' 위주의 제림이 장관을 연출했던 장면을 제대로 확인시켜 주고 있다. 다시 말해서 사대부 3인이 남긴 기록들은 앞서 소개한 두 부류의 연구 성과와도 정히 부합되는 정황상의 증거인 것이다.

이상에서 간추려 소개한 몇몇 연구 성과들은 이하의 두 가지 측면에서 매우 중요한 시사점을 제공해 주고 있다. 그것은 첫째, 의림지 제림의 주종을 이루는

---

30 강상준 외(2009), 앞의 논문, 42쪽. yr Bp는 탄소연대를 의미한다.

31 박지훈, 「제천 의림지의 자연지리학적 연구」, 『堤川 義林池 시·발굴조사보고서』, 국립중원문화재연구소, 2014, 147쪽.

32 尹舜擧, 『童土集』 卷1, 「詩」, 〈倚林池得何字〉, 11쪽. "夕陽枝亞古松多."

33 趙錫胤, 『樂靜集』 卷5(한국문집총간 105), 「五言古詩」, 〈倚林池〉, 민족문화추진위원회, 1993, 331쪽. "古松皆十圍, 鬱鬱經千霜."

34 金昌翕, 『三淵集』 卷7(한국문집총간 167), 「日記」, 〈丹丘日記(戊辰)〉, 민족문화추진위원회, 1996, 184쪽. "下成陰壑, 上多老松森蔚, 可坐." 원문의 '음학(陰壑)'이란 그늘진 홍류동 계곡을 가리킨다.

소나무의 기원이 멀리 신석기시대 중기로까지 소급된다는 사실이며, 둘째, 제방 시공자에 의해 제림이 이식(移植)되기 이전 무렵에도 의림지에는 다수의 소나무들이 자생하고 있었을 개연성이 매우 높다는 점이다. 이 같은 추론은 의림지와 용두산 산록 지대가 동일한 식생 생태계를 형성하고 있다는 전제하에서 도출된 것이다. 이와 마찬가지로 의림지와 그 아래 지대인 청전들의 솔방죽[유등제(柳等堤)]도 유사한 식물·어류·곤충 생태계를 형성하고 있다는 사실도 결코 간과해서는 안 된다.[35] 그런 섬에서 용두산과 의림지 및 솔방죽은 하나의 생태학적 지대(one ecological zone)임이 명백해진다. 그런데 제천시에 의해 추진될 예정인 이른바 '의림지뜰 자연치유단지 조성사업'[36]은 의림지가 매개하는 이 권역의 교차적인 생태계의 실태를 망각한 소치가 아닐 수 없다. 그런가 하면 2022년 10월에는 제1회 의림지 농경문화 예술제 개최할 예정이라고 한다. 제천시가 추진하려는 대규모의 조성사업과 농경문화 예술제 간에는 몹시도 이율배반적인 모순점이 적나라하게 드러나 있다.

이제 이번 제1절의 논의에서 남은 논의 거리는 의림지 변에 인위적으로 제림을 조성한 시기와 그 주체, 그리고 소나무 외에 자생적으로 분포했거나, 혹은 이식되었던 또 다른 수종의 정보에 관한 것이다. 물론 이들 두 사안을 직접적으로 명쾌하게 취급한 고문헌 자료는 발견되지 않는다. 따라서 이 문제는 불가피하게 간접적인 자료를 통해서 합리적인 추론을 가하는 방식을 취하게 될 것이다. 먼저, 전자와 관련해서는 의림지 제방을 '수축(修築)'[37] 혹은 '수치(修治)'[38]했던 사실(史

---

35 강상준, 「의림지 생물 다양성 연구」(유인물), 2000, 11~18쪽.[출처: http://cafe.daum.net/sammernight/p7qm/18?svc=cafeapi] 쪽수는 출력한 유인물의 순서대로 매긴 것임.

36 이형수, 「제천시, 의림지뜰 자연치유단지 사업 확대 논란」, 『충북일보』, 2022.8.15.

37 徐有榘, 『楓石全集』 卷12(한국문집총간 288), 「策」, 〈擬上經界策(下)〉, 민족문화추진위원회, 2002, 525쪽. "洪州之合德池, 堤川之義林池 … 冒佃之禁, 著在大典, 修築之政, 詳于事

實)이 매우 중요한 추적의 단서를 제공해 준다. 현실적으로 제방을 수리·보수하는 대규모의 토목 공사를 진행하면서, 주변의 조경 사업도 병행했을 가능성이 매우 높기 때문이다. 기실 과거에 제방을 축조한 뒤에 나무를 심는 것이 일반적인 공법이라는 설명이 제기된 바가 있지만,[39] 그 구체적인 사례들을 제시하지는 못했다. 한편 삼한시대에서 통일신라시대에 이르는 기간에도 충분히 제림을 조성했을 수 있었겠지만, 현재와는 시대적 거리가 크게 동떨어지므로 배제하기로 한다. 빈약한 몇몇 사료(史料)에 의거해서는 "반드시 문헌으로 징험해야 하는"[40] 문헌상의 고증(考證) 작업이 불가능하기 때문이다.

그런데 논의의 착지점인 고려시대(高麗時代)의 경우, 12세기 이후에는 소규모 제언(堤堰)이 지역적으로 확대되는 등 수리 시설의 확충과 연해안 저습지의 개발이 이루어졌다는 역사학계의 주장[41]과는 사뭇 다르게, 『고려사(高麗史)』나 『고려사절요(高麗史節要)』에서 제방을 수축한 기사가 거의 보이지 않는다. 게다가 의림지와 관련된 내용이 전무할 뿐만 아니라, 고작 '제주(堤州)·제천'에 대한 기사가 도합 다섯 번 정도 검색될 뿐이다. 이에 반해 『조선왕조실록(朝鮮王朝實錄)』이나, 조선조 사대부들이 남긴 문집에는 고려 왕조가 제언을 축조한 사실을 기록한 자료가 더러 발견되고 있어 대조적이다. 이를테면 "제천의 의림지는 전대 왕조[前

目."맨 끝의 '사목(事目)'이란 1662년(현종 3)에 제정된 〈제언사목(堤堰事目)〉을 가리킨다.
38 『成宗實錄』卷174, 성종 16년 1월 9일[壬辰], " 一, 所經處堤堰修治與否并檢擧."'제언'은 둑·제방과 같은 말임.
39 김학범, 『우리 명승기행: 역사문화 명승 편』, 김영사, 2013, 340쪽.
40 李瀷, 『星湖全集 Ⅰ』卷65(한국문집총간 200), 「墓誌銘」, 〈左議政春城府院君南公墓誌銘 并序〉, 민족문화추진위원회, 1997, 115쪽. "近世臧否人物, 莫尙於龍洲趙先生 … 評隲有道, 必徵文獻."
41 한국중세사학회 편, 『고려시대의 역사』, 혜안, 2018, 287쪽.

朝] 때에 축조한 것인데, 근래에 수령들의 고기잡이로 인하여, 마침내 제방이 헐어 터졌다."[42]는 영사(領事) 홍윤성(洪允成, 1425~1475)의 보고가 대표적인 사례에 해당한다. 그러나 '전조(前朝)'에서 시도한 역사(役事)를 둘러싼 구체적인 정보가 누락된 상태이므로, 기록적 가치는 다소 떨어진다.

반면에 1868년에 금강산을 유람하고[43] 되돌아오던 길에 의림지를 두 번째로 탐방했던 연재(淵齋) 송병선(宋秉璿, 1836~1905)의 경우, 논의 중인 '전대 왕조'를 포함해서 '의호(義湖)'[44]와 관련하여 아래처럼 상당히 구체적이면서도 포괄적인 정보를 제시해 두었음이 대단히 주목된다.

"대개 의호[湖]는 본디 고려(高麗) 공민왕(恭愍王)이 축조한 것으로, 백경(百頃)의 넓이를 물소리로 적시고, 네가래·마름·순채·쏘가리 따위가 많다. 아래쪽엔 수두(水竇)[수문]가 있는데, 민간에서 전하기를, '정인지(鄭麟趾)가 철통(鐵桶)을 주조하고, 그 (수두) 밑에 매설해서 못물을 끌어대어 솟구쳐 나오게끔 하여, 못물을 큰 들판에 관개(灌漑)하도록 했다.'고들 한다. 300~400여 년이 흘러도 한결같으니, 그 베풀어 사람들에게 미친 공(功)이란, (참으로) 위대하다 할 만하다."[45]

---

42 『成宗實錄』 卷46, 성종 5년 8월 4일[丙戌], "御經筵, 講訖, 上問領事洪允成曰 … 堤川 義林池 前朝時所築, 近因守令捕魚, 堤遂決毁, 此堤灌漑甚廣, 亦宜築之."

43 宋秉璿, 『淵齋集』 卷50(한국문집총간 329), 「附錄」, 〈年譜[宋哲憲]〉, 민족문화추진위원회, 2004, 355쪽. "戊辰, 先生三十三歲, 三月, 陪叔父先生, 遊金剛山."

44 宋秉璿, 『淵齋集』 卷20, 「雜著」, 〈東遊記·觀龜玉歷淸風, 至堤川記〉, 355쪽. "丙寅, 與諸友 將遊義林池, 到堤川邑 … 偕行義湖, 坐映湖亭."

45 宋秉璿, 『淵齋集』 卷20, 「雜著」, 〈東遊記·觀龜玉歷淸風, 至堤川記〉, 355쪽. "蓋湖本高麗恭 愍王所築, 而渾涵百頃, 多蘋藻蓴鱖, 下有水竇, 俗傳鄭麟趾鑄鐵桶, 埋其底, 引水湧出, 使之 灌漑大野, 歷三四百年而如一, 其施及人之功, 可謂大矣."

즉, 윗글에 의하면 의림지는 고려의 제6대 왕인 성종 이후인 공민왕 시절에도 재차 수축이 이뤄졌음을 알 수 있다. 또한 정인지가 가설한 수문 시설은 이 방면의 연구가 극히 빈약한 의림지 연구사에서 매우 중요한 정보에 해당하지만, 진행 중인 논의와 무관하기에 더 이상 확론하지는 않겠다. 그런데 송병선의 전언을 토대로 하여『高麗史』와『고려사절요』에서 공민왕을 다룬 부분을 죄다 정사(精査)해 보았으나, 의림지를 직간접적으로 취급한 기사는 전혀 부재한 상태였다. 대신에 1359년(공민왕 2)에 경상도진제사(慶尙道賑濟使) 전이도(全以道)가 왕에게 의성현(義城縣)의 옛 제방을 상기시키면서, 제언 축조를 통해 가뭄에 대비할 것을 강력하게 건의하였으나,[46] 끝내 수용되지 못한 기록이 발견되었을 따름이다. 또한 태후(太后)가 공민왕에게 가뭄으로 굶어 죽는 백성들을 위해서, "토목의 역사를 크게 일으켜, 화기(和氣)를 상하게 함이 어떠실지?"라며 간곡하게 당부하였지만,[47] 이 건의 역시 실행되지는 못했다. 여타의 토목 공사 기록들은 미혹된 불심(佛心)의 소유자였던 공민왕이 벌인 과도한 불사(佛事)와 관련된 내용이 대부분을 차지하고 있다. 따라서 제방 축조와 유관한 기사는 적시한 두 건에 불과한 셈이다. 이 내용만으로는 공민왕 때 이뤄진 의림지에 대한 수축 정보라든가, 혹은 제림을 조성했던 사실을 감지해 내기가 어려운 상태다.

이에 조선 초기 무렵인 세종·세조 연간에 두 차례에 걸쳐서 의림지 역사에 임했던 정인지의 행적에서 이 문제에 관한 단서를 추적해 보기로 한다. 수리 시설에 대한 보수와 축조는 왕조가 바뀐 이후인 태종(太宗) 대에 이르러 대대적으로 이뤄

---

46 『高麗史』卷114,「列傳」卷27,〈諸臣·全以道〉, "臣巡視義城縣, 有舊堤, 若加堰築, 雖暵旱, 可灌漑, 縣令不修築, 臣奉旨已杖之, 願自今, 凡守令, 專用士流, 王然之, 卒不能用."

47 『高麗史節要』卷28,「恭愍王三」,〈恭愍王 18年·5月〉, "王謁太后, 語及旱甚, 太后曰 …去年不雨, 百姓飢死 … 大興土木, 致傷和氣耶 … 自是孝衰, 又因旽之譖間也."

졌으므로,[48] 뒤이은 세종·세조대에는 농업의 기반 시설인 제방 혹은 제언의 중요
성에 대한 인식이 크게 고조되었을 것으로 짐작된다. 일단, 문헌에 기록된 바로는
세종 때 충청도관찰사(忠淸道觀察使)로 부임한 정인지가 의림지를 한 차례 수축하
였던 것으로 전한다. 아마 관찰사로 부임한 정인지는 "매년 도신(道臣)이 순력(巡
歷)할 때에" 제방의 수축 정도를 적간(摘奸)해서 보고[啓聞]하는 과정[49]에서 당시
의림지가 처한 상태를 파악했을 것으로 짐작된다. 이후 1457년(세조 3)에 이르러
체찰사(體察使)로 임명된 정인지가 금성대군(錦城大君)과 순흥(順興) 부사(府使) 이
보흠(李甫欽)의 단종(端宗) 복위 운동에 대비하여 군사를 모집하였고, 이때 호서·
영남·관동지방의 병사 1,500여 명을 동원해서 다시 의림지를 크게 보수하였다고
한다.[50] 물론 일제 강점기 때 간행된 『제천군세일반(堤川郡勢一班)』(1930)에는 정인
지가 풍기군(豊基郡)의 군병(軍兵)을 인솔하여 출정하였다가 돌아오는 길에 군병에
게 보수하게 하였던 것으로 기록하고 있어,[51] 『한국민족문화대백과사전』의 설명
과는 다소 차이가 나기도 한다. 그러나 정인지가 군병력을 동원해서 의림지를
보수하게 했다는 스토리 구조 자체는 동일하므로, 결코 논의의 흐름을 해치지는
않는다.

  그런데 정인지가 두 차례에 걸쳐서 의림지를 수축·보수했다는 『한국민족문화
대백과사전』의 설명은 『조선왕조실록』에서 직접 확인되지는 않는다. 대신에
1436(세종 18)년에 '충청도감사(忠淸道監司)' 정인지가 염법(斂法)을 설시하는 규
획을 둘러싼 장문의 상언(上言)을 세종에게 올린 기록이 남아 있을뿐더러,[52] 이유

---

48 이광린, 『李朝水利史硏究』, 한국연구도서관, 1961, 16~18쪽.
49 『備邊司謄錄』 159册, 정조 2년 1월 13일, "堤堰修築, 自是農政之大者, 每年道臣巡歷時, 至有
   摘奸啓聞之擧."
50 『한국민족문화대백과사전』, 「의림지」 항목[출처: https://100.daum.net/encyclopedia/view]
51 정삼철 외 편역, 『제천군세일반(堤川郡勢一班)』, 충북학연구소, 2020, 13쪽.

원(李裕元, 1814~1888)의『임하필기(林下筆記)』를 비롯한 다수의 문집에서 의림지
의 "제방을 쌓고 물을 가둔"[53] 사실을 전언하고 있다. 여하간 1434년 6월에 충청
도관찰사에 임명되었던 정인지는 그가 퇴임한 1436년 9월 사이에 의림지에 대한
첫 번째 토목 공사에 임했을 것으로 추산된다.[54] 또 다른 한편에서는 1441년(세종
23)에 충청도관찰사로 있던 정인지가 의림지를 수축했다고도 하나,[55] 이는 근거
가 불충분한 낭설로 보인다. 한편 정인지가 체찰사에 명해진 사실도『세조실록
(世祖實錄)』에서 발견되지 않으나, 1457년(62세)에 그는 영의정(領議政) 신분이었
다.[56] 실록 대신에 제천에 연고를 둔 남인 계열의 관인·유자인 학고(鶴皐) 김이만
(金履萬, 1683~1758)은 실증적 기록물의 정수인『산사(山史)』속의 '의림지' 항목
을 통해서, 약 20여 년 만에 다시 시도된 정인지에 의한 의림지 역사 내용을 다음
과 같이 생생하게 기록해 두었음이 크게 눈길을 끌게 한다.

"승국(勝國)[고려]의 말엽에 이르러 다시금 진흙이 저수지[水]를 가득 메우던
것을, 우리 왕조의 정(鄭) 하동(河東) 인지(麟趾)가 호서·영남·관동 지역의 3로
(路)를 몸소 살피면서[體察], 그 장정[丁壯]들을 조율하여 의림지를 준설[浚]·

52『世宗實錄』卷71, 세종 18년 2월 22일[戊午], "忠淸道監司鄭麟趾上言曰 … 臣伏覩周禮云,
司稼之官, 季秋巡野觀稼, 以出斂法 … 如是則踏驗之法簡易, 閭閻煩擾, 奸吏巧詐稍減矣."

53 李裕元,『林下筆記』卷13,「文獻指掌編」,〈湖西四郡〉, 한국고전번역원, 1999, 39쪽. "又有義
林池, 世宗朝命鄭麟趾, 儲水而築之堤, 如天作." 이 자료는 한국고전번역원의 원문이미지에
서 취했음. 이유원은 1873년에 흥선대원군이 실각하자 영의정이 되었고 개화파적 성향을
견지한 인물이다.

54 정인지의 충청도관찰사 임명·퇴임 건은 이상각,『한국사 인물 열전』에 수록된〈정인지〉항목
을 참조.[출처: https://100.daum.net/encyclopedia/view]

55 鄭印九(1974), 앞의 논문, 31~32쪽.

56『世祖實錄』卷6, 세조 3년 1월 7일[壬申], "壬申, 命召議政府領議政鄭麟趾 … 議祀天諸事."

수치[治]하도록 하였다. (이때) 의림지 남쪽에 큰 제방[大隄]을 축조케 하였으나, (따로) 수문[閘]을 설치하지는 않았고, 여러 돌들을 포개 쌓아서 물이 흘러나오게끔 하였다. 그 아래에 작은 연못[小池]이 물길을 받게 하여, 저수[蓄]와 배수[洩]를 적절하게 조절하였으니, 이름하여 이르기를, '선지(鐥池)'라 하였다."[57]

위의 인용문에는 고려 말엽에 의림지가 처했던 매몰지경과 더불어, 체찰사 정인지가 이 저수지를 대상으로 해서 '대제(大堤)'를 축조하고 누석형(壘石型) 수문과 소지(小池)를 설치하는 등의 대대적인 토목 공사를 펼쳤던 내용이 잘 드러나 있다. 특히 인용문 가운데서 '준치(浚治)'라는 단어는 준설(浚渫)·수치(修治)[곧 수축]의 합성어임에 유의해 본다. 앞의 준설이란 저수지나 하천·해안·항만 등지의 수심을 깊게 하기 위한 목적으로 물 밑의 토사를 파내는 토목 공사를 뜻한다. 실상 당시 정인지가 읊조린 〈제영(題詠)〉에도 "샘이 밑 없는 구멍으로부터 나와, 펑펑 용솟음쳐서 저절로 못을 이룬다."고 묘사되어 있다.[58] 이는 못물이 완전히 빠진 의림지 밑바닥을 직접 관찰하고서야 묘사가 가능한 장면이기에, 준설 작업이 이뤄졌음을 명증하게 확인시켜 준다. 그런 점에서 〈제영〉은 당시 정인지가 주도한 의림지에 대한 토목공사가 전면적·종합적·대규모적인 성격을 띠고 있었음을 간접적으로 방증해 주기도 한다.

한편 '수치' 공사와 관련해서 주목되는 대목으로 누석형 수문 시설에 관한 언급

---

57 金履萬, 『鶴皐集』 卷9(한국문집총간 續65), 「山史」, 〈山史·義林池〉, 한국고전번역원, 2008, 195쪽. "至于勝國之末而水且淤, 我朝鄭河東麟趾體察湖西嶺南關東三路, 調其丁壯浚治之, 築大隄于池南, 不設閘, 壘石而滲出之, 其下小池受之, 以節蓄洩之宜, 名曰鐥池." '정하동인지(鄭河東麟趾)' 운운한 표현은 정인지가 83세 때에 사록공신으로 하동부원군에 봉해진 사실을 나타낸 것이다.(『東國輿地誌·開城府』); "年八十三, 歷事六朝, 四錄功臣, 封河東府院君."

58 李荇, 『新增東國輿地勝覽』 卷14, 「忠淸道·堤川縣」, 〈題詠〉, 한국고전번역원, 2019, "鄭麟趾詩 … 泉從無底竇, 霽沸自成塘."

과 함께, 의림지 수리사(水利史)에서 핵심적 시설로 정착한 이른바 '친지(親池)-자지형(子池型)' 수리체계에 대한 설명을 지목할 수 있다. 후자에서 어미 못인 친지는 의림지를 뜻하고, 자식 못인 자지는 윗글의 '소지(小池)·선지(鐥池)'와 내용상 동의어에 해당한다. 이처럼 독특한 형식의 이중적 수리 체계를 고안했던 이면에는 해발 약 300m에 달하는 용추폭포의 큰 낙차 문제와 한랭한 못물의 온도를 조절해서 무논[水田]에 공급하기 위한 지혜로운 의도가 발휘된 결과였다.[59]

이처럼 누석형 수문과 연동된 친지-자지형 수리 구조란 정인지가 1457년에 단행한 의림지에 대한 두 번째 역사가 상당히 대규모의 토목·수리 공사의 성격을 띠고 있었다는 사실과 함께, 매우 정치하면서도 종합적인 사업 설계도에 입각한 역사였음을 아울러 시사해 주고 있다. 때문에 1457년에 단행된 두 번째 역사에서 "의림지 남쪽에 큰 제방[大隄]을 축조한" 후에, 겸사해서 제림을 조성했을 개연성이 매우 높았을 것으로 추정된다. 물론 그 이면에는 정인지가 약 20여 년 전에 시도했던 의림지를 대상으로 한 첫 번째 수축 공사에의 체험이 유익한 길잡이 역할을 행했을 것이다. 정인지는 의림지 제방을 보수한 기념으로 의림정(義林亭)을 세웠던 것으로 전한다.[60] 그리하여 1629년에 구포(鷗浦) 나만갑(羅萬甲, 1592~1642)이 국왕인 인조(仁祖)에게 "우리나라의 3대 연못은 제천(堤川)의 의림지(義林池), 함창(咸昌)의 공거지(公巨池), 연안(延安)의 남대지(南大池)입니다."[61]라고 보고했던 이면에는, 이상에서 논급한 정인지의 증축(增築) 역사에 힘입은 결과였을 것으로 사료된다.

---

59 김종수, 「15~19세기 의림지의 관개·수리시설 연구」, 『한국전통문화연구』 18, 한국전통문화대 전통문화연구소, 2016, 125~128쪽.

60 堤川郡誌編纂委員會 編, 『堤川郡誌』, 上黨出版社, 1969, 520쪽.

61 『承政院日記』, 인조 7년 윤4월 19일[甲戌], "萬甲曰, 我國三大池, 堤川義林池, 咸昌公巨池, 延安南大池."

다만, 이상의 논의를 통해서 소개한 의림지 수축사의 흐름에서는 제림과 관련
된 직접적인 기록은 끝내 확인되지 않는다. 그러므로 이제 매우 포괄적이면서도
대규모적인 역사를 추진했던 정인지의 두 번째 의림지 준설·수치 공사로부터 제
림의 문제를 좀 더 세밀하게 추적해 보기로 한다. 왜냐하면 지금까지의 논급한
의림지 수축의 역사를 감안해 보자면, 의림지 변에 계획적인 제림이 조성된 시점
은 1457년이었을 개연성이 가장 높은 것으로 판단되기 때문이다.

2) 소나무와 수양버들, 복합적 임상

일찍이 태종은 아들인 세종에게 "문(文)에는 정인지가 있고, 무(武)에는 홍사석
(洪師錫)이 있으니, 너는 걱정이 없으리라!"는 위로의 말로써,[62] 문무를 대표했던
두 사람을 극구 예찬해 보인 사실이 있다. 이러한 태종의 찬사에 추가해서 조선
왕조가 추진한 과학기술 사업의 주역이기도 했던 정인지의 경우, 충청도관찰사
로 부임한 이래로 수리·토목 공사 방면에도 상당한 수준의 조예를 갖추었던 듯하
다. 그런 정인지가 "제방이 10리를 두른" 대규모의 토목 공사를 추진하는 과정에
서 '경영[營]·기획[度]' 능력을 발휘한 끝에,[63] 제림을 조성했을 개연성이 매우 높
았을 것임은 앞서 언급한 바와 같다.

실제 제방을 축조한 후에 나무를 심는 것이 일반적인 공법이었음은, 1648년(인
조 26)에 조성된 담양군(潭陽郡)의 관방제림(官防堤林)의 사례를 통해서도 분명하
게 확인된다. 다만 약 2km 정도의 거리인 관방재에 식재된 제림은 홍수를 방지
하기 위한 목적으로 조성되었기에,[64] 의림지 방죽에 분포한 소나무·전나무 숲과

---

62 柳馨遠, 『東國輿地誌』 卷1, 「京都·開城府」, 〈人物〉, 한국고전번역원, 2019. "鄭麟趾, 其先
河東人 … 太宗於朝參召見, 顧世宗曰, 文有鄭麟趾, 武有洪師錫, 汝無憂矣."
63 金履萬, 『鶴皐集』 卷1, 「賦」, 〈林湖賦〉, 19쪽. "有堤繚以十里, 河東之所營度也."

는 용도가 판이하다. 또한 멋스러운 정취를 더하기 위한 풍치림(風致林)을 겸한 관방제림은 푸조나무와 팽나무·벚나무·음나무 따위의 수종으로 구성되어 있어서, 소나무가 주종을 이루는 가운데 무성한 수양버들을 대동했던 전근대 시기 의림지의 제림의 양상과는 뚜렷이 구분된다.

그렇다면 과거 의림지 제림의 주종을 형성했던 소나무가 "묘종(畝鍾)한 공(功)"[65]을 수립한 "하동[정인지]이 경영[營]·기획[度]한 바"의 일환이었음을 밝혀낼 만한 단서를 찾아내는 방법은 과연 무엇일까? 이 질문과 관련하여 조선조 사대부들의 문집에서 포착되는 소나무의 수령과 연관된 표현과 함께, 크기·길이·아름 등과 같이 나무의 성장 정도를 표현한 어휘들도 매우 중요한 추적의 단서를 제공해 주고 있다. 예컨대 "석양(夕陽)을 받으며 휘늘어진 고송(古松)이 많구나!"라거나,[66] 혹은 제방 "아래는 응달진 골을 이루었고, 위로는 숱한 노송(老松)이 무성히 우거져 있어, 앉을 만했다."[67]고 전언한 시구 속의 '고송·노송'이란 수령을 간접적으로 언표한 사례에 해당한다. 달리 "천 그루의 교목(喬木)이 구름에 맞닿아 평화롭네!"[68]라고 전한 역관(譯官) 시인이었던 유하(柳下) 홍세태(洪世泰, 1653~1725)의 경우, 곧고 높게 자란 나무의 상태를 묘사하는 방법을 빌려서 수령 높은 고송임을 나타내었다. 그런데 홍세태에 앞서 소개한 두 시 작품의 작가들인 동토(童土) 윤순거(尹舜

---

64 정남식 외, 「공동체 의식이 공유자원 관리의도에 미치는 영향 분석 – 담양 관방제림을 중심으로」, 『한국지적정보학회지』 24, 한국지적정보학회, 2022, 40쪽.

65 李瑞雨, 『松坡集』 卷10, 「詩」, 〈金密陽鳳至堤川十六景〉, 193쪽. "釃渠沃遠郊 … 欲識畝鍾功, 河東是鄭國."

66 尹舜擧, 『童土集』 卷1, 「詩」, 〈倚林池得何字〉, 11쪽. "夕陽枝亞古松多."

67 金昌翕, 『三淵集』 卷7, 「日記」, 〈丹丘日記(戊辰)〉, 184쪽. "下成陰壑, 上多老松森蔚, 可坐."

68 洪世泰, 『柳下集』 卷1(한국문집총간 167), 「詩」, 〈義林池(在堤川)〉, 민족문화추진위원회, 1996, 322쪽. "百頃圓池積水盈, 千章喬木接雲平." '교목(喬木)'이란 줄기가 곧고 굵으면서 8m 이상 자라고, 위쪽에서 가지가 퍼지는 나무를 가리킨다.

舉, 1596~1668)와 삼연(三淵) 김창흡(金昌翕, 1653~1722)의 생몰 연대를 감안하자면, 이들 3인이 목격한 노송은 족히 200~300년에 육박하는 수령이었을 것으로 추산된다. 현재 의림지 둑에서 자라고 있는 노송 400여 그루의 수령도 200~300년 내외인 것으로 알려져 있다.[69] 이는 윤선거와 김창흡·홍세태 등이 노송·고송 혹은 교목으로 칭했던 소나무의 연륜을 간접적으로 가늠하는 데 어느 정도 참고가 된다.

그런데 적시한 3인의 생몰년 기준으로 200~300년 정도로 추산되는 소나무의 수령이란, 정인지가 대규모의 토목 공사를 단행한 1457년도에 상당히 근접하는 수치임이 주목된다. 다시 말해서 17, 18세기를 전후로 해서 사대부들이 목격한 의림지의 노송은 정인지가 세조 3년에 추진했던 종합적인 역사의 일환, 즉 "하동(河東)이 경영[營]·기획[度]한 바"일 수 있는 개연성이 매우 높다는 잠정적인 결론에 도달하게 된다. 물론 이보다 20여 년 전인 충청도관찰사 시절인 1434.06~1436.09 연월 간에 제림을 조성했다손 치더라도, 200~300년의 근사치에 포함되므로, 또 다른 이론(異論)을 파생하지는 않는다. 한편 "제방 위의 소나무들은 모두 (수령이) 백여 년이나 되었다."[70]고 묘사한 북학파 실학자인 초정(楚亭) 박제가(朴齊家, 1750~1805)의 시작(詩作) 〈의림지〉의 경우, 18~19세기에도 노송 위주의 제림이 의림지 못둑에 건재했던 정황을 확인시켜 주고 있다.

그런가 하면 "고송은 모두 열 아름[圍]인데, 울창하기가 천년토록 변함이 없도다!"[71]라는 시구에는 수령 높은 거목인 노거수(老巨樹)도 등장하고 있어 눈길을 끈다. 처가가 제천인 낙정재(樂靜齋) 조석윤(趙錫胤, 1606~1655)이 지목한 이 노거

---

69 최경옥, 「문화재위원회, 의림지 제림 인도교 재설치 '안 돼'」, 『제천단양투데이』, 2019.5.13.
70 朴齊家, 『貞蕤閣集』 卷2, 「詩」, 〈義林池〉, 493쪽. "義林古池秋耿耿 … 堤上松皆百年餘."
71 趙錫胤, 『樂靜集』 卷5, 「五言古詩」, 〈倚林池〉, 331쪽. "古松皆十圍, 鬱鬱經千霜."

수는 원래부터 의림지 일원에 자생했던 소나무로 보인다. 이는 제방이 축조된 의림지 서쪽 지대와는 반대편에 위치한 동쪽의 송림, 즉 우륵을 추모했던 공간인 "고단(高壇)의 연로한 소나무는 석양이 좋구나!"[72]고 기술한 노송 군락과 마찬가지로, 의림지의 제림이 주변 산록 지대와 동일한 식생 생태계를 형성하고 있다는 연구 결과의 정당성을 거듭 확인시켜 주고 있다. 물론 조석윤이 '열 아름'이나 된다고 전언했던 소나무의 둘레를 참고하자면, 전 왕조인 고려시대 때 식재된 제림일 가능성도 충분하다고 본다. 그러나 이 문제는 문헌상의 고증이 불가능하기에, 더 이상의 추론은 자제하기로 한다. 이렇듯 의림지의 경우 인접한 용두산의 식생 생태계와 동일한 벨트를 이루고 있었던 까닭에, 소나무 위주의 제림 조성이 극히 자연스러운 식목(植木) 사업이기도 했다는 사실을 이해하게 된다.

그리하여 의림지 변에 조성된 소나무 수풀 덕분에 무더운 여름철이면 고을 사람들에게 시원한 피서(避暑) 공간을 제공할 수 있게 되었다.

"지난번에는 극심한 더위로 인해
사람들의 정신[神]·기운[氣]이 아찔해졌다가
이곳에 오자 시원함을 느꼈으니
어찌 다만 맑은 물결에 몸을 씻을 뿐이겠는가?"[73]

---

72 尹文擧, 『石湖遺稿』卷1(한국문집총간 105), 「詩」, 〈義林池, 得何字〉, 민족문화추진위원회, 1993, 128쪽. "峽口名湫雨後過 … 古壇松老夕陽多." '고단(古壇)'은 제향 공간이었던 우륵당 (于勒堂)을 가리킨다. 보다 자세한 사항은 朴守儉, 『林湖集』卷5에 수록된 〈于勒堂重建勸諭文〉을 참조할 것.

73 金履萬, 『鶴臯集』卷2, 「詩晩稿〇五言古詩(附六言)」, 〈義林池, 次柳州南澗韻〉, 50쪽. "向者苦炎熱, 令人神氣疲, 到此覺爽然, 奚啻濯清漪."

김이만은 매서운 여름철에 더위로 혼쭐이 나간 읍민들이 의림지에 도착하기만
하면 즉각적인 '상연(爽然)'의 경지로 접어든다는 정황 묘사를 통해서, 제림이 제
공하는 자연의 피서 서비스를 상기시켰다. 물론 제림이 수행한 피서지 기능은
부차적인 것으로, 애초에 시공자가 의도했던 그 어떤 역할에 대한 궁금증을 자아
내기도 한다. 그러면 "제방 길[堤路]이 푸른 소나무에 가려졌다."[74]고 묘사했을
정도로 울창한 숲을 이루었던 소나무가 행한 주된 기능은 과연 무엇이었을까?

일단, 이 물음과 관련해서 의림지를 극구 예찬해 보인 어휘인 '명구(名區)·영구
(靈區)·절경(絶境)'[75]이라거나, 혹은 "경치 좋은 구역[勝區]·신령한 곳[靈境][76] 따
위로 평한 대목들에 유의해 본다. 열거한 찬사들은 오늘날의 명승과 내용상 동의
어에 해당하는 어휘들이다. 따라서 이 어휘들의 외연에는 "예로부터 절경(絶境)으
로 일컬었던 의림지"가 명승의 지위를 획득하는 데 일조한 제림의 존재도 당연히
포함되었을 것으로 간주된다. 이는 문화재청에서 '제천 의림지와 제림'을 묶어서
명승으로 지정한 설명 방식과 동일한 맥락인 셈이다. 여하간 의림지가 '명구·영
구·절경·승구·영경' 등등과 같은 예찬을 받게 된 이면에는, 사철 내도록 푸른
빛을 발하는 청송(靑松)의 생기가 연출한 미학적 기능을 빼놓을 수 없다. 즉, 제로
(堤路) 변에 식재된 소나무는 의림지 전체의 미관을 향상시키는 미학적 기능을

---

74 沈象奎, 『斗室存稿卷』 卷2(한국문집총간 290), 「詩」, 〈次韵北海趙元卿峽舲影遊〉, 민족문화
추진회, 2002, 64쪽. "野田迷翠稻, 堤路隱靑松 … 蕁鱸莫詫儂.(義林池) 우의정을 역임한 심
상규(1766~1838)의 생몰 연대를 참고할 때 의림지의 소나무는 19세기에도 무성한 세를 유지
했음을 알 수 있다.

75 朴齊家, 『貞蕤閣集』 卷2, 「詩」, 〈義林池〉, 493쪽. "名區一入眞堪幸."; 朴守儉, 『林湖集』 卷
4, 「七言排律」, 〈次義林池韻, 呈明府.(二十韻)〉, 261쪽. "靈區遠自三韓闢, 勝槩仍兼四郡鳴
… 從古義林稱絶境."

76 崔錫鼎, 『明谷集』 卷9(한국문집총간 154), 「記」, 〈臨沼亭記〉, 민족문화추진회, 1995, 11쪽.
"義林池在堤川縣北數里許 … 寔勝區靈境也."

일차적으로 수행했을 것으로 사료된다. 그런 점에서 "제림은 의림지를 보호하는 제방 위에 심어진 소나무와 버드나무 숲" 운운한 문화재청의 설명은 다소 미진한 감이 없질 않다.

여하간 적기한 미학적 기능의 수행 외에도, 제방의 전 구간에 집중된 소나무의 뿌리가 방죽을 견고하게 응축·접착시키는 효과를 겨냥한 식목 구상이 반영된 결과일 수도 있다. 이러한 분석은 그간 식자들에 의해 간헐적으로 제기되어 왔던 설이기도 하거니와, 실제 제림이 주로 장제(長堤) 혹은 대제(大堤)로 칭한 320m 이내 구간에 집중적으로 분포하고 있는 정황을 통해서도 판단의 적실성이 어느 정도 수긍되기도 한다. 그러나 50cm 이하의 깊이에 존재하는 송근(松根)의 경우, 뿌리의 개수와 체적(體積)은 깊이가 깊어질수록 감소한다는 임학계의 연구 결과[77]는, 소나무가 수행했을 법한 제방 공고화 기능이 오류임을 반증해 주고 있다. 그런데 차두성 외(2002)의 연구 성과란, 중원문화재연구소에서 2013년에 시도한 의림지 제방에 대한 최초의 부분 절개조사와도 정히 부합되는 연구 성과임이 자못 주목된다.

당시 중원문화재연구소에서는 총 5개의 층위(層位)로 구성된 의림지 제방의 토층 가운데서, 제방성토층의 하단인 하부 성토층에서 총 6개의 부엽층(敷葉層)을 직접 확인한 사실이 있기 때문이다. 이는 의림지를 시축(始築)할 당시에 제방의 하부 성토층 사이의 접착력을 높이기 위해서 나뭇잎·나뭇가지와 초본류·목재 등을 중간에 뒤섞어 넣음으로써, 연약한 지반을 보강하고 견고성을 강화하는 부엽 공법을 사용하였음을 의미한다.[78] 그런데 이처럼 제방의 하부 성토층에 부엽공법

---

77 차두성 외, 「수목의 근계구성에 따른 사면의 붕괴방지효과에 관한 연구(1) – 소나무 뿌리의 공간분포와 생리적 특성」, 『한국산림과학회지』 91, 한국산림과학회, 2002, 71쪽.
78 국립중원문화재연구소(2014), 앞의 책, 85~86쪽.

을 적용한 상고적의 처사란, 소나무 뿌리의 하부 침투력에 대한 하한(下限)의 문제를 간접적으로 시사해 주기도 한다. 좀 더 부연하자면 소나무 뿌리의 경우, 5개의 토층 중에서 주로 최상부층 혹은 지표층에 해당하는 복토 교란층(Ⅰ)에는 왕성한 활착력(活着力)을 보일 수 있지만, 여타의 층위인 암황갈색사질점토층(Ⅱ)·제방성토층(Ⅲ)·흑갈색사질토층(Ⅳ)·역석층(Ⅴ) 가운데서 상·하부 성토층으로 이뤄진 제방성토층까지는 그 여력이 미치기 어렵다는 점을 부엽공법이 확인시켜 주고 있는 것이다. 물론 그렇다고 해서 수령 높은 소나무 뿌리가 행했을 견고화의 기능이 완전히 부정되는 것은 아니다. 그러나 송근에 의한 접착력이란 높이가 12.0m에 이르는 제방의 상층부에 해당하는 (Ⅰ)·(Ⅱ) 층위에 국한되었을 가능성이 매우 높다고 본다.

실상 나무 전체 호흡량의 8% 정도가 뿌리 호흡에 의존하는데, 토심이 깊어질수록 토양 산소농도는 더 낮아진다고 한다. 즉, 토양 산소 농도는 깊이 20cm 이내에서는 20% 내외로 대기 중의 농도와 비슷하나, 깊이가 깊어질수록 급격히 낮아지는 경향을 보인다는 것이다.[79] 대전시 한밭수목원 측이 응답한 이상의 지적을 참고하건대, 소나무 뿌리 또한 암황갈색사질점토층(Ⅱ) 이하의 토심에서는 뿌리 호흡의 불량 문제가 발생할 수 있으므로, 침투를 통한 활착력을 기대하기 어렵다. 송근에 원활한 호흡이 이뤄지지 않으면, 뿌리가 쉬이 부패하게 될 것이기 때문이다.

따라서 혹여 정인지가 세조 3년경에 의림지에 여러 그루의 소나무를 이식했다면, 그것은 제방성토층의 접착력과 견고성을 높이기 위한 토목공학적 목적보다는, 이 천혜의 공간에 대한 미학적 구상이 더 크게 반영된 결과로 이해할 수 있다. 왜냐하면 세종 때 조선의 과학기술 사업의 주역이기도 했던 정인지 또한 대규모

---

[79] 한밭수목원〉나무병원〉수목진단의뢰[출처: https://www.daejeon.go.kr]

의 준설·수치 공사를 진행하는 과정에서, 고대의 토목 기법이 반영된 부엽층의 존재를 확인했을 개연성이 매우 높기 때문이다. 그런데 논의 중인 제방 토층의 접착력 혹은 견고화 기능과 관련하여 제천 출신의 남인계 지식인인 연초재(燕超齋) 오상렴(吳尙濂, 1680~1707)은 시문집인 『연초재유고(燕超齋遺稿)』를 통해서 아래와 같이 중요한 기록을 남겼음이 대단히 주목된다.

"조선조[國朝]에 이르러 일찍이 경상·전라·충청도 삼로(三路)의 장성한 젊은 이들을 파견하여 제방을 증축케 하였고, 하동(河東) 정인지(鄭麟趾)가 실제 그 역사를 감독하기도 하였다. 지금 오래된 등나무와 관목(灌木)이 휘어 뒤섞여 얽혀서 마치 베를 짠 듯하여, 제방이 더욱 견고해졌다."[80]

오상렴은 〈대제〉 항목을 빌려서 정인지가 1457년에 의림지 역사를 직접 감독했던 사실과 더불어, "등나무와 관목(灌木)이 휘어 뒤섞여 얽혀서" 제방을 견고하게 조처한 사실을 특기해 두었다. 아마도 녹음수인 등나무와 촘촘한 가지들로 이뤄진 떨기나무들이 전 제방의 사면(斜面)을 완전히 장식했을 것으로 그려진다. 즉, 뿌리 침투에 의한 견고화 가능 대신에 "베를 짠 듯한" 접착력의 기법을 구사했던 것 같다. 한편 윗글은 17, 18세기를 전후로 한 무렵에 의림지에는 소나무 외에도 다수의 잡목들이 공존한 임상을 취했던 정황을 확인시켜 주기도 한다. 실제 오상 렴의 지기인 김이만도 당시 의림지에 여러 종류의 나무들이 혼재했던 여름철의 정황을 "뭇 초록빛 나무들은 제각각이구나!"[81]라고 포착해 두었음이 확인된다. 더

---

80 吳尙濂, 『燕超齋集』 卷5(버클리대학교 동아시아도서관 소장본), 「雜著」, 〈滄浪翁茅山別業 十六景小識·大堤〉, 고려대 해외한국학자료센터, 40쪽(a). "國朝嘗發三路丁壯, 增築之, 鄭河 東實董其役. 今壽藤灌木, 樛錯如織, 而堤坊益堅矣.

81 金履萬, 『鶴皐集』 卷2, 「詩晩稿○五言古詩(附六言)」, 〈春秋豈不美, 最宜朱火時〉, 50쪽. "春

나아가 구한말 개화파 정치인이었던 운양(雲養) 김윤식(金允植, 1835~1922)은 『운양집』의 〈의림지〉라는 작품을 통해서, "십여 리 저수지 속의 조그만한 정자 하나, 키 작은 숲 낮은 나무가 석양 물가에 있네."[82]라며 다양한 종류의 수목들이 의림지의 식생 생태계를 수놓았던 사실을 기록해 두기도 했다. 모던한 감각의 계획적인 조경(造景) 공사가 이뤄지질 않았을 지난날 의림지의 경우, 1914년과 1918년에 총독부의 지원하에 단행된 두 차례에 걸친 대수축 공사[83] 이전 시기까지는 오상렴·김이만과 김윤식 등이 포착해 둔 임상을 취한 매우 복합적인 식생 생태계를 그대로 유지했을 것으로 판단된다. 한편 동일한 맥락에서 소나무 위주의 단순림으로 이뤄진 1972년 당시의 임상과는 다르게, 의림지 제방을 처음 축조했을 무렵에는 소나무 외에도 상수리나무·굴참나무·황철나무 등 상당히 많은 활엽수가 공존했던 것으로 추정된다는 견해는 앞에서 논급한 바와 같다.

한편 문화재청이 2006년에 '제천 의림지와 제림'을 명승으로 재지정하면서 제시한 설명 중에는 수양버들을 '버드나무'와 혼동하여 동일시한 오류가 눈에 띈다. 반면에 『한국민족문화대백과사전』의 〈의림지〉 항목에는 "제방과 호수 주변에는 노송과 수양버들이 늘어섰다."고 기술하여 올바른 표기법을 선보였다. 그런데 소나무 외에 또 다른 제림으로 적기한 '수양버들[柳]'의 존재란 의림지의 역사에서 매우 상징적인 의미를 지니고 있으므로, 차제에 문화재청이 범한 호칭 혼동의 오류를 바로잡아 두기도 한다. 일단, 버드나무는 학명이 Salix koreensis로 한국

秋豈不美, 最宜朱火時 …衆樹綠差差."

82 金允植, 『雲養集』 卷1, 「濕遊漫吟」, 〈義林池〉, 연세대 국학연구원, 2015, "十里陂塘一笠亭, 短林低樹夕陽汀." 이 자료는 한국고전번역원의 DB에서 취했음.

83 정삼철 외 편역, 『충북산업지(충북학 자료총서: 9)』, 충북학연구소, 2019, 176쪽. 이 책은 1923년에 발간된 天野行武, 『忠北産業誌』를 편역(編譯)하여 재발간한 결실로, 일제에 의한 충북 경제의 침탈 양상이 잘 드러나 있다.

고유종의 하나였지만, 지금은 거의 자취를 감추어 가고 있는 추세이다. 이와는 달리 버드나무 속(屬)의 낙엽교목으로 분류되는 수양버들(Salix babylonica)의 경우, '수류(垂柳)'라는 중국식 별칭대로 가지를 아래로 드리우는 특징이 있다. 버드나무와 수양버들은 라틴어로 물과 친하다는 뜻을 지닌 살릭스(Salix)를 공유하고 있다는 점에서는 유사한 측면도 존재한다. 한편 유암(流巖) 홍만선(洪萬選, 1643~1715)은 저서『산림경제(山林經濟)』를 통해서 〈버드나무 심기[種柳]〉에 대해서 아래와 같은 설명을 제시해 두었음에 유의해 본다.

> "정월이나 2월에 팔뚝만한 새[弱] 가지를 한 자 반 길이로 잘라, 자른 부분을 태워서 묻고 공이[杵] 등으로 다진 다음 마르지 않게 물을 준다.『신은지[神隱]』."[84]

참고로 홍만선은 "주택 동쪽에 버드나무를 심으면 말에게 유익하다."[85]는 견해도 덧붙여 두었던바, 이 설명과 상기 인용문은 수양버들과는 뚜렷하게 변별되는 버드나무의 속성을 간접적인 차원에서나마 어느 정도 감지케 해준다.

여하간 '임호(林湖)'[86]의 수변(水邊)을 장식했던 수양버들의 경우, 천연의 연못 혹은 굴곡진 늪지대 상태에서 진화를 거듭해 왔던 의림지와 수천 년의 역사를 함께 공유해 온 생생한 산 증인이었다. 이를테면 "늙은 수양버들은 물가[邊]에

---

84 洪萬選,『山林經濟』卷2,「種樹」,〈種柳〉, "正月二月, 取弱柳枝如臂大者, 長一尺五寸, 燒下頭埋之, 用杵打實, 常以水澆之. 神隱." 국역은 정소문 외 역,『산림경제』, 한국고전번역원, 1982에서 취했음.

85 洪萬選,『山林經濟』卷1,「卜居」,〈安碓〉, "宅東種柳益馬." 원문은 한국고전번역원의 DB에서 취한 것임.

86 朴守儉,『林湖集』卷1,「五言絶句」,〈林湖呼韻〉, 215쪽. "琴翁仙去後 … 誅茅老此間."

드문드문”했다고 전언한 문인 화가였던 이윤영(李胤永, 1714~1759)의 시구라든 가,[87] 혹은 “1만여 그루의 수양버들은 10리의 연꽃에 비길 만하네!”[88]라고 읊조렸던 청풍(淸風) 부사(府使) 오도일(吳道一, 1645~1703)의 회상이란, 18세기까지 무성한 세를 과시했던 ‘유지(柳池)’의 이채로운 모습을 제대로 상기시켜 주고 있다. 결과적 으로 오도일과 이윤영의 시작 속에 드러난 의림지의 수양버들 군락 양상이란, 2022년 현재의 그것과는 판이한 모습을 취하고 있었음을 알 수 있다. 특히 17세기 후반에 남인계(南人系) 문단의 종장으로 평가받았던 송곡(松谷) 이서우(李瑞雨, 1633~1709)의 경우, ‘수양버들 물굽이’로 직역되는 ‘유만(柳灣)’이라는 특별한 임 상이 존재했던 사실을 아래처럼 형상화해 두었음이 새삼 눈길을 끌게 한다.

“고깃배가 구불한 ‘유만’으로 접어드니
수양버들 그늘은 끝이 없는 듯하고
언덕 너머로 다만 들려오는 소리는
꾀꼬리 울음에 섞인 어기여차 소리뿐.”[89]

‘수양버들 물굽이[柳灣]’에 찾아드는 늦봄의 정취를 읊조린 위의 시는 지난날 의림 지에 수양버들이 왕성한 세를 과시했던 정황을 재차 확인시켜 주고 있을뿐더러, 어류·곤충·조류 따위가 공존해 왔던 이 역사적 공간을 두고 “한반도 자연사의

---

87 李胤永, 『丹陵遺稿』 卷9(한국문집총간 續82), 「詩○丹陵錄」, 〈義林池, 次景洪〉, 한국고전번 역원, 2009, 284쪽. “明湖衣濯濯 … 柳老水邊稀, 幽賞今圓好.”

88 吳道一, 『西坡集』 卷4(한국문집총간 152), 「詩○碧樓錄(己巳春, 出宰淸風府, 辛未秋, 遞還, 府有寒碧樓)」, 〈義林池月夜 (堤川○下馬巖臺巖同)〉, 민족문화추진위원회, 1995, 70쪽. “錢 塘形勢較如何, 萬柳猶當十里荷.”

89 李瑞雨, 『松坡集』 卷10, 「詩」, 〈金密陽鳳至堤川十六景〉, 193쪽. “漁舟入曲灣, 柳暗如無外, 隔岸但聞聲, 鷪啼雜欸靄, 右柳灣.”

변천 과정을 품고 있는 고문서(古文書)"라고 평한 강상준의 평가에 담긴 복합적인 함의를 아울러 짐작케도 해준다. 한편 위의 시에서 시제로 삼은 '유만'은 창랑(滄浪) 김봉지(金鳳至, 1649~1713)가 〈제천십육경(堤川十六景)〉을 제시한 이래로, 이서우 와 그의 문인인 김이만·오삼렴 등과 같이 제천에 연고를 둔 남인계 인사들이 공유 했던 의림지 시문담론의 한 축을 형성했던 화소(話素)였다는 점도 부기해 둔다.[90]

이렇듯 문화재청이 '제천 의림지와 제림'을 명승으로 지정하면서 군이 '버드나 무'를 포함시킨 이면에는, 이상과 같은 수양버들의 오랜 역사를 감안하였기 때문 임을 이해하게 된다. 수양버들은 제방에 소나무를 본격적으로 이식하기 훨씬 이 전 시점, 곧 의림지가 늪지대나 천연의 연못의 형태를 취한 태고적부터 역사를 함께 공유해 온 특별한 존재였던 것이다. 따라서 수양버들은 조선시대 때 등장한 "의호의 순채[義湖蓴]"[91]와 더불어, 이 천혜의 공간을 상징해 주는 양대 아이콘으 로 규정할 수 있다. 한편 누정(樓亭)을 거느린 소나무와 어부의 일상과 밀접하게 결속된 수양버들은 서로 다른 삶을 대변하는 임상, 곧 각기 사족 계층과 서민층의 공간을 대변해 준다는 흥미로운 분석도 음미할 만하다.[92]

그런데 이처럼 무성한 임상을 선보였던 수양버들이 오늘날과 같이 한산한 모습 으로 돌변하게 된 이면에는, "총독부 보조금 7천여 원과 부역 3만 4천여 명을 동원하여 대수축을 더한"[93] 일제에 의한 1914년의 2개년 계속 사업과 뒤이은 1918

---

90 김종수, 「18세기 의림지(義林池) 시문담론(詩文談論)의 직조 와 전승 양상」, 『한국연구』 2, (재)한국연구원, 2019, 107~111쪽.

91 金宗烋, 『書巢集』卷1(한국문집총간 續117), 「詩」, 〈義林池(癸未, 自京下鄕, 與李晦文同行, 作路于此.)〉, 한국고전번역원, 2011, 629쪽. "來時謾說義湖蓴 … 柳雨花風催客夢, 翩然飛鳥 下靑田." 이 시는 조선 후기의 학자인 김종휴(金宗烋, 1783~1866)가 1823년(순조 23)에 지은 것임.

92 구완회, 「제천 의림지의 경제·문화적 활용에 관한 역사적 검토」, 『조선사연구』 28, 조선사연 구회, 2019, 164~166쪽.

년도에 진행된 대규모의 역사가 빚은 결과가 아닐까 싶다. 이때 선진화된 일본의 조경 기획력과 현대적인 관개·수리 기술이 전근대 시기 의림지의 구관(舊觀)을 완전히 변개하였을 것으로 짐작되기 때문이다. 기실 의림지가 소속된 행정 구역인 모산동(茅山洞)의 경우도 "물가의 띠풀과 갈대의 처지가 쓸쓸하다."[94]는 초정 박제가의 전언에서 확인되는 바와 같이, 산곡형 저수지에서 숱하게 자랐던 띠풀 군락에서 유래한 작명법일 것으로 추정된다. 그러나 지금은 띠풀이며 갈대가 거의 자취를 감춘 상태임은 물론이거니와, '부들 항구[蒲港]'[95]로도 지칭되었던 흔적도 찾아보기 어렵다. 이렇듯 무성한 수양버들과 다양한 잡목들, 그리고 띠풀·갈대·부들 군락의 소멸 양상은 상전벽해라는 고사성어에 깃든 깊은 의미를 절로 실감케 해준다. 이처럼 일제가 왕성한 수양버들 군락과 다양한 잡목들, 그리고 형형색색의 수초 따위를 대폭 정리·제거하는 식의 조경 사업을 펼쳤던 이면에는, 아마도 보다 풍부한 담수(湛水) 공간을 확보하기 위한 치밀한 의도가 발휘되었기 때문으로 분석된다.

아무튼 좋든 싫든 간에 "지금은 필요한 곳의 수축을 마쳤다."는 『제천군세일반 (堤川郡勢一斑)』의 전언대로,[96] 2022년 현재 의림지의 모습은 일제 강점기 때 단행된 두 번에 걸친 대규모 토목 공사의 산물인 것이다. 이 지점에서 우리는 제림의 주종을 이루고 있는 소나무를 영구히 보전할만한 방책에 관한 지적 고민과 더불

---

93 정삼철 외 편역(2019), 앞의 책, 176쪽. 제림과 관련된 『충북산업지』의 기록은 "제방이 연못을 둘러싸고 노송(老松)으로 덮은 옛 정자가 연못가에 있어서 여름에 경치가 더욱 시원하다."고 설명한 것이 전부다.

94 朴齊家, 『貞蕤閣集』卷2, 「詩」, 〈義林池〉, 493쪽. "義林古池秋耿耿 … 水傍蕭蕭茅葦地."

95 金履萬, 『鶴臯集』卷9, 「雜著」, 〈山史〉, 196쪽. "義林池 … 或扣舷而歌, 沿洄于柳灣蒲港."

96 정삼철 외 편역, 『제천군세일반(堤川郡勢一斑)』, 충북학연구소, 2020, 13쪽. 이 책은 일제 강점기 때인 1930년에 제천군에서 발행한 것을 번역하고, 그 내용을 설명한 결실이다.

어, 그간에 범해진 제천시 당국의 시책들을 잠시 되돌아볼 필요성을 느끼게 된다.

3) 제림의 보전책

존재 일반은 제행무상(諸行無常)이라는 불교적 명제로부터 결코 자유로울 수 없다. 다만 특정한 구역 내에서 자라고 있는 식물 집단의 경우, 대물림을 위한 체계적인 노력과 적절한 생존 여건을 제공함으로써, 생태 기능(Ecological function)의 정상화를 유지해 나갈 수도 있다. 그런 점에서 소나무가 주종을 이루고 있는 의림지 제림의 경우도, "인류의 욕구를 충족시켜 주는 재원(財源)과 서비스를 제공해 주는 자연적인 과정(Natural process) 및 그 구성 요소들을 포용하고 있는 능력"[97]을 의미하는 생태적 기능의 유지는 대단히 중요한 문제다. 그런데 의림지 제림의 생태기능을 보다 나은 방향으로 향상시켜 나가기 위해서는 고사화(枯死化) 위기에 직면한 소나무를 온전하게 보전하기 위한 구체적인 방책이 제시되어야 할 뿐만 아니라, 그간에 범해진 잘못된 시책에 대한 성찰적 자세가 동시에 요구된다.

일단, 전자의 문제와 관련해서는 노거수 소나무의 고사화 현상에 따른 후계목(後繼木)을 육성하기 위한 구체적인 방안 제시와 더불어, 숱한 탐방객들이 내딛는 과도한 발길의 압력이 초래하는 이른바 답압(踏壓)의 문제가 긴급한 현안으로 부상해 있는 상태다. 소나무가 장구한 수령을 다한 끝에 고목으로 화한 역사적 사례는, "의림지 서쪽 언덕에 고목이 된 노거수[老樹]가 있으니, 아마도 수백 년이 된 물건인 듯하다."[98]는 김이만의 증언을 통해서도 확인이 된다. 다만 김이만이 활동했던 18세기 무렵에는 수목의 고사화 현상을 한 수의 시(詩)로써, "넉넉히 천년을 다하

---

97 강상준(2000), 앞의 논문, 3쪽.

98 金履萬, 『鶴臯集』 卷2, 「詩晚稿○七言絕句」, 〈詠枯木(三首)〉, 76쪽. "義林池西岸, 有老樹立枯, 蓋數百年物也."

고 고목[枯]으로 자재한"[99] 모습에 안타까운 심경을 토로할 수밖에 없었다.

그런데 비교적 근자에 이르러 고사한 노송에 대한 후계목의 씨앗을 양묘(養苗)하는 방안이 제시됨으로써, 대를 이은 제림의 생태 기능의 유지를 기대할 수 있게 되었다. 실상 의림지 제림을 상징하는 소나무 숲은 물론이거니와, 지내(池內)의 인공섬인 세칭 '순주섬[蓴洲]'의 경우도 후계목 혹은 대체수(代替樹) 논의가 이뤄진 지도 벌써 오래전의 일이다.[100] 다만, 제천시는 여러 번에 걸친 언론의 문제 제기에도 불구하고, 순주의 노거수를 대상으로 한 실태 파악과 후계목 육성 및 대체수를 모색하는 일에 지금까지 미온적인 태도를 보여주고 있다.

대신에 제천시 당국은 1999년부터 노송의 후계목을 육성하기 위한 사업에는 관심을 보이기 시작했다. 그러나 첫 번째 시도는 기술 능력의 부족과 업무의 연계성을 잃으면서 별다른 성과 없이 끝나고 말았다. 기술력을 토대로 한 장기적이면서 체계적인 양묘 계획의 중요성은, 전북 완주군의 전통 마을숲을 복원하기 위한 목적으로 시도된 연구를 통해서도 그 실상이 잘 드러나 있다.[101] 연구진은 마을숲의 환경적·생태적·문화적 분석 과정을 거치면서 훼손 원인을 파악하였고, 숲의 구조와 활력도 분석을 통하여 후계목 조성이라는 복원 주제를 설정하였지만, 지적한 요인들로 인해 결국 사업이 무위로 끝나고야 말았던 것이다. 아마도 제천시에서는 1999년을 전후로 해서 외지에서 소나무를 구입해서 의림지 변에 이식한 듯하다. 그러나 이 건은 이른바 신토불이(身土不二)로 대변되는 불교적 가르침,

---

99 金履萬, 『鶴臯集』 卷2, 「詩晚稿○七言絶句」, 〈詠枯木(二首)〉, 76쪽. "萬綠前頭白一株, 霜皮全剝蠧穿膚 … 得盡天年自在枯."

100 김종수, 「의림지(義林池)의 인공섬 순주(蓴洲)에 대한 역사적 고찰」, 『충북학』 22, 충북학연구소, 2020, 219~220쪽.

101 노재현 외, 「완주 두방 전통마을숲의 복원모형에 관한 실증적 연구」, 『한국전통조경학회지』 3-4, 한국전통조경학회, 2005, 1~9쪽.

즉 노송[身]과 그 태생적 환경이자 의보(依報)인 제천의 오랜 자연환경과의 생태학적 연대라는 이치를 간과한 처사임을 재차 지적해 둔다.

그로부터 7년 뒤인 2016년에 제천시는 재차 후계목 육성 사업에 착수하게 된다. 다만, 이 사업이 문화재청에서 2015년 2월에 공표한 '천연기념물(식물) 후계목 육성방안 연구용역'에 응모한 결과인지에 대해서는 정보가 명확하지 않다. 여하간 제천시는 2017년에 이르러 문화재청에서 제공한 1억 원의 사업예산을 바탕으로 해서 후계목 육성 사업에 다시 착수하게 되었다. 이에 시에서는 수백 년에 이르는 수령의 소나무 10여 그루에서 씨앗을 채취해서 고암동 양묘장에서 재배를 시도했다.[102] 이후 담당자는 다시 제천시가 직영하는 모산동의 꽃모장으로 양묘 공간을 옮겨 육성 사업을 진행했고, 그 결과 현재 30~50㎝ 높이의 묘목으로 성장해 있는 상태다. 제천시는 1,500여 그루의 후계목을 2022년 9월경에 의림지 주변에 이식할 계획임을 동년 6월에 밝혔고, 식재할 장소로는 의림지 제방 아래 1,000㎡의 시유지를 비롯해 2~3곳을 검토 중인 것으로 알려져 있다.[103] 그런데 제천시는 의림지와 청전들 일원인 모산동 309번지에 소위 '제천 드림팜랜드 조성사업'을 추진할 예정이었다.[104] 이치상으로 양립 불가능해 보이는 두 건의 주요 사업이 어떻게 진행될지 그 추이를 지켜볼 일이다.

한편 의림지 제방의 소나무 수풀의 경우, 약 183그루의 소나무가 관리 대상으로 지정되었으나, 고사화 현상과 병충해의 여파 등의 원인으로 인해 그간 7그루가 고사한 상태다. 2000년의 의림지 정밀기초조사에서 고사한 소나무 6주(株)에 대한 흉고직경(DBH, 胸高直徑)[곧 가슴높이지름]을 측정해 본 결과, 176년(1822)과

---

102 최경옥, 「문화재위원회, 의림지 제림 인도교 재설치 '안 돼'」, 『제천단양투데이』, 2019.5.13.
103 이삭, 「'삼한시대 저수지' 제천 의림지 노송, 자손들도 의림지로」, 『경향신문』, 2022.6.6.
104 제천시, 『2019년 주요 업무계획』(유인물), 2019, 5쪽.

150년(1848) 등 67%가 100년 이상의 것이었고, 최소 80년 이상의 노거수로 파악된 바가 있다.[105] 이 중에서 수령이 80여 년 이상된 소나무의 경우, 혹여 일제강점기인 1929년에 제천군이 취한 조림(造林) 사업 때 이식된 나무일 수도 있다.[106] 또한 소나무가 고사한 시기는 주로 늦봄에서 여름인 것으로 밝혀지기도 했다.[107] 이는 후론될 답압이 초래한 토양 경도(硬度)로 인한 수분 섭취 스트레스와 연관이 있는 듯하다. 여하간 고사목을 대체할 후속 묘목의 적정 수효를 선정하고, 최적의 식재 공간을 결정하는 과정에서 해당 분야 전문가들의 의견을 누루 성정할 필요가 있어 보인다. 이를테면 1년생 소나무 묘목의 높은 노지 생존율을 기하기 위해서는 이식 전에 단근(斷根) 작업을 해주는 것이 좋으며, 이때 그 강도는 전체 뿌리 길이의 약 25% 정도가 적절하다는 연구 결과[108]도 참고할 만하다.

한편 이상에서 논급한 사안과 직결된 사안으로 제로의 소나무가 겪고 있는 답압(踏壓, trampling) 스트레스를 지목할 수 있다. 답압이란 인간과 차량 및 장비의 이동으로 인하여 지상부의 겉흙인 표토(表土)가 다져져서 견밀화되는 토양 경화(硬化) 현상을 말한다. 의림지의 경우, 이미 수년 전부터 이곳을 찾는 숱한 탐방객들이 내딛는 발길이 초래하는 과다한 답압 현상이 여전히 진행 중인 상황이다. 그에 따라 제방길의 표토가 단단하게 굳어지고 토양이 심하게 노출되면서 소나무

---

105 강상준(2000), 앞의 논문, 19~20쪽.

106 정삼철 외 편역(2020), 앞의 책, 37쪽. 이때 군에서 조림에 사용한 나무는 소나무 외에도, 곰솔· 상수리나무·잎갈나무[낙엽송] 등이었다.

107 서정욱 외, 「제천 의림지 소나무 연륜생장 쇠퇴도 분석을 통한 고사 연도 및 원인규명 연구」, 『한국환경복원기술학회지』 69, 한국환경복원기술학회, 2011, 5쪽. 이 논문에서 산출한 고사목의 수령도 대체로 각주 105)와 유사한 편이다(4~5쪽).

108 나성준 외, 「단근 강도에 따른 소나무 유묘의 생장 특성」, 『농업생명과학연구』 48-1, 경상대 농업생명과학연구원, 2014, 15~21쪽.

의 생육 상태가 불량해졌고, 수령이 오래된 개체는 고사화하는 위기에 처해진 것이다. 기실 잔디의 경우도 지상부에 답압을 주게 되면 길이와 광합성 능력 및 엽수·건물중(乾物重) 등이 급격하게 줄어들었을뿐더러, 답압의 충격량이 증가할수록 길이가 짧아지는 경향을 나타내는 것으로 조사된 바가 있다.[109] 이 연구 조사는 "용의 몸에 학의 골격을 한 채 곁가지를 받치고 있는데, 절반이 썩었으나 그래도 뗏목은 감당함직한"[110] 소나무의 고사화 현상을 예방하는 데에도 중요한 참고 지침을 제공하고 있다.

특히 소나무가 집중된 제방 170m 구간에는 "물줄기가 폭포를 이뤄 나르는 듯한 모양"을 취한 용추폭포[龍瀑][111]의 유리 전망대에서 경호루(鏡湖樓)·영호정(暎湖亭)으로 이어지는 의림지의 명소들이 즐비하게 포진하고 있다. 자연히 의림지를 찾는 탐방객들의 발길도 이 구간에 집중되므로, 제로의 답압 문제를 해결하기가 쉽지 않았던 것이다. 그렇다고 하더라도 고사화 정도가 심한 구간에는 적절한 분량의 복토(覆土)를 실시하고, 부분적으로 탐방을 제한하는 과감한 조치를 취할 필요가 있다. 이와 동시에 소나무 숲을 이룬 170m 전 구간의 표토 상단에 방부목 데크 시설을 갖춘 곁길 보행로를 설치할 것을 적극 권유하는 바이다.

한편 서울시 강북구의 솔밭근린공원 소나무 숲의 경우, 2005년에는 평균 54.8kg/cm^{2}에 달하는 딱딱한 토양 경도를 보여줬으나, 일련의 개선사업을 추진한 뒤인 2010년에 이르러서는 4kg/cm^2 미만으로 나타나 식물생육에 영향이 없는 양호한 상태를 회복했다고 한다. 시 당국은 울타리를 설치하는 등의 비상 조치를

---

109 서진열 외, 「답압이 한국잔디의 생육에 미치는 영향」, 『Weed & Turfgrass Science』 4-3, 한국잔디학회, 2015, 256~261쪽.

110 金履萬, 『鶴皐集』 卷2, 「詩晚稿○七言絕句」, 〈詠枯木(一首)〉, 76쪽. "龍身鶴骨立杈枒, 半朽 猶堪上漢槎 … 綠藤爲葉蘚爲花."

111 정용석 역, 『국역 조선환여승람 제천』, 제천문화원, 1999, 51쪽.

취함과 더불어, 하층 식생인 관목 및 초본식물의 식재 등과 같은 보전책을 통해서 답압 피해를 획기적으로 개선한[112] 서울시 강북구의 성공 사례를 타산지석으로 삼아야 할 것이다.

4. 맺음말

이상의 포괄적인 논의를 통해서 과거 '임지'로 불렸던 의림지에서 제림이 출현하게 된 경위를 고문헌 자료의 분석과 제방을 수축한 역사의 일별을 통해서 추적해 봄과 동시에, 지난날 이 천혜의 공간에는 소나무와 수양버들을 위시한 다양한 잡목들이 공존하는 양상을 취한 복합적인 임상을 선보인 사실을 새롭게 규명하였다. 나아가 제림의 주종을 형성한 소나무가 감당하고 있는 고사화 현상을 답압 문제와 관련시켜서 논의함으로써, 장차 의림지의 제로 변에서 제림을 영구히 보전하기 위한 방안을 모색해 보기도 했다. 이하에서는 앞서 본론에서 취급한 내용들을 간략하게 정리하면서 반추하는 형식을 취하고자 한다.

문화재청은 2006년에 '제천 의림지와 제림'을 명승으로 승격시켜 등록하였으나, 그간 소나무가 주종을 이룬 제림은 물론이고, 전근대 시기 의림지의 복합적인 임상에 대한 연구는 전무한 상태였다. 그런데 '임지'로 지칭되었던 산곡형 저수지의 특성에 상응하는 제림의 존재는 의림지의 태생적 환경과도 맞물려 있는 사안인 만큼, 이루 다 헤아릴 수 없을 정도의 기나긴 역사를 향유했을 것으로 추정된다.

---

112 한봉호 외, 「서울시 강북구 솔밭근린공원 소나무림 답압 피해 개선사업 효과 연구」, 『한국조경학회지』 40-5, 한국조경학회, 2015, 148~159쪽. Kg/cm^2는 압력의 단위로, $1cm^2$당 몇 kg의 힘이 가해져 있는지를 나타내는 단위임.

또한 방죽을 새로 쌓으면 나무를 병행해서 심는다는 전래의 토목 공법과 통설에 입각해서, 의림지 제방의 수축사를 일별하면서 제림의 기원을 면밀하게 추적해 보았다. 일단, 제림의 기원을 둘러싼 논의의 출발점을 고려시대로 설정하였으나, 『고려사』나 『고려사절요』에서는 제림은 커녕, 의림지에 대한 기록도 전혀 발견되지 않았다. 대신에 조선조 사대부들이 남긴 문집을 통해서 고려 제31대 왕인 공민왕 때에, 의림지에 대한 토목 공사가 진행된 사실을 접할 수 있었다.

이에 차후의 수순으로 세종·세조 연간에 두 차례에 걸쳐서 의림지에 대한 역사에 임했던 정인지의 행적을 예의 주목하게 되었다. 그 결과 1,500여 명의 장정들이 동원된 1457년의 대규모의 토목 공사 시에 제림을 조성했을 개연성이 가장 높다는 하나의 잠정적인 결론에 당도하게 되었다. 당시 정인지가 추진한 '준설[浚]·수치[治]' 공사란, 상당히 종합적인 공사 설계도에 입각한 일련의 정황들이 포착되었기 때문이다. 즉, 정인지는 "의림지 남쪽에 큰 제방[大堤]을 축조"했을뿐더러, 또한 누석형 수문과 친지-자지형 수리 체계를 완비하는 등의 매우 종합적·대규모적·전면적인 공사를 마무리하였기에, 이때 조경 사업에 해당하는 제림을 아울러 조성했을 가능성이 점쳐진 것이다.

그뿐만 아니라 16~18세기의 사대부들이 남긴 문집에서 기록해 둔 '노송·고송'의 수령도 세조 3년을 즈음한 시점과 상당히 부합되는 수치라는 점도 주목되었다. 물론 정인지가 충청도관찰사에 부임한 이후에 착수한 첫 번째 역사에서 제림을 조성했을 가능성도 엄존하지만, 이 경우도 평균 200~300년에 이르는 수령의 근사치를 벗어나는 것은 아니다. 한편 조선조 사대부들의 문집에는 무성한 세를 유지했던 수양버들 군락인 '유만'에 대한 묘사와 함께, 관목·등나무를 비롯한 다양한 수목들이 소나무와 공존했던 정황들이 수록되어 있어 눈길을 끌었다. 이처럼 소나무 숲과 수양버들 군락이 다수의 잡목과 혼재했던 양상이란, 비교적 모던한 감각의 조경 사업이 가해졌을 일제 강점기 이전 시기에서의 의림지만의 독특한 임상이기도 했다.

오늘날 의림지의 임상은 주종인 소나무 수풀과 한산해진 수양버들 군락과 함께, 몇몇 그루의 전나무·은행나무며 일제 강점기 때 이식된 벚꽃나무 따위로 이뤄져 있는 상태다. 그런데 특히 170m에 이르는 제방 구간에 식재된 소나무가 겪는 답압 스트레스는 긴급한 현안으로 부상된 지도 오래전의 일이다. 소나무의 고사화를 재촉하는 답압 문제를 해결하기 위해 제천시에서는 한두 차례의 시행착오 끝에, 후계목의 묘목을 육성하는 데 성공한 것은 참으로 다행스런 일이 아닐 수 없다. 반면에 시 당국은 후계목에 대한 적정 수치의 개체수 산정과 이식할 공간 선정, 그리고 방부목 데크 시설을 갖춘 곁길 산책로 설치를 통한 답압 문제의 완전한 해결 등을 숙제로 남겨 둔 상태다. 제천시는 이 방면에 대해 깊이 있는 식견을 구비한 전문가들의 의견을 두루두루 경청하는 가운데, 성공적인 선행 사례들도 아울러 참조할 것을 권장하는 바이다.

참고문헌

| 제1부 | 의림지 연구사(研究史)의 현황과 본서의 구성체계 |

1. 기초 자료

金信謙, 『檜巢集』(한국문집총간 續72), 한국고전번역원, 2009.

金允植, 『雲養集』, 연세대학교 국학연구원, 2015.

朴守儉, 『林湖集』(한국문집총간 속39), 한국고전번역원, 2007.

朴齊家, 『貞蕤閣集』(한국문집총간 261), 민족문화추진위원회, 2001.

趙龜命, 『東谿集』(한국문집총간 215), 민족문화추진위원회, 1998.

崔錫鼎, 『明谷集』(한국문집총간 154), 민족문화추진회, 1995.

국립중원문화재연구소, 『堤川 義林池 시·발굴조사보고서(국립중원문화재연구소 학술연구총서 제13책)』, 2014.

국사편찬위원회, 『중학교 국사(상)』, 교육부, 1996

국사편찬위원회, 『고등학교 국사(상)』, 교육부, 1996.

남지현, 『단비뉴스(2019.04.17.)』: 의림지 역사박물관엔 역사가 없다.

류금열 편찬, 『義林池總覽 上·下』, 내제문화연구회, 2022.

리차드 팔머(이한우 옮김), 『해석학이란 무엇인가』, 문예출판사, 2011.

세명대 지역문화연구소 편, 『의림지유산과 농경문화』, 제천문화원, 2013.

李丙燾, 『두계잡필(斗溪雜筆)』, 일조각, 1956.

李丙燾·金載元 共著, 震檀學會 編, 『韓國史·古代篇』, 乙酉文化社, 1972.

정용석 역, 『국역 조선환여승람 제천』, 제천문화원, 1999.

제천시, 『의림지 국가중요농업유산지정 계획수립 연구』, 2013.

조선총독부, 『義林池水利組合成立』, 아세아문화사, 1919.

조영석, 『뉴스1(2022.09.19.)』: 제천 의림지 역사박물관, 실감콘텐츠 구축 위해 임시휴관.

충북대박물관·제천시, 『의림지정밀기초조사(조사보고 제69책)』, 2000.

한국고고환경연구소 편, 『한국고대의 수전농업과 수리시설』, 서경문화사, 2010.

(주)한국정책능력진흥원, 『제천 의림지 유네스코 세계유산 잠정목록 등재 추진 연구』, 2017.

「의림지수리조합」, 『동아일보』 1927년 9월 13일.

「全朝鮮水利組合實況踏査記」, 『동아일보』 1927년 9월 17일.

2. 논문 및 단행본

강상준 외, 「홀로세말 의림지의 호소환경과 식생변천 고찰」, 『第四紀學會誌』 23-2, 한국제4기학
　　회, 2009.

_____, 「후기 홀로세의 의림지 식생과 호소환경」, 『한국고생물학회 학술대회 자료집』, 한국고
　　생물학회, 2010.

곽종철, 「청동기시대~초기철기시대의 수리시설(3장.1절)」, 한국고고환경연구소 편, 『한국고대의
　　수전농업과 수리시설』, 서경문화사, 2010.

고태우, 「한국 근대 생태환경사 연구의 동향과 과제」, 『생태환경과 역사』 2, 한국생태환경사학회,
　　2016.

권경록, 「鶴皐 金履萬의 賦에 나타난 堤川 '林湖'의 심상지리 – 「林湖賦」와 「閒居賦」를 중심으로」,
　　『한국한문학연구』 63, 한국한문학회, 2016.

권순긍, 「堤川지역의 口碑傳承과 그 역사적 의미」, 『인문사회과학연구』 1, 세명대 인문사회과학연
　　구소, 1994.

_____, 「제천 의림지의 문학지리와 그 의미」, 『민족문학사연구』 44, 민족문학사연구소, 2010.

권진옥, 「명곡 최석정의 기문 연구」, 『동아시아고대학』 49, 동아시아고대학회, 2018.

권태호 외, 「지속가능한 도시개발과 경쟁력 강화를 위한 역사 문화환경의 보전-제천시 의림지구역
　　을 중심으로」, 『지역사회발전학회논문집』 24-1, 지역사회발전학회, 1999.

구완회, 「제천 의림지에 관한 역사적 검토」, 『인문사회과학연구』 7, 세명대 인문사회과학연구소,
　　1999.

_____, 「제천 의림지의 경제·문화적 활용에 관한 역사적 검토」, 『朝鮮史研究』 28, 조선사연구회,
　　2019.

김갑배, 「의림지」, 『대한토목공학회지』 43-2, 대한토목공학회, 1995.

김은정, 「金昌翕의 丹丘유람과 문학적 형상화」, 『어문학』 141, 한국어문학회, 2018.

金樟洙, 「「義林池」 築堤技術과 堆積物質析解에 關한 研究」, 『韓國造景學會誌』 4, 한국조경학회,
　　1974.

김재호, 「제천 의림지(義林池)의 수리사적(水利史的) 특징과 의의」, 『민속학연구』 32, 국립민속박
　　물관, 2013.

김종수, 「18세기 堤川 義林池의 樓亭文化」, 『열상고전연구』 44, 열상고전연구회, 2015.

_____, 「학고 김이만의 18세기 의림지 생태환경 묘사」, 『충북학』 17, 충북학연구소, 2015.

_____, 「15~19세기 의림지의 관개·수리시설 연구」, 『한국전통문화연구』 18, 한국전통문화대전통
문화연구소, 2016.

_____, 「18세기 의림지 시문담론의 직조와 전승 양상」, 『한국연구』 2, (재)한국연구원, 2019.

_____, 「연초재 오상렴의 〈창랑옹모산별업십육경소지〉에 대한 역주」, 『충북학』 21, 충북학연구
소, 2019.

_____, 「의림지의 인공섬 순주에 대한 역사적 고찰」, 『충북학』 22, 충북학연구소, 2020.

_____, 「의림지 연구사(研究史)의 현황과 과제」, 『충북학』 24, 충북학연구소, 2022.

_____, 「제천 의림지의 제림(堤林)에 관한 연구」, 『한국전통문화연구』 30, 한국전통문화대 전통문
화연구소, 2022.

김주용 외, 「의림지 형성과정과 제방축조 연구」, 『중원문화논총』 14, 충북대 중원문화연구소,
2010.

김주용 외, 『제천 의림지 제4기 지질환경 및 자연과학분석 연구』, 한국지질자원연구원, 2009.

김진만 외, 「공학적 분석에 의한 고대 수리시설 제방 원형복원」, 『한국상고사학보』 89, 한국상고사
학회, 2015.

김현준 외, 「인간과 하천 5: 고대 수리시설의 과거와 현재, 그리고 미래-제천 의림지」, 『하천과
문화』 10-2, 한국하천협회, 2014.

김희찬, 「역사와 전설이 공존하는 충북 명소의 숨은 이야기」, 『우리문화』 291, 한국문화원연합회,
2021.

노중국, 「한국고대 수리시설의 역사성과 의미」, 『신라문화』 45, 신라문화연구소, 2015.

류금열, 「악성 우륵(于勒)이 탄강한 청풍 성열현(省熱縣)과 성열성(省熱城)의 고찰」, 『내제문화』
25, 내제문화연구회, 2016.

류봉석 외, 「韓國産 빙어의 地理的 形態變異에 대하여」, 『한국수산과학지』 14-3, 한국수산과학회,
1981.

박지훈, 「제천 의림지의 자연지리학적 연구」, 『堤川 義林池 시·발굴조사보고서』, 국립중원문화재
연구소, 2014.

백승석, 「한국 농어업유산의 가치평가 기준에 관한 연구」, 성균관대학교 대학원 조경학과 박사학위
논문, 2015.

서해숙, 「의림지 관련 설화에 반영된 지역민의 농경문화적 세계관」, 『동아시아고대학』 36, 동아시
아고대학회, 2014.

성정용, 「고대 수리시설의 발달과정으로 본 의림지의 특징과 의의」, 『중원문화논총』 14, 충북대
중원문화연구소, 2010.

신철경, 「지방도시 발전자원으로서의 역사·문화공간: 제천시 의림지 구역을 중심으로」, 세명대 대학원 건설공학과 석사학위논문, 2008.

양동윤 외, 「지화학적으로 고찰한 의림지 축조 전의 환경변화와 제방축조 재료」, 『한국지형학회지』 16-4, 한국지형학회, 2009.

유재경 외, 「도심 호소공원의 수질특성에 관한 연구: 충북도내 의림지·호암지·명암지·오창호수공원」, 『보건환경연구원보』 20, 충청북도보건환경연구원, 2012.

어창선, 「堤川 義林池 築造方法과 年代에 관한 一考察」, 『문화사학』 40, 한국문화사학회, 2013.

이도학, 「李丙燾 韓國古代史 研究의 '實證性' 檢證」, 『백산학보』 98, 백산학회, 2014.

李丙燾·金載元, 「南方行列의 諸社會-三韓-(第五編)」, 震檀學會 編, 『韓國史·古代篇』, 乙西文化社, 1972.

李丙振, 「新羅時代의 댐: 義林池」, 『産公의 메아리』 21, 산업기지개발공사, 1983.

이홍종, 「의림지 충적지의 고지형 분석」, 『의림지의 역사적 가치와 활용양상(2010년 의림지 학술대회 발표자료집)』, 충북대 중원문화연구소, 2010.

안상진 외, 「義林池의 由來와 傳說」, 『대한토목공학회지』 49-7, 대한토목공학회, 2001.

양기석, 「제천 의림지의 역사성과 가치」, 『중원문화논총』 14, 충북대 중원문화연구소, 2010.

윤현택, 「의림지 환경설계」, 서울대 환경대학원 환경조경학과 석사학위논문, 2008.

이의천 외, 「농기구 목제 유물 수종분석」, 『학술발표자료집』, 한국목재공학회, 2019.

이홍환, 「땅 이름에 깃든 이야기(7): 충청북도 제천 의림지(義林池) – '의(義)'로 얼룩진 의림(義林)의 고을」, 『대한토목공학회지』 43-7, 대한토목공학회, 1995.

유인표 외, 「고대 저수지의 명승적 가치-의림지를 사례로」, 『한국전통조경학회지』 4, 한국전통조경학회, 2006.

이승은 외, 「국내 국가 농업유산 제도 비교 연구」, 『학술발표자료집』, 한국환경생태학회, 2016.

이원호 외, 「도심 호소의 수질특성에 관한 연구-의림지」, 『학술발표자료집』, 한국지반환경공학회, 2016.

鄭印九, 「義林池 築堤에 關한 一考察」, 『한국임학지』 23, 한국임학회, 1974.

지홍기, 「신라시대의 수리시설사」, 『물과 미래』 34-3, 한국수자원학회, 2001.

최도식, 「제천지역 문인 이상필(李相弼)의 삶과 시세계」, 『한국문학이론과 비평』 16, 한국문학 이론과비평학회, 2012.

최식, 「李元雨의 『九曲散稿』와 堤川」, 『율곡학연구』 46, (사)율곡학회, 2021.

하경숙, 「여성 인물의 현실인식과 의미 양상-금원(錦園)의 문학작품을 중심으로」, 『동양문화연구』 26, 영산대 동양문화연구원, 2017.

황효현 외, 「증강현실 학습유형에 따른 의림지역사박물관 체험학습 설계연구」, 『학술발표자료집』, 한국디자인학회, 2019.

小山田宏一, 「일본에 있어서 고대 水利遺蹟의 보존과 활용사례-狹山池 土木遺産의 보존·계승과
　　그 활용」, 『중원문화연구』 14, 충북대 중원문화연구소, 2010.

제2부 의림지 시축 담론(始築談論)과 관개·수리시설

【의림지의 시축 담론에 대한 학제적 연구】

1. 기초 자료

『三國史記』·『高麗史』·『高麗史節要』·『世宗實錄地理志』.
姜瑜, 『商谷集』(한국문집총간 續27), 민족문화추진위원회, 2006.
金履萬, 『鶴臯集』(한국문집총간 續65), 한국고전번역원, 2008.
朴守儉, 『林湖集』(한국문집총간 續39), 한국고전번역원, 2007.
徐居正, 『四佳集』(한국문집총간 10), 민족문화추진위원회, 1988.
吳尙濂, 『燕超齋遺稿(坤)』(미국 버클리대 동아시아도서관 소장본), 고려대 해외한국학자료센터.
李瑞雨, 『松坡集』(한국문집총간 續41), 한국고전번역원, 2007.
『備邊司謄錄』 22冊, 현종 3년 1월 26일.
『世宗實錄』 卷11, 세종 3년 1월 16일[己卯].
『成宗實錄』 卷46, 성종 5년 8월 4일[丙戌].
『承政院日記』, 인조 7년 윤4월 19일[甲戌]

강상준, 「의림지 생물다양성 연구」(유인물), 2013.
국사편찬위원회, 『중학교 국사(상)』, 1996, 교육부.
국립중원문화재연구소, 『堤川 義林池 시·발굴조사보고서(국립중원문화재연구소 학술연구총서 제
　　13책)』, 2014.
김광언 외, 『의림지유산과 농경문화』, 제천문화원, 2013.
김연옥, 『한국의 기후와 문화』, 이화여대출판부, 1985.
김종수 외, 『제천의 樓亭과 의림지』, 제천문화원, 2016.
김주용 외, 『제천 의림지 제4기 지질환경 및 자연과학분석 연구』, 한국지질자원연구원, 2009.
노승혁, 「"제천 의림지 삼한시대 축조"〈지질연구원〉」, 『연합뉴스』, 2009.4.9.
李丙燾·金載元 共著(震檀學會 編), 『韓國史·古代篇』, 乙酉文化社, 1972.
李丙燾, 『두계잡필(斗溪雜筆)』, 일조각, 1956.

정삼철·최병철·정민 편역, 『1915년 충주[最近之忠州]』, 충북학연구소, 2021.

堤川郡誌編纂委員會 編, 『堤川郡誌』, 1969.

충북대박물관·제천시, 『의림지정밀기초조사』, 조사보고 제69책, 2000.

『한국민족문화대백과사전』, 〈의림지〉 항목.

2. 논문 및 단행본

강상준·이상헌·김주용, 「홀로세말 의림지의 호소환경과 식생변천 고찰」, 『第四紀學會誌』 23-2, 한국제4기학회, 2009.

고영근, 「텍스트 형성에 있어서 응결성과 응집성의 문제(제5장)」, 『텍스트 이론: 언어 통합론의 이론과 실제』, 아르케, 1999.

구완회, 「제천 의림지의 경제·문화적 활용에 관한 역사적 검토」, 『조선사연구』 28, 조선사연구회, 2019.

_____, 「제천 의림지에 관한 역사적 검토」, 『인문사회과학연구』 7, 세명대 인문사회과학연구소, 1999.

김광언, 「벼농사와 둑」, 『의림지유산과 농경문화』, 제천문화원, 2013.

김종수, 「15~19세기 의림지(義林池)의 관개(灌漑)·수리시설(水利施設) 연구」, 『한국전통문화연구』 18, 한국전통문화대 전통문화연구소, 2016.

김종수, 「18세기 의림지(義林池) 시문담론(詩文談論)의 직조와 전승 양상」, 『한국연구』 2, (재)한국연구원, 2019.

_____, 「연초재 오상렴의 〈창랑옹모산별업십육경소지〉에 대한 역주」, 『충북학』 21, 충북학연구소, 2019.

_____, 「林湖 朴守儉의 생애와 저술 양상」, 『유교사상문화연구』 50, 한국유교학회, 2012.

_____, 「18세기 堤川 義林池의 樓亭文化」, 『열상고전연구』 44, 열상고전연구회, 2015.

김주용, 지화학적으로 고찰한 의림지 축조 전의 환경변화와 제방축조 재료」, 『한국지형학회지』 16-4, 2009.

김주용 외, 「의림지 지질분야 기초조사」, 『의림지정밀기초조사』, 2000.

김진만·손수원, 「공학적 분석에 의한 고대 수리시설 제방 원형 복원」, 『韓國上古史學報』 89, 한국상고사학회, 2015.

노중국, 「한국고대 수리시설의 역사성과 의미」, 『신라문화』 45, 신라문화연구소, 2015.

박지훈, 「제천 의림지의 자연지리학적 연구」, 『堤川 義林池 시·발굴조사보고』, 국립중원문화재연구소, 2014.

성정용, 「제천 의림지의 특징과 수리사적 의의」, 『의림지유산과 농경문화』, 제천문화원, 2013.

양기석, 「제천 의림지의 역사성과 가치」, 『의림지유산과 농경문화』, 제천문화원, 2013.

양동윤·김주용 외, 지화학적으로 고찰한 의림지 축조 전의 환경변화와 제방축조 재료」, 『한국지형
학회지』 16-4, 2009.

魚昌善, 「堤川 義林池 築造方法과 年代에 관한 一考察」, 『文化史學』 40, 한국문화사학회, 2013.

윤무병, 「김제 벽골제 발굴 보고」, 『백제연구』 7, 충남대 백제연구소, 1976.

이도학, 「李丙燾 韓國古代史 硏究의 '實證性' 檢證」, 『백산학보』 98, 백산학회, 2014.

이홍종, 「의림지 충적지의 고지형 분석」, 『의림지의 역사적 가치와 활용양상』, 충북대 중원문화연
구소, 2010.

鄭印九, 「義林池 築堤에 關한 一考察」, 『한국임학회지』 23, 1974.

【15~19세기 의림지의 관개(灌漑)·수리시설(水利施設) 연구】

1. 기초 자료

金履萬, 『鶴皐集』(한국문집총간 續65집), 한국고전번역원, 2007.

金履萬, 『鶴皐遺稿』(국립중앙도서관 소장본, 한古朝46-가1765)

金履萬, 「義林池記文」(규장각 소장본, 奎10387)

金昌翕, 『三淵集·拾遺 Ⅱ』(한국문집총간 166), 민족문화추진위원회, 1996.

成海應, 『硏經齋集』(한국문집총간 275), 민족문화추진위원회, 2001.

吳尙濂, 『燕超齋集』(한국학중앙연구원 장서각소장본, K4-6278 2)

趙錫胤, 『樂靜集』(한국문집총간 106집), 민족문화추진위원회, 1995.

崔錫鼎, 『明谷集』(한국문집총간 154집), 민족문화추진위원회, 2000.

國史編纂委員會(編), 『輿地圖書(上)』, 探求堂, 1973.

李秉延, 『朝鮮寰輿勝覽』(국립중앙도서관 소장본, 한古朝62-112-7)

堤川郡誌編纂委員會(編), 『堤川郡誌』, 上黨出版社, 1969.

忠淸北道鄕土史硏究協議會(編), 『忠淸北道各郡邑誌』, 修書院, 1997.

『太宗實錄』 卷30, 태종 15년 10월 14일[戊寅].

국립중원문화재연구소 『堤川 義林池 시·발굴조사보고서(국립중원문화재연구소 학술연구총서 제
13책)』, 2014.

김광언 외, 『의림지유산과 농경문화』, 제천문화원, 2013.

柳今烈 譯註, 『堤川鄕土史料集-조선시대 堤川邑誌類를 중심으로』, 제천문화원, 2008.

민족문화추진위원회, 『국역 신증동국여지승람』, 景仁文化社, 1985.

이형수, 「제천 의림지 유네스코 세계문화유산 등재 추진」, 『충북일보』, 2016년 2월 11일.

충북대박물관·제천시, 『의림지정밀기초조사(조사보고 제69책)』, 2000.

한국고고환경연구소 편, 『한국고대의 수전농업과 수리시설』, 서경문화사, 2011.
C. G. 융 외, 권오석 역, 『무의식의 분석』, 홍신문화사, 2007.

2. 논문 및 단행본

곽종철, 「청동기시대~초기철기시대의 수리시설(제3장.1절)」, 한국고고환경연구소 편, 『한국고대의 수전농업과 수리시설』, 서경문화사, 2011.

구완회, 「제천 의림지에 관한 역사적 검토」, 『인문사회과학연구』 7, 세명대학교 인문사회과학연구소, 1999.

김성진, 「鶴皐 金履萬의 「山史」 硏究」, 『동양한문학연구』 39, 동양한문학회, 2014.

김재호, 「제천 의림지의 수리사적 특징과 의의」, 『민속학연구』 32, 2013.

金鍾秀, 「18세기 堤川 義林池의 樓亭文化」, 『열상고전연구』 44, 열상고전연구회, 2015.

_____, 「鶴皐 金履萬의 18세기 의림지 생태환경 묘사」, 『충북학』 17, 충북학연구소, 2015.

_____, 「제천 의림지의 제림(堤林)에 관한 연구」, 『한국전통문화연구』 30, 한국전통문화대 전통문화연구소, 2022.

박은순, 「19세기 초 名勝遊衍과 李昉運의 〈四郡江山參僊水石〉 書畵帖」, 『온지논총』 5-1, 1999, 온지학회.

박지훈, 「제천 의림지의 자연지리학적 연구」, 『堤川 義林池 시·발굴조사보고서』, 국립중원문화재연구소, 2014.

成正鏞, 「고대 수리시설의 발달과정으로 본 의림지의 특징과 그 의의」, 『중원문화연구』 14, 충북대학교 중원문화연구소, 2010.

_____, 「제천 의림지의 특징과 수리사적 의의」, 『의림지유산과 농경문화』, 제천문화원, 2013.

梁起錫, 「제천 의림지의 역사성과 가치」, 『중원문화연구』 14, 충북대 중원문화연구소, 2010.

小山田宏一, 「일본에 있어서 고대 水利遺蹟의 보존과 활용사례: 狹山池 土木遺産의 보존·계승과 그 활용」, 『중원문화연구』 14, 충북대 중원문화연구소, 2010.

_____, 「狹山池の堤の構造」, 『大阪府立狹山池博物館研究報告』 3, 2006.

【신비의 인공섬 순주(蓴洲)에 대한 역사적 고찰】

1. 기초 자료

姜必愼, 『慕軒集』(한국문집총간 68), 민족문화추진위원회, 2008.

金履萬, 『鶴皐集』(한국문집총간 續65), 한국고전번역원, 2007.

_____, 『鶴皐先生文集』(성균관대 존경각 소장본, 분류기호: D03B-1124).

金正喜, 『阮堂集』(한국문집총간 301), 민족문화추진위원회, 2003.

金宗休, 『書巢集』(한국문집총간 117), 한국고전번역원, 2011.

金昌協, 『農巖集』(한국문집총간 161), 민족문화추진위원회, 1996.

南漢紀, 『寄翁集』(한국문집총간 58), 민족문화추진위원회, 2008.

朴齊家, 『貞蕤閣二集』(한국문집총간 261), 민족문화추진위원회, 2001.

安重觀, 『悔窩集』(한국문집총간 65), 민족문화추진위원회, 2008.

吳尙濂, 『燕超齋遺稿』(미국 버클리대학교 소장본), 고려대 해외한국학자료센터.

俞漢雋, 『自著』(한국문집총간 249), 민족문화추진위원회, 2000.

李瑞雨, 『松坡集』(한국문집총간 41), 민족문화추진위원회, 2006.

李胤永, 『丹陵遺稿』(한국문집총간 82), 민족문화추진위원회, 2008.

李麟祥, 『凌壺集』(한국문집총간 225), 민족문화추진위원회, 2001.

趙龜命, 『東谿集』(한국문집총간 215), 민족문화추진위원회, 1998.

忠淸北道鄕土史硏究協議會 編, 『忠淸北道各郡邑誌』, 修書院, 1997.

洪世泰, 『柳下集』(한국문집총간 167), 민족문화추진위원회, 1996.

『備邊司謄錄』 159冊, 정조 2년 1778년 1월 13일(음)

『承政院日記』 26책, 仁祖 7년 己巳(1629) 윤4월 19일(甲戌)

강신욱, 「[종합]의림지 인공섬 '순주' "수심·청정도 가늠하는 기능했다"」, 『뉴시스』, 2017.3.30.

박종국, 「〈화제〉 사라진 순채(蓴菜) 군락지 발견」, 『연합뉴스』, 1996.7.19.

배소영, 「안동호 인공 모래섬서 부화 쇠제비갈매기 61마리 자라서 날아가」, 『연합뉴스』, 2020.07.

상주대학교 상주문화연구소 편, 『상주·함창 공갈못 恭儉池』, 상주문화원, 1995.

세명대 지역문화연구소 편, 『의림지유산과 농경문화』, 제천문화원, 2013.

李秉延 著(鄭龍石 譯), 『국역 조선환여승람 제천』, 제천문화원, 1999.

이동주, 「제천1경 의림지 … '순주섬 고사목 대책 시급'」, 『서울뉴스통신』, 2014.06.

이상학·장재우, 『의림지 순주섬 실태 조사 보고서』, 제천문화원, 2022.

장승구, 『철학과 삶의 지혜』, 보고사, 2019.

정삼철 외 편역, 『충북산업지(충북학 자료총서: 9)』, 충북학연구소, 2019.

정홍철, 「제천 의림지 볼품 없는 '순주섬' 관리 소홀」, 『아시아뉴스통신』, 2018.05.

堤川郡誌編纂委員會 編, 『堤川郡誌』, 1969.

충북대학교 박물관·제천시 편, 『義林池: 精密基礎調査(조사보고 제69책)』, 학연문화사, 2000.

한국고고환경연구소 편, 『한국고대의 수전농업과 수리시설』, 서경문화사, 2011.

2. 논문 및 단행본

강상준, 「의림지: 식생분야 기초조사」, 충북대학교 박물관·제천시 편, 『義林池: 精密基礎調査(조사

보고 제69책)」, 학연문화사, 2000.

권경록, 「鶴皐金履萬의 賦에 나타난 堤川 ‘林湖’의 심상지리-「林湖賦」와 「閒居賦」를 중심으로」,
『한국한문학연구』 63, 한국한문학회, 2016.

곽종철, 「청동기시대~초기철기시대의 수리시설(제3장의 1절)」, 한국고고환경연구소 편, 『한국고
대의 수전농업과 수리시설』, 서경문화사, 2011.

김재호, 「제천 의림지의 수리사적 특징과 위치」, 『민속학연구』 32, 국립민속박물관, 2013.

노중국, 「한국고대 수리시설의 역사성과 의미」, 『신라문화』 45, 신라문화학회, 2015.

김종수, 「제천 의림지의 제림(堤林)에 관한 연구」, 『한국전통문화연구』 30, 한국전통문화대 전통문
화연구소, 2022.

김종수, 「연초재 오삼렴의 〈창랑옹모산별업십육경소지〉에 대한 역주」, 『충북학』 21, 2019.

김종수, 「18세기 의림지 시문담론의 직조와 전승 양상」, 『한국연구』 2, 한국연구원, 2019.

김종수, 「15~19세기 의림지의 관개·수리시설 연구」, 『한국전통문화연구』 18, 한국전통문화대 전
통문화연구소, 2016.

小山田宏一, 「일본에 있어서 고대 水利遺蹟의 보존과 활용사례: 狹山池 土木遺産의 보존·계승과
그 활용」, 『중원문화연구』 14, 충북대 중원문화연구소, 2010.

市川秀之, 「狹山池の樋と堤」, 『第7回東日本埋藏文化財研究會 治水·利水遺跡を考える』 第Ⅱ分册,
1998.

제3부 **17~18세기 제천 남인계 지식인의 의림지 묘사**

【18세기 의림지 시문담론(詩文談論)의 직조와 전승 양상】

1. 기초 자료

金履萬, 『鶴皐集』(한국문집총간 續65), 한국고전번역원, 2007.

朴守儉, 『林湖集』(한국문집총간 續39), 한국고전번역원, 2007.

朴趾源, 『燕巖集』(한국문집총간 252), 민족문화추진위원회, 2001.

吳尙濂, 『燕超齋遺稿』(미국 버클리대학교 동아시아도서관 소장본), 고려대 해외한국학자료센터.

李瑞雨, 『松坡集』(한국문집총간 續41), 한국고전번역원, 2007.

趙龜命, 『東谿集』(한국문집총간 215), 민족문화추진위원회, 2000.

崔錫鼎, 『明谷集 Ⅰ』(한국문집총간 154), 민족문화추진위원회, 1986.

洪敬謨, 『冠巖全書』(한국문집총간 續113), 한국고전번역원, 2011.

許穆, 『眉叟記言·別集』(한국고전번역원의 한국고전종합DB).

朱熹, 『論語集註』, 전통문화연구회, 2002.

朱熹, 『中庸章句』, 明文堂, 2015.

국립청주박물관, 「그림과 책으로 만나는 충북의 산수: 19-4」, 2014.

김광언 외, 『의림지 유산과 농경문화』, 제천문화원, 2013.

김형효, 『물학 심학 실학』, 청계, 2003.

『디지털제천문화대전』.

柳今烈 譯註, 『堤川鄕土史料集－조선시대 堤川邑誌類를 중심으로』, 제천문화원, 2008.

박인호, 『디지털제천문화대전』, 〈김봉지·연초재유고〉 항목.

윤용혁·이해준, 『역사 속, 공주의 사람들』, 서경문화사, 2020.

이병도, 『한국고대사연구』, 박영사, 1975.

한국고고환경연구소 편, 『한국고대의 수전농업과 수리시설』, 서경문화사, 2011.

2. 논문 및 단행본

곽종철, 「청동기시대~초기철기시대의 수리시설(제3장.1절)」, 한국고고환경연구소 편, 『한국고대의 수전농업과 수리시설』, 서경문화사, 2011.

권경록, 「鶴皐 鶴皐集의 賦에 나타난 堤川 '林湖'의 심상지리－「林湖賦」와 「閑居賦」를 중심으로」, 『한국한문학연구』 63, 한국한문학회, 2016.

구완회, 「제천 의림지의 경제·문화적 활용에 관한 역사적 검토」, 『조선사연구』 28, 조선사연구회, 2019.

김성진, 「鶴皐 金履萬의 『山史』 硏究」, 『동양한문학연구』 39, 동양한문학회, 2014.

김재호, 「제천 의림지의 수리사적 특징과 의의(제4장)」, 『의림지 유산과 농경문화』, 제천문화원, 2013.

金鍾秀, 「임호 박수검의 심리적 외상과 의림경영(제5장)」, 『의림지 유산과 농경문화』, 제천문화원, 2013.

_____, 「18세기 堤川 義林池의 樓亭文化」, 『열상고전연구』 44, 열상고전연구회, 2015.

_____, 「학고 김이만의 18세기 의림지 생태환경 묘사」, 『충북학』 17, 충북학연구소, 2015.

_____, 「제천 의림지의 제림(堤林)에 관한 연구」, 『한국전통문화연구』 30, 한국전통문화대 전통문화연구소, 2022.

부유섭, 「燕超齋 吳尙濂의 생애와 시세계」, 『한국한시연구』 9, 한국한시학회, 2001.

_____, 「송곡(松谷) 이서우(李瑞雨)의 삶과 시」, 『한국한시작가연구』 12, 한국한시학회, 2008.

小山田宏, 「일본에 있어서 고대 水利遺蹟의 보존과 활용사례: 狹山池 土木遺産의 보존·계승과 그 활용」, 『중원문화연구』 14, 충북대 중원문화연구소, 2010.

【연초재 오상렴의 〈창랑옹모산별업십육경소지〉에 대한 역주】

1. 기초 자료

金履萬, 『鶴皐集』(한국문집총간 續65), 한국고전번역원, 2007.
金履萬, 『鶴皐先生文集』(성균관대 존경각 소장본).
朴守儉, 『林湖集』(한국문집총간 續39), 한국고전번역원, 2007.
吳尙濂, 『燕超齋遺稿』(미국 버클리대학교 동아시아도서관 소장본), 고려대 해외한국학자료센터.
李瑞雨, 『松坡集』(한국문집총간 續41), 한국고전번역원, 2007.
趙龜命, 『東谿集』(한국문집총간 215), 민족문화추진위원회, 2000.
趙錫胤, 『樂靜集(한국문집총간 105), 민족문화추진위원회, 1993.
崔錫鼎, 『明谷集 Ⅰ』(한국문집총간 154), 민족문화추진위원회, 1986.

김광언 외, 『의림지 유산과 농경문화』, 제천문화원, 2013.
柳今烈 譯註, 『堤川鄕土史料集-조선시대 堤川邑誌類를 중심으로』, 제천문화원, 2008.
리차드 팔머(이한우 옮김), 『해석학이란 무엇인가』, 문예출판사, 2011.
박인호, 『디지털제천문화대전』, 「제천향토문화백과」, 〈연초재유고〉 항목.
윤용혁·이해준, 『역사 속, 공주의 사람들』, 서경문화사, 2020.
堤川郡誌編纂委員會 編, 『堤川郡誌』, 「振厓軒(진섭헌)」. 1969.

2. 논문 및 단행본

具仕會, 「燕超齋 吳尙濂論」, 『조선후기 한시작가론』 2, 이회, 1998.
구완회, 「제천 의림지의 경제·문화적 활용에 관한 연구」, 『朝鮮史硏究』 28, 조선사연구회, 2019.
김종수, 「제천 의림지의 제림(堤林)에 관한 연구」, 『한국전통문화연구』 30, 한국전통문화대 전통문화연구소, 2022.
金鍾秀, 「임호 박수검의 심리적 외상과 의림경영(제5장)」, 『의림지 유산과 농경문화』, 제천문화원, 2013.
_____, 「18세기 堤川 義林池의 樓亭文化」, 『열상고전연구』 44, 열상고전연구회, 2015.
_____, 「18세기 의림지(義林池) 시문담론(詩文談論)의 직조와 전승 양상」, 『한국연구』 3, (재)한국연구원, 2019.
부유섭, 「燕超齋 吳尙濂의 생애와 시세계」, 『한국한시연구』 9, 한국한시학회, 2001.

제4부 전근대 시기 의림지의 생태환경과 제림(堤林)의 기원

【학고 김이만의 18세기 의림지 생태환경 묘사】

1. 기초 자료

金履萬, 『鶴皐集』(한국문집총간 續65), 한국고전번역원, 2007.

朴守儉, 『林湖集』(한국문집총간 續39집), 한국고전번역원, 2007.

朴趾源, 『燕巖集』(한국문집총간 252), 민족문화추진위원회, 2001.

吳尙濂, 『燕超齋集(坤)』(한국학중앙연구원 장서각소장본, K4-6278 2)

李秉延, 『朝鮮寰輿勝覽』(국립중앙도서관 소장본, 한古朝 62-112-7), 1933.

趙錫胤, 『樂靜集』(한국문집총간 106), 민족문화추진위원회, 1995.

崔錫鼎, 『明谷集』(한국문집총간 154), 민족문화추진위원회, 2000.

韓鎭戻, 『島潭行程記』.

김광언 외, 『의림지유산과 농경문화』, 제천문화원, 2013.

柳今烈 譯註, 『堤川鄕土史料集-조선시대 堤川邑誌類를 중심으로-』, 제천문화원, 2008.

李丙燾, 『두계잡필(斗溪雜筆)』, 일조각, 1956.

이우연, 『한국의 산림 소유제도와 정책의 역사, 1600-1987』, 일조각, 2010.

堤川郡誌編纂委員會 編, 『堤川郡誌』, 上黨出版社, 1969.

충북대 박물관·제천시, 『의림지 정밀기초조사(조사보고 제69책)』, 2000.

2. 논문 및 단행본

강상준, 「의림지 생물의 다양성」, 『古代 水利 의림지 농업유산의 가치 재발견 민관학 공동 워크숍』, 제천문화원, 2013.

고태우, 「한국 근대 생태환경사 연구의 동향과 과제」, 『생태환경과 역사』 2, 한국생태환경사학회, 2016.

권경록, 「鶴皐 金履萬의 문학에 나타난 '단곡(檀谷)'의 표상과 의미 - '단곡' 관련 시와 기문(記文)을 중심으로」, 『어문논총』 71, 한국문학언어학회, 2017.

김도균, 「한국 환경사 연구의 동향과 과제-한국사 관련 학술지를 중심으로」, 『ECO』 12(1), 한국환경사학회, 2008.

김기봉, 「환경사란 무엇인가-환경과 인간의 상호작용의 역사」, 『서양사론』 100, 한국서양사학회, 2009.

金鍾秀, 「鶴皐 金履萬의 생애와 학문세계」, 『한국철학논집』 37, 한국철학사연구회, 2013.

김종수, 「18세기 堤川 義林池의 樓亭文化」, 『洌上古典研究』 44, 열상고전연구회, 2015.

_____, 「15~19세기 의림지(義林池)의 관개(灌漑)·수리시설(水利施設) 연구」, 『한국전통문화연구』 18, 한국전통문화대 전통문화연구소, 2016.

김종수, 「제천 의림지의 여름 풍광」, 『충북학 누리』 7, 충북학연구소, 2022.

심경호, 「조선후기 한문학과 袁宏道」, 『韓國漢文學研究』 34, 韓國漢文學會, 2004.

이우연, 「조선시대의 산림소유제도(제1장)」, 『한국의 산림 소유제도와 정책의 역사, 1600-1987』, 일조각, 2010.

이창식, 「의림지 전승물의 문화유산적 가치」, 『의림지유산과 농경문화』, 제천문화원, 2013.

鄭印九, 「義林池 築堤에 關한 一考察」, 『韓國林學誌』 23, 한국임학회, 1974.

J. Donald Hughes, What is environmental history?, Cambridge: Polity, 2006.

【제림의 역사적 기원과 전근대 시기 의림지의 임상】

1. 기초 자료

金信謙, 『檜巢集』(한국문집총간 續72), 한국고전번역원, 2009.

金允植, 『雲養集』, 연세대 국학연구원, 2015.

金履萬, 『鶴皋集』(한국문집총간 속65), 한국고전번역원, 2008.

金宗烋, 『書巢集』(한국문집총간 속117), 한국고전번역원, 2011.

金昌協, 『農巖集』(한국문집총간 161), 민족문화추진위원회, 1996.

金昌翕, 『三淵集』(한국문집총간 167), 민족문화추진위원회, 1996.

柳馨遠, 『東國輿地誌』, 한국고전번역원, 2019.

南漢紀, 『寄翁集』(한국문집총간 속58), 한국고전번역원, 2008.

朴守儉, 『林湖集』(한국문집총간 속39), 한국고전번역원, 2007.

朴齊家, 『貞蕤集』(한국문집총간 261), 민족문화추진위원회, 2001.

徐有榘, 『楓石全集』(한국문집총간 288), 민족문화추진위원회, 2002.

『世宗實錄地理志』(한국고전번역원 DB).

『新增東國輿地勝覽』(한국고전번역원 DB).

沈象奎, 『斗室存稿卷』(한국문집총간 290), 민족문화추진회, 2002.

安錫儆, 『霅橋集』(한국문집총간 233), 민족문화추진위원회, 1999.

宋秉璿, 『淵齋集』(한국문집총간 329), 민족문화추진위원회, 2004.

吳道一, 『西坡集』(한국문집총간 152), 민족문화추진위원회, 1995.

吳尙濂, 『燕超齋集』(버클리대학교 동아시아도서관 소장본), 고려대 해외한국학자료센터.

尹文擧, 『石湖遺稿』(한국문집총간 105), 민족문화추진위원회, 1993.

尹舜擧, 『童土集』(한국문집총간 100), 민족문화추진위원회, 1999.

李瑞雨, 『松坡集』(한국문집총간 續41), 한국고전번역원, 2007.

李裕元, 『林下筆記』(한국고전번역원 DB), 1999.

李胤永, 『丹陵遺稿』(한국문집총간 續82), 한국고전번역원, 2009.

李瀷, 『星湖全集 Ⅰ』(한국문집총간 200), 민족문화추진위원회, 1997.

李荇, 『新增東國輿地勝覽』, 한국고전번역원, 2019.

趙龜命, 『東谿集』(한국문집총간 215), 민족문화추진위원회, 2000.

趙錫胤, 『樂靜集』(한국문집총간 105), 민족문화추진위원회, 1993.

崔錫鼎, 『明谷集』(한국문집총간 154), 민족문화추진회, 1995.

忠淸北道鄕土史硏究協議會 篇, 『忠淸北道各郡邑誌·堤川郡邑誌』, 修書院, 1997.

洪敬謨, 『冠巖集』(한국문집총간 續113), 한국고전번역원, 2011.

洪萬選, 『山林經濟』(한국고전번역원 DB), 1982.

洪世泰, 『柳下集』(한국문집총간 167), 민족문화추진위원회, 1996.

『高麗史』(국사편찬위원회, 한국사데이터베이스)

『高麗史節要』(국사편찬위원회, 한국사데이터베이스)

『世祖實錄』 卷6, 세조 3년 1월 7일[壬申]

『世宗實錄』 卷71, 세종 18년 2월 22일[戊午]

『成宗實錄』 卷46, 성종 5년 8월 4일[丙戌]

『成宗實錄』 卷174, 성종 16년 1월 9일[壬辰]

『承政院日記』, 인조 7년 윤4월 19일[甲戌)

『備邊司謄錄』 159冊, 정조 2년 1월 13일.

강상준, 「의림지 생물 다양성 연구」, 2000.[출처: http://cafe.daum.net/sammernight/p7qm/18?svc=cafeapi]

국립중원문화재연구소, 『堤川 義林池 시·발굴조사보고서』, 2014.

김학범, 『우리 명승기행: 역사문화 명승 편』, 김영사, 2013.

문화재청 국가문화유산포털[출처: www.heritage.go.kr]

이광린, 『李朝水利史研究』, 한국연구도서관, 1961.

이삭, 「'삼한시대 저수지' 제천 의림지 노송, 자손들도 의림지로」, 『경향신문』, 2022.6.6.

이상각, 『한국사 인물 열전』[출처: https://100.daum.net/encyclopedia/view]

이형수, 「제천시, 의림지뜰 자연치유단지 사업 확대 논란」, 『충북일보』, 2022.8.15.

정삼철 외 편역, 『충북산업지(충북학 자료총서: 9)』, 충북학연구소, 2019.

_____, 『제천군세일반(堤川郡勢一斑)』, 충북학연구소, 2020.

정소문 외 공역, 『산림경제』, 한국고전번역원, 1982.

정용석 역, 『국역 조선환여승람 제천』, 제천문화원, 1999.

제천시, 『2019년 주요 업무계획』(유인물), 2019.

堤川郡誌編纂委員會 編, 『堤川郡誌』, 上黨出版社, 1969.

최경옥, 「문화재위원회, 의림지 제림 인도교 재설치 '안 돼'」, 『제천단양투데이』, 2019.5.13.

충북대학교박물관·제천시, 『의림지 정밀기초조사: 조사보고 제69책』, 학연문화사, 2000.

『한국민족문화대백과사전』, 「의림지」[출처: https://100.daum.net/encyclopedia/view]

한국중세사학회 편, 『고려시대의 역사』, 혜안, 2018.

한밭수목원〉나무병원〉수복진난의뢰[출처: https://www.daejeon.go.kr]

2. 논문 및 단행본

강상준 외, 「홀로세말 의림지 호소환경과 식생변천 고찰」, 『제4기학회지』 23-2, 한국제4기학회,
　　2009.

구완회, 「제천 의림지의 경제·문화적 활용에 관한 역사적 검토」, 『조선사연구』 28, 조선사연구회,
　　2019.

김종수, 「15~19세기 의림지의 관개·수리시설 연구」, 『한국전통문화연구』 18, 한국전통문화대전통
　　문화연구소, 2016.

＿＿＿, 「18세기 의림지(義林池) 시문담론(詩文談論)의 직조 와 전승 양상」, 『한국연구』 2, (재)한국
　　연구원, 2019.

＿＿＿, 「의림지의 인공섬 순주에 대한 역사적 고찰」, 『충북학』 22, 충북학연구소, 2020.

나성준 외, 「단근 강도에 따른 소나무 유묘의 생장 특성」, 『농업생명과학연구』 48-1, 경상대 농업생
　　명과학연구원, 2014.

노재현 외, 「완주 두방 전통마을숲의 복원모형에 관한 실증적 연구」, 『한국전통조경학회지』 3-4,
　　한국전통조경학회, 2005.

박지훈, 「제천 의림지의 자연지리학적 연구」, 『堤川 義林池 시·발굴조사보고서』, 국립중원문화재
　　연구소, 2014.

서정욱 외, 「제천 의림지 소나무 연륜생장 쇠퇴도 분석을 통한 고사 연도 및 원인규명 연구」, 『한국
　　환경복원기술학회지』 69, 한국환경복원기술학회, 2011.

서진열 외, 「답압이 한국잔디의 생육에 미치는 영향」, 『Weed & Turfgrass Science』 4-3, 한국잔디
　　학회, 2015.

유인표 외, 「고대 저수지의 명승적 가치-의림지를 사례로」, 『한국전통조경학회지』 4, 한국전통조
　　경학회, 2006.

이천용, 「가장 오래된 저수지 제천 의림지 둑에 선 소나무 숲」, 『산림』 643, 산림조합중앙회, 2019.

정남식 외, 「공동체 의식이 공유자원 관리의도에 미치는 영향 분석-담양 관방제림을 중심으로」, 『한국지적정보학회지』 24, 한국지적정보학회, 2022.

鄭印九, 「義林池 築堤에 관한 一考察」, 『한국임학지』 23, 한국임학회, 1974.

차두성 외, 「수목의 근계구성에 따른 사면의 붕괴방지효과에 관한 연구(1)-소나무 뿌리의 공간분포과 생리적 특성」, 『한국산림과학회지』 91, 한국산림과학회, 2002.

한봉호 외, 「서울시 강북구 솔밭근린공원 소나무림 답압 피해 개선사업 효과 연구」, 『한국조경학회지』 40-5, 한국조경학회, 2015.

찾아보기